"十四五"国家重点图书出版规划项目

新版《列国志》与《国际组织志》联合编辑委员会

主　　任	谢伏瞻					
副 主 任	李培林	蔡　昉				
秘 书 长	马　援	谢寿光				
委　　员	（按姓氏音序排列）					
陈东晓	陈　甦	陈志敏	陈众议	冯仲平	郝　平	黄　平
贾烈英	姜　锋	李安山	李晨阳	李东燕	李国强	李剑鸣
李绍先	李向阳	李永全	刘北成	刘德斌	刘新成	罗　林
彭　龙	钱乘旦	秦亚青	饶戈平	孙壮志	汪朝光	王　镭
王灵桂	王延中	王　正	吴白乙	邢广程	杨伯江	杨　光
于洪君	袁东振	张倩红	张宇燕	张蕴岭	赵忠秀	郑秉文
郑春荣	周　弘	庄国土	卓新平	邹治波		

列国志 新版

GUIDE TO THE WORLD NATIONS

蔡雅洁 编著

SLOVENIA

斯洛文尼亚

社会科学文献出版社
SOCIAL SCIENCES ACADEMIC PRESS (CHINA)

东经12

米

韦 科内

索拉

拉韦纳
Ravenn

斯洛文尼亚国旗

斯洛文尼亚国徽

卢布尔雅那市政厅

马里博尔葡萄酒博物馆

卢布尔雅那圣方济会报喜教堂 　　　　　　　卢布尔雅那圣方济会报喜教堂内部

卢布尔雅那圣尼古拉斯大教堂

布莱德湖中世纪城堡

布列加玛城堡

采列城堡

什科茨扬溶洞外部　　　　什科茨扬溶洞内景

文特加峡谷

卢布尔雅那龙桥

马里博尔德拉瓦河

博希尼湖

萨维卡瀑布

卢布尔雅那

马里博尔

出版说明

《列国志》编撰出版工作自1999年正式启动,截至目前,已出版144卷,涵盖世界五大洲163个国家和国际组织,成为中国出版史上第一套百科全书式的大型国际知识参考书。该套丛书自出版以来,受到社会各界的广泛好评,被誉为"21世纪的《海国图志》",中国人了解外部世界的全景式"窗口"。

这项凝聚着近千学人、出版人心血与期盼的工程,前后历时十多年,作为此项工作的组织实施者,我们为这皇皇144卷《列国志》的出版深感欣慰。与此同时,我们也深刻认识到当今国际形势风云变幻,国家发展日新月异,人们了解世界各国最新动态的需要也更为迫切。鉴于此,为使《列国志》丛书能够不断补充最新资料,更好地服务于社会各界,我们决定启动新版《列国志》编撰出版工作。

与已出版的144卷《列国志》相比,新版《列国志》无论是形式还是内容都有新的调整。国际组织卷次将单独作为一个系列编撰出版,原来合并出版的国家将独立成书,而之前尚未出版的国家都将增补齐全。新版《列国志》的封面设计、版面设计更加新颖,力求带给读者更好的阅读享受。内容上的调整主要体现在数据的更新、最新情况的增补以及章节设置的变化等方面,目的在于进一步加强该套丛书将基础研究和应用对策研究相结合,将基础研究成果应用于实践的特色。例如,增加

斯洛文尼亚

了各国有关资源开发、环境治理的内容；特设"社会"一章，介绍各国的国民生活情况、社会管理经验以及存在的社会问题，等等；增设"大事纪年"，方便读者在短时间内熟悉各国的发展线索；增设"索引"，便于读者根据人名、地名、关键词查找所需相关信息。

顺应时代发展的要求，新版《列国志》将以纸质书为基础，全面整合国别国际问题研究资源，构建列国志数据库。这是《列国志》在新时期发展的一个重大突破，由此形成的国别国际问题研究与知识服务平台，必将更好地服务于中央和地方政府部门应对日益繁杂的国际事务的决策需要，促进国别国际问题研究领域的学术交流，拓宽中国民众的国际视野。

新版《列国志》的编撰出版工作得到了各方的支持：国家主管部门高度重视，将其列入"'十二五'国家重点图书出版规划项目"；中国社会科学院将其列为创新工程学术出版资助项目，王伟光院长亲自担任编辑委员会主任，指导相关工作的开展；国内各高校和研究机构鼎力相助，国别国际问题研究领域的知名学者相继加入编辑委员会，提供优质的学术咨询与指导。相信在各方的通力合作之下，新版《列国志》必将更上一层楼，以崭新的面貌呈现给读者，在中国改革开放的新征程中更好地发挥其作为"知识向导"、"资政参考"和"文化桥梁"的作用！

新版《列国志》编辑委员会
2013 年 9 月

前　言

自1840年前后中国被迫开关、步入世界以来，对外国舆地政情的了解即应时而起。还在第一次鸦片战争期间，受林则徐之托，1842年魏源编撰刊刻了近代中国首部介绍当时世界主要国家舆地政情的大型志书《海国图志》。林、魏之目的是为长期生活在闭关锁国之中、对外部世界知之甚少的国人"睁眼看世界"，提供一部基本的参考资料，尤其是让当时中国的各级统治者知道"天朝上国"之外的天地，学习西方的科学技术，"师夷之长技以制夷"。这部著作，在当时及至其后相当长一段时间内，产生过巨大影响，对国人了解外部世界起到了积极的作用。

自那时起中国认识世界、融入世界的步伐就再也没有停止过。中华人民共和国成立以后，尤其是1978年改革开放以来，中国更以主动的自信自强的积极姿态，加速融入世界的步伐。与之相适应，不同时期先后出版过相当数量的不同层次的有关国际问题、列国政情、异域风俗等方面的著作，数量之多，可谓浩如烟海。它们对时人了解外部世界起到了积极的作用。

当今世界，资本与现代科技正以前所未有的速度与广度在国际流动和传播，"全球化"浪潮席卷世界各地，极大地影响着世界历史进程，对中国的发展也产生极其深刻的影响。面临不同以往的"大变局"，中国已经并将继续以更开放的姿态、更快的步伐全面步入世界，迎接时代的挑战。不同的是，我们所面

斯洛文尼亚

临的已不是林则徐、魏源时代要不要"睁眼看世界"、要不要"开放"的问题,而是在新的历史条件下,在新的世界发展大势下,如何更好地步入世界,如何在融入世界的进程中更好地维护民族国家的主权与独立,积极参与国际事务,为维护世界和平,促进世界与人类共同发展做出贡献。这就要求我们对外部世界有比以往更深切、全面的了解,我们只有更全面、更深入地了解世界,才能在更高的层次上融入世界,也才能在融入世界的进程中不迷失方向,保持自我。

与此时代要求相比,已有的种种有关介绍、论述各国史地政情的著述,无论就规模还是内容来看,已远远不能适应我们了解外部世界的要求。人们期盼有更新、更系统、更权威的著作问世。

中国社会科学院作为国家哲学社会科学的最高研究机构和国际问题综合研究中心,有11个专门研究国际问题和外国问题的研究所,学科门类齐全,研究力量雄厚,有能力也有责任担当这一重任。早在20世纪90年代初,中国社会科学院的领导和中国社会科学出版社就提出编撰"简明国际百科全书"的设想。1993年3月11日,时任中国社会科学院院长胡绳先生在科研局的一份报告上批示:"我想,国际片各所可考虑出一套列国志,体例类似几年前出的《简明中国百科全书》,以一国(美、日、英、法等)或几个国家(北欧各国、印支各国)为一册,请考虑可行否。"

中国社会科学院科研局根据胡绳院长的批示,在调查研究的基础上,于1994年2月28日发出《关于编纂〈简明国际百科全书〉和〈列国志〉立项的通报》。《列国志》和《简明国际百科全书》一起被列为中国社会科学院重点项目。按照当时的计划，首先编写《简明国际百科全书》，待这一项目完成后，再着手编写《列国志》。

1998年，率先完成《简明国际百科全书》有关卷编写任务的研究所开始了《列国志》的编写工作。随后，其他研究所也陆续启动这一项目。为了保证《列国志》这套大型丛书的高质量，科研局和社会科学文献出版社于1999年1月27日召开国际学科片各研究所及世界历史研究所负责人会议，讨论了这套大型丛书的编写大纲及基本要求。根据会议精神，科研局随后印发了《关于〈列国志〉编写工作有关事项的通知》，陆续为启动项目拨付研究经费。

为了加强对《列国志》项目编撰出版工作的组织协调，根据时任中国社会科学院院长李铁映同志的提议，2002年8月，成立了由分管国际学科片的陈佳贵副院长为主任的《列国志》编辑委员会。编委会成员包括国际片各研究所、科研局、研究生院及社会科学文献出版社等部门的主要领导及有关同志。科研局和社会科学文献出版社组成《列国志》项目工作组，社会科学文献出版社成立了《列国志》工作室。同年，《列国志》项目被批准为中国社会科学院重大课题，新闻出版总署将《列国志》项目列入国家重点图书出版计划。

在《列国志》编辑委员会的领导下，《列国志》各承担单位尤其是各位学者加快了编撰进度。作为一项大型研究项目和大型丛书，编委会对《列国志》提出的基本要求是：资料翔实、准确、最新，文笔流畅，学术性和可读性兼备。《列国志》之所以强调学术性，是因为这套丛书不是一般的"手册""概览"，而是在尽可能吸收前人成果的基础上，体现专家学者们的研究所得和个人见解。正因为如此，《列国志》在强调基本要求的同时，本着文责自负的原则，没有对各卷的具体内容及学术观点强行统一。应当指出，参加这一浩繁工程的，除了中国社会科学院的专业科研人员以外，还有院外的一些在该领域颇有研究的专家学者。

现在凝聚着数百位专家学者心血，共计141卷，涵盖了当今世界151个国家和地区以及数十个主要国际组织的《列国志》丛书，将陆续出版与广大读者见面。我们希望这样一套大型丛书，能为各级干部了解、认识当代世界各国及主要国际组织的情况，了解世界发展趋势，把握时代发展脉络，提供有益的帮助；希望它能成为我国外交外事工作者、国际经贸企业及日渐增多的广大出国公民和旅游者走向世界的忠实"向导"，引领其步入更广阔的世界；希望它在帮助中国人民认识世界的同时，也能够架起世界各国人民认识中国的一座"桥梁"，一座中国走向世界、世界走向中国的"桥梁"。

《列国志》编辑委员会
2003年6月

导　言

斯洛文尼亚共和国（斯洛文尼亚语：Republika Slovenija），简称"斯洛文尼亚"，是一个位于中欧南部、毗邻阿尔卑斯山的国家，被称为"阿尔卑斯山上阳光明媚的国家"。西邻意大利，西南濒临亚得里亚海，东部和南部与克罗地亚接壤，东北为匈牙利，北接奥地利。斯洛文尼亚处于欧洲四大地理地区——阿尔卑斯山脉、迪纳拉山脉、多瑙河中游平原以及地中海沿岸的交界处。斯洛文尼亚国土面积为2.03万平方公里，全国人口总数约211万人（2022年），卢布尔雅那为其首都及最大城市。斯洛文尼亚林木繁茂、空气清新、海水清澈，被誉为欧洲的"绿色瑰宝"。

斯洛文尼亚是一个发达的资本主义国家，1991年之前为南斯拉夫的一个加盟共和国。1991年6月25日获得独立。2004年3月加入北约，2004年5月1日加入欧盟，2007年1月1日正式加入欧元区，2007年12月21日正式加入欧洲申根区。

斯洛文尼亚是一个多民族的国家，主要民族为斯洛文尼亚族，约占全国人口的83%。少数民族有23个，主要有匈牙利族、意大利族和日耳曼人、犹太人和罗姆人等。居民70%信奉罗马天主教，其次是东正教，东部地区的居民大多信奉新教，此外还有居民信奉伊斯兰教、犹太教等。

斯洛文尼亚语属印欧语系斯拉夫语族南斯拉夫语支，分布

斯洛文尼亚

于斯洛文尼亚共和国以及匈牙利、奥地利和意大利等国与斯洛文尼亚接壤的地区,在美国部分社区亦有使用,总使用人口数量超过200万人。斯洛文尼亚语曾是南斯拉夫的三种官方语言之一(另两种是塞尔维亚-克罗地亚语和马其顿语),现为欧盟24种官方语言中的一种。斯洛文尼亚语源自古斯拉夫语,最早的文献见于10世纪。19世纪初叶,在以卢布尔雅那市为中心的中央方言基础上,形成统一的现代斯洛文尼亚标准语。

斯洛文尼亚自独立以来,实行多党议会民主制,在政党不断分化组合的进程中,逐步形成比较明晰的左、中、右三翼政党分野格局,政局总体平稳。1991年12月23日,议会公布新宪法。宪法确立立法、行政、司法三权分立原则。根据宪法,总统由直接普选产生,任期五年,最多连任两届。议会为国家最高立法和监督机构,实行一院制。议会共设90个议席,议员由普选产生,任期4年。全国共分8个选区,每个选区选出11名代表,保留2名代表席位给意大利族和匈牙利族议员。根据宪法,国民委员会由代表社会、经济、专业和地方利益的40名代表组成,任期5年。其主要职能是对议会的有关立法活动起到建议和纠正作用。政府为国家权力执行机构,任期4年,行政权由总理及内阁行使。内阁由议会每隔4年选举产生,总理通常为议会多数党派或党派联盟的领导人。

斯洛文尼亚经济转型平稳,过渡良好。2020年,斯洛文尼亚在东南欧经济转型国家中人均GDP名列第一。斯洛文尼亚的优势是劳动力素质较高,在经济部门就业人员中约11%接受过高等教育,劳动力的技术水平和熟练程度较高,平均生产率接近西欧国家,而劳动力成本较西欧、北欧低廉,在欧洲居中等水平。斯洛文尼亚作为欧盟国家,法律健全,遵守欧盟法规。

此外，斯洛文尼亚拥有优越的地理位置和发达的交通设施，加工业基础雄厚，斯洛文尼亚企业同欧洲其他国家许多企业也建立了长期的合作关系。

斯洛文尼亚旅游外汇收入持续增长，旅游业已成为国民经济的重要组成部分。主要旅游区是亚得里亚海海滨和阿尔卑斯山区。在外国游客的来源国中，排名靠前的国家分别是德国、奥地利、意大利、克罗地亚和匈牙利。从国内外游客旅游目的地看，依次为山区县市、温泉度假胜地、沿海城市最受欢迎；从住宿场所看，酒店仍然最受欢迎，其后依次是私人公寓、营地、度假村以及观光农场。

本书试图从一个新的视角对斯洛文尼亚加以全面的介绍，除纷繁复杂的历史外，还将指引读者进一步了解它奇特有趣的自然风貌以及政治、经济、军事、文化、外交等诸多方面的发展现状。受能力所限，书中难免存在疏漏和不足，如果读者通过此书能对斯洛文尼亚全貌有初步的了解，笔者就甚感欣慰了。本书的完成，曾蒙多方人士协助，其中蔡衡、王旭东、蔡玉洁、赵伟辰、赵浩程、赵浩均等同志，提供相关材料以及协助部分章节的写作。这里不能一一列举每一位对我给予帮助的同志，在此谨表示诚挚谢意。

CONTENTS
目 录

第一章 概 览 / 1

第一节 国土与人口 / 1
一 国土面积与地理位置 / 1
二 行政区划 / 1
三 地形特点 / 2
四 河流与湖泊 / 7
五 气候 / 10
六 人口、民族、语言 / 11
七 国旗、国徽、国歌 / 15

第二节 宗教与民俗 / 17
一 宗教 / 17
二 节日 / 18
三 民俗 / 21

第三节 特色资源 / 23
一 名胜古迹 / 23
二 著名城市 / 26
三 建筑艺术 / 31
四 传统工艺 / 32

第二章 历 史 / 35

第一节 上古史 / 35
一 古代的居民 / 35
二 诺里克王国最早的国家 / 35

1

CONTENTS
目 录

　　三　罗马人统治时期 / 36

第二节　中古史 / 37

　　一　斯拉夫人——斯洛文尼亚人的祖先 / 37

　　二　卡兰塔尼亚公国 / 38

　　三　法兰克帝国的统治 / 39

　　四　斯洛文尼亚人聚居地统一 / 40

　　五　斯洛文尼亚人聚居区的发展 / 41

第三节　近代史 / 43

　　一　农民起义爆发、人文主义和新教改革 / 43

　　二　反对新教改革运动 / 45

　　三　君主制和民族复兴 / 47

　　四　伊利里亚省与民族意识发展 / 48

　　五　斯洛文尼亚为统一而战 / 50

第四节　现当代史 / 55

　　一　斯洛文尼亚领土分割和"塞尔维亚人-克罗地亚人-斯洛文尼亚人王国" / 55

　　二　南斯拉夫王国内的斯洛文尼亚人 / 56

　　三　两次世界大战之间的斯洛文尼亚 / 58

　　四　德、意、匈占领斯洛文尼亚 / 59

　　五　人民解放战争和反法西斯人民解放委员会 / 61

　　六　斯洛文尼亚的统一 / 62

　　七　共产党领导下的发展 / 63

　　八　工人自治和社会自治 / 64

　　九　经济政治危机和民族关系 / 66

CONTENTS 目录

    十　斯洛文尼亚共和国的独立 / 67

  第五节　著名历史人物 / 74

第三章　政　　治 / 83

  第一节　国体、政体与宪法 / 83

    一　国体与政体 / 83

    二　宪法的基础 / 84

    三　宪法的基本原则 / 85

    四　宪法的修改和补充 / 86

  第二节　国家元首、立法机构和国民委员会 / 87

    一　国家元首 / 87

    二　国民议会 / 89

    三　国民委员会 / 95

  第三节　政府 / 97

    一　政府的结构和选举 / 97

    二　政府的职责 / 98

    三　历届政府的构成 / 99

    四　政府的机构和工作实体 / 101

  第四节　司法 / 102

    一　宪法关于司法的规定 / 102

    二　主要司法机构 / 103

    三　宪法法院 / 105

    四　国家审计法院 / 106

    五　保护人权机构 / 107

CONTENTS
目 录

  六　最高法院／108

第五节　地方自治／108

  一　地方自治的宪法依据／108

  二　地方自治机构／109

  三　地方财政／110

第六节　主要政党／111

第七节　重要社会组织／114

第四章　经　济／119

第一节　概述／119

  一　经济发展历程／119

  二　独立后的经济稳定与发展／122

第二节　农业／127

  一　基本概况／127

  二　生产情况／128

  三　农业政策／133

  四　农产品贸易／134

  五　中斯农业合作／135

第三节　工业／136

第四节　服务业、商业和旅游业／143

  一　服务业／143

  二　商业／143

  三　旅游业／144

第五节　交通运输和电信／145

CONTENTS
目 录

  一　交通运输业／145

  二　电信／150

 第六节　金融与财政／150

  一　金融／150

  二　财政／152

 第七节　对外经济关系／155

  一　对外贸易／155

  二　外国投资／157

  三　斯洛文尼亚与中国的经贸关系／160

第五章　军　事／165

 第一节　概述／165

  一　建军简史／165

  二　领土保卫部队／166

  三　"十日战争"中的军队／167

 第二节　国防体系和军事制度／167

  一　安全与防务的基本原则／167

  二　安全与防务政策／168

  三　安全与防务体系／169

 第三节　武装力量／170

  一　国民的国防义务／170

  二　军队的编制及武器装备／171

 第四节　对外军事关系／175

  一　斯洛文尼亚加入北约／175

CONTENTS
目 录

　　二　国际合作／177
　　三　境外斯洛文尼亚武装部队的结构／182

第六章　社　　会／185

第一节　国民生活／185
　　一　就业、失业和工资／185
　　二　养老／187
　　三　居民生活／188
　　四　住房／189
　　五　移民／190

第二节　社会管理／191
　　一　社会管理概况／191
　　二　社会政策和社会治理／192
　　三　社会现象与社会热点／195

第三节　医疗卫生／199
　　一　医疗卫生概况／199
　　二　医疗市场／201
　　三　医疗系统／203
　　四　医疗政策／204

第四节　环境保护／204
　　一　环境政策／204
　　二　环境保护状况／205
　　三　环境保护具体措施／206

CONTENTS 目 录

第七章 文 化 / 209

第一节 教育 / 209
一 教育体系 / 209
二 教育类别 / 210
三 高等院校 / 213
四 与中国的教育合作 / 215

第二节 科学技术 / 216
一 科学发展和成就 / 216
二 科研机构 / 218
三 科技领域 / 219

第三节 文学艺术 / 220
一 文学 / 220
二 戏剧与电影 / 224
三 音乐与舞蹈 / 226
四 美术 / 229

第四节 体育 / 231
一 体育简史 / 231
二 国际比赛成绩 / 232
三 奥林匹克运动会 / 235

第五节 新闻出版 / 238
一 报刊图书 / 238
二 广播电视 / 239

第六节 公共文化设施 / 240
一 图书馆 / 240

CONTENTS
目 录

　　二　博物馆与美术馆 / 243

第八章　外　　交 / 247

　第一节　外交简史 / 247

　　一　独立前的外交活动 / 247

　　二　独立初期的外交 / 249

　　三　外交重点转向欧洲大西洋一体化 / 250

　第二节　外交政策 / 252

　第三节　斯洛文尼亚加入欧盟 / 254

　　一　与欧盟的联系国协议 / 254

　　二　与欧盟的"加入伙伴关系" / 256

　　三　与欧盟的入盟谈判 / 258

　　四　加入欧元区 / 260

　　五　担纲欧盟轮值主席国 / 264

　第四节　与其他国际组织的关系 / 266

　　一　加入北约 / 266

　　二　加入经合组织核能机构 / 276

　　三　加入其他国际组织 / 277

　第五节　与其他国家的关系 / 278

　　一　与德、法、英、美、俄的关系 / 278

　　二　与邻国的关系 / 285

　　三　与其他中欧国家的关系 / 294

　　四　与其他东南欧国家的关系 / 297

CONTENTS
目 录

　　五　与中国的关系 / 303

大事纪年 / 315

参考文献 / 331

索　引 / 337

第一章

概　览

第一节　国土与人口

一　国土面积与地理位置

斯洛文尼亚位于欧洲中南部、巴尔干半岛西北端、阿尔卑斯山脉南麓，地处阿尔卑斯山和亚得里亚海之间，东部和南部与克罗地亚接壤，西南濒临亚得里亚海，西邻意大利，北接奥地利与匈牙利。其境内多山，被称为"阿尔卑斯山上阳光明媚的国家"。斯洛文尼亚国土面积2.03万平方公里。北端为北纬46°53′、东经16°14′，南端为北纬45°25′、东经15°10′，东端为北纬46°28′、东经16°36′，西端为46°17′、东经13°23′。边界线长1382公里。

二　行政区划

斯洛文尼亚作为南斯拉夫联邦的一个共和国期间，曾被划分为64个行政区。1989年斯洛文尼亚进行地方自治改革。地方自治的新法规于1994年和1995年通过实施，各区实行自治管理。1994年独立后的斯洛文尼亚举行首次多党地方选举，行政区从64个增加到了147个；1998年斯洛文尼亚进行第二次地方选举，行政区为191个；2002年的第三次地方选举后，斯洛文尼亚的行政区为193个。2011年6月，宪法法院批准分科佩尔市设立安卡兰镇，市镇数达到212个。

斯洛文尼亚

2022年斯洛文尼亚共有12个行政地区，212个市级行政单位。首都卢布尔雅那（Ljubljana）是政治、经济、文化中心，地处斯洛文尼亚中部，因卢布尔雅那河穿城而过得名。马里博尔（Maribor）是斯洛文尼亚第二大城市，也是斯洛文尼亚重要的交通枢纽和重要的工业中心，汽车、化学、铝材、纺织等产业较为发达。

三 地形特点

斯洛文尼亚国家面积虽小，地形却复杂，属于山地国家，其东南部偏低，西北部较高。可以说，整个斯洛文尼亚的国土自西北向东南倾斜。斯洛文尼亚全国依照不同的地理特征，可以分为四部分或四种类型：亚得里亚海沿海地区，位于西南部；潘诺尼亚平原地区，位于东北部；阿尔卑斯山地区，位于西北部；中南部则为迪纳拉喀斯特地区。

1. 亚得里亚海沿海地区

斯洛文尼亚的沿海地区主要受地中海的水文气候影响，总面积占斯洛文尼亚国土面积的8.6%。这一地区北有维帕瓦河，西北有索查河，东部是卢布尔雅尼察河的发源地，南部有雷卡河和皮夫卡河。沿海地区包括亚得里亚海沿岸和的里雅斯特海岸及其后方地势较低的阿尔卑斯山区，包括纳诺斯山（最高峰海拔1260米）、斯奈日尼克山（最高峰海拔1796米）、特尔诺夫斯基戈兹特山（最高峰海拔1186米）、亚沃尔尼克山（最高峰海拔1024米）以东的诺特拉尼斯卡地区。

从海岸往东，经过果树和葡萄园林立的丘陵地带，穿过陡峭的山峰，便是典型喀斯特地貌的克拉斯地区。这里由石灰岩和粗砂岩、泥灰岩等构成。该地区降水量充沛，三分之一的地表被植被覆盖，降水的不断冲洗和溶解的石灰岩成分的注入，使地表形成了一些特殊的结构，如洼地、坑谷和槽沟。由于被周期性的降水冲刷淹漫，有的地方就慢慢形成了季节性的湖泊。在相当长的一段时期，不论科学家、当地居民还是游客对采尔克尼察湖的神秘现象都疑惑不解，称之为"消失中的湖泊"。如采尔克尼察湖湖水会随着季节变化，使得它同时既是斯洛文尼亚最大也是最小的湖泊。随着春天雪水消融和丰沛地下河水的补充，采尔克尼察湖进入荣水期。当枯水期来临，湖底水草显露成为肥沃的牧场。

斯洛文尼亚溶洞遍布全国。到目前为止，经过专业勘察并登记注册的溶洞就有8000多个，其中最为著名的两个是波斯托伊纳溶洞和斯科契扬溶洞。由于降水从地表裂缝中慢慢渗入地下，溶洞和竖井便逐渐形成，那些来自石灰岩的沉积物变成了壮观的地下景象：钟乳石、石笋和石柱等，美丽奇特。波斯托伊纳溶洞总长19555米，深115米，海拔562米，有5200米的通道向游人开放。隧道纵横交错在溶洞之内，其中"音乐堂"洞有3000平方米，"舞厅"洞有750平方米，还有各式各样的半透明的石幕、石笋、钟乳石、石柱等，皮夫卡河从这里开始以地下河的形式存在，流淌在溶洞内的河道里。洞内生长着一种名为"洞螈"的两栖动物（当地人称为"人鱼"），体色为肉色，体形似蛇，有25~30厘米长，四肢细小，这是欧洲唯一的在地下溶洞内生存的两栖脊椎动物。斯洛文尼亚的第二大溶洞是迪瓦查的斯科契扬溶洞，1986年被联合国教科文组织列入世界自然文化遗产名录。此溶洞海拔425米，长5800米，深250米，已开放的部分通道长度为5088米。此溶洞占地面积不大，但洞深且内景宏伟壮观，有奇妙的地下大峡谷，姿态万千的钟乳石和石笋随处可见。在斯科契扬溶洞前方不远，雷卡河转入地下，形成地下河，穿过溶洞后又汩汩流出地表，转为地上河流。地理学家对于整个"喀斯特地貌"的最早研究就是在克拉斯地区进行的，并把克拉斯地区的名称确定为表述奇特的石灰岩地表和地下景观的地理术语，后德语、英语译为"Karst"，中文的"喀斯特"亦由此而来。

有名的"玫瑰土"属于地中海地区的红色土壤，在亚得里亚海沿岸一带，生长着大量葡萄藤和橄榄树。沿海岸有诸多港口城市，是重要旅游城市，也是意大利少数民族聚居的地区，有科佩尔、伊左拉、波尔托罗日、皮兰等。古老的塞乔夫列晒盐池，是受联合国教科文组织保护的湿地之一，其面积有721公顷，已成为受国家重点保护的地区公园，植物和鸟类保护机构也设立在此。

2. 潘诺尼亚平原地区

潘诺尼亚平原地区位于斯洛文尼亚东北部，占斯洛文尼亚国土总面积的 21.2%。这里有几处丘陵地带，包括普雷克穆列平原地区和斯洛文斯卡戈里察、德拉维尼斯卡戈里察、哈洛兹、波索泰尔斯卡戈里察等。德拉瓦河和穆拉河流经普雷克穆列平原地区。这里是斯洛文尼亚重要的农业区，土地肥沃。普雷克穆列地区由于靠近奥地利和匈牙利，有匈牙利族等少数民族聚居，故而普雷克穆列方言中混杂着匈牙利语。穆尔斯卡索博塔位于该地区东北部，属于中心地带。从平原地区向西，是斯洛文斯卡戈里察丘陵地带，以葡萄园为主。再向西便是古老城市普图伊，现代化的工厂和古老的传统手工业并存。继续向西，便是采列盆地。潘诺尼亚平原地区属于大陆性气候，林地广袤，主要的树木是落叶林，红松居多，松柏随处可见。许多草地、湿地和水塘分布在穆拉河沿岸，这里是鸟类栖息的地方。

3. 阿尔卑斯山地区

阿尔卑斯山地区（即戈雷尼斯卡地区）占斯洛文尼亚国土总面积的 42.1%，其居民占全国居民总数的 47.3%。阿尔卑斯山从西北向东南延伸，在斯洛文尼亚境内分成了三个分支：北部与奥地利交界的卡拉万肯山脉，南部向东南延伸的卡姆尼克-萨维尼亚阿尔卑斯山脉，西北部的尤利安阿尔卑斯山脉。

卡拉万肯山脉由古生界片岩和花岗岩构成，是斯洛文尼亚与奥地利的西段边界，科伦、留贝利、耶泽尔斯科隘口是两国之间的交通通道，留贝利公路隧道有 1700 米长，耶塞尼采铁路隧道有 7975 米长，直接通往奥地利，是斯洛文尼亚最长的隧道。这里是科克拉河、特尔日什卡比斯特里察河、萨维尼亚河等萨瓦河上游支流的源头。

卡姆尼克-萨维尼亚阿尔卑斯山脉由石灰岩构成，自西北向东南倾斜，山峰岩石裸露，有大片山地冰川存在。斯洛文尼亚最大的瀑布切德察瀑布，落差达 130 米。在此处，高山被冰斗和冰川槽谷分割开来，大量植被生长在山腰以下。山脉东面和南面是整个阿尔卑斯山脉的山前地带，分布着盆地和山谷，山势逐渐走低，很多源于阿尔卑斯山的河流经过这一地带，所以有丰富的水利资源，森林资源也相当丰富。此处较大的山谷盆地是马特科夫盆地、罗巴诺夫盆地和洛加尔盆地。

第一章 概　览

位于尤利安阿尔卑斯山脉与卡姆尼克-萨维尼亚阿尔卑斯山脉之间的卢布尔雅那盆地和萨瓦盆地是斯洛文尼亚经济最发达和人口最密集的地区。除首都卢布尔雅那外，克拉尼、多姆扎莱、卡姆尼克等也是较为重要的经济中心。

斯洛文尼亚境内阿尔卑斯山脉的最高部分是西北部的尤利安阿尔卑斯山脉，它位于耶塞尼采、什科菲亚洛卡、克拉尼、博维茨和托尔敏之间，由中生界石灰岩、白云岩构成，山峰险峻，表面覆盖着大量灰白色冰川。著名的山峰有特里格拉夫山（意为"三头"，也译为"三头山"，海拔2864米）、什克尔拉蒂察山（海拔2740米）、曼加尔特山（海拔2679米）、亚洛韦茨山（海拔2645米）、拉左尔山（海拔2601米）、卡宁山（海拔2587米）等。斯洛文尼亚境内最高峰是特里格拉夫山，为斯洛文尼亚的象征，被用作斯洛文尼亚共和国国旗和国徽上的主要图案。由许多溪流和瀑布汇合而成的索查河的源头，位于特里格拉夫山西侧，然后自北向南与伊德里察河和维帕瓦河汇合，汇入亚得里亚海。斯洛文尼亚境内瀑布最集中的地区也在此地，博卡瀑布在索查河畔的博维茨附近，落差106米。特里格拉夫山西侧人口较为稀少，博维茨、科班德、托尔敏等城市分布在索查河畔。特里格拉夫山南侧是萨维察河，它流入斯洛文尼亚最大的冰川湖博希尼湖。从博希尼湖流出的萨瓦博希尼卡河与萨瓦多林卡河汇合成萨瓦河，之后与索拉河、卢布尔雅尼察河、萨维尼亚河、米尔纳河、克尔卡河等河流再次汇合，向东南流入多瑙河。特里格拉夫山以东区域是尤利安阿尔卑斯山地区，人口比较密集，有诸多城市，如拉多夫利察、什科菲亚洛卡、耶塞尼采等。特里格拉夫山周围以"特里格拉夫七湖"著称，被开辟为斯洛文尼亚最大的国家公园，面积为83807公顷。特里格拉夫山以西是风景如画的布莱德湖，湖中心的小岛上建有17世纪的教堂，历史悠久。

4. 迪纳拉喀斯特地区

迪纳拉喀斯特地区位于斯洛文尼亚中南部，属于迪纳拉山脉的东北区域，具备各种石灰岩地貌的喀斯特特征，被称为迪纳拉喀斯特地区。该地区地势较低，面积占斯洛文尼亚国土总面积的28.1%。

斯洛文尼亚

从沿海地区向东,沿着石灰岩峭壁和峡谷形成的通道行驶,便可到达山势较低的喀斯特高原和丘陵地带,这是迪纳拉喀斯特地区南部的多莱尼斯卡地区。这一地区的西部是斯奈日尼克山,是迪纳拉喀斯特地区的最高峰,其南部是克尔卡河流域,河水因地势低流动缓慢,是斯洛文尼亚流速最慢的河流,与阿尔卑斯山区河流的奔腾咆哮形成鲜明对比。这里有少见的辽阔的原始森林,最大的林地是克拉科沃林地。这个平静的地区的中心是克尔卡河南岸的城市诺沃梅斯托。城市以南,葡萄园和长满山毛榉的林地遍布,西南是与克罗地亚相邻的贝拉克拉伊纳地区,是主要的葡萄种植区,独特的储存方式、晾晒干草的仓架和传统的桦木牲畜围栏,成为这里的特色。著名的景区有克鲁帕泉、卡什契察溶洞和拉希尼亚河。人口较密集的居民区是契尔诺梅利和梅特利卡。萨瓦河的支流科尔帕河是斯洛文尼亚与克罗地亚两国的界河。科尔帕河左岸是陡峭的悬崖,岩石和峡谷的深处是以冷杉和山毛榉为主的林地,与斯奈日尼克林地、科切维林地相连接,形成了斯洛文尼亚境内最大的林区。棕熊、猞猁、狼等野兽经常出没在科切维林地中。

萨瓦河流经迪纳拉喀斯特地区的中部,河流途经狭长的山谷,向东可到达北岸的扎戈列、特尔博夫列和赫拉斯特尼克等城市,它们的经济主要以采矿业和工业为主。向东南可到达斯洛文尼亚与克罗地亚合建的核电站所在地克尔什科和布雷日采,继而到达萨瓦河的支流索特拉河,它自北向南形成斯洛文尼亚和克罗地亚两国的另一条界河。从卢布尔雅那,经过诺沃梅斯托和布雷日采,可直接抵达克罗地亚首都萨格勒布,这是两国交通运输的重要通道。

波霍列山区位于迪纳拉喀斯特地区的北部,与阿尔卑斯山连接,有原始森林和美丽的瀑布,山势较为险峻。这里也是德拉瓦河支流梅扎河、米斯利尼亚河、德拉维尼亚河的发源地,斯洛文尼亚第二大城市马里博尔就在波霍列山山脚下;采列位于南部,是斯洛文尼亚人口密集的第三大城市;韦莱涅是采矿业和工业城市,位于西南部。从马里博尔向南、向东,经过斯洛文斯卡比斯特里察、采列,可直达首都卢布尔雅那。

四 河流与湖泊

1. 河流

斯洛文尼亚的河流属于黑海流域和亚得里亚海流域,主要河流是萨瓦河及其支流德拉瓦河、索查河和穆拉河。其中萨瓦河及其支流德拉瓦河、穆拉河是多瑙河的支流,它们属黑海流域,索查河属于亚得里亚海流域。

萨瓦河 作为多瑙河支流,水源最为丰富,全长947公里,有221公里在斯洛文尼亚境内,流域面积为10724平方公里。尤利安阿尔卑斯山的特里格拉夫山峰以北是萨瓦河的发源地,属斯洛文尼亚境内。萨瓦河是萨瓦博希尼卡河从博希尼湖流出,之后在拉多夫利察与萨瓦多林卡河汇合而成。全长34公里、流域面积221平方公里的科克拉河,全长52公里、流域面积636平方公里的索拉河以及全长27公里、流域面积146平方公里的特尔日什卡比斯特里察河等也是萨瓦河源头的支流。萨瓦河流经克拉尼盆地、卢布尔雅那盆地和迪纳拉喀斯特山区,之后汇合其他各条支流,经过克罗地亚,从塞尔维亚的贝尔格莱德注入多瑙河,最终汇入黑海。

萨瓦河的支流全部在斯洛文尼亚境内的有:全长33公里、流域面积530平方公里的卡姆尼什卡比斯特里察河;全长41公里、流域面积1890平方公里的卢布尔雅尼察河;全长102公里、流域面积1848平方公里的萨维尼亚河;全长44公里、流域面积294平方公里的米尔纳河;全长94公里、流域面积2315平方公里的克尔卡河。

萨瓦河的跨境支流有:全长90公里、流域面积451平方公里,有86公里是斯洛文尼亚与克罗地亚两国界河,在克罗地亚境内流入萨瓦河的索特拉河;全长294公里、流域面积1015平方公里,主要在克罗地亚境内,有118公里是斯洛文尼亚与克罗地亚两国界河,最终流入萨瓦河支流库帕河的科尔帕河。

萨瓦河上游属于山地河流,其源头和流出地海拔分别为833米和132米,年平均水流量为每秒44.9立方米。故而萨瓦河上游有利于水力发电,很多支流可以用来灌溉农田以及用作其他的供水;萨瓦河河谷则是主要的

斯洛文尼亚

交通要道，连接着卢布尔雅那到萨格勒布、贝尔格莱德和欧洲中部、欧洲西部城市。

德拉瓦河 另一条多瑙河大支流，是斯洛文尼亚境内的第二大河流。德拉瓦河发源于海拔约3000米的阿尔卑斯山上，源头在意大利境内，流经奥地利，流经斯洛文尼亚东北部的马里博尔、普图伊等城市，然后在匈牙利与克罗地亚的交界处汇合穆拉河，再向东南，一路沿塞尔维亚和匈牙利边界，在塞尔维亚境内汇入多瑙河。德拉瓦河在斯洛文尼亚境内长142公里、流域面积3259平方公里，全长707公里，作为斯洛文尼亚与匈牙利两国界河的部分有25公里。在斯洛文尼亚境内，有很多德拉瓦河的支流，如全长43公里、流域面积543平方公里的梅扎河，全长73公里、流域面积811平方公里的德拉维尼亚河，全长69公里、流域面积539平方公里的佩斯尼察河，等等。德拉瓦河流入斯洛文尼亚处的海拔为340余米，流出斯洛文尼亚处的海拔为170米，是典型的山地河流，由于流入流出高度相差170米，水流湍急。在德拉瓦河及其支流上，斯洛文尼亚已修建大坝、水库和水力发电站。河岸两旁形成的一片片草地、湿地和水塘，是河水时常溢出河床所形成的。

穆拉河 发源地在奥地利的西南部，流经斯洛文尼亚普雷克穆列平原，也就是斯洛文尼亚东北区域，之后与德拉瓦河汇合，一同汇入多瑙河。穆拉河在斯洛文尼亚境内95公里、流域面积1375平方公里，全长达438公里，处于斯洛文尼亚、克罗地亚、匈牙利三国交界处，其中67公里是斯洛文尼亚与克罗地亚的边界。穆拉河的主要支流有：全长56公里，流域面积288平方公里的什查夫尼察河；全长76公里，在斯洛文尼亚境内68公里，流域面积678平方公里的伦达瓦河。它们主要在斯洛文尼亚境内。穆拉河在流入斯洛文尼亚处的海拔为250米，流出斯洛文尼亚处的海拔为130米，此处优良的水力资源已得到充分利用，对于当地农田灌溉发挥了必不可少的作用。

索查河 发源于特里格拉夫山峰西侧，是亚得里亚海流域的河流，沿岸自北向南城市较多，主要城市有博维茨、科巴里德、托尔敏。该河与全长60公里、流域面积598平方公里的伊德里察河汇合后，在斯洛文尼亚与意大利的边境城市诺瓦戈里查附近流入意大利境内，之后又与全长49公里、在斯洛文尼亚境内44公里、流域面积598平方公里的维帕瓦河汇合，最终流入亚得里亚海。索查河在斯洛文尼亚境内长96公里、流域面积1549平方公里，全长达138公里。索查河的源头是喀斯特山泉，海拔876米，从斯洛文尼亚边界流出地海拔56米。沿索查河已建立了多座水电站，此处水力资源也已得到充分利用。索查河河谷是斯洛文尼亚西部南北方向的交通主动脉，沿博维茨、科巴里德、托尔敏、诺瓦戈里查等一线延展开来。

雷卡河 发源于斯奈日尼克山峰下，流经典型的喀斯特地区，整条河流在地表时隐时现，因为河水流入石灰岩洞内变成地下河，随后又流出地面。它以地下河著称，最终流入亚得里亚海。雷卡河在地表部分流过47公里后，进入著名的斯科契扬溶洞，在地下部分流过43公里后，又重新在的里雅斯特流出地面。雷卡河在斯洛文尼亚境内51公里、流域面积365平方公里，源头的海拔为720米，流出斯洛文尼亚边境的海拔为360米。在卢布尔雅尼察河上游及其在波斯托伊纳溶洞变成了地下河的支流皮夫卡河等河流，存在着时隐时现的喀斯特地貌特征，较为有特色。

2. 湖泊

冰川湖 斯洛文尼亚境内的阿尔卑斯山区，在冰川的作用下，形成了许多大小各异的冰川湖，湖水清澈，呈蓝绿色，位于高耸的山峰之间。特里格拉夫冰川是斯洛文尼亚最大的冰川，博希尼湖是最大的冰川湖，海拔为526米，面积为318公顷，最大深度为44.5米。萨瓦河源头的支流萨维察河补给湖水，水资源丰富，蓄水量为1.2亿立方米。布莱德湖最为著名，海拔为475米，面积为140公顷，最大深度为30.6米，蓄水量可达3170万立方米。布莱德湖深水层氧气缺乏，因为没有河流流入，不仅影响水中生物的生存，还威胁到湖本身的存在，因此斯洛文尼亚政府采取了一系列相关保护措施，如人工更换水中空气等。特里格拉夫湖位于特里格拉夫国家公园，由7个湖构成，其中最大的是面积3.8公顷的韦利科湖（Veliko），7个湖的海拔为1340～1993米，相互连接长达8.5公里。

斯洛文尼亚

季节性湖泊 采尔科尼察湖是斯洛文尼亚最大的季节性湖泊，最大深度为10.7米，海拔552米，面积达2400公顷，蓄水量可达7600万立方米。但是这个湖泊湖水不是很稳定，冬季的时候结冰，春季天气回暖，冰雪融化后便渗入地下，湖水有时会消失。

人工湖 斯洛文尼亚人工湖众多，最大的是韦莱尼斯科湖（Velenjsko），在韦莱涅附近。最初是采掘褐煤的矿井，被水淹没后形成湖泊，类型较为特殊。韦莱尼斯科湖海拔为523米，面积为69公顷，最大深度为50米，蓄水量可达700万立方米。

五　气候

斯洛文尼亚各地的气候因地形差异而不尽相同，可分为大陆性气候、亚得里亚-地中海气候和阿尔卑斯山地气候。全国1月平均气温为-2℃，7月平均气温为21℃；年平均降水量也因不同地区有所不同，山区的降水量最大。海岸地区的年降水量为1000毫米，阿尔卑斯山年降水量高达3500毫米，东南部地区年降水量800毫米，中部地区年降水量1400毫米。冬季多雪。在斯洛文尼亚，全年日照时数约2000个小时。

大陆性气候 斯洛文尼亚中部和东北部的大部分地区为大陆性气候，冬季寒冷且持续时间较长，夏季较热雨水少，春秋季短暂温和。

阿尔卑斯山地气候 阿尔卑斯山区是典型的阿尔卑斯山地气候，夏季短暂凉爽，冬天寒冷漫长，降水丰沛。年平均气温最低的特里格拉夫山，每年有8个月的平均气温在0℃以下，从每年10月到次年5月，全年仅有4个月的平均气温在0℃以上。一年中最温暖的月份是8月。8月也可能出现暴风雪天气，年平均降水量为3500毫米。

亚得里亚-地中海气候 亚得里亚-地中海气候分布在斯洛文尼亚的沿海区域，秋天比春天要热，日平均气温一般在0℃以上，夏季长而炎热，冬季短暂温暖。亚得里亚海潮湿的气流经过地势较低的沿海地带，之后沿着山脉继而又向上运动，这个过程中的水蒸气冷却，慢慢凝结变成雨水，陆续在山区降下，所以山区和中部的降水量相较沿海地区反而多。但是，这里经常刮起强劲猛烈的大风，被命名为"布拉"，有时可达每秒45米。

六　人口、民族、语言

1. 人口

截至2022年10月，斯洛文尼亚人口总数为211万人，其中男性人口的比重为50.3%。斯洛文尼亚人口密度约为104人/平方公里（在欧洲国家中偏低），约50%的人口居住在城镇。首都卢布尔雅那人口为28.67万。

斯洛文尼亚全国总共有5997个居民区，分布在河谷和交通要道附近，山地和林区则人烟稀少。从2002年开始，已有60个居民区无人居住，223个居民区的居民不足10人。斯洛文尼亚1万人以上的16个城市居住了全国30%以上的人口，全国人口总数的17.9%居住在卢布尔雅那和马里博尔两大城市。人口为500~5000人的地区人口增长较快，增长率可达到1.6%。斯洛文尼亚的农民人口较少，只占全国人口总数的7.6%左右。总的来说，斯洛文尼亚大约1/3的人口居住在居民超过10000人的城镇。较大的城市是卢布尔雅那、马里博尔、克拉尼、塞尔耶、科佩尔、新梅斯托、新戈里察、韦伦杰、普图伊、穆尔斯卡索博塔、斯洛文尼亚格拉代茨。

斯洛文尼亚一直面临人口问题，如低出生率和老龄化。斯洛文尼亚的人口正在缓慢减少。过去，家庭规模很大，但最近几十年在不断缩小。出生率和死亡率都有所下降。自1993年以来，斯洛文尼亚的人口仅由于移民而增加，而出生率自1993年以来一直是负数。2009年，有21856名婴儿出生（每名妇女生育1.53名儿童），18750人死亡。幸运的是，婴儿死亡率很低（2009年每1000名活产儿中有2.4人死亡）。

年龄结构的变化与出生率的下降、寿命的延长都有关系。同其他发达国家一样，斯洛文尼亚也存在人口老龄化的问题。20世纪50年代初，斯洛文尼亚的中位年龄约为30岁，2004年飙升至41.2岁。在1953年的人口普查中，15岁以下人口与65岁及以上人口的比例分别为27.6%和7.6%，而在2004年，15岁以下人口与65岁及以上人口的比例分别为14.4%和15.3%。

斯洛文尼亚是欧盟国家中结婚率很低的国家，每1000人中有3.2人结

婚（2019年）。其离婚率也很低，每1000人中有1.1人离婚（2019年）。

对斯洛文尼亚人口增加有重要影响力的因素是移民的增加。由于斯洛文尼亚经济比较发达，但是缺少劳动力，所以在20世纪70年代南斯拉夫时期，出现了移民高潮，主要是从南斯拉夫其他地区向斯洛文尼亚移民。然而在20世纪80年代出现经济危机后移民开始减少，直至20世纪90年代初的政治变迁，移民的流入几乎停滞，与此同时出现了难民和非法移民的涌入。20世纪90年代末，移民人数开始有增加的趋势，主要是从国外归来的斯洛文尼亚公民和南斯拉夫地区的移民。

联合国开发计划署2016年发布的《人类发展报告》数据显示，斯洛文尼亚属于超高人类发展国家。斯洛文尼亚人类发展指数为0.890，预期寿命为80.6岁，预期受教育年限为17.3年，平均受教育年限12.1年，人均国民收入28664美元，在世界上居第25位。

斯洛文尼亚居民一般都能受到良好的教育，2013年15岁及以上受过高等教育的人口占9%，15岁及以上受过中等教育的占43.4%，15岁及以上受过初级教育的占30.3%，15岁及以上未受教育的占17.3%。斯洛文尼亚全国已基本上消除了文盲，居民的识字率达99.6%。

2. 民族

斯拉夫人是斯洛文尼亚人的祖先，他们于公元6世纪迁移至此。斯洛文尼亚在法兰克人统治时期，多数为依附农。多数北部的斯洛文尼亚人由于与日耳曼人混居，而逐渐被同化，而南部的斯洛文尼亚人主要是农民，他们坚决抵御异族的文化渗入和政治影响，始终坚持使用斯洛文尼亚语，为斯洛文尼亚的民族特性发挥了非常有意义的作用。在奥匈帝国统治时期，斯洛文尼亚被分割为封建领地，成为奥地利的部分省份。19世纪，民族意识不断加强的斯洛文尼亚人，致力于统一斯洛文尼亚，兴起了斯洛文尼亚民族复兴运动。斯洛文尼亚人与奥匈帝国内的其他斯拉夫人，在第一次世界大战后宣布独立，成立了"斯洛文尼亚人、克罗地亚人和塞尔维亚人国"，后来又与塞尔维亚王国合并为"塞尔维亚人-克罗地亚人-斯洛文尼亚人王国"。塞尔维亚国王在1929年发动政变，改为"南斯拉夫王国"。此后，斯洛文尼亚归属南斯拉夫王国。

在斯洛文尼亚的沿海地区，如皮兰、伊左拉、科佩尔一带，有许多意大利少数民族，东北部的伦达瓦等地有匈牙利少数民族。斯洛文尼亚东北部的农村中，还有部分日耳曼人。斯洛文尼亚的犹太人在第二次世界大战后也大量减少。罗姆人在向欧洲迁移的过程中，来到斯洛文尼亚东北部与匈牙利交界的地区，以及南部与克罗地亚交界的地区。斯洛文尼亚祖居的少数民族，主要是指世世代代定居在这里的意大利人、匈牙利人、日耳曼人、犹太人和罗姆人。由于斯洛文尼亚属于南斯拉夫统一国家内经济最发达的地区，所以南斯拉夫其他地区的居民，特别是在第二次世界大战后的南斯拉夫联邦国家时期，渐渐开始向斯洛文尼亚迁移。斯洛文尼亚独立后，他们变成了外国移民，所以绝大多数人加入了斯洛文尼亚国籍。这些人被称为非祖居的少数民族，人数众多。

斯洛文尼亚人口中绝大多数属于斯洛文尼亚族，约占总人口的83%。来自南斯拉夫其他共和国的人民成为少数民族。斯洛文尼亚2013年官方统计数据显示，斯洛文尼亚人口的民族结构中，斯洛文尼亚族占绝大多数（83%），意大利族占0.1%，匈牙利族占0.3%，克罗地亚族占1.8%，马其顿族占0.2%，门的内哥罗族占0.15%，塞尔维亚族占2.0%，罗马族占0.17%，穆斯林（包括波斯尼亚人）占1.6%，其他少数民族占2.2%，未知的占8.9%。

斯洛文尼亚约有12.4%的居民出生在国外。2021年的统计数据显示，居住在斯洛文尼亚的非欧盟公民约为14.7万人，约占该国总人口的6.9%。人数最多的是波斯尼亚和黑塞哥维那移民，其次是来自塞尔维亚、北马其顿、克罗地亚（此后已加入欧盟）的移民。2019年4月，居住在斯洛文尼亚的外国公民为143192人，占斯洛文尼亚人口的6.87%。自1995年以来，移居斯洛文尼亚的人数稳定增长；移民率逐年提高，在2016年达到顶峰。自斯洛文尼亚2004年加入欧盟以来，移民的年流入量到2006年翻了一番。2007年，斯洛文尼亚是欧盟净移民率增长最快的国家之一。

斯洛文尼亚各少数民族享有的基本权利和特殊权利在《斯洛文尼亚共和国宪法》及一系列法律中得到了保障。如《斯洛文尼亚共和国宪法》第一章总则的第5条、第11条，第二章人权和基本自由的第14条（在法

斯洛文尼亚

律面前平等)、第 61 条（表明民族成分）、第 62 条（使用语言文字权）、第 63 条（禁止煽动不平等和不宽容，禁止煽动暴力和战争）、第 64 条（斯洛文尼亚境内聚居的意大利族和匈牙利族的特殊权利）、第 65 条（斯洛文尼亚的罗姆人的地位和特殊权利），第四章国家机构的第一节国民议会的第 80 条（组成和选举）等，都对少数民族的相关权利，包括基本权利和特殊权利进行了规定。此外，少数民族所享有的地位和权利，在相关法律，如有关选举的法律、政治结社法、地方自治法、民族共同体自治法、法院法以及有关教育、文化、新闻、出版等方面的法律中有所体现。

斯洛文尼亚陆续签署了一系列有关保护人权和少数民族权利的国际公约和欧洲公约。根据有关国际公约，斯洛文尼亚境内的罗姆人的地位和享有的特殊权利得到宪法和法律保护。1992 年斯洛文尼亚政府与匈牙利政府签订了相互保护在本国境内的对方的少数民族权利利益的双边协议。斯洛文尼亚在 1996 年与意大利就两国境内的对方少数民族权利保护事宜达成了双边协议。奥地利和斯洛文尼亚也就保护对方少数民族问题进行了谈判、协商，最终达成了协议，为保护双方少数民族权利奠定了政治基础。《斯洛文尼亚共和国宪法》及有关法律规定，在斯洛文尼亚的其他少数民族，可享有一般公民的基本权利和自由，并且可享有一般少数民族应享有的权利；斯洛文尼亚政府不采取民族歧视政策。

针对在斯洛文尼亚境内祖居的意大利族和匈牙利族，宪法第 64 条就其享有的特殊权利进行了相关规定。斯洛文尼亚议会中，专门设有少数民族委员会，有主体民族斯洛文尼亚族代表，还有匈族、意族及其他少数民族代表，这个委员会专门负责少数民族事务，并有权向议会提出相关意见和建议。少数民族办公室设立在斯洛文尼亚政府内，为少数民族共同体的正常运转提供帮助和财政支持。总之，斯洛文尼亚的各少数民族在促进斯洛文尼亚和其各自母国之间的政治、经济、文化等领域的交流与合作发挥着重要作用。在斯洛文尼亚议会的 90 个代表席位中，每一个少数民族都能保证享有一个席位，且意大利族和匈牙利族还可获得斯洛文尼亚政府提供的资金用于自治。罗马族在斯洛文尼亚同样享有特殊地位。

3. 语言

斯洛文尼亚语是斯洛文尼亚的官方语言，属于南部斯拉夫语系，使用拉丁文字书写。斯洛文尼亚民族经历了历史上异族的巨大影响，但还是保持着自身语言的特点，保留了民族的重要特性之一，这在国家的历史演变中发挥着特殊的作用。宗教生活与斯洛文尼亚语言和文字的发展有着密不可分的关系，人们最初只是在祈祷和忏悔时使用斯洛文尼亚语，公元10世纪的"弗赖辛手稿"是最早用拉丁文字书写的斯洛文尼亚语文献。公元16世纪欧洲兴起新教，并伴随着社会巨大变革，斯洛文尼亚语在新教改革运动的影响下，开始了统一的进程。斯洛文尼亚新教牧师普里莫日·特鲁巴尔为了传播新教的需要，1550年用斯洛文尼亚语在德国出版了《教义问答》和《识字课本》两本书。在书中他统称自己的同胞为斯洛文尼亚人，斯洛文尼亚人从此有了用自己的文字出版的图书。因此斯洛文尼亚人视特鲁巴尔为"斯洛文尼亚民族和语言之父"。斯洛文尼亚语开始在学校中使用始于18世纪，第一本教科书就是《识字课本》。然而，标准语言的发展也受到了很大影响，主要是因为斯洛文尼亚领土不断变更，各种不同外来的影响使得斯洛文尼亚语出现了许多方言。在斯洛文尼亚境内，斯洛文尼亚语有39种方言，并且发音各不相同。

斯洛文尼亚共和国宪法规定，在匈牙利族或意大利族聚居的地区，匈牙利语或意大利语也是官方语言之一。

在斯洛文尼亚以外的国家，现在仍有许多大学在教授斯洛文尼亚语，作为外语或第二外语供学生选修，卢布尔雅那大学文艺学院的语言文学系设有斯洛文尼亚语中心，与国外的40多个教授斯洛文尼亚语的大学保持交流和合作的关系。

七 国旗、国徽、国歌

斯洛文尼亚国旗为长方形，长与宽之比为2∶1。旗面由三个平行相等的横长方形组成，自上而下分别为白、蓝、红三色。旗面左上角绘有国徽。奥地利哈布斯堡王朝曾经长期统治斯洛文尼亚人，因此斯洛文尼亚一直没有自己的国旗或民族旗帜。1848年3月，三色旗被卡尔尼奥拉省的

15

斯洛文尼亚

斯洛文尼亚族代表团带到维也纳。斯洛文尼亚族的大学生和知识分子用此来争取斯洛文尼亚民族统一，代表团获得维也纳当局同意，把三色旗作为新的斯洛文尼亚的民族旗帜，并举行了规模庞大的庆祝活动。斯洛文尼亚1918年加入塞尔维亚人-克罗地亚人-斯洛文尼亚人王国时，以三色旗为国旗。受1929年南斯拉夫王国宪法的限制，斯洛文尼亚人不能公开地使用自己民族的旗帜。三色旗在第二次世界大战期间增加了红五星，作为斯洛文尼亚共和国国旗，在整个南斯拉夫联邦时期保持不变。斯洛文尼亚于1991年宣布脱离南斯拉夫，成为独立主权国家后，采用在左上方绘有国徽（山峰与六角星）的三色旗为国旗。白色象征对和平与神圣的无限向往和憧憬；蓝色象征人民如大海般自由宽阔的胸襟；红色象征人民争取独立和国家主权的勇气和不朽灵魂。国旗旗面的国徽上的山峰象征该国最高峰——特里格拉夫峰。

斯洛文尼亚国徽是一枚镶有红边的蓝色盾徽，盾面为蓝色，上部有三枚黄色的六角星，下边是白、蓝相间的波纹，中间为三座白色山峰，象征该国最高峰特里格拉夫峰。山峰下两道蓝色波状条纹代表两条主要河流——萨瓦河和德拉瓦河。蓝色的天幕上，三颗象征独立、自由和光荣的黄色六角星熠熠发光，呈倒三角形排列，照耀着斯洛文尼亚共和国的锦绣前程。斯洛文尼亚国徽盾牌上的颜色沿袭了斯洛文尼亚历史上的采列公国的国徽上的颜色。斯洛文尼亚雕塑家马尔科·波加契尼克设计了国旗的几何图形和色彩搭配，国徽底部象征着斯洛文尼亚的地理形状，西北是阿尔卑斯山，东部是潘诺尼亚平原，南部是沿海地区；两条波浪形线条代表海洋和河流，也可理解为人世间男女平衡的规律。

《祝词》是斯洛文尼亚国歌，由斯洛文尼亚伟大的爱国诗人弗朗茨·普雷舍伦作词，斯坦科·皮里米尔作曲。斯洛文尼亚国歌中文大意为：

受上帝所保佑各国，都为那光明不懈工作，那时世上居所，再没有战争和冲突折磨；长享有自由快活，没仇敌，只有好邻国！长享有自由快活，没仇敌，只有好邻国！在边疆只有好邻国！

第二节 宗教与民俗

一 宗教

公元8世纪,斯洛文尼亚人开始皈依基督教。哈布斯堡王朝统治时期,奥地利当局只允许居民信奉天主教,因此,如今斯洛文尼亚绝大多数居民信奉天主教,最大的教会是罗马天主教会,较为活跃。此外,斯洛文尼亚还有30多个宗教团体,如新教、伊斯兰教、东正教、其他基督教和非基督教等。新教被认为是最古老,也是具有重要意义的宗教团体,在斯洛文尼亚东部,尤其是靠近匈牙利的区域传播比较广泛。但斯洛文尼亚信奉新教的居民人数不多。16世纪,新教在斯洛文尼亚地区开展改革运动,但在奥地利哈布斯堡王朝的镇压下,最终以失败告终。但是新教领袖特鲁巴尔等人,在改革中开创的斯洛文尼亚特色的语言文学先例,使斯洛文尼亚人统一了语言。这成为后来的斯洛文尼亚民族觉醒和民族复兴的基石。特鲁巴尔对于斯洛文尼亚人来说,不仅是新教领袖,而且是斯洛文尼亚文学语言的创始人。每年新教的改革日是10月31日。如今这一天已不仅是新教的节日,也成为全民族的节日。斯洛文尼亚信奉东正教和伊斯兰教的居民,大多数是来自南斯拉夫各地区的移民,他们有属于自己的宗教团体,开展相关的宗教活动。

斯洛文尼亚保证人民的宗教信仰自由权。2020年最新的人口普查表明,绝大部分斯洛文尼亚人是天主教徒。具体比例如下:天主教徒占57.8%,穆斯林占2.4%,东正教教徒占2.3%,新教徒占0.9%,有信仰但非宗教信仰者占3.5%,无神论者占10.1%,其他22.9%的人不愿透露宗教信仰情况。

纵观历史,天主教信仰对斯洛文尼亚的发展起到了至关重要的作用,如今,它依然对社会及公共生活有着重大影响。另外,天主教徒在斯洛文尼亚人口中所占比重不断下降。例如,在第二次世界大战以前,斯洛文尼亚的天主教徒大概占总人口的88%;而到了1991年,约为72%。

斯洛文尼亚

斯洛文尼亚的教堂多数为天主教堂,其中最重要的是圣母进教之佑圣殿(Basilica of Mary Our Help)。

东正教教徒主要是那些在南斯拉夫时期从塞尔维亚移居至斯洛文尼亚的人及其后代。穆斯林主要是原来从波斯尼亚和黑塞哥维那来到斯洛文尼亚成家立业的移民。新教徒大多生活在斯洛文尼亚的东北部地区。

斯洛文尼亚共和国宪法第7条规定,"国家与宗教团体分离,宗教团体依法享有平等的权利并保证其活动的自由"。因此,斯洛文尼亚实行政教分离政策。国家的公共机构无宗教标志,学校也不进行宗教教育。宪法第41条规定,"在私人生活和公共生活中,个人信仰自由。不能强制任何人接受宗教信仰或其他信仰。父母有权根据自己的信仰对子女进行道德和宗教信仰的教育,对子女的宗教信仰和道德教育应适合他们的年龄和成熟程度,并应尊重他们的思想意识、宗教信仰及其他信仰或信念的自由"。斯洛文尼亚政府主张宗教信仰自由,主张宗教多元化,同时斯洛文尼亚提倡宽容和尊重不同宗教信仰、不同文化文明的价值观,尊重彼此之间差异性的存在。梵蒂冈的罗马教廷与斯洛文尼亚政府保持着良好关系。在斯洛文尼亚共和国宣布独立后,罗马教廷最先宣布承认斯洛文尼亚为独立国家。之后保罗二世教皇先后两次正式访问斯洛文尼亚,受到隆重接待。斯洛文尼亚与罗马教廷在2001年底,签署了第一个协议(被称为《梵蒂冈协议》)。该协议确定了罗马天主教在斯洛文尼亚的地位,保障了斯洛文尼亚天主教徒的基本权利和宗教自由。2001年,引进宗教服务被斯洛文尼亚军队纳入了军队改革计划。梵蒂冈方面表示,天主教在精神上为斯洛文尼亚军队和警察部队提供帮助。

二 节日

斯洛文尼亚全年有174个节日。斯洛文尼亚人喜欢社交和了解传统文化,认为把这两件事结合起来是非常棒的事。所以从这些特别的节日中,不难发现斯洛文尼亚特殊的文化和风俗。这些节日与葡萄酒、啤酒、美食、购物、高级手工刺绣有关,更展现了斯洛文尼亚人乐观友善的天性。全国性节日和假日由斯洛文尼亚议会确定。

第一章 概　览

新年（1月1~2日）。

国家文化节（2月8日）。在斯洛文尼亚的历史中，艺术与文化有着非同寻常的意义。它们在许多方面弥补了从前斯洛文尼亚人因没有国家、政治和政府机构而产生的缺憾。同时这一天也是为了纪念斯洛文尼亚最伟大的19世纪浪漫主义诗人普列舍仁而设立的。

忏悔节嘉年华（2月第三个周末）。几个世纪以来，斯洛文尼亚人一直认为戴上面具可以赶走寒冷的冬天。这个节日的时间段跟中国新年很接近，也有几分辞旧迎新的意思。这项驱赶寒冬和邪灵的仪式是自古就有的斯洛文尼亚传统，在这一天，人们戴上各种各样充满创意的面具上街"比美"，学生会直接戴着面具去上学，并互相评选出最具创意的狂欢面具。

复活节（春分月圆后的第一个星期日）。

抵抗日（4月27日）。4月27日的抵抗日是斯洛文尼亚反法西斯占领的纪念日，纪念1941年4月27日斯洛文尼亚反法西斯民族解放阵线成立及其团结广大斯洛文尼亚人民进行反法西斯斗争。

劳动节（5月1~2日）。

降灵节（复活节后第七个星期天）。

世界蜜蜂日（5月20日）。2015年4月，由斯洛文尼亚共和国向联合国提出申请，将5月20日定为世界蜜蜂日，这一申请很快被联合国通过。人类赖以为食的农作物当中很大一部分离不开蜜蜂和其他昆虫传粉。保护蜜蜂对公众和健康生态很重要。因此斯洛文尼亚人认为要让更多的年轻人了解农业。很多的小学生在这一天有蜂蜜早餐，大家也会举办更多促进养蜂、了解蜜蜂的活动。

伊德里亚蕾丝节（6月第三个周末）。手织蕾丝素来是斯洛文尼亚的传统工艺，当地人喜欢把蕾丝图案贴在窗户上，点缀家居。近些年来更是把蕾丝的元素发扬到各个地方，比如蕾丝蛋雕和米兰时装周上高级手工蕾丝元素的时装。每一件蕾丝作品都是独一无二的，讲述着斯洛文尼亚人自己的故事。

圣乔治日（6月21~25日）。圣乔治日是斯洛文尼亚最古老的民俗节

斯洛文尼亚

日。斯洛文尼亚人在这一天会表演民间古风舞蹈,以庆祝6月万物生长的新季节。大街小巷随处可见各式各样的民俗表演,从艺术家到街头艺人,表演类型丰富多彩,并且不拘泥于舞台和场地。自由地舞蹈和歌唱,不断提醒人们发扬和传播自己特有的民俗文化和风情。

国庆节(6月25日)。斯洛文尼亚共和国宣布正式独立的纪念日。1990年4月斯洛文尼亚作为南斯拉夫联邦的一个共和国举行首次多党议会选举后,于12月就斯洛文尼亚独立问题举行了全民公决,结果88%的投票居民赞成斯洛文尼亚独立,1991年6月25日斯洛文尼亚共和国议会通过了斯洛文尼亚共和国的独立宣言,宣布斯洛文尼亚共和国正式独立。

啤酒花卉节(7月第三个周末)。除了蓝天和阳光,斯洛文尼亚人夏天最离不开的大概是啤酒和鲜花。这个啤酒花卉节已经成为斯洛文尼亚最受欢迎和最有趣的旅游活动之一,单日参与人数已达到14万人。在这里,可以品尝各种啤酒,享受轻松的音乐,欣赏传统风情表演。周六迎来活动的高潮,夜晚有水上交响乐和壮丽的烟火表演,洛什科小镇给喝醉的人提供回家的免费火车票。

皮皮儿童节(9月17~23日)。长袜子皮皮是一个绑着两条辫子、脸颊和鼻子上有雀斑的卡通女孩,她总是穿着五颜六色的袜子和过大的鞋子。这个皮皮,赢得了斯洛文尼亚各个年龄段人的心,每个人都在期待着这个别开生面的儿童节。大人会陪着孩子装扮成皮皮,所有的人都致力于给儿童营造一个美妙的童话世界。借助皮皮的卡通形象,人们接受多样性,加强了不同代人之间的联系。

购物和娱乐节(5月/10月,一年两次)。卢布尔雅那的购物中心BTC City是主要的活动场地,组织许多戏剧、体育、时尚和魔术表演。同时,主办方还策划了许多游戏,向幸运的游客送出价值不菲的礼品卡。

改革日(10月31日)。10月31日的改革日是纪念斯洛文尼亚新教改革运动领袖和斯洛文尼亚文学语言创始人普里莫日·特鲁巴尔的节日。10月31日原为纪念新教发起人马丁·路德公布其教会改革纲领的日子(1517年10月31日),是新教的节日。由于斯洛文尼亚新教牧师对斯洛文尼亚民族和语言的伟大贡献,这一新教节日在斯洛文尼亚已变成了全民的节日。

万灵节（11月1日）。悼念亡灵的日子，通常斯洛文尼亚的国家领导人要到烈士墓向为祖国战斗牺牲的烈士敬献花环。

葡萄酒节和烹饪节（11月24~25日）。这是首都卢布尔雅那最受欢迎的一个节日。每年会吸引专家、葡萄酒商人、餐馆老板、媒体以及众多游客的参与。这一天不但提供超过200种葡萄酒，以及各种各样的斯洛文尼亚美味佳肴供人们品尝，还将颁发重要的葡萄酒奖项。同时，这一天也是烹饪节，有创意的斯洛文尼亚厨师会亲自介绍自己结合了传统和现代风格的菜肴。

圣诞节（12月25~26日）。

独立日（12月26日）。1990年12月26日是斯洛文尼亚共和国正式宣布于当年12月23日就斯洛文尼亚主权和独立问题举行的全民公决的结果的日子。斯洛文尼亚共和国议会根据投票的斯洛文尼亚居民中绝大多数赞成斯洛文尼亚成为主权独立国家的决定，经共和国议会通过后于1991年6月25日发表了独立宣言。

除此之外，斯洛文尼亚为配合旅游活动，每年都会组织夏季国际文化节，还经常组织图书、美术、音乐、戏剧、舞蹈、电影等方面的文化节。

三 民俗

斯洛文尼亚是个拥有多元文化的国家，包含了阿尔卑斯山区、平原地区和沿海地区不同的文化。随着现代文明不断地发展，斯洛文尼亚居民的文化生活变化很大。但是在农村，人们仍然保持传统文化和习俗，体现在建筑风格、艺术创作、食物种类等各个不同领域。

在斯洛文尼亚，不同地区，房屋结构形式各不相同，如山区、沿海和平原地区的农村房屋造型迥异。西部山区是典型的阿尔卑斯建筑：用木料做屋顶，房屋的墙壁厚实，别具一格的干草架，用来风干和储存干草及其他作物，人们把若干木桩埋在地下，间距相等，许多横杠横穿中间，屋顶式的顶盖在上端，向两侧下斜，可以遮风挡雨。当地养蜂的蜂箱也别具特色，绘有关于人们的生活、宗教仪式、人的性格、爱好、价值观、行为规

斯洛文尼亚

范等的图画。18世纪，奥地利皇宫内的斯洛文尼亚养蜂人安东·扬沙开创了这种蜂箱画，他还培养出了"卡尔诺利安"蜂，以及相关蜂产品，成为当地特产。形成于18世纪后半期的这种蜂箱画，后来成为斯洛文尼亚的特色民间艺术，在19世纪风行一时。

在斯洛文尼亚，乡村中有很多民间陶工、柳条编织工、铁匠、木匠等匠人。他们继承和保持手工艺的传统技术，同时也具有新的现代的构想。15世纪的木器商人是斯洛文尼亚在此方面的始祖，日耳曼当局允许他们自由地出售自己的产品后，他们在几个世纪的时间里，开辟了众多销售渠道和贸易通道。他们的产品销往大部分欧洲地区、地中海以及小亚细亚沿岸、印度、非洲等地。

斯洛文尼亚的饮食丰富多样，形成特有的文化。山区、沿海地区和平原地区等不同地区的居民饮食，几百年来各具特色。阿尔卑斯山区以制作各种夹馅蛋卷和糕点闻名，此外还有奶酪、熏肉及其他肉制品。斯洛文尼亚肉食品种类繁多，有两种肉制品——腊肠（用克拉斯地区的风干猪肉制作）和"萨拉米"干香肠特别出名。这里还有最受人们欢迎的"塔兰"红葡萄酒。在西部沿海地区，橄榄和橄榄油使用较多（该地区盛产橄榄和橄榄油），以肉类、鱼类和蔬菜搭配的混合菜为主，当地盛产各种品牌的红、白葡萄酒。东北部地区，饮食以面食为主，面包、蛋卷种类众多，有名的饮食有"吉巴尼查"水果多层饼、"克瓦塞尼查"发面饼、"波索隆卡"开胃菜等。这个地区有质量上乘的白葡萄酒。东南部地区，最有名和最具特色的是"多莱尼之花"红葡萄酒，这种红葡萄酒热量低，酒色清亮，酸味特别。斯洛文尼亚人喜欢喝葡萄酒，因为国家位于欧洲狭长的葡萄产区中部，具有生产多种多样的优质葡萄和葡萄酒的优良的地理和气候条件。此外，烈性果酒在斯洛文尼亚也很受欢迎，这些酒用各种水果酿造而成。

斯洛文尼亚有许多民间节日。不同的传统节日在不同群体保持传承：有的节日与农时相关，如春耕时节、秋收时节或是葡萄采摘季节；有的节日与宗教相关，如马丁节、忏悔节、圣诞节、复活节等。普图伊附近村庄每年一度的忏悔节狂欢活动中，有一种化装舞蹈表演叫"库伦特"，最有特色。许多表演者身披长毛羊皮，头上的羊毛帽上插着羽毛、挂着彩带。他们戴着面具，有的化装成家禽，手持木棍舞蹈，意在驱赶邪恶，并祈祷春天的到来。

第三节　特色资源

一　名胜古迹

斯洛文尼亚约有一半的面积被森林覆盖，森林覆盖率在欧洲各国中名列第三，排在芬兰和瑞典之后。国内亦有原始森林。天然的环境优势造就了斯洛文尼亚的优美景色，这里是摄影爱好者的天堂。

斯洛文尼亚有着丰富的旅游资源。海滨、山区、平原、城市、乡村，游客观光休闲的去处非常多。斯洛文尼亚林木丰茂，空气清新，被称为欧洲的"绿色瑰宝"或"绿色最浓的国家"。斯洛文尼亚东南部的亚得里亚海滨，风景秀丽，是著名的避暑胜地。13世纪的塞乔夫列晒盐池和鸟类的自然保护区（栖息着150多种鸟类）位于海岸南端。沿海还有中世纪遗留的波尔托罗日、皮兰、伊左拉、科佩尔等港口城市，其中建于1251年的波尔托罗日，又被称为"玫瑰港"，现在已成为旅游城市，极具现代化特征，建有旅馆、饭店、会议厅、娱乐场和温泉浴池等，而且娱乐设施齐全，有海上运动和航空运动装备，这里经常举办各种体育活动和夏季文化娱乐活动。斯洛文尼亚海岸有4个游艇停泊港和1000多个泊位，游客可驾驶私人小艇驶入斯洛文尼亚。游客可乘坐空中"的士"从运动飞行机场起飞，在空中俯瞰，还可以自行操纵各种飞行器翱翔天空。

波斯托伊纳溶洞在1213年被发现。它是斯洛文尼亚境内最大的溶洞，也是欧洲最有名的溶洞。它位于斯洛文尼亚首都卢布尔雅那西南62公里处，洞长约2万米，深115米。游客可乘坐电气小火车入内参观，这里有形态各异的钟乳石，还有在地下溶洞内生存的、欧洲唯一的两栖脊椎动物"人鱼"。每年近百万游客慕名而来。另外，斯科契扬溶洞深250米，长5800米，洞内景色可谓宏伟壮观。1986年，斯洛文尼亚喀斯特地区的这

斯洛文尼亚

一地下自然珍宝被联合国教科文组织列入了世界遗产名录。斯科契扬溶洞长数公里，它是由雷卡河河水经几百万年的时间溶蚀而成的。斯科契扬溶洞由多个令人惊奇的岩洞组成，其中一个是欧洲最大的岩洞之一。马特尔厅高16米，宽120米，长300米。天然的桥梁和窗口以及形状各异的钟乳石同样令人称奇。溶洞内仅有一小部分向游客开放。从1965年起因道路被洪水毁坏而封闭的部分溶洞，于2011年重新开放。此外，斯洛文尼亚还有100多个溶洞，如克里日纳溶洞等向游客开放。

利比卡建于1580年的养马场，是高贵的"利比卡种马"的原生地，现已成为现代化的旅游中心。这里有骑马场和骑马学校，还建有现代化的旅馆、饭店、游泳池、高尔夫球场和娱乐场等。

欧洲最大的天然公园特里格拉夫国家公园，在斯洛文尼亚西北部特里格拉夫山下，占地面积84805公顷，是著名的七湖流域所在，也是萨瓦河和索查河的源头。有大量野生动物如土拨鼠、野山羊、羚羊、松鸡、野鸡、山鹰等栖息于此。博希尼湖是斯洛文尼亚最大的冰川湖泊，也在特里格拉夫国家公园里，布莱德市和布莱德湖在公园的外围，17世纪修建的教堂被保留在湖心小岛上。这里被称为"真正的旅游乐园"，有现代化的旅馆、饭店、娱乐场、高尔夫球场、会议厅等。这里还举行过有世界级运动员参赛的划船比赛、国际象棋赛等重要赛事。

斯洛文尼亚山区有50多个滑雪中心，还有众多供游客享受滑雪乐趣的越野滑雪滑道。克拉尼斯卡戈拉滑雪场举行过高山滑雪世界杯赛。最适于跳台滑雪的是普拉尼察滑雪场，100米和200米的世界纪录曾在这里被首次突破。卡宁山滑雪场终年积雪，在夏季也可以滑雪，它附近有水上运动和垂钓的好去处——索查河谷和博维茨市，独特的"索查鲑鱼"就生活在索查河中。欧洲景色最美的冰川盆地之一洛加尔盆地，在卡姆尼克-萨维尼亚阿尔卑斯山下。斯洛文尼亚山区得到了政府很好的保护，维护良好的山间小路绵延7000多公里。

潘诺尼亚平原地区位于斯洛文尼亚东部，有10多个温泉疗养院。拉登茨矿泉疗养院在中世纪曾为维也纳王室服务，世界著名；莫拉夫斯卡温泉疗养院和伦达瓦疗养院位于穆拉河河畔，风景优美；普图伊温泉疗养院

第一章 概　览

位于什塔耶尔斯卡地区德拉瓦河附近；罗加什卡矿泉疗养院有400多年历史，曾为欧洲贵族服务；拉什科疗养院是奥匈帝国约瑟夫一世之后修建的，历史悠久。其他还有托波尔什察温泉疗养院、兹雷切温泉疗养院等。

著名的布莱德湖长2120米，宽180~500米，最深处为30米，人们称布莱德湖为"山上的眼睛"。它是斯洛文尼亚西北部冰川湖。在卢布尔雅那西北，是尤利安山脚避暑、度假和冬季运动胜地。附近有特里格拉夫国家公园。这里夏季水温在22℃左右，是人们划船、游泳、钓鱼的理想场所。冬季多雪，气候寒冷，湖面结冰达40厘米，是冰上运动的绝妙去处。这里曾多次举行欧洲和世界性的水上与冰上运动比赛。1004年，德国亨利二世在布莱德修建了城堡和教堂，其风格独特的建筑与碧绿无瑕的湖面构成建筑与自然的完美结合。湖心有座高出水面40米的小岛，岛上有一座弥漫着古老神秘气息的巴洛克式教堂。这座昔日教徒祈祷的圣地，现已被辟为教堂艺术博物馆。传说在教堂钟楼里曾有3口大钟，其中一口沉落湖底。每逢月白风清之夜，人们站在湖旁能听到隐隐钟声。湖四周葱绿的树林、明镜般的湖面、湖中给人梦幻般感觉的阿尔卑斯山雪白的倒影，构成了布莱德湖迷人的自然风光，也使它无愧于"山上的眼睛"的美誉。

2012年6月30日，第36届世界遗产委员会会议将阿尔马登与伊德里亚列入世界遗产名录。这一遗产位于斯洛文尼亚与西班牙境内，包括阿尔马登和伊德里亚的采矿遗址。早在古代阿尔马登就已开始开采汞矿，伊德里亚则是在1490年首次发现汞的存在。西班牙的遗产部分包括展现采矿历史的建筑物，如雷塔马尔城堡、宗教建筑和传统民居等。斯洛文尼亚的伊德里亚遗址主要包括当地商店和基础设施，以及矿工宿舍、矿工剧院等。这一遗产见证了数百年间在此基础上发展起来的欧洲与美洲重要交流史。伊德里亚汞矿曾是世界上第二大汞矿，其开采结束于20世纪90年代中期。现今保存下的竖井生动地展现了很多代伊德里亚矿工及其家人的工作和生活场景。

位于欧洲六个国家（斯洛文尼亚、瑞士、奥地利、法国、德国和意大利），分布在阿尔卑斯地区的111处史前湖岸木桩建筑遗迹，2011年被

25

斯洛文尼亚

联合国教科文组织列入世界遗产名录。它大约有5200年的历史，其建设所用的木头保存得非常好。木桩建筑的遗迹，如今只能在斯洛文尼亚的博物馆和地下深处看到。除了各种工具和保存良好的衣物外，考古学家们还发现了世界上历史最悠久的带轮轴的车轮。

二 著名城市

卢布尔雅那 卢布尔雅那地区已知最早的居民点，是在青铜时代建于水上的木屋。公元15年，罗马帝国在此建立爱摩纳城。公元452年，爱摩纳被阿提拉率领的匈族洗劫并摧毁。6世纪时斯拉夫民族的一支斯洛文尼亚人抵达此地。

关于卢布尔雅那最早的文献记载可追溯到1144年。这个居民点在1220年获得城市特权，1335～1918年归属于哈布斯堡王朝统治。这一时期，卢布尔雅那是卡尼奥拉公国的首府。1461年，卢布尔雅那成为教区中心。在中世纪晚期，发展成为斯洛文尼亚的文化中心。

哈布斯堡王朝的统治被拿破仑战争短暂打断，1809年到1813年，卢布尔雅那成为法国伊利里亚省的省会。1816年到1849年，卢布尔雅那成为伊利里亚王国——奥地利帝国的行政单位之一——的首府。1821年，该市举办了莱巴赫国会。1849年，卢布尔雅那开通了到维也纳的第一条铁路；1857年，铁路通到的里雅斯特。19世纪下半叶，在最初与克拉根福的竞争之后，卢布尔雅那成为斯洛文尼亚文化中心。随着1918年奥匈帝国崩溃，卢布尔雅那成为塞尔维亚人-克罗地亚人-斯洛文尼亚人王国内斯洛文尼亚的非正式首都。1929年，其成为南斯拉夫王国的正式省会。

1941年4月，卢布尔雅那被意大利占领，改设卢布尔雅那省，后成为地下反法西斯抵抗运动的主要中心之一。1942年2月23日，意大利占领当局用30公里长的铁丝网将其完全包围起来。在1943年9月意大利投降之后，纳粹德国取代了意大利人占领该市。该市被德国人统治，直到1945年5月斯洛文尼亚游击队解放该市。战后，为纪念此事，按照战争进程修建了纪念与战友情谊小径。

1955年，南斯拉夫总统约瑟普·布罗兹·铁托授予卢布尔雅那市

第一章 概 览

"英雄城市"的称号。第二次世界大战以后，卢布尔雅那成为南斯拉夫斯洛文尼亚社会主义共和国的首府。1991年十日战争后，南斯拉夫人民军撤出，斯洛文尼亚取得独立，仍将该市作为首都。

卢布尔雅那文化事业发达，有全国著名的斯洛文尼亚艺术科学学院，其画廊、图书馆和国家博物馆，在国内享有盛名。1595年创办的卢布尔雅那大学，后以20世纪革命家和政治家爱德华·卡德尔的名字命名。该市大学生占全城人口的1/10，故有"大学城"之称。市内还有神学院和三所美术学院、斯洛文尼亚理科与美术学院和冶金研究所。

卢布尔雅那自古就是交通要道，现在仍是斯洛文尼亚通往意大利、奥地利、巴尔干诸国的国际铁路枢纽。

马里博尔 斯洛文尼亚东北部城市，邻近奥地利，位于德拉瓦河与波霍列山的相交处。马里博尔是斯洛文尼亚第二大城市。马里博尔的城徽由一只在白色城堡上朝下飞行的白鸽与在红色背景下的两座塔楼与铁闸门组成。马里博尔也是马里博尔地区的中心城市，是铁路和公路交通枢纽、重要的工业中心。这里有中世纪哥特式教堂、15世纪要塞和壁画等古迹。附近德拉瓦河瀑布有水电站。

1164年，马希堡在施蒂里亚州的文献中被记载下来。1204年，作为城堡附近的一个市场，马里博尔被首次提及。1254年，马里博尔获得城市资格。在1278年哈布斯堡王朝的鲁道夫一世击败波希米亚的奥塔卡尔二世之后，城市得到了快速的发展。在分别顶住了匈牙利和克罗地亚王国国王马蒂亚斯·科尔维努斯在1480~1481年以及奥斯曼土耳其帝国在1532年和1683年的进攻后，马里博尔在1918年之前一直都处于哈布斯堡王朝的控制之下。

马里博尔在1859年前一直属于格拉茨-塞考教区，在1859年6月1日成为拉万特教区的一部分，并成为拉万特大主教的驻地。以卡林提亚的拉万特河命名的教区在1962年3月5日更名为马里博尔教区。2006年4月7日，马里博尔教区又被罗马教皇本笃十六世提升为大主教管区。

在第一次世界大战期间，许多卡林提亚和施蒂里亚的斯洛文尼亚人被怀疑与奥匈帝国为敌而遭到拘留，使得奥地利日耳曼族居民与斯洛文尼亚

斯洛文尼亚

族居民之间产生了不信任与怀疑。在1918年奥匈帝国崩溃之后,以日耳曼人为主体的奥地利与南斯拉夫王国都声称马里博尔归属于自己。1918年11月1日,在梅列的兵营,安东·霍利克上校举行会议,决定讲德语的城市应当成为奥地利的一部分。然而参与这次会议的斯洛文尼亚族少校鲁道夫·梅斯特指责这个决定,后来其被斯洛文尼亚军团和斯洛文尼亚施蒂里亚国民议会授予少将军衔,所有的奥地利军官和士兵都被解除武装并遣返回奥地利。马里博尔城市议会则举行了一次秘密会议,会议决定无论如何都要尽力回归奥地利,并决定组建一支名为绿色防卫团的武装,包括近400名装备精良的士兵,以对抗梅斯特少校领导的武装。11月23日清晨,斯洛文尼亚武装解除了绿色防卫团的武装。

1919年1月27日,奥地利日耳曼族居民聚集起来等待美国和平代表团的到来时遭到斯洛文尼亚武装的枪击,9名日耳曼族居民被杀,超过18名居民受重伤,而指挥枪击的人则并没有被找出。日耳曼族居民控诉梅斯特的部队在没有任何理由的前提下攻击无辜民众,而斯洛文尼亚族证人则声称日耳曼族居民率先攻击了保卫市场的斯洛文尼亚士兵。德语媒体将此次事件称为"马尔堡的流血星期天"。

随着马里博尔被斯洛文尼亚军队控制,该城市成为斯洛文尼亚领土的一部分。1919年9月战胜国与奥地利缔结《圣日耳曼条约》,马里博尔正式成为南斯拉夫王国领土的一部分。

1941年,南斯拉夫施蒂里亚的下施蒂里亚地区被纳粹德军直接占领,德军在1941年4月8日进驻马里博尔。之后,德军开始大批驱逐当地斯洛文尼亚人前往克罗地亚独立国和塞尔维亚,又驱使斯洛文尼亚族人进入德国的集中营与劳改营。纳粹的目标是使下施蒂里亚地区在战后重新日耳曼化。纳粹的暴行致使游击队重新组织起来抵抗侵略。从纳粹手中获得解放后,马里博尔迅速发展成为斯洛文尼亚北部的交通运输和文化教育的中心。根据铁托领导的南斯拉夫政府的决定,南斯拉夫与奥地利、意大利接壤的马里博尔边境不设为"铁幕",同时向当地的居民发放护照以明确他们的国别归属。

当斯洛文尼亚于1991年退出南斯拉夫时,南斯拉夫市场的失去使得建立在重工业基础上的马里博尔经济受到严重限制,并导致了创纪录的接近25%的失业率。20世纪90年代中期,随着中小型商业和工业企业的发展,城市的经济状况得到了很大改善。

马里博尔最著名的旅游景点包括12世纪建立的哥特风格的马里博尔大教堂和以文艺复兴样式修建的马里博尔市政厅。城市的城堡则始建于15世纪。马里博尔有1975年建立的马里博尔大学和其他许多学校。马里博尔在2000年被命名为阿尔卑斯城市。2012年马里博尔同葡萄牙的吉马良斯一起被选为欧洲文化之都。马里博尔同时也是2013年世界大学生冬季运动会的主办城市。

采列 斯洛文尼亚东部城市。位于萨瓦河左岸支流萨维亚河河畔,西南距卢布尔雅那约60公里。采列是斯洛文尼亚的第三大城市。诺里克人早在新石器时代和青铜器时代就在这里居住。罗马人公元前1世纪末占领这里,斯拉夫人于公元6世纪迁居此地,真正形成城市规模是在13世纪。在斯洛文尼亚历史上,采列曾发挥重要作用和产生重要影响。在罗马帝国统治时期,大约公元10世纪,当时采列伯爵曾是斯洛文尼亚人中最有势力的贵族,之后渐渐形成了家族式统治,称为公国。奥地利统治之后,采列伯爵在1436年被提升为公爵,采列这个城市便发展成自治城市,享有特权,并成为重要的经济中心和军事中心。奥地利贵族在1456年夺取了该城市的绝对统治权。采列16世纪文艺复兴时期的公国会议厅,如今紧靠着城墙,大厅的天花板上还保留着文艺复兴时期风格画作。阿贝伊教堂是采列最古老的教堂,也是最早建造的罗马式建筑,教堂的钟楼在市中心耸立,许多经过修缮且又保持着原有风貌的房屋、建筑随处可见。13世纪建在山坡上的古城堡,大部分已被毁坏,但2.5米宽的古城墙依然保留着,从古城堡城墙上可以一览采列市的美丽风景。1846年铁路通车推动了采列城市的现代化进程,采列成为铁路线路的交会点,也成为商业、文化和旅游业中心。工业有钢铁、锌冶炼、化学、冷藏设备制造、木材加工、纺织等。采列有著名的玛尔斯寺院、古城墙和要塞遗迹。市郊有水电站,并开采褐煤。

科佩尔 旧名"卡波迪斯特里亚"(斯洛文尼亚语:Koper),在的里

斯洛文尼亚

雅斯特半岛西北的小岛上，以海堤与大陆相接。科佩尔位于斯洛文尼亚西南部的亚得里亚海岸，是斯洛文尼亚的重要港口和沿海地区的中心。科佩尔的历史可追溯到古希腊和古罗马时代，先后成为希腊和罗马的输出港，公元6世纪修建了防御城堡，形成了城市，居民以意大利人为主。公元7世纪斯拉夫人在此设居民点。公元11世纪科佩尔受东罗马帝国统治，13世纪起先后被威尼斯、奥、意等国控制，在13~18世纪归属威尼斯共和国期间，城市的经济、文化获得巨大发展。

科佩尔在19世纪成为的里雅斯特（奥匈帝国主要港口）的一部分，1954年，被划归南斯拉夫。如今，科佩尔是斯洛文尼亚的重要海港，也是最重要的亚得里亚海港之一，工业发展迅速，主要有汽车制造、化学工业、金属加工等。

最初的科佩尔古城建在离海岸不远的小岛上，经过长期泥沙冲积，原本小岛与大陆之间的海峡日渐窄浅，到19世纪就与大陆连接起来了。科佩尔开始向大陆发展，现代化的高楼群在新城建起，老城仍保持原有意大利建筑风格。老城里，古城广场四周分布着主要建筑群，如古罗马执政官官邸普拉埃托里扬宫和城市的军港；罗马时期的罗通达圆形建筑；保持着15世纪原有魅力的洛吉亚宫；阿尔梅里戈格那宫则是科佩尔最宏伟的威尼斯哥特式建筑；停放圣纳扎鲁斯主教石棺的主教邸宅（主教管区中心）。此外，还有1666年完成的达蓬特喷泉、如今是地区博物馆的贝尔格拉莫尼-塔茨科宫等。古城中居民住房也大多是哥特风格建筑。

科佩尔海港地处欧洲腹地，位于从远东地区经由苏伊士运河到中欧和东欧的最短的海上通道上。科佩尔是进出欧洲各类货物的核心集散地，除为本国提供港口服务之外，也为奥地利、匈牙利的绝大部分海运货物提供港口登陆服务。科佩尔海港由11个高度专业化和高效率的装卸（包括装运和仓储）码头组成，并具备装卸各种不同货物的配套设备，主要装运货物有咖啡、各类粮食、糖类、棉花、钢铁、铝合金和各类金属和非金属产品、纸张和有机化合物，还有水果、牲畜、小型汽车和其他车类、木材、矿物和煤炭。同时其还提供成品、半成品加工处理和直接销售以及其他各类服务。

克拉尼 斯洛文尼亚的11个特别市之一，为斯洛文尼亚人口第四多城市。位于首都卢布尔雅那西北20公里处，它坐落在萨瓦河与其支流科克拉河的交汇处，在萨瓦河上游的左岸，邻近奥地利，是科兰斯卡地区的经济、贸易、文化和教育中心。中世纪炼铁厂的出现推动了城市经济和贸易的发展，电器和橡胶工业以及商业贸易是今天克拉尼市主要的经济基础。市中心有保存完好的中世纪建筑。工业主要有电气和电子、汽车轮胎、纺织、制革、橡胶等，是斯洛文尼亚重要的工业城市。

公元1世纪的罗马时期，克拉尼被称为卡尔尼乌姆。斯洛文尼亚人的祖先于公元6~7世纪迁移至此，卡尔尼奥拉公国就是在当时建立的。克拉尼在9世纪的时候成了法兰克帝国的边区省，11世纪时被称为契雷那，12世纪成为斯洛文尼亚中部的重要城市。1335年奥地利哈布斯堡王朝对克拉尼进行直接统治，土地由国王赐封给贵族。采列公爵拥有当时这一地区的土地所有权，斯洛文尼亚整个西北部地区当时被称为戈雷尼斯卡。圣堪茨扬教区教堂是戈雷尼斯卡地区最重要的哥特式建筑，其在15世纪建造而成，收藏有很多珍贵的壁画。市政厅在古老的集市广场上，风格多样，有后哥特式风格特征，如带有圆柱的门廊和门厅。戈雷尼斯卡博物馆则收藏着斯洛文尼亚雕塑家洛伊兹·多利那尔的诸多作品。这里还有戈雷尼斯卡民俗展览馆。伟大的民族诗人弗朗茨·普雷舍伦曾在此居住，并长眠在此，他的故居附近的教区教堂的广场上，竖立着普雷舍伦的塑像，还有郁郁葱葱的普雷舍伦公园。1894年克拉尼有了第一所中学，现在已有高等学院和多所中学。19世纪克拉尼是斯洛文尼亚民族解放运动中心。

三 建筑艺术

斯洛文尼亚文化遗产中，建筑艺术具有特殊的价值，最著名的斯洛文尼亚建筑设计师是马克斯·法比亚尼和约热·普莱契尼克。

飞龙桥由马克斯·法比亚尼设计，迄今已有约100年历史，该桥横跨卢布尔雅尼察河上，连接着卢布尔雅那新城和老城的商业区，飞龙桥及桥头的4尊铜铸飞龙，已成为卢布尔雅那市的标志性建筑。约

斯洛文尼亚

热·普莱契尼克的现代建筑设计风格世界著名且有先锋代表性。他修复的布拉格的赫拉德查尼城堡、设计建造的维也纳扎切尔洛住宅和斯洛文尼亚各地教堂，都属于新古典主义风格。他在斯洛文尼亚设计的著名的建筑有卢布尔雅尼察河上的"三元桥"、国家和大学图书馆、保险公司大楼等。斯洛文尼亚最著名的雕刻家是阿洛伊兹·干戈尔。他是卢布尔雅那歌剧院雕塑和装饰的创作者。从1955年开始，斯洛文尼亚现代美术馆每两年举办一次国际书画刻印艺术节。1987年国际书画刻印艺术中心进行扩建。

四 传统工艺

1. 蛋壳雕刻

在斯洛文尼亚，复活节彩蛋是一种精美的艺术作品。工匠们使用传统技艺，以细致、繁复的手法，在蛋壳上绘制精美图案，或者轻刮蛋壳表面，形成些微立体效果。格罗姆的作品不仅有花卉、剪贴画等传统图案，还大胆采用不对称图案，雕刻出地球仪、拉美传奇革命家切·格瓦拉的头像、法国巴黎埃菲尔铁塔、蜥蜴爬过鹅卵石等图案。

2. 充满民族色彩的陶器

从陶器的形状设计到原材料的选择，再到定型、上色各个步骤都有很高的技术研究价值。斯洛文尼亚陶器的实用价值非常高，当地人家居必备的瓶瓶罐罐等陶瓷工艺品不仅给生活带来方便，更具有艺术观赏价值，每一个来此的游客都会被这里精美的陶器工艺品打动。

3. 水晶工艺品

传承了古老制作技术的水晶工艺品，带有浓厚的地方传统饰品风格，为本地民众所喜欢。近年来，斯洛文尼亚的水晶制品更是融合了不少现代设计理念和设计元素，带着几分时尚感和灵动感，来自世界各地的游客都会对这里精美高档的水晶工艺品赞不绝口。

4. 蕾丝编织

斯洛文尼亚的蕾丝编织艺术是世界非物质文化遗产之一。在卢布尔雅那，当地人编织各式各样的荷兰式及威尼斯式蕾丝出口到各国。17世纪，编织者专门为贵族或在正式场合编织高品质蕾丝。随着时间的推移，这项传统的手工艺日益呈现其独特的艺术魅力。蕾丝可以用到很多地方，如耳环、桌布、床单上，还可以用作服饰。年轻人的传承和创新，使蕾丝编织艺术焕发出强大的生命力。

第二章

历　史

第一节　上古史

一　古代的居民

斯洛文尼亚现今的领土上，早在公元前25万年前后就已存在着人类活动的踪迹，这一点，已被斯洛文尼亚考古学家在奥雷赫克附近发现的两个石器器具所证明。伊德里亚山谷中发现的笛管证明是尼安德特人使用的古代乐器，这里居住过尼安德特人。在新石器时代和青铜器时代，这一地区的居民从事畜牧业和农业生产。瓮地文化是在青铜器时代向铁器时代过渡的时期出现的。

中欧哈尔斯塔特文化的顶峰在公元前800~前400年，农业获得发展，开始制造铁器，社会逐渐分化为氏族部落，以大公为首的军事贵族阶层出现，他们在山顶上建筑城堡和设置防御工事，这就是城市的雏形。哈尔斯塔特时代，居民主要居住在索查河沿岸以及斯洛文尼亚中部和东部地区，很多地区的居民种族属性目前还无法确定，但是东部地区居民被认为可能是伊利里亚人。

二　诺里克王国最早的国家

公元前4~前3世纪，在今斯洛文尼亚成立了第一个国家——"诺里克王国"，采列市曾经是这个王国的首都。该王国在公元1世纪前后铸造

斯洛文尼亚

了银币。现在的很多地名和河流名称均来源于这个时期,这个时间段也可以说是从史前时代向文明时代转折的时期,那时就已经被命名的城市有很多,如萨瓦、博希尼、萨维尼亚、图希尼、德拉瓦等。公元前2世纪初,诺里克王国就与罗马帝国有贸易往来,因为罗马人对该王国的铁矿兴趣十足。公元前2世纪末,罗马人开始向诺里克王国发动军事进攻。在公元前35~前33年,双方还发生了激战。最终,诺里克人难敌罗马军团强大军事力量的攻击,屈服于罗马帝国,被其吞并。

三 罗马人统治时期

公元前10年前后,诺里克王国被罗马帝国吞并,从那时起这一地区被划分成三个省:伊斯特拉省、诺里克省和潘诺尼亚省。罗马人,包括罗马军团、退伍军人纷纷来到如今的斯洛文尼亚领土上。公元15年,第一个古罗马城市爱摩纳出现了,也就是现今的斯洛文尼亚首都卢布尔雅那。罗马人修筑城堡防御外敌,还修建了"格米纳大道",也有人称之为"罗马大道",它是从意大利穿过斯洛文尼亚领土到潘诺尼亚的用于贸易和军事的重要通道。一系列的居民点沿着罗马大道建立,采列和波埃托维亚就是重要的古代城市。道路连接爱摩纳与现今斯洛文尼亚南部和东部的多莱尼斯卡、克尔什科和潘诺尼亚的锡萨克(今克罗地亚城市)等地。在沿多瑙河一线罗马军团还修筑了边防要塞系统,非常坚固。

罗马帝国统治时期,这一地区经济有所发展,罗马文化迅速传播,居民受罗马文化影响较深,并且开始笃信和传播基督教。公元392年,罗马帝国皇帝狄奥多西宣布基督教为罗马帝国国教。大批进入罗马帝国的日耳曼各族部落,也于公元4世纪末,来到现今斯洛文尼亚的领土上。历史上著名的战争——罗马帝国皇帝狄奥多西与支持异教活动的犹金之间的战争,于公元394年,在弗里吉德爆发。

受内乱、外侵等因素的影响,罗马帝国日渐衰落。公元395年,罗马帝国皇帝狄奥多西一世临终前,将帝国分给了两个儿子阿卡迪乌斯和霍诺里乌斯。由此,罗马帝国分为东罗马帝国(拜占庭)和西罗马帝国两部分,实力大减。东哥特人首先入侵并占领了罗马,随后匈奴人入侵帝国并摧毁了阿克维列伊（如今的斯洛文尼亚奥格莱伊，位于的里雅斯特西北方向）。之后在克拉尼一带的考古发现证实，日耳曼的伦巴第部落也在公元6世纪前后从潘诺尼亚平原扩张过来，但在公元568年克拉尼又被意大利人夺回。

第二节　中古史

一　斯拉夫人——斯洛文尼亚人的祖先

古斯拉夫人主要分布在东起第聂伯河、西至易北河、北临波罗的海、南到喀尔巴阡山之间的一带地区，他们属印欧人种，讲古斯拉夫语。公元2世纪日耳曼人大迁徙，他们穿过斯拉夫人居住区向喀尔巴阡山和黑海移动，这使得斯拉夫人逐渐分成了东西两支。公元5世纪，由于日耳曼人进入罗马帝国疆界，斯拉夫人被迫南迁；马扎尔人（即匈牙利人）公元9世纪来到如今的匈牙利领土上，并且定居下来后，南部的斯拉夫人与西部的斯拉夫人也被隔离开来，他们成了南部斯拉夫人。现今斯拉夫人的三支，包括西部斯拉夫人、东部斯拉夫人和南部斯拉夫人由此形成。

斯洛文尼亚人的祖先斯拉夫人，在伦巴第人撤出意大利后，在如今的斯洛文尼亚、多瑙河沿岸地区及其北部地区占据了主要地位。史学界对于斯拉夫人最初是何时和从何地来到斯洛文尼亚的，并不十分清楚。专家们有着不同的看法。一种说法认为，在公元5世纪，斯拉夫人从西部斯拉夫人居住地区迁移而来，居住在东南部萨瓦河和德拉瓦河沿岸的南部斯拉夫人在公元6世纪末也来到了这里；第二种说法认为，斯拉夫人就是南部斯拉夫人，他们从东南部地区迁移而来，但支持第二种说法的人越来越少；第三种最新的说法认为，早在公元前1世纪，斯拉夫人就已来到这里定居，斯拉夫人的祖先是威尼斯人，在公元6世纪末他们在这里占据了主导地位。这种说法目前在学术著作中已经极其少见了，在扬科·普伦克、马尔廷·伊万尼奇的《斯洛文尼亚的独立》（斯洛文尼亚文版，此书1996年出版于卢布尔雅那）中，有所提及。

斯洛文尼亚

斯拉夫人在公元 580~590 年，占领了诺里克王国在这里的一些古代重要城市，并联合游牧民族阿瓦尔人于公元 595 年，在东蒂罗尔（现今的奥地利地区）的阿古纳特战胜了巴伐利亚人。之后，斯拉夫人定居在阿尔卑斯山脉东部。斯拉夫人与巴伐利亚人之间最初的边界逐渐形成。斯拉夫人在公元 7 世纪，从北向南移居到了伊斯特拉半岛北部和意大利最东部，最后到了伦巴第人的防区切达德。这样，伦巴第和巴伐利亚这两个日耳曼国家变成了斯拉夫人的邻国，把斯拉夫人聚居地区以"斯拉夫省"命名。斯拉夫人与阿瓦尔人之间的关系，属于军事联盟的关系，阿瓦尔人的军事首领领导着斯拉夫人，而在社会生活中，斯拉夫人独立生活在自己的部族群体中，后来成为以大公（最高军事首领）为首的新的部族群体。在政治上、道德伦理上很有威望的人才能成为大公。

斯拉夫人与萨莫公国结成联盟（由捷克、摩拉维亚等部落联合建成），在公元 623~626 年，共同抵御阿瓦尔人的进攻，并在此过程中逐渐壮大起来，实力增强。阿瓦尔人在与拜占庭的战争中失利，军事实力大不如前。公元 658 年，斯拉夫人与萨莫公国的联盟也逐渐破裂。斯拉夫人在现今的斯洛文尼亚领土上，建起了卡兰塔尼亚公国，这也是第一个斯拉夫人建立的独立国家。

二　卡兰塔尼亚公国

现在奥地利南部和斯洛文尼亚东北部的卡林西亚地区就是历史上卡兰塔尼亚公国的位置所在，克尔恩城堡是它的中心，城堡位于奥地利南部城市克拉根福以北。在卡兰塔尼亚公国建成后，独特的君主就位宣誓仪式一直保持着，仪式程序是：君主就位前，需要穿着农民的服装在公众面前宣誓，以此表明尊重人民的意志和权利，并保卫人民，然后新的君主向坐在君主宝座上的农民馈赠马和牛，表示从农民手中赎回君主的宝座。这种独特的古代君主宣誓仪式，在当时的欧洲也是独一无二的。

卡兰塔尼亚公国一直存在到 8 世纪中叶，同时存在的独立公国还有卡尔尼奥拉，它位于卡兰塔尼亚西南方、卡拉万肯山脉以南的萨瓦河沿岸地区。

阿瓦尔人于公元740年加强了对卡兰塔尼亚的进攻，卡兰塔尼亚公国请求巴伐利亚援助。此时的巴伐利亚借机要求把公国内有威望的人送到巴伐利亚作为人质，并要求卡兰塔尼亚承认巴伐利亚的最高权力。从此，卡兰塔尼亚成了巴伐利亚的臣属公国。公元8世纪后半期，基督教由巴伐利亚传入卡兰塔尼亚公国，卡兰塔尼亚公国的人质戈拉兹德和霍蒂米尔最早皈依基督教，他们回国后在国内积极传播基督教。当时的卡兰塔尼亚大公瓦尔通克也臣服于巴伐利亚，在巴伐利亚当局的帮助下，大公镇压了反基督教化的起义。

公元788年，巴伐利亚臣服于法兰克帝国，而卡兰塔尼亚作为其臣属国，也接受了法兰克帝国的统治，但也保留处理内部事务的独立性权限。公元794~796年，斯拉夫人参加了法兰克人对阿瓦尔人的军事进攻。阿瓦尔人的军事力量被最终摧毁，从此阿瓦尔人在世界历史中便销声匿迹。

三　法兰克帝国的统治

法兰克的查理曼大帝改革国家制度，任命各地行政长官为伯爵，派巡按使到各地监督地方和巡视权力机构。以锡萨克为中心的多瑙河沿岸斯拉夫人组织了反对法兰克人统治的起义。公元819~823年，卡兰塔尼亚和卡尔尼奥拉地区的斯拉夫人也参加了起义。但后来，起义被法兰克当局血腥镇压，卡兰塔尼亚大公和卡尔尼奥拉大公本来是臣服于法兰克帝国的，由于参加叛乱，被撤销了大公职位。法兰克帝国以自己任命的地方行政长官伯爵代替了公国大公，斯洛文尼亚从此开始推行法兰克的封建制度。之后，卡兰塔尼亚和卡尔尼奥拉的大公们渐渐变成了法兰克的封建贵族阶层，因为他们得到了法兰克统治者分封给他们的土地。然而斯拉夫居民逐渐失去了自由，变成了农奴，依附于贵族的土地而生活，能区分他们和日耳曼人的只有他们讲的语言斯拉夫语。斯拉夫人生活的地区成为法兰克帝国的边区省，被称为斯洛文尼亚。

公元867~873年，巴拉顿湖以西潘诺尼亚地区的大公科采利，邀请基督教传教士康斯坦丁两兄弟契里洛和美托迪耶，来到潘诺尼亚地区传

斯洛文尼亚

教,之前两位传教士在大摩拉维亚用斯拉夫语向斯拉夫人传教。他们是希腊人,懂得马其顿斯拉夫语(即古斯拉夫语),他们之前是应摩拉维亚大公拉斯蒂拉夫的要求,受拜占庭皇帝派遣,到大摩拉维亚用斯拉夫语向斯拉夫人传播基督教。公元869年,康斯坦丁两兄弟离开潘诺尼亚地区来到罗马,罗马教皇允许他们用斯拉夫语和他们自己发明的古斯拉夫文字——格拉戈利察字母,来传播基督教和书写基督教图书。契里洛逝世后,美托迪耶被任命为潘诺尼亚和摩拉维亚教区主教。公元873~874年,萨尔茨堡的法兰克拉丁语教堂恶毒攻击美托迪耶和他的学生,科采利大公坚决支持并维护美托迪耶。但是,在公元874年,科采利大公从政治舞台上消失后,潘诺尼亚地区的最高领导权被法兰克人占据。在萨尔茨堡教会的强大压力下,美托迪耶和他的学生迫不得已离开潘诺尼亚,先是到达了大摩拉维亚,后又辗转到讲马其顿斯拉夫语的斯拉沃尼亚地区,这里属于克罗地亚。同他们一样,其他讲斯拉夫语的神职人员也被迫离开了潘诺尼亚地区。

公元9世纪末,潘诺尼亚平原被马加尔人入侵,他们还占领了部分斯洛文尼亚领土,从此,这里的斯拉夫人,也就是斯洛文尼亚人,与西部斯拉夫人分割开来。斯洛文尼亚民族复兴的重任由孤立的卡兰塔尼亚和卡尔尼奥拉地区的斯拉夫人独自承担起来。

四 斯洛文尼亚人聚居地统一

法兰克的日耳曼人在公元955年战胜马扎尔人,重新回到了斯拉夫人(即斯洛文尼亚人)聚居区。日耳曼人为了加强防卫边区,把斯洛文尼亚人居住的地区,以"马克"命名,分成若干个边区,包括卡兰塔尼亚(现在的什塔耶尔斯卡)、科罗什卡、萨维尼斯卡(萨瓦河南部直到多莱尼斯卡)、波德拉夫斯卡(德拉瓦河流域的普图伊地区)、伊斯特拉和波萨夫斯卡(萨瓦河上游的克拉尼地区)等,被封为伯爵、公爵等称号的世袭封建领主被任命为边区和各边区马克的行政长官。罗马帝国与马扎尔和克罗地亚之间的边界被确定下来,民族区域的界限由此形成,也就是在斯洛文尼亚人居住的东部地区与匈牙利人、克罗地亚人居住的地区之间形成了界限。公元962年，奥托一世加冕为皇帝，建立"神圣罗马帝国"，后来该帝国又被称为"日耳曼罗马帝国"，故而，以上各边区的"马克"便成了在神圣罗马帝国内的斯洛文尼亚人聚居区。公元976年，巴伐利亚部族的军事实力过强，当时的皇帝奥托二世，把科罗什卡马克提升为以公爵为首的边区省，以削弱该军区的力量。科罗什卡马克成了各边区马克的中心，相互之间的联系大大加强，斯洛文尼亚人聚居区彼此相连，成为大卡兰塔尼亚，斯洛文尼亚人首次有了自己民族志的历史边界。公元11世纪，各边区马克成了管理内部事务的行政单位，由大土地所有者独立掌管，他们纷纷在自己的领地上设防，比如修建城堡和设立防卫设施。基督教会用斯洛文尼亚语书写部分祈祷书，便于在斯洛文尼亚居民中传教，后来在斯洛文尼亚发现的公元10世纪前后用拉丁文字书写的斯洛文尼亚语祈祷书便是证明。之后，斯洛文尼亚人逐渐有了自己的使用斯洛文尼亚语的教堂和修道院。

哈布斯堡家族的鲁道夫一世在公元13世纪中叶称帝，在此期间斯洛文尼亚人居住地区的统一性再次被破坏。公元14世纪，哈布斯堡王朝直接统治全部斯洛文尼亚人居住的地区。由于日耳曼人不断向南扩展，斯洛文尼亚人居住地区的边界一直后退，最后退到德拉瓦河附近。斯洛文尼亚人聚居区在中世纪被划分成不同的省：科罗什卡（即卡兰塔尼亚，或卡林西亚）、什塔耶尔斯卡（或斯蒂里亚）、戈里什卡（或戈里吉亚）、克拉尼斯卡（或卡尔尼奥拉）、伊斯特拉和的里雅斯特等。戈里什卡和伊斯特拉西部，分别位于斯洛文尼亚的沿海和内地，1267~1284年，它们归属于威尼斯共和国，直到威尼斯共和国在1797年灭亡。公元15世纪只有大封建主采利伯爵因其与皇帝之间的亲密关系保持较大的独立性，1436年，采利还获得了"公国君主"（或"公国伯爵"）的称号，使得该地区有了独立公国的地位和特征。但采利死后，1456年，他的所有财产都归哈布斯堡王朝所有。

五 斯洛文尼亚人聚居区的发展

斯洛文尼亚的封建化的进程，在日耳曼罗马帝国战胜马扎尔人，并

斯洛文尼亚

重新巩固了对斯洛文尼亚人的统治后逐渐加速。土地的最高所有者是帝国的皇帝，边区的封建领主伯爵、公爵及其下属的官员和封建贵族都可以得到分封的土地。靠近农村享有人身自由的农民，则在附近农村耕种未被开垦的荒地，他们必须承认封建领主对土地的所有权，渐渐地，自由的农民变成了依附农，因为他们必须依附于封建领主及其土地生存。斯洛文尼亚的农业生产进程中，从11世纪起，农民开始用犁耕地，并实行土地的新的种植制度——三圃轮作制，产量得到大幅度提高。各封建领主开始修城筑堡，到了13世纪，所有封建领地均已遍布城堡和防卫设施。

斯洛文尼亚人居住区以外的各大教会也得到了日耳曼罗马帝国皇帝分封的土地，萨尔茨堡大主教教区和奥格莱伊主教教区瓜分了斯洛文尼亚人居住的全部土地，萨尔茨堡教会是其中最大的教会，它获得了斯洛文尼亚的什塔耶尔斯卡（普图伊）、科罗什卡和几乎整个波萨夫斯卡（克拉尼地区）。11世纪，以斯洛文尼亚人为主的科罗什卡地区出现第一个修道院，修道院对促进农业生产发展发挥了重要作用。

为了增加农业人口和开垦更多的荒地，封建领主开始实行殖民政策。斯洛文尼亚人居住区被大批德意志移民挤压而不断缩小，到了中世纪，以科罗什卡为中心的斯洛文尼亚人聚居区形成。12世纪初，城市和贸易在斯洛文尼亚人聚居的地区出现，新经济（手工业、商业）和新的社会阶层（市民）的载体是新出现的城市，自由民成为城市里的主要居民。13世纪末，威尼斯共和国管辖沿海城市及其内地，逐渐形成地中海威尼斯文化，同时实行威尼斯的社会政治制度。因此，占主导地位的德意志南部文化和威尼斯奥格莱伊文化中心对于斯洛文尼亚中世纪文化的发展影响颇深。斯洛文尼亚至今还保存有罗马风格的教堂、修道院等建筑，这些建筑中以哥特式和巴洛克式居多。许多修道院内设立了抄写经文的学校，为斯洛文尼亚的历史研究提供了宝贵的原始资料。修道院还出了许多欧洲的著名学者。

此外，在国际贸易方面，斯洛文尼亚人居住区的作用日益增强，采矿业早在14世纪就已开始发展，出产的铁、汞、铅、铜等除了自给自足，还能出口，后来又出现了少数生产弹药、纸张、啤酒、玻璃等的手工业工场。奥地利、捷克、意大利途经斯洛文尼亚的商业贸易十分活跃，斯洛文尼亚地区在欧洲贸易中发挥的主要是过境运输的作用，各种经济、社会、政治和文化影响深远。

土耳其人在中世纪的进攻，迫使斯洛文尼亚的农民修筑了防御工事和许多城堡。特别是教堂周围，斯洛文尼亚人修建的围墙和防卫设施，主要用于抵御土耳其骑兵。这些设施中的大部分被保存了下来，成为历史的见证。

第三节　近代史

一　农民起义爆发、人文主义和新教改革

1. 农民起义爆发

11~15世纪日耳曼殖民化过程，使得斯洛文尼亚人的领土缩小到只比现在的斯洛文尼亚民族所在的地区稍大一些。15~16世纪，这里人的生活又受到土耳其入侵的影响。由于缺乏抵御土耳其军队的有效手段和实行新税制，特别是要缴纳贡税和在军事边区服役，农民难以承受沉重的负担，起义爆发。

科罗什卡的农民首先在1473~1476年联合起来，在德拉瓦河谷地带发动了起义，几乎所有科罗什卡地区的斯洛文尼亚人都参加了起义。参加农民起义的还有部分日耳曼农民。城市的市民和矿工对农民起义表示同情和支持。起义者们要求不再缴纳贡税、农民自己决定和收缴贡税、农民自己选举本地区的地方官员等。皇帝下令镇压起义，并禁止农民集会。1478年，农民军队被突然猛攻科罗什卡的土耳其军队打败，科罗什卡遭到土耳其军队野蛮掠夺。哈布斯堡家族的马克西米利安皇帝，在16世纪初，带领军队与威尼斯军队联合，共同抵御土耳其军队的进攻。由于战争需要而实施的新的税收制，使本来就税收负担沉重的农民更加难以接受，更大规模的农民起义于1515年在克拉尼斯卡爆发，

斯洛文尼亚

后来蔓延到什塔耶尔斯卡和克拉斯。农民起义的代表要求马克西米利安皇帝取消新增加的直接税,恢复原有税制,而皇帝虽然要求停止起义和解散农民联盟,但是答应了农民代表取消新税制的要求。农民起义的声势浩大,被称为全体斯洛文尼亚人的起义,参加起义的人数达到 8 万有余。1515 年 5 月和 6 月,农民起义军攻打和占领城市,杀死了某些封建领主,取得很大胜利,贵族们纷纷撤离城市,并向马克西米利安皇帝请求援助。皇帝随后派来日耳曼军队,以督军尤利·赫博斯泰恩为首,并与贵族军队会合,对农民起义疯狂镇压。但是 16 世纪下半叶,克拉尼斯卡、什塔耶尔斯卡东部、波索维纳和扎戈里耶(后两者与克罗地亚相邻)的斯洛文尼亚农民与克罗地亚农民又举行了联合大起义,最终也被残酷镇压。农民起义虽然失败,但长期受异族统治的斯洛文尼亚人,历史上第一次作为政治因素出现,为斯洛文尼亚民族的形成开辟道路,农民起义对斯洛文尼亚人具有重要历史意义。

2. 人文主义

1508 年,特鲁巴尔出生于多莱尼斯卡的拉什契察。在萨尔茨堡、维也纳等地学习后,他接受了关于人文主义的神学教育,了解研究了很多人,包括路德、兹温利、布林格里、佩利堪等的学术观点,当他成为牧师后便为新教讲道。他从 1535 年开始在卢布尔雅那讲道。因受反改革派的排挤,5 年后他来到的里雅斯特。当他再一次回到卢布尔雅那讲道时,就用德语传播新教,并且出版图书。后来因受哈布斯堡王朝迫害,在 1548 年逃到德国新教教区。他热爱自己的民族并决定用自己的民族语言书写著作,传播人文主义思想和新教信仰。1550 年,斯洛文尼亚人历史上首次出现用本民族语言——斯洛文尼亚语书写的著作,就是特鲁巴尔的两本书——《教义问答》和《识字课本》。它们为斯洛文尼亚文学语言的发展奠定了基础。讲共同的语言是形成民族的基本条件。斯洛文尼亚语言文字的形成意义重大,标志着整个斯洛文尼亚民族的诞生。特鲁巴尔还用斯洛文尼亚语撰写了很多图书,并把《圣经新约》翻译为斯洛文尼亚语。1561 年,他受克拉尼斯卡新教团体邀请,任新教教会的主教并讲道 4 年。在这段时间里,他用斯洛文尼亚语诠释新教仪式规程。在他的提议下,教区内受过良好教育的人和牧师开设学校，教孩子们用斯洛文尼亚语读书和写字。

受特鲁巴尔的影响，许多信奉新教和受过良好教育的人，也开始用斯洛文尼亚语撰写和翻译重要图书。阿达姆·博霍里奇用拉丁文字编写了斯洛文尼亚语语法，尤里·达尔马廷用斯洛文尼亚语翻译出版了全套圣经，他们为斯洛文尼亚文学语言确定了标准。在当时大部分图书都在德国出版的情况下，卢布尔雅那的出版商扬日·曼德尔茨，努力出版了很多图书。总之，斯洛文尼亚的新教改革运动，促成了斯洛文尼亚民族文化的诞生和发展，唤醒了斯洛文尼亚人的民族意识和民族自觉。

3. 新教改革

基督教在1054年分裂，欧洲出现了政治和文化区域之分：东方（希腊）和西方（罗马），西欧文化属于新兴文化，居住在阿尔卑斯山以东地区的斯洛文尼亚人直接受其影响。15~16世纪，斯洛文尼亚人广泛传播意大利的人文主义和文艺复兴思想，因为当时有不少斯洛文尼亚人在德国、意大利学习大学课程，渐渐受到人文主义和文艺复兴思想的影响。当他们回到斯洛文尼亚人聚居区后，这些思想的观点在他们的工作和著作中有所体现。他们中间出现了著名的学者、教授、艺术家、建筑师等。同时，有些人接受马丁·路德等的新教改革思想，新教团体在科罗什卡、克拉尼斯卡和卢布尔雅那等地纷纷出现，最特别的是代表平民的激进的再浸礼派团体。团体成员中有神职人员也有平民，著名的牧师普里莫日·特鲁巴尔在新教改革运动中有突出的贡献，对斯洛文尼亚民族的发展有重大历史意义。

二 反对新教改革运动

16世纪，奥地利当局在克罗地亚的克拉伊纳地区建立军事边区，用于抵御土耳其军队的入侵，此项防御工事发挥了重要作用。克罗地亚人、克拉伊纳人和日耳曼人的军队于1593年在克罗地亚的锡萨克附近与土耳其军队战斗并且大获全胜。哈布斯堡王朝对付土耳其军队的军事力量逐渐增强，同时加强了对国内的统治，反对新教改革的行动开始了。

斯洛文尼亚

1589年，哈布斯堡家族热衷于天主教的菲迪南，制定重新天主教化的计划，随后开始一系列活动，包括查禁一切新教团体、焚烧新教图书、驱赶所有新教牧师等，还强迫农民重新信奉天主教。1615~1617年，哈布斯堡与威尼斯之间关系恶化，爆发战争。战争殃及斯洛文尼亚的戈里什卡和伊斯特拉，一度使重新天主教化的行动停止。1619年，奥地利逐渐从德意志人的罗马帝国分离后，菲迪南成为神圣罗马帝国的皇帝。他扑灭了捷克新教徒起义，捷克被重新并入罗马帝国的版图。同时菲迪南又在包括斯洛文尼亚人居住区在内的内地地区，重新加强天主教化。1628年菲迪南下令，强制尚未改信天主教的农民信奉天主教，不愿信奉天主教的人将被赶出什塔耶尔斯卡、克拉尼斯卡和科罗什卡，750名贵族和领主两年内就因遭到驱赶而逃离了家乡。因为实行君主专制后，贵族对国家事务的决定权减少了。1635年，农民的状况恶化，起义再次爆发，但仍以失败告终。

新教改革运动以及斯洛文尼亚民族文化的发展，受到反对新教改革和重新天主教化行动的阻碍和打击。17世纪，随着整个社会文化科学的发展，斯洛文尼亚人中出现一些著名的历史学家和自然科学家，他们用德语或拉丁语撰写著作，其中最著名的是由克拉尼斯卡的公爵雅奈兹·瓦伊卡尔德·瓦尔瓦索尔撰写的，集自然科学、地形学、人种学和历史学于一体的伟大著作，该著作于1689年在纽伦堡出版，作者本人因研究采尔克尼察湖的季节性变化成了英国皇家学会的会员。他的合作者雅奈兹·舍恩莱本撰写了关于卢布尔雅那（爱摩纳）历史的图书。18世纪初，科罗什卡的历史学家马尔科·汉日奇在萨尔茨堡历史的框架内撰写了科罗什卡的历史。卢布尔雅那的12名法学家、6名神学家、5名医学家，在1701年成立了科学院，至今有320多年。它就是现在的斯洛文尼亚科学与艺术院的前身，大量的各种学科的学术著作由此诞生。

18世纪的前10年内，哈布斯堡君主国卷入了两场战争：1700~1711年与发起起义的匈牙利贵族之间的战争，使匈牙利贵族承认了哈布斯堡王朝的统治，但贵族们同时获得了相当多的自治权和宗教自由等权利；1702~1714年争夺西班牙遗产的战争，以签订和约的方式结束，奥地利获得了西班牙在意大利占领的领土。随即1717年奥地利利用其在意大利的有利地位，宣布商船可在亚得里亚海上自由航行。这一政策遭到威尼斯的强烈反对。1719年，的里雅斯特和里耶卡被宣布为自由港，同时维也纳成立了享有特权的皇家股份公司"东方公司"，主要从事海外贸易、造船、建立加工厂等经济活动。斯洛文尼亚人居住的地区，修筑了从维也纳到的里雅斯特的新的陆路交通线路，同时疏浚了从卢布尔雅那到克罗地亚首都萨格勒布之间的萨瓦河河道。由于重商主义的政策和克罗地亚军事边区的需要，斯洛文尼亚的炼铁（耶塞尼察炼铁厂）、纺织（卢布尔雅那纺织厂）等加工业迅速发展，许多商人和企业家从意大利、奥地利、捷克迁到卢布尔雅那，与当地的居民融合。但斯洛文尼亚居民总数只有不到100万人，在哈布斯堡君主国内，绝大多数是依附于封建领主土地上的农民。

斯洛文尼亚的建筑业从18世纪初开始发展迅速，许多巴洛克风格的教堂和城堡等建筑在卢布尔雅那、马里博尔、采洛瓦茨等城市出现。当时最著名的建筑师是格雷戈尔·马切克，还出现了壁画家弗朗·耶洛夫舍克等艺术家。

三　君主制和民族复兴

18世纪，哈布斯堡王朝的皇后玛利亚·特雷西亚在其执政的最初10年内，取消了各省之间的关税，建立了新的国家管理机构，全国范围内整体经济统一起来。由于交通的改善，斯洛文尼亚人居住的各个地区加强了联系，加工业的发展使农民开始关注发展先进的农业生产技术和引进新的作物品种（如土豆、玉米、苜蓿等），实行农牧业结合（饲养牲畜可以肥田，而闲置的轮耕地则可以放牧），而农业的发展则为居民人口的增加奠定了基础。尽管农民仍然被束缚在世袭的领主的土地上，但这种启蒙的君主制已开始尝试通过立法改善农民的社会地位。为了使居民学会读书、写字和计算，哈布斯堡王朝1774年开始设立三学科（语法、修辞、逻辑）学校。学校可以使用人们懂得的语言教学，从而出现了斯洛文尼亚人的小学，这为斯洛文尼亚民族复兴奠定了重要的基础。1782年，奥皇约瑟夫

二世执政后，颁布法律取消农奴制和给予农奴人身自由，开辟了斯洛文尼亚民族形成的道路。斯洛文尼亚农民成为斯洛文尼亚民族运动的重要力量。

随着社会、政治、经济、文化生活的变革，斯洛文尼亚一些接受了欧洲文化的知识分子，逐渐开始用斯洛文尼亚语著书立说。当时的代表性作品有：1768年教士马克·波赫林撰写的克拉尼斯卡语法书；1784年开始卢布尔雅那主教赫博斯泰恩用斯洛文尼亚语重新翻译圣经，20年以后，也就是1804年成功出版。当时由斯洛文尼亚文学艺术家组成的文艺复兴小组出现，最重要的代表人物是安东·托马日·林哈尔特。他于公元1788年和1791年分两部分出版了第一部学术性的斯洛文尼亚历史图书，从全体斯洛文尼亚人的角度研究斯洛文尼亚民族的规模和特性。林哈尔特的伟大贡献，还体现在推动斯洛文尼亚文学艺术的发展上。1789年，他编写了第一部斯洛文尼亚歌剧，但因其先进的反封建内容而被查禁，直到1848年才得以面世。瓦伦廷·沃德尼克是那个时期的著名诗人，1797年，他在卢布尔雅那创办了第一份斯洛文尼亚语报纸。斯洛文尼亚民族复兴运动第一阶段的结束以林哈尔特的逝世为标志。

四　伊利里亚省与民族意识发展

1797年，拿破仑战争期间，拿破仑军队追击从意大利撤退的奥地利军队，途中第一次来到斯洛文尼亚人居住的地区，他们要求当地人保持中立，表示会尊重他们的信仰自由、习俗遵照旧制和对他们财产的所有权进行保护。法军在奥斯特尔利茨（现今捷克的斯拉夫科夫）战役中战胜奥地利和沙俄军队。1805年，他们第二次来到斯洛文尼亚人居住的地区，几乎占领了斯洛文尼亚人居住的所有地区，并向各地区征收直接税。1805年12月，法军再次战胜奥地利军队，双方在布拉迪斯拉发签订了和约，法军占领了原属于奥地利的威尼斯所有地区和伊斯特拉。1809年，法军又在瓦格拉姆战胜奥军，进入亚得里亚海沿岸，占领了克罗地亚以及斯洛文尼亚的一些地区，设立了行省，通过意大利这一地区与法兰西帝国连接起来。这个行省被赋予一个古老的名字——伊利里亚，它包括斯洛文尼亚人居住的科罗什卡、克拉尼斯卡、戈里什卡、的里雅斯特和伊斯特拉，以及克罗地亚沿海的达尔马提亚和萨瓦河以南部分地区，卢布尔雅那是其首府所在地。法兰西帝国版图中包括了2/3以上的斯洛文尼亚人居住的地区，持续长达4年。在伊利里亚省法国人没有实行法国宪法，但法国的管理机构取代了这里的封建管理机构，实行拿破仑的"民法典"，封建领主的公共管理权被取消，他们遭到沉重的打击。然而斯洛文尼亚农民仍然承担着大量的军费负担，其社会地位并未改善。由于一直处于战争的前线，经济发展受到影响，贸易和炼铁业等的下降幅度很大，但民族文化发展呈现积极的态势。1810年，法兰西帝国提出了一个原则：在学校使用法语、意大利语教学的同时，斯洛文尼亚人可用自己地方的方言教学。此后，瓦伦廷·沃德尼克为斯洛文尼亚人的小学编写了几乎所有课本，在卢布尔雅那的小学和中学的初级班使用斯洛文尼亚语代替其他语言。

1813年10月拿破仑在莱比锡战败，随后放弃对伊利里亚省的控制，伊利里亚省又回到奥地利的版图之内，旧的封建制度被恢复。由于梅特涅专制政权的镇压，斯洛文尼亚的民族运动在政治方面未能取得进展。但斯洛文尼亚的文化领域有所发展，知识分子中间出现了保守派和自由派两个派别。保守派知识分子的代表为耶尔奈伊·科皮塔尔、安东·马尔廷·斯洛姆舍克、雅奈兹·布莱维斯等，他们属于保守的正统主义者，主张在合法的条件下开展民族文化运动。其中，科皮塔尔和捷克人约瑟夫·多布罗夫斯基一起被视为斯拉夫学的奠基人，撰写了第一本科学的斯洛文尼亚语语法书。斯洛姆舍克则是什塔耶尔斯卡的牧师，出生于农民家庭。他忠于人民，认为所有民族和语言在上帝面前都是平等的，为斯洛文尼亚人的学校编写了一些图书。他的诗歌通俗易懂，在民众中广为流传。克拉尼斯卡的布莱维斯是兽医和农民协会的秘书，他于1843年获准发行斯洛文尼亚语杂志《农业和手工业新闻》。

在自由派的知识分子中，对于斯洛文尼亚民族的发展具有重要意义的是弗朗茨·普雷舍伦。普雷舍伦于1800年出生在弗尔巴，1849年在克拉尼逝世。普雷舍伦首先为反对确立什塔耶尔斯卡、克拉尼斯卡等地区方言

斯洛文尼亚

的文学标准,维护斯洛文尼亚语言的统一做出了贡献;随后他又与主张斯洛文尼亚语与克罗地亚语融合,从而使斯洛文尼亚人融入克罗地亚人之中,变成统一的南斯拉夫人的伊利里亚主义者进行了斗争,从而解决了斯洛文尼亚民族发展中最根本的问题。伊利里亚运动始于19世纪30年代的克罗地亚,并成为克罗地亚民族的政治运动,伊利里亚思想也以各种形式在斯洛文尼亚存在了整整一个世纪。普雷舍伦是个充满激情的杰出诗人,是浪漫主义诗歌的先驱。普雷舍伦也是主张斯洛文尼亚民族独立的政治思想家,尽管在哈布斯堡王朝专制制度下没能提出民族的政治纲领,但他通过诗歌创作的方式表达了这一愿望——他号召斯洛文尼亚人为民族的自由和独立而斗争,体现了斯洛文尼亚的民族精神。他的伟大诗歌《祝词》中的一节在100多年后被确定为独立的斯洛文尼亚共和国的国歌。

18~19世纪初,斯洛文尼亚人居住的各地区尚未形成民族政治运动,但经济现代化迹象已初步呈现。居民人口增加,一些使用现代机械的工厂,如卢布尔雅那和阿伊多夫什契那的纺织厂、卢布尔雅那的大型制糖厂等出现。卢布尔雅那、的里雅斯特港口和科佩尔出现金融和贸易区,同时开始修建从维也纳到的里雅斯特的铁路。1846年,维也纳到采列的铁路通车。1857年该铁路全线通车。文艺方面也有所发展,占据主导地位的是浪漫主义,代表人物有著名的画家马泰夫日·兰古斯、米哈伊尔·斯特罗伊等。

五 斯洛文尼亚为统一而战

1.1848年革命和斯洛文尼亚纲领

1848年巴黎二月革命后,维也纳随之爆发了推翻梅特涅封建专制政权的三月革命。斯洛文尼亚农民举行大规模起义,支持首都的变革和实行宪制,建立平民城堡,设立哨所,维持社会治安,甚至占领城市、焚烧关卡、捣毁税务所,使资产阶级革命发展成为遍及全国的埋葬封建君主制的农民大起义。斯洛文尼亚人提出了斯洛文尼亚民族的政治纲领。这对于斯洛文尼亚民族发展具有划时代意义。1848年3月公布了两个纲领,一个是在维也纳的斯洛文尼亚知识阶层提出的,另一个是采洛瓦茨教堂牧师马蒂亚·马耶里亚-集利斯基提出的。纲领的实质内容主要有：把所有斯洛文尼亚人居住的地区统一为一个斯洛文尼亚；在学校、机关使用斯洛文尼亚语；成立地区议会；各地区享有同等的民族自治权。随后4月和5月，斯洛文尼亚人在格拉达茨、卢布尔雅那、的里雅斯特等地举行集会，提出并通过类似的纲领。因此这一系列纲领被统称为统一斯洛文尼亚纲领。捷克和斯洛文尼亚的自治运动失败，究其原因是奥地利的德意志资产阶级和保守的贵族们的妥协。斯洛文尼亚人居住的大部分地区同奥地利一起加入大德意志邦联，并于1848年4月在法兰克福成立全德意志国民议会。斯洛文尼亚人通过斗争获得了自己代表的席位，代表是马蒂亚·马耶里亚-集利斯基。随着法兰克福议会的名存实亡，匈牙利境内民族革命的烈火被扑灭，封建专制统治在奥地利重新恢复。虽然统一斯洛文尼亚纲领未能实现，但斯洛文尼亚作为一个民族和一个整体获得了承认。取消依附农制和贵族特权后，斯洛文尼亚人民开始参与国家的政治生活。斯洛文尼亚人视1848年为斯洛文尼亚历史上最重要的转折之一，意义深远。

　　三月革命以后是巴赫专制的10年。奥皇1853年取消依附农制的同时，通过追加农民的税务，对封建领主和贵族们遭受的损失给予补偿，实际做法是要求依附农赎身，农民的负担更加沉重了。尽管如此，斯洛文尼亚地区政治、经济仍发展起来：在什塔耶尔斯卡、科罗什卡、戈里什卡和的里雅斯特等地的议会选举中，斯洛文尼亚代表人数持续增加；从维也纳途经斯洛文尼亚到采列和南部地区到的里雅斯特的铁路通车。1868年8月9日，斯洛文尼亚民族运动领导人组织了首次大规模民众集会，人数达到1万人左右。他们向奥地利统治者施压，具体诉求是：把斯洛文尼亚各地区统一成奥地利君主国内的一个自治的斯洛文尼亚；在小学和中学使用斯洛文尼亚语教学；用斯洛文尼亚语设立大学或系；在机关和军队中使用斯洛文尼亚语；等等。随后的三年中，斯洛文尼亚各地共举行了34次大规模集会，有各阶层的斯洛文尼亚人，尤其是农民和城市平民参与。最大的一次集会，是1869年5月17日，在卢布尔雅那的维日马里举行的集会，人数达到了2.5万~3万人。

　　斯洛文尼亚人在19世纪60年代又遭受了沉重打击。奥地利在1866

51

斯洛文尼亚

年奥普战争中失利后，割让威尼斯给普鲁士的盟国意大利，使居住在威尼斯的斯洛文尼亚人（当时大约占斯洛文尼亚人口总数的2%），与斯洛文尼亚人的统一区域分离，而在意大利境内，他们成了少数民族，权益无法受到保护。1867年，奥匈二元君主制建立，奥地利仍管辖着现今斯洛文尼亚领土的大部分区域，穆拉河流域的波穆列地区则归匈牙利所有。

2. 19世纪后期的全面发展

经济方面，19世纪后30年，奥地利当局在取消依附农制的同时，向被解放农民追加土地税，用于补偿贵族和庄园主因取消依附农制而遭受的损失，农民的负担进一步加重，导致大批农民破产和农业危机，大批斯洛文尼亚居民开始迁居其他欧洲国家和美国。同时，钢铁和采矿两大工业部门在斯洛文尼亚地区出现，并在此后的100年中在斯洛文尼亚经济中占据重要地位，最有代表性的是克拉尼钢铁公司和耶塞尼察、特尔博夫列的煤矿公司。当时由于缺少资金，德国、法国等外国资本开始渗入。马里博尔铁路局当时负责从维也纳到的里雅斯特铁路在斯洛文尼亚地段的运营，它拥有大量的熟练工人，这条铁路已成为非常重要的工业品运输线。此外，的里雅斯特的工业发展迅速。

在教育方面，19世纪末，斯洛文尼亚地区已建成完善的小学教育体系。在奥地利君主国内，居民中有文化的人数所占比重，斯洛文尼亚人与德意志人和捷克人相当。斯洛文尼亚族学生和讲斯洛文尼亚语的人在中学和大学中不断增加，这引起了奥地利当局的注意，1895年，在采列的中学里讲斯洛文尼亚语成了政治问题，因为那里的学校只能用德语教学。由于奥地利当局的压制，直到奥匈帝国灭亡的时候，斯洛文尼亚也没有建立一所使用自己语言的中学。1904年，卢布尔雅那开办了一所私立的斯洛文尼亚语教会学校。

在文学艺术方面，19世纪末，继中世纪欧洲文化运动和西方的文艺复兴运动之后，斯洛文尼亚人再次呈现高度的文学艺术创作能力。这一时期斯洛文尼亚现代文学的两个伟大代表人物是现实主义作家伊万·参卡尔和奥通·茹番契奇。此外，现实主义画家有雅奈兹·舒比奇和尤里·舒比奇两兄弟，还有印象主义、象征主义画家安东·阿日贝等。

政党方面，19世纪末，由福音派传教士雅奈兹·克雷克领导的基督教社会运动，以合作自助的方式，大大改善了未能赎身的农民的经济状况。这样向国外迁移的人数逐渐减少。基督教社会运动还为工人组织了社会自助，建立了工人文化组织。那时，斯洛文尼亚人建立了三个政党——基督教民众党、社会民主党和自由党，这些政党有很多不同之处，如社会基础、意识形态、政治取向、在斯洛文尼亚民族发展问题上的主张等多有不同。

政治方面，19世纪末，斯洛文尼亚人除了继续面临德意志化的压力外，还受到来自外部的双重威胁，即北部的德国扩张和西部意大利对斯洛文尼亚领土的要求。以德意志人和意大利人为主的斯洛文尼亚地区内，斯洛文尼亚居民已占90%，该地区人口总数不到150万人。斯洛文尼亚政治文化界人士一致认为，要想抵制这种压力，只有建立民族自治的统一的斯洛文尼亚。1897年，当时起主导作用的基督教民众党，制定战略目标，就是在哈布斯堡君主国范围内建立自治统一的斯洛文尼亚，当时克罗地亚权利党也主张在哈布斯堡君主国内建立大克罗地亚国，于是两党决定合作，共同抵制德、意，想要建立与奥地利、匈牙利平起平坐的三元君主制，并为此不断斗争。斯洛文尼亚自由党成员也倾向这种主张，他们认为应把哈布斯堡君主国内信奉东正教的塞尔维亚人也包括在内。各政治文化营垒的一些人士提出所有南部斯拉夫人实行民族和文化融合的主张。但也有许多斯洛文尼亚人认为这是乌托邦思想，不能接受，伟大作家伊万·参卡尔就对这种主张进行了有力的抨击。他在1913年的一次学术演讲中表示，斯洛文尼亚人在长期分离的历史发展中，尽管在语言上与南部斯拉夫人有着同源的联系，但斯洛文尼亚已形成了具有西欧文化特征的民族。他主张建立独立于奥匈帝国的联邦制共和国的南斯拉夫。

3. 一战和"塞尔维亚人-克罗地亚人-斯洛文尼亚人王国"成立

斯洛文尼亚人面临的威胁在第一次世界大战时更加严重，特别是1915年4月协约国签订的《伦敦条约》，允诺意大利在战后获得哈布斯堡君主国大面积的领土，其中包括南蒂罗尔、特伦蒂诺，从斯洛文尼亚沿海

斯洛文尼亚

（戈里什卡、的里雅斯特）直到克拉尼斯卡东部、伊斯特拉和达尔马提亚。

1915年，为了保卫斯洛文尼亚人的家乡和斯洛文尼亚地区的完整性，在索查河战线的最大的一次战役中，由斯洛文尼亚人组成的奥地利军队与意大利军队进行了英勇战斗。1916年奥地利的德意志人政党提出的纲领中，要求把大半个奥地利并入德意志民族国家，从而置捷克和斯洛文尼亚人于死地。与此同时，奥地利各地和维也纳的议会因战争已停止召开会议。在这种情况下，一些斯洛文尼亚政党领导人，以基督教民众党领袖雅奈兹·克雷克和安东·科罗舍茨为代表，重新加强与克罗地亚权利党的合作，团结在维也纳议会内的所有南部斯拉夫议员，成立了南部斯拉夫议员团。1917年5月30日该组织成功举行首次会议，发表了著名的"五月宣言"。宣言要求：在哈布斯堡君主国内的斯洛文尼亚人、克罗地亚人和塞尔维亚人居住的地区（包括斯洛文尼亚、克罗地亚、达尔马提亚、波斯尼亚和黑塞哥维那、伏伊伏丁那），建立一个自治的国家，以民主为基础，取消二元君主制，建立三元君主制。同时他们组织支持宣言的"全民运动"，截至1918年春已征集到25万人签名支持。南部斯拉夫议员团向在布列斯特举行的和平会议提交了备忘录，要求南部斯拉夫人的自决权得到尊重和承认。

然而，最让斯洛文尼亚人担心的是，奥地利当局破坏斯洛文尼亚人与克罗地亚人的联合，而使克罗地亚人与塞尔维亚人联合并满足其三元君主制的地位，同时只给予斯洛文尼亚某些文化自治权。斯洛文尼亚领导人决定为脱离哈布斯堡君主国和保持斯洛文尼亚国家统一而斗争。1918年8月16日，斯洛文尼亚国民委员会在卢布尔雅那成立，从9月起开始作为斯洛文尼亚的最高代表机构发挥作用。斯洛文尼亚国民委员会成为斯洛文尼亚人、克罗地亚人和塞尔维亚人组成的新国家的国民委员会的重要组成部分。

奥匈帝国实行严厉的新闻检查制度，所以关于侨居国外的南斯拉夫委员会的成立，及其于1917年7月与塞尔维亚王国政府会谈和发表的《科孚宣言》等消息，直到1918年9月才传到斯洛文尼亚。斯洛文尼亚国民委员会于1918年9月对未来的南斯拉夫国家，确定了基本原则，即未来的国家应是由以下三个部分组成的联邦：①斯洛文尼亚和伊斯特拉；②克罗地亚、斯拉沃尼亚和伏伊伏丁那；③波斯尼亚、黑塞哥维那和达尔马提亚。斯洛文尼亚基督教民众党领导人科罗舍茨警告说，如果按照《科孚宣言》而轻易地联合，新成立的这个国家有可能会变成由4个部分组成的塞尔维亚。

1918年10月6日，"塞尔维亚人-克罗地亚人-斯洛文尼亚人王国"的国民委员会在萨格勒布成立，成为这些民族的最高政治实体。1918年10月29日，"塞尔维亚人-克罗地亚人-斯洛文尼亚人王国"在萨格勒布和卢布尔雅那同时宣布成立，正式脱离了奥地利的统治。

第四节 现当代史

一 斯洛文尼亚领土分割和"塞尔维亚人-克罗地亚人-斯洛文尼亚人王国"

1918年10月29日"塞尔维亚人-克罗地亚人-斯洛文尼亚人王国"宣布成立，国民委员会是新国家的最高权力机构。斯洛文尼亚虽只是这个国家的组成部分，但其有了真正独立的政治生活，具有历史意义。

1918年10月31日，斯洛文尼亚的国民政府由斯洛文尼亚国民委员会任命，获得萨格勒布全国国民委员会批准，作为一个国家的最高立法和执行机构行使权限，但是外交事务权限属于全国国民委员会。当时，斯洛文尼亚必须管理本国包括国防在内的一切事务，来自外部的多方面的严重威胁依然存在。同年10月31日，在科罗什卡省，由德意志人政党组成的政府宣布该省加入奥地利。根据1919年巴黎和会的决议，通过全民公决决定科罗什卡的命运，最终科罗什卡被并入奥地利。11月5日，意大利军队继续向斯洛文尼亚地区推进，即《伦敦条约》允诺归属意大利的部分地区，11月11日逼近洛加泰茨时，斯洛文尼亚人民政府的军队击退意军，但最终意大利军队还是占领了斯洛文尼亚沿海及内地的大部分领土。

斯洛文尼亚

1920年11月,"塞尔维亚人-克罗地亚人-斯洛文尼亚人王国"与意大利在意大利的拉巴洛达成两国边界协议,这一地区最终被划归意大利。1918年11月1日,斯洛文尼亚军官鲁道夫·马伊斯泰尔少校占领了马里博尔的警卫部队司令部,宣布马里博尔及其周围地区属于南部斯拉夫人新成立的国家,属于斯洛文尼亚的领土。但斯洛文尼亚东北部的一小块领土被匈牙利抢占。因此,在斯洛文尼亚脱离奥地利和加入南部斯拉夫人组成的国家的过程中,其的领土和居民被分割数次,最终分成了四个部分。

在"塞尔维亚人-克罗地亚人-斯洛文尼亚人王国"内,斯洛文尼亚各个政党之间就是否与塞尔维亚王国联合这个问题出现了不同的意见。1918年11月16日和18日,斯洛文尼亚国民委员会文化部在卢布尔雅那举行会议,讨论斯洛文尼亚未来的文化发展、斯洛文尼亚人在未来南部斯拉夫人的国家内的地位问题。尽管仍然存在某些新的伊利里亚主义和建立一元主义南斯拉夫国家的立场,但与会的大多数人认为:斯洛文尼亚应发展自治、保持自己的独立性。会议通过了相关宣言,几乎所有代表都在宣言上签字确认。1918年11月23日,斯洛文尼亚自由党中主张建立一元主义的中央集权南斯拉夫国家的成员们,发表主张与塞尔维亚王国合并和建立统一的南斯拉夫的宣言。斯洛文尼亚民众党成员信奉天主教,他们反对这种主张,认为"塞尔维亚人-克罗地亚人-斯洛文尼亚人王国"与塞尔维亚王国联合是不成熟的决定,有很大不确定性。1918年11月24~25日,全国国民委员会在萨格勒布举行彻夜长会,大多数人主张与塞尔维亚王国联合。克罗地亚农民平民党领袖斯捷潘·拉迪奇坚决反对,认为不能匆忙与塞尔维亚王国联合,要求在未来的"大南斯拉夫"中,保证克罗地亚享有高度自治权利和地位。但是斯洛文尼亚民众党和克罗地亚权利党在会上的立场不够坚定,并未支持拉迪奇。1918年12月1日,在贝尔格莱德,"塞尔维亚人-克罗地亚人-斯洛文尼亚人王国"正式宣布成立。

二 南斯拉夫王国内的斯洛文尼亚人

1919年1月,新成立的"塞尔维亚人-克罗地亚人-斯洛文尼亚人王国"采取措施,撤销克罗地亚、波斯尼亚和黑塞哥维那、达尔马提亚和斯洛文尼亚的自治国民政府，以新的行政区政府取而代之。这一措施引起了克罗地亚人和斯洛文尼亚人的强烈不满。1919年3月，临时国民代表机构会议在贝尔格莱德召开，讨论立宪议会的选举法及其他一系列法律，包括农业改革法等。代表之间分歧非常大。1920年11月28日举行立宪议会选举之前，遭受丧失科罗什卡和拉巴洛协议双重打击的斯洛文尼亚人，陷于痛苦之中，投票积极性受到影响，主张建立统一和中央集权的南斯拉夫政党获得多数票。在1921年春的选举中，南斯拉夫政党获得了大约2/3的选票。这种状况一直持续到南斯拉夫王国灭亡。斯洛文尼亚民众党坚持主张维护斯洛文尼亚的自治，反对一元主义的宪法草案，反对中央集权。1921年6月28日通过的"维多夫丹宪法"，使斯洛文尼亚人民被强加上一元主义和中央集权的制度，这一事件成为阻碍斯洛文尼亚民族发展的重大阻力。1929年1月6日，塞尔维亚国王发动政变，取缔了"维多夫丹宪法"，恢复专制统治，"南斯拉夫王国"就此成立。

在南斯拉夫王国内，斯洛文尼亚以自己独特的方式发展经济、政治、文化，但民众党和自由党作为斯洛文尼亚的两大政党，进行了持续激烈的对抗。它们在很多方面意见相左。①在民族和政治制度问题上，自由党主张建立单一的南斯拉夫民族和一元主义的中央集权的国家；民众党主张发展斯洛文尼亚本民族特性，实行民族自治。②在经济方面，民众党鼓励发展农民合作社，保护农民，减轻农民的赋税压力，对工人提供相应社会保障，妇女可以享有选举权；自由党则主张企业享有充分的自由，鼓励发展金融资本。③在文化和教育领域，在与贝尔格莱德当局的关系上，两党也进行了激烈的对抗。1920年贝尔格莱德派来的政权机构，不顾斯洛文尼亚的实际发展状况，让自由党人参加贝尔格莱德政府，自由党在斯洛文尼亚占据了有利地位。1927年在贝尔格莱德当局的支持下，民众党取得了政权，但放弃了原来的政治原则，机会主义大肆猖獗。在塞尔维亚国王亚历山大发动政变后，民众党又坚持原来的立场，发表《斯洛文尼亚宣言》，反对塞尔维亚国王的专制统治。他们认为，南斯拉夫、意大利、奥地利和匈牙利已经瓜分斯洛文尼亚，斯洛文尼亚人有自己的基本要

斯洛文尼亚

求,就是保持斯洛文尼亚政治实体的统一性,应有斯洛文尼亚人自己的名称和旗帜,实行财政独立,经济、政治、文化自由平等,在自由民主协商的基础上,斯洛文尼亚人、克罗地亚人和塞尔维亚人建立由自治单位组成的国家。王国政府1935年更迭,米兰·斯托亚迪诺维奇当政,斯洛文尼亚民众党重新与大塞尔维亚主义集团联合,南斯拉夫激进联盟成立,建立自治的斯洛文尼亚的要求被削弱了,但非正式的斯洛文尼亚自治政权被成功地保持住了。

斯洛文尼亚的两大政党在1931~1932年都发生了分化。左翼知识分子指责斯洛文尼亚政党领导人追随贝尔格莱德的机会主义和损害民族利益的政策,自由党内具有民族和民主主义倾向的知识分子退党,并创办了《现代》杂志,形成了民族和自由民主的政治联盟。斯洛文尼亚民众党中,出现了受左翼基督教社会主义者影响较大的工党派别。1932年,基督教社会党人与当时已相当强大的工会组织,主张建立社会民主类型的社会主义社会。1935年,部分人民民主党人和基督教社会党人逐渐靠近共产党人,人民阵线由此组成。斯洛文尼亚共产党在1937年4月成立,弗朗茨·莱斯科舍克任斯共中央书记,斯洛文尼亚共产党制定了人民民主政治纲领,主张建立南斯拉夫联邦制框架内的斯洛文尼亚人民共和国。1938年铁托回国后,在国内建立了南斯拉夫共产党临时领导机构。除铁托外,当时的南共临时领导机构成员,还有斯洛文尼亚共产党的领导人爱德华·卡德尔、米哈·马林科、弗朗茨·莱斯科舍克等。

三 两次世界大战之间的斯洛文尼亚

南斯拉夫王国实行一元主义和中央集权制。但由于斯洛文尼亚民族的团结力量强大,以及民众党致力于斯洛文尼亚自治,并占据主导地位,故而斯洛文尼亚仍然保持着自己的自治制度,贝尔格莱德当局的破坏对他们影响不大,斯洛文尼亚的经济、社会、文化获得了持续的发展。

这一时期,在意大利和奥地利有大约35万斯洛文尼亚人,所以当加入南斯拉夫时,斯洛文尼亚的居民人数是近100万人。1941年前后,南斯拉夫境内的斯洛文尼亚居民已增加到了约115万人。但在意大利和奥地利的斯洛文尼亚居民人数大大减少，原因是两国当局采取了一系列意大利化和德意志化措施。在经济方面，斯洛文尼亚迅速工业化，带动了经济的飞速发展，但在1930~1934年经济危机期间有所停滞。斯洛文尼亚的钢铁业和采矿业发展良好，而且斯洛文尼亚的日用消费品加工业，在南斯拉夫的南部欠发达地区开发了市场，获得了快速发展，纺织业、冶炼业、化工业、皮革业和造纸业等也都发展迅速。1939年，在南斯拉夫的6个共和国中，斯洛文尼亚工业品，如煤炭、钢铁、玻璃、肥皂、纸张、棉布等的产量均居全国第一。随着工业和经济的迅速发展，居民的社会结构也发生了变化，斯洛文尼亚的农业人口占总人口的比重在1941年已减少到55%。但农业发展困难，大多数农民只有小块土地，经济危机对他们打击严重。农民们欠下高额债务，几近破产，仅靠农业生产已无法维持生计。同时，虽然工业发展迅速，但也无力吸收当地的全部剩余劳动力，大量失业者的出现已成了当时很大的社会问题。

斯洛文尼亚的教育文化事业在20世纪20年代发展最快。斯洛文尼亚的所有学校都成了真正属于斯洛文尼亚人的学校，中学和中等综合技术学校的数量大大增加。卢布尔雅那大学在1919年建立，斯洛文尼亚人终于有了自己的高等教育。一些重要的文化科学机构，如人民博物馆、人民美术馆、斯洛文尼亚人民剧院等也随后纷纷建成。卢布尔雅那电台1928年开始播放节目。斯洛文尼亚科学艺术院1939年建立。斯洛文尼亚文化艺术创作和科学技术创新的全盛时期形成。

四 德、意、匈占领斯洛文尼亚

帝国主义国家之间的矛盾在20世纪30年代愈演愈烈，两大集团轴心国和同盟国形成。1941年春，在德国、意大利的施压下，南斯拉夫摄政王帕夫莱亲王和德意政府签署条约，即《三国条约》，随后其在英国指使发起的军事政变中被赶下台。1941年4月6日，德军开始进攻南斯拉夫，克罗地亚的法西斯民族主义者乌斯塔沙分子4月10日宣布在克罗地亚、波斯尼亚和黑塞哥维那成立"克罗地亚独立国"，这个独立国成了德、意占领者的保护国，斯洛文尼亚与南斯拉夫其他地区被完全隔离开。4月11

斯洛文尼亚

日，斯洛文尼亚全部被占领，随后被德、意、匈瓜分。纳粹德国占领了斯洛文尼亚的什塔耶尔斯卡和戈雷尼斯卡；匈牙利占领了斯洛文尼亚的普雷克穆列；意大利占领了斯洛文尼亚的诺特拉尼斯卡、多莱尼斯卡和卢布尔雅那。为了消灭斯洛文尼亚民族，纳粹德国和匈牙利占领者采取敌对措施，从一开始就敌视斯洛文尼亚人，甚至进行种族清洗，包括取消斯洛文尼亚语学校，取缔所有斯洛文尼亚人的组织，驱逐斯洛文尼亚知识分子和包括神职人员在内的具有民族意识的人士。从什塔耶尔斯卡和戈雷尼斯卡被驱逐的居民占了1/4，斯洛文尼亚人大批被迫迁居塞尔维亚、克罗地亚或迁到了农村，其他留下的斯洛文尼亚人被实行德意志化政策。出于政治策略的考虑，意大利占领者把斯洛文尼亚占领区划为卢布尔雅那专区省，派来了最高特派员，就是曾下令驱逐沿海地区斯洛文尼亚人的法西斯分子埃米利·格拉吉奥利，当局允许斯洛文尼亚人实行文化自治和基层自治，但斯洛文尼亚人和斯洛文尼亚人的组织必须与意大利当局合作才可以。

在被占领的初期，斯洛文尼亚人对于这一变故感到震惊和畏惧，希望民主力量能在战争中获胜和重建由斯洛文尼亚人自由加入的南斯拉夫。因此，大多数人采取观望态度，盼望政治军事方面有解决办法。原有的一些政治领导人留在卢布尔雅那地区，一方面秘密承认流亡伦敦的南斯拉夫政府及流亡政府中的斯洛文尼亚代表，另一方面则与在卢布尔雅那的意大利占领者求得合作。斯洛文尼亚青年知识分子和农民，在左翼人民民主党、左翼基督教社会党和共产党的影响下，一直坚持主张与占领者斗争到底。他们发动了武装起义，开始革命。反对帝国主义阵线在1941年4月底建立，在6月22日纳粹德国进攻苏联后，又改名为"解放阵线"。他们号召斯洛文尼亚人参加反对占领者的武装起义，坚决为解放斯洛文尼亚人民战斗，以最终建立自由统一的斯洛文尼亚。解放阵线随后组建游击队，开展一系列游击活动，其中发挥了决定性作用的是斯洛文尼亚共产党。斯洛文尼亚游击队总司令部司令是斯洛文尼亚共产党主要领导人弗朗茨·莱斯科舍克，游击队总司令部政委是斯洛文尼亚解放阵线执行委员会书记鲍里斯·基德里奇。斯洛文尼亚共产党及其领袖，在斯洛文尼亚的历史发展中功不可没。

五 人民解放战争和反法西斯人民解放委员会

1941年9月，斯洛文尼亚解放阵线召开代表大会。他们确定自己的唯一任务就是反占领斗争，并决定斯洛文尼亚解放阵线的游击队参加以约瑟普·布罗兹·铁托总书记为首的南斯拉夫共产党领导的全南斯拉夫抵抗运动和南斯拉夫游击队。斯洛文尼亚共产党的政敌坚决反对解放阵线的决定和行动，在1941年秋发动反对解放阵线的宣传活动，指责解放阵线为冒险主义，称他们的行动会引发占领者残酷镇压，会致使斯洛文尼亚民众遭受苦难和牺牲。1942年"斯洛文尼亚同盟"成立，在占领者的帮助下与解放阵线对立，特别是在卢布尔雅那地区形成民主主义和纳粹法西斯主义两条阵线，斯洛文尼亚人的内战一触即发。斯洛文尼亚游击队1941年在斯洛文尼亚各地的数次战斗中取得了胜利。弗朗茨·罗兹曼·斯塔内时任斯洛文尼亚游击队指挥官，他组建的什塔耶尔斯卡游击营曾与德军作战，突破德军防线，斯洛文尼亚人居住的什塔耶尔斯卡地区得以解放。1942年在卢布尔雅那以南地区建立的多莱尼斯卡游击旅是斯洛文尼亚游击队中最具战斗力的部队，1943年9月意大利军队投降前后，卢布尔雅那地区的游击军解除了意大利军队三个师的武装，反共的宪兵队及本国的反共武装力量几乎全部被消灭，沿海地区斯洛文尼亚人居住的意大利占领区被解放。作为南斯拉夫游击军的组成部分，1943年底，斯洛文尼亚游击军被承认为反法西斯盟国的部队之一。

1941年秋，斯洛文尼亚解放阵线成立了斯洛文尼亚人民解放委员会，是斯洛文尼亚人民的最高代表机构，斯洛文尼亚各地也建立了相应的基层委员会。斯洛文尼亚人民解放委员会本着斯洛文尼亚人民的自决权和自主权原则，通过了关于斯洛文尼亚人民在解放战争中的地位、斯洛文尼亚人民与南斯拉夫王国政府的关系、斯洛文尼亚人民与邻国人民的关系等问题的宣言，表示斯洛文尼亚主张在未来的联邦南斯拉夫内，建立独立统一的斯洛文尼亚和保持斯洛文尼亚人民的自主权。1942年11月在比哈奇举行的南斯拉夫反法西斯人民解放委员会第一次代表大会上，产生了新的南斯拉夫联邦的政权机构。1943年10月1~3日，斯洛文尼亚解放阵线在科

斯洛文尼亚

切维举行代表大会,有572名代表参加,会上选举出了120名斯洛文尼亚人民解放委员会成员组成斯洛文尼亚解放阵线的最高领导机构,也是斯洛文尼亚人民政权的最高机构。会议还决定,在人民自决的基础上参加南斯拉夫反法西斯人民解放委员会。随后,斯洛文尼亚代表参加了1943年11月在亚伊采举行的南斯拉夫反法西斯人民解放委员会的第二次代表大会。会议决定建立包括塞尔维亚、克罗地亚、斯洛文尼亚、马其顿、波斯尼亚和黑塞哥维那、黑山在内的各民族平等的民主联邦的新南斯拉夫,成立南斯拉夫全国解放委员会作为临时的人民政权机构。会议还通过了剥夺在国外的南斯拉夫王国流亡政府代表南斯拉夫的权力、禁止塞尔维亚国王回国等决议。为了使新政权获得国际承认,1944年6月,在反法西斯盟国中一些大国的压力下,南斯拉夫反法西斯人民解放委员会与在伦敦流亡的南斯拉夫王国政府达成了关于建立南斯拉夫统一的临时联合政府的协议,并由双方代表约瑟普·布罗兹·铁托和伊万·舒巴什奇(当时的南斯拉夫王国流亡政府总理)签字。协议获得了盟国大国的承认后,包括斯洛文尼亚解放阵线在内的南斯拉夫反法西斯人民解放委员会成立了国际承认的政权机构临时国民议会。1945年3月南斯拉夫临时联合政府成立,斯洛文尼亚解放阵线奠基人之一、南斯拉夫反法西斯人民解放委员会主席团成员、南斯拉夫人民解放军最高司令部成员爱德华·卡德尔出任临时联合政府总理。1945年5月5日,第一届斯洛文尼亚人民政府成立,鲍里斯·基德里奇出任总理。

六 斯洛文尼亚的统一

1945年春,斯洛文尼亚游击军和南斯拉夫军队解放了斯洛文尼亚和南斯拉夫的全部领土,斯洛文尼亚解放阵线取得政权。斯洛文尼亚人民群众在人民解放战争中作出了巨大牺牲,斯洛文尼亚共产党员尤为突出,他们有5000多人献出了生命。斯洛文尼亚的统一是斯洛文尼亚人民经过人民解放战争的浴血奋战实现的。南斯拉夫立宪议会选举在1945年11月11日举行,解放阵线取得了绝对胜利,战胜了资产阶级政客集团。南斯拉夫联邦人民共和国于1945年11月29日宣布成立,共和国的第一部宪法在 1946 年 1 月 30 日立宪议会上通过。1947 年 1 月 16 日，斯洛文尼亚通过了斯洛文尼亚人民共和国宪法，从此在南斯拉夫联邦内，斯洛文尼亚成为拥有自决权的共和国。

然而，自由统一的斯洛文尼亚是短暂的，在英美大国发出最后通牒后，1945 年 5 月 19 日南斯拉夫军队和斯洛文尼亚游击军撤出了科罗什卡，6 月 12 日撤出了的里雅斯特和斯洛文尼亚的部分沿海地区。1946 年 4~7 月，国际和平会议在伦敦和巴黎举行，确定了南斯拉夫（斯洛文尼亚）与奥地利的边界，奥地利再次划走科罗什卡，科罗什卡地区的斯洛文尼亚人再次与母国的斯洛文尼亚人隔离开来。会议又确定了南斯拉夫（斯洛文尼亚）与意大利的边界，各大国激烈争论，它们决定在斯洛文尼亚沿海和伊斯特拉半岛地区划出一条分界线："A"区在分界线以西，包括的里雅斯特城区、戈里查、斯洛文尼亚沿海西北部和伊斯特拉半岛西北部，这一地区将建立自由区和由盟国共管；"B"区在分界线以东，归属南斯拉夫，包括的里雅斯特郊区和斯洛文尼亚沿海的其余地区。1954 年的伦敦条约又把"A"区的一小部分划归南斯拉夫，意大利掌控其余地区，冷战的帷幕在此落下。1975 年和 1983 年南、意两国签署了奥西莫协议和罗马协议，就当时离开"B"区的意大利居民在南斯拉夫财产的赔偿问题达成协议。1991 年斯洛文尼亚独立后，意大利承认斯洛文尼亚对这些协议的合法继承权，但争议一直在斯、意两国之间存在，两国关系曾经紧张。总之，经过人民解放战争的浴血奋战，斯洛文尼亚人民完全统一的愿望未能最终实现，邻国境内滞留大批斯洛文尼亚人。

七 共产党领导下的发展

新南斯拉夫联邦国家成立初期，在共产党领导下，按照苏联的模式，实行的是集中的政治经济行政管理体制，共产党领导和管理公共的政治经济生活，但在文化和教育领域，各共和国实行自治。尽管集中的行政管理体制有一定的弊端，斯洛文尼亚和其他共和国的经济仍然获得了迅速恢复和发展。战后的两年是经济恢复期，南斯拉夫共产党制定纲领，加速工业化、实行生产资料国有化和消灭私有制。南斯拉夫联邦议会在 1945 年通过土地改革法，没收农民拥有的超过 30 公顷的土地，农业合作化进程开

斯洛文尼亚

始。商业企业国有化法在1946年通过，私有经济实行国有化。国民经济恢复后，南斯拉夫实行了苏联模式的社会主义建设五年计划，开始实行集中的计划经济管理体制。加速工业化和农业生产资料集体化，全国的人口结构随之迅速变化，城市化进程加速。然而，1948年发生的南苏冲突严重干扰了第一个五年计划。共产党和工人党情报局1948年6月28日通过了《关于南斯拉夫共产党情况的决议》，将南斯拉夫共产党开除出共产党和工人党情报局，随之是来自苏联和东欧各国的经济封锁和军事威胁，冷战时期的南斯拉夫陷于极端困境。南苏冲突激励南斯拉夫共产党，根据马克思列宁主义理论，来探索建设社会主义和发展南斯拉夫社会主义中社会政治关系的新途径。1950年6月27日，南斯拉夫联邦议会通过了《关于劳动集体管理国营经济企业和高级经济联合组织基本法》。南斯拉夫开始走上了以工人自治为基本社会政治关系的工人自治和社会自治的道路。领导自治社会主义理论和实践发展进程的是爱德华·卡德尔与铁托。1952年南斯拉夫共产党改名为南斯拉夫共产主义者联盟，即"南共联盟"，斯洛文尼亚共产党也改名为斯洛文尼亚共产主义者联盟，即"斯洛文尼亚共盟"。20世纪50年代中期，铁托对外实行不结盟政策，促进国际不结盟运动发展。

八　工人自治和社会自治

20世纪50年代下半期，斯洛文尼亚工业迅速发展，企业全力实行工人自治和生产资料的社会所有制。南共联盟1958年在卢布尔雅那举行第七次代表大会，制定南共联盟的新纲领。卡德尔对纲领的产生起了重要作用，是自治制度的缔造者之一。由于实施自治制度，南斯拉夫经济发展迅速，社会产值在1960年比1953年翻了一番，工业产值为1953年的2.6倍。但由于资本积累过低，投资不合理，工业生产结构不协调，特别是基础工业与加工工业比例失调，经济现代化缓慢，劳动生产率低，农业发展落后等一系列问题在20世纪60年代初经济发展中出现，此后国家增加对农业，尤其是社会所有制部门的投资。1963年，南斯拉夫联邦和各共和国通过新宪法，工人自治扩展到所有公共生活领域，开始实行社会自治。政权机构由各领域的集体代表组成，社会主义关系全面发展的基本单位是区（或公社）。南共联盟通过经济改革引进更多的市场因素，国家加强对外开放，过剩的劳动力到西欧国家就业，从而使劳动力市场的就业压力也逐渐减轻，国外的就业者不断汇回外汇，国家的外汇收入增加，国内居民生活得以改善。此后，国家的边界日益开放，简化了获得签证和旅行证件的手续和流程。南斯拉夫在实行这些政策和措施后，经济持续增长，全南斯拉夫的社会产值到1972年已为1953年的4倍，工业产值为1953年的7倍多。

在实行工人自治和社会自治的进程中，南共联盟与党内的"民族主义"和"自由主义"倾向进行斗争。1966年南共联盟政治局委员亚历山大·兰科维奇因反对自治和改革，组成"官僚主义中央集权主义集团"和滥用职权被撤销了全部职务，后被南共联盟开除。斯洛文尼亚在经济发展中获得了更大权力，但也助长了主张实行福利市场型经济和更加自由化的倾向。一些政治领导人主张斯洛文尼亚进一步加强共和国和本民族的自主权，改变斯洛文尼亚的经济结构，主要通过发展现代电子工业、银行和服务业，加强对外开放和与西欧国家的合作。斯洛文尼亚和克罗地亚等共和国在20世纪60年代末，发生了一系列政治事件。"公路事件"发生在1969年8月，斯洛文尼亚对联邦政府分配用于修筑公路部分的国际贷款不满，引发针对政府的示威游行。铁托和卡德尔对此事件进行严厉批评，处分了一些领导人。斯洛文尼亚共盟内的自由主义领导人在斯洛文尼亚实行僵化领导体制，导致经济发展中出现许多失误。虽然如此，斯洛文尼亚经济现代化进程还是取得了卓越的成绩，在南斯拉夫联邦内，斯洛文尼亚仍然是最发达的共和国，斯洛文尼亚的社会产值和国民收入在20世纪80年代末为全国平均水平的2.5倍，在南斯拉夫全国人口中，斯洛文尼亚的人口占总数的8%，社会产值占全国总社会产值的18%，出口额为全国出口总额的25%。其中对西方的出口额占全国对西方出口总额的33%。斯洛文尼亚克服了劳动生产率低和就业人员过多的问题，也是斯洛文尼亚产品在南斯拉夫市场和欧洲市场上的竞争力提高的原因。斯洛文尼亚职工平均工资水平在南斯拉夫国内最高，居民的生活水平明显改善。

斯洛文尼亚

九　经济政治危机和民族关系

以铁托、卡德尔和弗拉迪米尔·巴卡里奇（克罗地亚人，南共联盟主席团成员）为首的南斯拉夫党和国家领导人，克服民族主义和自由主义路线，在1974年经过努力通过了南斯拉夫联邦国家新宪法，进一步发展了自治社会主义和南斯拉夫各族平等的制度，给予共和国更多的自主权。但在政治体制中实行的代表团制的直接民主并未在实践中发挥作用，在社会经济领域实行的"自由联合生产者的直接民主"，被视为"美好的却不切实际的人文社会主义的乌托邦"。经济发展中的困难仍然存在，发展水平的差距在各共和国之间被拉大，南斯拉夫对外借贷，外债不断增加，官僚主义在联邦一级越发严重，各共和国出现矛盾，主要是对联邦不满。最终整个国家不断出现债务危机、经济危机和政治危机。

领导南斯拉夫人民进行了反法西斯人民解放斗争和社会主义建设的一代历史人物，包括铁托、卡德尔、巴卡里奇等人，在20世纪80年代初先后去世。国家陷入经济危机的时候，南斯拉夫民族矛盾也不断尖锐起来，各共和国之间的关系紧张。首先是塞尔维亚族和阿尔巴尼亚族之间的矛盾激化。1986年，塞尔维亚共和国科学艺术院起草的文件《备忘录》（关于南斯拉夫政治、经济、社会状况和塞尔维亚及塞尔维亚人在其中的地位文件）抱怨塞尔维亚共和国和塞尔维亚人在联邦国家内受到分割和排斥，主张所有塞尔维亚人应该生活在一个共和国内。该文件被其他共和国视为大塞尔维亚民族主义纲领，受到塞尔维亚共盟和共和国领导人的严厉批评，后来塞尔维亚党政领导人结构发生了变化。1987年，米洛舍维奇在科索沃地区的波列支持塞族与阿族进行斗争，并发表了相关讲话。这是塞尔维亚当局对科索沃地区政策的转折。1989年塞尔维亚共和国通过宪法修正案，并在1990年制定塞尔维亚共和国新宪法，公开违背南斯拉夫宪法基本原则，取消科索沃地区和伏伊伏丁那两个自治省的自治地位。斯洛文尼亚和克罗地亚等共和国强烈反对，并对科索沃地区的阿族表示同情。1989年2月，斯洛文尼亚人在卢布尔雅那举行集会，目的是声援科索沃地区阿族矿工罢工，斯洛文尼亚共盟中央主席团主席米兰·库昌发表了

"维护'阿夫诺伊'的南斯拉夫"的讲话("南斯拉夫反法西斯人民解放委员会"的塞尔维亚语缩写为 AVNOJ,译成中文为"阿夫诺伊")。塞尔维亚的大规模抗议活动由此引发,塞尔维亚当局开始对斯洛文尼亚、克罗地亚采取经济制裁。南共联盟和斯洛文尼亚共盟领导人在南斯拉夫联邦国家面临全面危机时,未能找到走出危机和保持南斯拉夫联邦国家统一的办法,各共和国最终宣布独立,南斯拉夫联邦国家从此解体,分裂成五个国家:斯洛文尼亚、克罗地亚、马其顿(后改名为北马其顿共和国)、波黑和南联盟。2003 年塞尔维亚和黑山两个共和国组成的南联盟改名为"塞尔维亚和黑山"。"南斯拉夫"作为国家名称,从此成为历史。

十 斯洛文尼亚共和国的独立

1. 反对党和多党制选举

20 世纪 80 年代初,铁托、卡德尔、巴卡里奇等老一代政治家相继离世,国家面临经济危机,民族矛盾日益激化,随之而来的是政治危机和社会动荡。受整个东欧形势的影响,80 年代后期,斯洛文尼亚自由主义和天主教派活动频繁。在斯洛文尼亚社会主义青年联盟、斯洛文尼亚作家协会的支持下,1987 年 2 月,一些知识分子在《新观察》杂志发表了关于斯洛文尼亚民族纲领的文章。他们要求言论自由、社会民主和市场经济制度。南斯拉夫联邦国家和南共联盟已成为人民行使自主权的障碍,而自主权是拥有自己国家的民族基本条件,民主变革势在必行。斯洛文尼亚共盟主张对斯洛文尼亚和南斯拉夫联邦国家实行变革,指责一些领导人支持斯洛文尼亚社会主义青年联盟和斯洛文尼亚作家协会等反对派,同时对这种政治势力进行了镇压。1988 年 5 月底,南斯拉夫人民军军士雅奈兹·扬沙、准尉伊万·博尔什特内尔被捕,罪名为泄露军事秘密,扬沙受到军事法庭的审判并被判刑,《青年》周刊的两名记者同时也被捕,斯洛文尼亚公众对此事不满,他们举行大规模示威游行进行强烈抗议,联邦领导人指责斯洛文尼亚共和国当局,原因是未对其他 3 人判刑。1988 年底和 1989 年初,斯洛文尼亚反对派成立保护人权委员会,此时出现了第一批反对党。这一时期的政治运动,后来被称为"卢布尔雅那之春"。

斯洛文尼亚

　　1989年初，塞尔维亚共和国在讨论修改本共和国宪法和取消科索沃和伏伊伏丁那两个自治省的自治地位问题时，科索沃地区的塞尔维亚族和阿尔巴尼亚族的示威游行不断，民族矛盾激化，发生流血冲突。南斯拉夫联邦当局在科索沃实行紧急状态，对阿族领导人实施逮捕。在斯洛文尼亚反对派看来，塞尔维亚修改共和国宪法的行为违背了南斯拉夫联邦宪法的基本原则，从而严重威胁到斯洛文尼亚共和国的宪法地位，必须维护各民族的自决权，摆脱日益僵化和一元主义中央集权化的联邦体制，才能克服国家和社会的危机。斯洛文尼亚反对派在斯当局支持下，在卢布尔雅那举行集会，反对在科索沃实行紧急状态，声援科索沃地区阿族工人罢工游行。塞尔维亚公众对此大为不满，举行针对斯洛文尼亚的大规模集会等行动。1989年5月，斯洛文尼亚反对派发表宣言，要求建立主权的斯洛文尼亚国家，并要求南斯拉夫邦联各共和国能自由决定自己内部事务。1989年6月，斯洛文尼亚官方的主要报刊刊文表示要维护民主的、联邦的、"阿夫诺伊"的南斯拉夫。在塞尔维亚当局支持下，1989年秋，来自科索沃地区的塞族先后在贝尔格莱德、伏伊伏丁那首府诺维萨德、黑山共和国首府铁托格勒（现已改名为波德戈里察）举行大规模集会，迫使伏伊伏丁那和黑山持不同立场的领导人辞职，之后向斯洛文尼亚共和国进发（被斯洛文尼亚称为"民族主义列车"）。广大斯洛文尼亚民众支持斯洛文尼亚当局阻止此运动，但塞尔维亚当局对此做出反击，对斯洛文尼亚采取经济制裁，中断塞、斯经济联系，两个共和国关系恶化。

　　斯洛文尼亚共盟及其他社会主义者在维护民族主权的问题上与斯洛文尼亚反对派保持一致，但斯洛文尼亚共盟及其他社会主义者仍主张保持某种单一的社会主义民主和多元化的联邦关系，与联邦及塞尔维亚协商改革问题；反对派则要求至少建立邦联制国家和实行多党制。反对党关于修改共和国宪法的建议被斯洛文尼亚共和国议会接受，共和国宪法修正案于1989年9月28日通过，当时的斯洛文尼亚共盟主席米兰·库昌和担任南斯拉夫联邦主席团主席的雅奈兹·德尔诺夫舍克也支持这一决议。修正案奠定了斯洛文尼亚成为主权国家的基础，规定未经斯洛文尼亚同意，南斯拉夫联邦不能在斯洛文尼亚实行紧急状态或采取相应措施。塞尔维亚认为，斯洛文尼亚通过的共和国宪法修正案，是斯洛文尼亚共和国从南斯拉夫联邦分裂出去的开始。在南斯拉夫联邦当局和某些共和国反对的情况下，1989年11月底，斯洛文尼亚开始实行多党制，成立各种政党和政治联盟。1989年夏，在当时的斯洛文尼亚民主联盟主席约热·普契尼克的主持下，由斯洛文尼亚社会民主联盟、斯洛文尼亚基督教民主联盟、斯洛文尼亚民主联盟、斯洛文尼亚农民联盟和斯洛文尼亚绿党5个反对党组成"民主反对党联盟"（DEMOS）。斯洛文尼亚共盟内，主张政治多元化和斯洛文尼亚独立的部分共盟成员，退出了共盟，而改革派则通过党内斗争在斯洛文尼亚共盟内取得了胜利。1990年1月，斯洛文尼亚共盟代表团参加南共联盟第十四次代表大会，因与塞尔维亚共盟代表发生严重分歧退出会议，斯洛文尼亚共盟也退出了南共联盟，并改名为"斯洛文尼亚共盟-民主复兴党"。他们指出，大塞尔维亚主义已在南斯拉夫联邦和南共联盟内占据了主导地位，这是斯洛文尼亚共盟退出南斯拉夫共盟的主要原因。

1990年4月，在南斯拉夫联邦国家内，斯洛文尼亚共和国首次举行多党制民主选举，民主反对党联盟在选举中获胜。民主反对党联盟获得了54.81%的选票，斯洛文尼亚共盟-民主复兴党获得了17.28%的选票，自由党（由斯洛文尼亚社会主义青年联盟改组而成）获得了15%的选票，斯洛文尼亚社会党（由原来的劳动人民社会主义联盟部分领导人组成）获得了5.5%的选票。民主反对党联盟通过多党制民主选举，在共和国议会三院的总共240个席位中占有126席，占总数的52.5%。基督教民主党在"民主反对党联盟"中得票最多，获得了13%的选票，因为"民主反对党联盟"在议会中占有半数以上席位，基督教民主党获得了组阁权，"民主反对党联盟"成员担任斯洛文尼亚共和国政府的主要成员：基督教民主党主席洛伊兹·佩泰尔莱任政府总理，雅奈兹·扬沙任国防部部长，社会学教授迪米特里·鲁佩尔任外交部部长，1988年成立的保护人权委员会领导人伊戈尔·巴夫查尔任内务部部长，法学教授拉伊科·皮尔那特任司法部部长。斯洛文尼亚举行了共和国主席团主席的选举，米兰·库昌

69

斯洛文尼亚

当选——他在第二轮投票中战胜了"民主反对党联盟"的候选人约热·普契尼克，获得了59%的选票。斯洛文尼亚舆论认为，选举结果表明斯洛文尼亚人民倾向于"通过和平和渐进的方式实现社会制度的转换"，"斯洛文尼亚已从一种制度和平演变为另一种制度"，"选民把库昌视为保持过去体制中某些重要社会权利的保障，把普契尼克视为激进转折的象征"。

2. 共和国独立和"十日战争"

斯洛文尼亚共和国多党议会成立后，加快了走向独立的步伐。斯洛文尼亚议会1990年7月发表宣言，宣布斯洛文尼亚共和国为主权国家，斯洛文尼亚共和国的宪法和法律是国家政治、经济、法律制度的依据，只有与斯洛文尼亚宪法和法律不矛盾的南斯拉夫联邦的法律才有效，南斯拉夫联邦机构和组织，只要在斯洛文尼亚领土上，必须遵守斯洛文尼亚的法律，哪些联邦法律在斯洛文尼亚失效将由斯洛文尼亚通过法律形式确定，斯洛文尼亚共和国新宪法将在一年内颁布。一系列共和国宪法的修正案随后在斯洛文尼亚共和国议会通过，一系列联邦法律在斯洛文尼亚被宣布失效，并规定斯洛文尼亚将自行决定军队的服役期、自行任命国土保卫部队司令、其他武装部队司令。当时的南斯拉夫联邦机构曾命令斯洛文尼亚撤销以上决定。1990年秋，斯洛文尼亚领导人向联邦和各共和国提出就建立邦联问题进行谈判和签署协议。克罗地亚拒绝此提议。是年年底，斯洛文尼亚议会接受斯洛文尼亚社会党就斯洛文尼亚独立问题进行全民公决的建议，全民公决的有关法律在1990年12月6日通过。就斯洛文尼亚共和国独立问题举行的全民公决在1990年12月23日举行，参加投票的选民占93.2%，其中赞成票占95%，赞成斯洛文尼亚共和国独立的选民占全民的88.5%。1990年12月26日，斯洛文尼亚议会发表独立宣言，声明遵守欧洲委员会基本公约。宪法修正案于1991年2月20日再次通过，斯洛文尼亚的独立国家地位确定，斯洛文尼亚将根据国际法同其他国家建立关系，作为南斯拉夫联邦的继承国之一，南联邦的分离问题通过协商解决。斯洛文尼亚建议就未来与各共和国的相互关系的谈判进行安排。南斯拉夫联邦内的各共和国首脑于1991年3~6月，在克罗地亚共

第二章 历 史

和国的斯普利特、斯洛文尼亚共和国的克拉尼、塞尔维亚共和国的贝尔格莱德、马其顿共和国的奥赫里德、波黑共和国的萨拉热窝和黑山共和国的采蒂涅等地举行了商谈，但未能达成任何协议。1991年5月9日，斯洛文尼亚议会通知南斯拉夫联邦议会，根据其全民公决法的规定于6月25日正式宣布独立，并希望就有关联邦在斯洛文尼亚的职能部门、法律继承权、未来合作方式等问题进行谈判。1991年6月25日，斯洛文尼亚共和国正式宣布独立，议会通过了《斯洛文尼亚共和国独立和主权的基本宪章》，通过国旗和国徽法等法律，收回了对南斯拉夫联邦的授权。1991年6月25日克罗地亚也发表了独立宣言，1991年11月21日马其顿宣布独立，1992年3月3日波黑宣布独立，1992年4月27日塞尔维亚和黑山两个共和国成立南斯拉夫联盟共和国，即"南联盟"。南斯拉夫联邦国家，这个在第二次世界大战中战胜了德意法西斯，联合成立的国家，从此不复存在。

为了保持一致的立场，1991年3月，塞尔维亚和黑山两共和国撤换了科索沃地区代表，并调整其在南斯拉夫联邦主席团共占有半数席位的成员，使得克罗地亚代表梅西奇在5月15日更换轮值主席的投票中未能获得多数票，未能轮任联邦主席团主席。此后一段时间，南斯拉夫联邦的国家元首缺位，南联邦的武装力量最高统帅缺位，联邦主席团处于瘫痪状态。斯洛文尼亚共和国在宣布独立后的第二天，接管了边境海关和过境通道，在斯洛文尼亚与克罗地亚交界处设置关卡，换上斯洛文尼亚国旗和国徽。1991年6月25日，南斯拉夫联邦议会连夜开会，声明斯洛文尼亚宣布独立的决定是非法的、无效的，要求保证南联邦国境的安全，希望联邦政府、内务部、国防部采取相应措施。1991年6月27日，南斯拉夫人民军的坦克部队、装甲部队向斯洛文尼亚沿海地区的边境海关和过境通道进发，卢布尔雅那上空盘旋着人民军的空军战斗机，在斯洛文尼亚的人民军部队，也向边界和布尔尼克机场进发。6月28日，斯洛文尼亚的多数海关和过境通道已被南斯拉夫人民军占领。但人民军中的大多数斯洛文尼亚士兵站在了斯洛文尼亚一边。在斯洛文尼亚民众的支持下，斯洛文尼亚领导人成立了以库昌为首的保卫战协调小组，进行抵抗，封锁了南斯

斯洛文尼亚

拉夫人民军驻地的交通、通信及其他设施。1991年6月28日,由卢森堡、荷兰、意大利三国外长组成的和平使团,在欧共体的派遣下,赴南进行紧急外交干预,要求双方达成如下协议:双方立即停火、暂缓斯洛文尼亚和克罗地亚独立3个月、选举梅西奇担任联邦主席团主席。如协议未达成,欧共体将停止对南斯拉夫的经济援助。在欧共体的介入调节下,虽然选举梅西奇为南联邦主席团主席并达成了某些协议,但军事冲突并未停止。7月2日,最为激烈的战斗在斯洛文尼亚的什塔耶尔斯卡地区和布尔尼克机场附近发生。欧共体使团再次前往进行外交干预,冲突双方在7月3日深夜脱离接触。7月5日,斯洛文尼亚解除对南斯拉夫人民军的封锁、遣散大部分武装人员、释放南斯拉夫人民军俘虏、拆除路障,正常交通得以恢复。但武装冲突在克罗地亚和波黑之间再次爆发。7月5日欧共体决定对南斯拉夫实行武器禁运和经济援助冻结,同时第三次派出使团赴南斯拉夫,目的是和平解决南斯拉夫问题。在欧共体使团斡旋下,经过16个小时的谈判,1991年7月7日,南斯拉夫各方一致同意通过了《布里俄尼宣言》,确定四点原则:南斯拉夫的未来只有其各族人民自己才能决定;无条件谈判必须在各方代表之间立即进行;南斯拉夫联邦主席团对武装力量拥有充分的权力;各方保持克制和防止任何单方面行动。宣言还规定,斯洛文尼亚和克罗地亚独立推迟3个月,恢复斯洛文尼亚境内的南斯拉夫边境海关和过境通道,保持6月25日前的状态,斯洛文尼亚警察按照南联邦法律管理边境海关和过境通道,所得关税归联邦所有,斯洛文尼亚解除对南斯拉夫人民军的封锁、释放全部战俘、归还武器和让南斯拉夫人民军撤出斯洛文尼亚,欧安组织将派出观察员监督以上各项执行等。1991年7月9日,斯洛文尼亚议会批准《布里俄尼宣言》。1个星期后,以梅西奇为首的南联邦主席团命令,在3个月内,南斯拉夫人民军撤出斯洛文尼亚。这就是发生在斯洛文尼亚的"十日战争"。

3. 独立

武装冲突在斯洛文尼亚刚刚平息,克罗地亚和波黑的武装冲突重新燃起并不断升级。1991年7月5日,欧共体对南斯拉夫实行武器禁运和

第二章 历 史

经济援助冻结政策。1991年9月3日，欧共体再次发表关于南斯拉夫问题的宣言，旨在全面解决南斯拉夫问题，欧共体想要主持"南斯拉夫会议"，让南斯拉夫联邦内的各共和国代表参加，商讨南斯拉夫未来发展方向。欧共体确定了会议基本原则：南斯拉夫所有人的权利受到保护；单方面武力改变边界不被允许；各方的合法利益和愿望应得到充分尊重。欧共体决定在"南斯拉夫会议"期间，专门为会议成立法律咨询机构——"巴登泰尔仲裁委员会"，这是以担任主席的法国人罗伯特·巴登泰尔的名字命名的。为了此次会议，欧共体使团又一次来到南斯拉夫。南斯拉夫各方均表示愿意参加会议并接受以上原则。1991年9月7日，谈判在海牙正式开始。欧共体代表、英国前外长卡林顿勋爵主持会议并提出建议（被称为"卡林顿计划"），包括以下内容：承认各共和国独立和现有边界，南斯拉夫将建成拥有独立主权共和国的自由联盟，保护人权，保护少数民族占多数的地区自治权，建立各共和国之间关税联盟和统一市场，就共同利益的问题，如外交、国防等进行协商合作等。会议经过7次谈判，但最终未能达成协议。1991年10月1日，斯洛文尼亚共和国主席团发表声明，延缓独立3个月，期限届满前行使主权，并派代表团以独立国家身份继续参会。10月28日欧共体外长会议讨论了10月25日"南斯拉夫会议"第7轮会谈结果，认为"南斯拉夫的5个共和国重申愿在卡林顿勋爵提出的建议的基础上进行合作，只有塞尔维亚共和国仍然持保留立场"。会议特别强调黑山共和国"在为会议继续进行创造条件方面所做出的贡献"。欧共体强调，如果在11月5日的下一次会议上塞尔维亚不改变立场，会议将与愿意合作的共和国继续协商，以便达成政治解决办法，并承认希望独立的共和国独立，"在这种情况下，不合作的方面可能会面临欧共体及其成员国采取的严厉措施"。结果塞尔维亚仍未改变立场。欧共体对南斯拉夫采取的经济制裁，从12月2日开始改为只针对塞尔维亚和黑山的经济制裁。1991年12月10日，巴登泰尔仲裁委员会正式提出"南斯拉夫联邦正在解体过程中"的"法律"意见，意见内容是：各共和国应解决国家的继承问题，原则应该是国际法和保护人权及少数民族权利，"仍愿意在一起的共和国可根据它们

73

的选择成立拥有民主制度的新的联合体"。

斯洛文尼亚实现独立延缓期满前一天，也就是1991年10月8日，斯洛文尼亚议会通过决议，发行斯洛文尼亚货币托拉尔。同时，斯洛文尼亚议会宣布6月25日通过的关于斯洛文尼亚独立的决议生效，要求南斯拉夫人民军全部从斯洛文尼亚领土上撤出。此后南斯拉夫人民军的多数战略性武装在1991年10月25日基本撤离斯洛文尼亚。1991年12月23日，斯洛文尼亚议会通过《斯洛文尼亚共和国宪法》，规定斯洛文尼亚共和国是议会民主制国家，尊重人权和基本自由，是法治国家，实行议会制和立法、行政、司法三权分立等。

在通过《布里俄尼宣言》以前，奥地利、意大利和德国倾向于承认斯洛文尼亚和克罗地亚独立。之后它们与欧共体保持一致立场。1992年7月31日，斯、意两国政府就边界问题达成协议，保持两国现有边界不变和保持南、意之间有关边界问题协议的连续性。1992年11月26日，德国外长表示在12月欧共体峰会期间，将承认斯洛文尼亚和克罗地亚独立。1992年12月23日，德国外长致信斯洛文尼亚总统，表示德国已承认斯洛文尼亚为独立国家。1992年1月15日欧共体正式宣布承认斯洛文尼亚、克罗地亚和波黑独立。美国在1992年4月7日宣布承认斯、克、波黑三国为独立国家。1992年5月22日，联合国接受斯洛文尼亚、克罗地亚和波黑为正式成员国，1994年4月7日，马其顿（即今北马其顿）也成为联合国正式成员。

第五节　著名历史人物

1. 普里莫日·特鲁巴尔（Primoz Trubar，1508~1586年）

特鲁巴尔1508年出生于斯洛文尼亚多莱尼斯卡地区的拉什查村。1530年他在博诺莫教区附近成立了斯洛文尼亚人的新教组织，并组织开展相关活动。1547年特鲁巴尔被卢布尔雅那天主教开除，并被驱逐，1548年春他被迫迁居德国。在德国期间，他先在纽伦堡撰写了第一本书《教义问答》，1550年又在罗滕堡撰写了第二本书《识字课本》。这两本书都于1550年在蒂宾根出版面世。在此后 10 年里，特鲁巴尔共出版了 25 本图书。

《教义问答》和《识字课本》是以斯洛文尼亚中部的多莱尼斯卡地区克拉尼的方言为基础撰写的，是当时第一本用斯洛文尼亚语撰写的图书，因此，多莱尼斯卡方言成为斯洛文尼亚文学语言的基础。他主张用所有斯洛文尼亚人懂得的语言出版图书，开设学校，让教区内受过良好教育的人和最好的牧师，去教孩子们用斯洛文尼亚语读书和写字。斯洛文尼亚语图书的出版，标志着斯洛文尼亚文学语言的诞生，推动了斯洛文尼亚文学、哲学等的发展，加强了斯洛文尼亚人作为独立民族的意识，为斯洛文尼亚民族做出了历史性的贡献。因此，特鲁巴尔被誉为"斯洛文尼亚民族之父"和"斯洛文尼亚文学语言之父"。

2. 弗朗茨·普雷舍伦（France Preseren，1800~1849 年）

普雷舍伦 1800 年出生于斯洛文尼亚弗尔巴村的农村家庭，1821~1828 年他在维也纳大学读书，并开始诗歌创作，1828 年回到卢布尔雅那工作，一直从事诗歌及其他文学作品的创作活动。他坚持主张发展斯洛文尼亚本民族的文学，维护斯洛文尼亚语言和斯洛文尼亚文学标准的统一，反对斯洛文尼亚语言的地方主义，确立各种斯洛文尼亚方言的文学标准。伊利里亚主义者主张使斯洛文尼亚语、斯洛文尼亚民族与其他南部斯拉夫民族融合，想要人为地将他们统一成南斯拉夫人。普雷舍伦对此坚决反对，他为解决斯洛文尼亚民族发展的根本问题做出了贡献。普雷舍伦通过许多著作确立了最初的斯洛文尼亚语语法。他认为语言都是平等的，斯洛文尼亚语和德语、意大利语一样重要。

1844 年完成的《祝词》，是普雷舍伦最著名的诗歌，属于七节诗，诗歌祝福所有善良的人，他对斯洛文尼亚人获得自由和解放充满信心，并为此而不懈追求。斯洛文尼亚共和国独立后，《祝词》中的一段被确定为斯洛文尼亚共和国国歌的歌词，普雷舍伦成为斯洛文尼亚民族独立和民族精神的象征。普雷舍伦还有很多著名的诗歌，如歌颂弗尔巴的 14 行诗、《海神叙事诗》和最著名的史诗之一《萨维察洗礼》等。1849 年 2 月 8 日普雷舍伦去世，2 月 8 日被斯洛文尼亚人称为普雷舍伦日，如今被确定为斯洛文尼亚全国文化节。

斯洛文尼亚

3. 伊万·参卡尔（Ivan Cancar，1876~1918年）

1876年出生在斯洛文尼亚克拉那茨附近的弗尔赫尼克村。1896年到维也纳大学技术系读书，之后改学斯拉夫文学，从那时起专心于写作。1913年5月，他在为斯洛文尼亚人和南部斯拉夫人讲学后，被奥地利法庭判处一周监禁，原因是当局认为他发表了称赞南部斯拉夫人政治联盟的言论。1915年，参卡尔被征兵入伍，后来因为身体因素退伍。1917年他回到卢布尔雅那。

他的作品揭示了伦理观念，认为这是造成肉体和精神生活之间极度不平衡的原因。参卡尔是象征主义的小说家、短篇小说大师，是具有易卜生色彩的剧作家。他后来的文学作品体现了现实主义风格，反映了资本主义发展和工业化时期的社会现实——教区价值的崩溃和下层人民的苦难，贵族和官吏的贪婪和昏庸，同时赞扬斯洛文尼亚民族独立、南部斯拉夫人结成政治联盟、为摆脱奥地利统治斗争。参卡尔成为普雷舍伦之后斯洛文尼亚文学中最伟大的作家，他是斯洛文尼亚民族文化和精神的重要代表人物之一。他的作品被译成多种文字出版，最主要的作品有小说《马尔廷·卡楚尔》《在山坡上》；短篇小说《仆人耶尔内和他的权利》（已译成中文，书名为《老管家耶尔奈》）、《女佣玛利亚的家》；戏剧《贝塔伊诺瓦国王》《为了人民的福利》《仆人们》等。

4. 鲁道夫·马伊斯泰尔（Rdolf Majster，1874~1934年）

奥匈帝国统治时期的斯洛文尼亚军官，第一次世界大战结束时为保卫斯洛文尼亚领土做出了重要贡献。马伊斯泰尔曾是奥匈帝国军队的上校军官，1918年第一次世界大战即将结束，奥匈帝国崩溃，斯洛文尼亚人居住区面临被奥、意、匈等各方瓜分的威胁，斯洛文尼亚人为了保卫自己的家乡和斯洛文尼亚人居住区的完整而进行了斗争。马伊斯泰尔则带领当地的志愿军控制并保卫了马里博尔市和包括采列、普图伊等在内的什塔耶尔斯卡一带地区，保卫了斯洛文尼亚领土，保证了斯洛文尼亚脱离奥匈统治和"塞尔维亚人、克罗地亚人和斯洛文尼亚人王国"的建立。这场战斗被称为"北部边界战役"，参加这场战斗的战士则以"马伊斯泰尔战士"而著称。

5. 弗朗茨·莱斯科舍克（France Leskosek，1897~1983年）

莱斯科舍克是斯洛文尼亚共产党创始人和斯洛文尼亚解放阵线奠基人，斯洛文尼亚和南斯拉夫联邦重要领导人。他1897年出生于采列市。1926年加入南斯拉夫共产党，1937年参与组建斯洛文尼亚共产党。在第二次世界大战前，他任斯共中央委员会总书记和南共中央政治局委员，在第二次世界大战期间，又任斯洛文尼亚人民解放委员会主席和斯洛文尼亚游击队总司令部司令、南斯拉夫游击队最高司令部和南斯拉夫人民解放委员会成员、南斯拉夫反法西斯人民解放委员会委员。在二战后，任南斯拉夫联邦人民共和国政府部长、联邦议会主席、南共联盟执行委员会委员和中央委员会委员、斯洛文尼亚共盟中央委员会和执行委员会委员、南斯拉夫和斯洛文尼亚人民解放战争老战士联合会主席、南斯拉夫联邦议会和斯洛文尼亚共和国议会议员等职务。

6. 米哈·马林科（Miha Marinko，1900~1983年）

米哈·马林科是斯洛文尼亚共产党创始人和斯洛文尼亚解放阵线奠基人，是斯洛文尼亚和南斯拉夫联邦重要领导人。他1900年出生于特尔博夫列。1919年米哈·马林科加入南斯拉夫共产主义青年团，1923年加入南斯拉夫共产党。受南共的派遣，他于1931年赴莫斯科学习。1933年，他回国任南斯拉夫共产党斯洛文尼亚地区委员会书记，其间曾多次被捕或是被判刑。1937年，斯洛文尼亚共产党成立代表大会召开，他被选为斯洛文尼亚共产党中央委员会委员。西班牙反法西斯战争期间，他曾秘密组织矿工去西班牙支援，之后在法国从事党务工作，回国之后再次被捕，但是出狱后他仍然继续组织工人运动和罢工斗争。第二次世界大战爆发后，米哈·马林科参加斯洛文尼亚的民族解放斗争，是斯洛文尼亚解放阵线的奠基人之一，曾任南斯拉夫人民解放阵线执行委员会委员，南斯拉夫人民解放军和斯洛文尼亚游击队最高司令部成员。1941年10月被意大利占领当局逮捕，意大利投降后得以获释。战后曾是南斯拉夫人民议会和斯洛文尼亚共和国议会议员，南共联盟和斯洛文尼亚共盟中央委员。1946年任斯洛文尼亚共和国政府总理，1953年底为斯洛文尼亚共和国人民议会主席，1962~1966年任斯洛文尼亚共盟中央政治局书记和斯洛文尼亚共盟中

央委员会主席等职务。马林科是南斯拉夫人民军少校,曾荣获"1941年游击队员纪念章"、人民英雄勋章等诸多荣誉。

7. 爱德华·卡德尔(Edvard Kardelj, 1910~1979年)

卡德尔1910年生于卢布尔雅那,1926年加入南斯拉夫共产主义青年联盟,1928年加入南斯拉夫共产党。第二次世界大战前,他曾任南斯拉夫共产主义青年联盟负责斯洛文尼亚工作的书记,因从事革命活动被捕入狱。1934~1937年南共中央派他赴莫斯科学习,其间在莫斯科少数民族共产主义大学教授课程。1937年当选南共中央委员,1938年当选南共中央政治局委员。第二次世界大战期间,他是南斯拉夫反法西斯人民解放斗争领导人之一,也是斯洛文尼亚解放阵线的奠基人之一,曾是南斯拉夫反法西斯人民解放委员会委员、斯洛文尼亚人民解放委员会委员和南斯拉夫游击队最高司令部成员,后为南斯拉夫反法西斯人民解放委员会主席团成员和南斯拉夫人民解放委员会副主席。二战后,任南斯拉夫临时政府总理、联邦政府副总理、外交部部长、联邦议会主席,南共和南共联盟的政治局委员、执行委员会委员、主席团成员和主席团执行局成员。在南斯拉夫劳动人民社会主义联盟联邦委员会中担任秘书长。

卡德尔是伟大的思想家和理论家,参与起草了南斯拉夫社会主义建设的基本法和政策文件,是南斯拉夫工人自治和社会自治理论创始人之一,和铁托等南共领导人一起领导了南斯拉夫工人自治和社会自治运动。作为斯洛文尼亚科学与艺术院院士,他还撰写了大量理论著作,后被收集成论文集《我国的社会主义建设问题》《卡德尔选集》。

8. 弗朗茨·罗兹曼·斯塔内(Franc Rozman Stane, 1911~1944年)

斯洛文尼亚游击军最高指挥部司令,斯洛文尼亚民族解放战争的英雄。他1911年出生于皮尔尼切村。罗兹曼1932年春参军,作为志愿者到西班牙,1936年10月加入了反对佛朗哥的西班牙共和军。从军官学校毕业后,他成为陆军中尉和连队指挥官,后又升为上尉和营队指挥官。第二次世界大战爆发后,1941年7月罗兹曼回到家乡,参加斯洛文尼亚解放阵线游击队,成为斯洛文尼亚游击队最高司令部的军事教官,组建了斯蒂里亚(什塔耶尔斯卡)营,该营与德军在什塔耶尔斯卡地区作战,取得了一系列的胜利。多莱尼斯卡游击旅1942年4月在斯洛文尼亚卢布尔雅那以南的多莱尼斯卡地区成立，由300名战士组成，是最具战斗力的斯洛文尼亚游击部队，罗兹曼是游击旅司令。1943年7月罗兹曼成为斯洛文尼亚游击军最高指挥部中将级司令。1944年11月7日罗兹曼在测试新式武器时受伤严重，在贝拉克拉伊纳去世。因其与纳粹德国军队的英勇战斗，弗朗茨·罗兹曼·斯塔内被斯洛文尼亚人民视为斯洛文尼亚民族解放斗争的英雄，《斯塔内司令》曾为游击队员们熟悉和传唱，一些学校以他的名字命名，卢布尔雅那-波列的军营也以他的名字命名为"弗朗茨·罗兹曼·斯塔内军营"。

9. 鲍里斯·基德里奇（Boris Kidric，1912~1953年）

斯洛文尼亚共产党创始人和斯洛文尼亚解放阵线奠基人，斯洛文尼亚和南斯拉夫联邦重要领导人之一。1928年基德里奇参加南斯拉夫共产党，因从事革命活动被捕入狱。1937年参加组建斯洛文尼亚共产党。因南斯拉夫王国镇压革命活动，他在南共中央工作期间，迁往国外，积极参与领导革命活动。1940年基德里奇当选南共中央委员，1941年参加人民解放战争，任斯洛文尼亚解放阵线执行委员会书记和斯洛文尼亚游击队（后为斯洛文尼亚人民解放军）总司令部政委，南斯拉夫反法西斯人民解放委员会委员。二战后，当选南共中央政治局委员和南共联盟中央执行委员会委员，在斯洛文尼亚共和国和南斯拉夫联邦担任过一系列重要的党政领导职务。他的理论著作收录在《基德里奇选集》（Ⅰ、Ⅱ卷）中。

10. 约热·普契尼克（Joze Pucnik，1932~2003年）

1932年约热·普契尼克出生在斯洛文尼亚比斯特里察的契雷什涅瓦茨村，1958年从卢布尔雅那大学哲学和比较文学系毕业。因发表反政府文章被捕并判处10年监禁，1963年获释。当年5月又因政治问题被捕，1966年获释后流亡联邦德国，取得政治避难权。1967年开始在汉堡大学的社会学、哲学和教育系学习，获得博士学位，后在吕纳堡大学任社会学讲师。作为1987年第57期以"斯洛文尼亚民族纲领"为标题所发表的一系列文章的作者之一，他受到当时南斯拉夫联邦检察院的起诉和审讯。1987年7月他又在《新观察》上发表文章，提出两点基本要求——斯洛

斯洛文尼亚

文尼亚独立和实行多党制。1989年2月16日召开的民主联盟代表大会上约热·普契尼克当选为联盟的委员会委员，1989年11月当选为主席。该联盟1989年秋与其他4个政党结成"民主反对党联盟"，约热·普契尼克是主要倡导人之一，并当选为该联盟主席。1990年"民主反对党联盟"在斯洛文尼亚共和国举行的首次多党制民主选举中获得胜利，但约热·普契尼克作为"民主反对党联盟"推选的共和国主席团主席候选人失败了，因为在第二轮选举中得票率不及米兰·库昌。斯洛文尼亚民主联盟1991年解散，约热·普契尼克与雅奈兹·扬沙联合成立了斯洛文尼亚社会民主党并当选为该党主席。

11. 米兰·库昌（Milan Kucan，1941~　）

米兰·库昌1941年出生于克里热夫齐村。在卢布尔雅那大学就读法律系，毕业于1963年。1958年加入南斯拉夫共产主义者联盟，曾任卢布尔雅那大学共盟委员会委员。1964年任斯洛文尼亚青年联盟中央委员会委员，1968~1969年当选斯洛文尼亚青年联盟主席。1969~1973年为斯洛文尼亚共盟中央委员会书记处成员。1973~1978年任斯洛文尼亚劳动人民社会主义联盟书记。1978年当选为斯洛文尼亚共和国议会主席。1982~1986年任南共联盟中央委员会委员（斯洛文尼亚共盟代表），1986年当选为南共联盟中央主席团成员。1986~1989年任斯洛文尼亚共盟中央主席团主席、南共联盟中央主席团成员。库昌1989年以后主张政治多元化，反对斯洛文尼亚独立。1990年斯洛文尼亚共盟在南共联盟14大以后退出南共联盟，库昌回到卢布尔雅那，任斯洛文尼亚共盟主席，对该党进行改革，改名为斯洛文尼亚共盟-民主复兴党，后又改名为斯洛文尼亚社会民主复兴党，该党在1990年举行的斯洛文尼亚共和国首次多党制议会选举中，失去了执政党地位，成为在野党，库昌本人则当选为斯洛文尼亚共和国主席团主席。1990年底，库昌转向支持斯洛文尼亚独立，1992年斯洛文尼亚共和国独立后举行的首届总统选举中，他作为独立候选人当选为斯洛文尼亚共和国总统。1975年曾来华访问。1996年10月以总统身份对中国进行国事访问。在1997年第二届总统选举中，库昌在首轮投票中以绝对多数票战胜了其他候选人，从而连任共和国总统。由于斯洛文尼亚共和国宪法规定总统最多只能连任两届，因此 2002 年底库昌在第二届总统任期届满后，辞去总统职务。

12. 雅奈兹·德尔诺夫舍克（Janez Drnovsek，1950~2008 年）

德尔诺夫舍克 1950 年 5 月出生于斯洛文尼亚，斯洛文尼亚族。毕业于斯洛文尼亚马里博尔经济学院，获经济学博士学位，1994 年获美国波士顿大学荣誉法学博士学位，是信贷、金融制度和对外经济合作专家。1974 年加入南共联盟；曾任卢布尔雅那银行特尔博夫列分行行长、南驻埃及使馆经济参赞助理、斯共和国议会政治院代表、斯工会联合会国际委员会主席等职。1984 年当选为南联邦议会共和国和自治省院代表。1989 年 5 月任南联邦主席团主席。1990 年 5 月任期满后，任南联邦主席团委员。1991 年 6 月斯洛文尼亚宣布独立后，辞去南联邦主席团委员职务返斯，出任斯自由民主党主席。1992 年 4 月，斯国民议会宣布政府不受信任，授命德尔诺夫舍克组阁，同年 5 月 14 日正式上任，并在同年 12 月斯大选后再次出任总理。1997 年 2 月连任总理。2000 年 4 月 8 日，斯国民议会对政府通过不信任案，他不再担任总理一职。2000 年 11 月，德尔诺夫舍克第三次当选政府总理。2002 年 11 月，斯洛文尼亚举行总统选举，德尔诺夫舍克当选，2007 年卸任。

第三章

政　治

第一节　国体、政体与宪法

一　国体与政体

斯洛文尼亚是一个议会民主制共和国，为发达资本主义国家。总统是斯洛文尼亚的国家元首。斯洛文尼亚总理是斯洛文尼亚的政府首脑，行政权由斯洛文尼亚政府所有。立法权则大部分由议会所有。司法机构独立于立法机构和行政机构。

1991年6月25日，斯洛文尼亚宣布独立，实行议会民主制。12月23日，斯洛文尼亚议会公布新宪法。此后，宪法经历了七次修正，其中，1997年、2000年、2003年和2006年四次修宪的力度最大。宪法确立斯洛文尼亚实行立法、行政、司法三权分立原则。斯洛文尼亚议会是国家最高立法和监督机构，分为国民议会和国民委员会。国民议会由90名议员组成，通过直接选举产生，任期4年。全国共分8个选区，每个选区选出11名代表，保留2个席位给意大利族和匈牙利族议员。2011年12月，斯洛文尼亚提前举行议会选举。2012年2月，第二大党斯洛文尼亚民主党主席雅奈兹·扬沙成功组阁并出任总理。12月，斯洛文尼亚举行总统选举，前总理博鲁特·帕霍尔当选新总统。2013年3月，议会通过对扬沙的不信任案，扬沙政府解散。由积极的斯洛文尼亚党主席阿伦卡·布拉图舍克出任总理的新政府上台。2月，议长格雷戈尔·维兰特辞职，扬科·韦贝尔当选新任斯议长。总统由普选产生，任期5

斯洛文尼亚

年,连任不得超过两届,基本上是礼仪性的象征职务。2017年11月,时任总统博鲁特·帕霍尔赢得选举,获得连任。2022年11月,娜塔莎·皮尔茨·穆萨尔(Nataša Pirc Musar)当选斯洛文尼亚总统,为该国历史上首位女总统,任期5年。

二 宪法的基础

斯洛文尼亚共和国的基本大法是《斯洛文尼亚共和国宪法》,在1990年12月23日举行的全民公决和1991年6月25日斯洛文尼亚共和国议会通过的《斯洛文尼亚共和国独立和主权的基本宪章》的基础上,经斯洛文尼亚共和国议会于1991年12月23日通过后颁布并开始生效。

斯洛文尼亚共和国于1991年从南斯拉夫独立后,进行了民主转型,通过新宪法,实行西方宪政制度。由于在历史上深受德国等国的影响,斯洛文尼亚选择了类似德国的宪政体制,确立了"议会至上"的原则。

1991年6月25日斯洛文尼亚共和国议会颁布的《斯洛文尼亚共和国独立和主权的基本宪章》称,1990年12月23日进行的全民公决,表达了斯洛文尼亚人和斯洛文尼亚公民对独立和主权的渴望,在南斯拉夫联邦内,斯洛文尼亚作为主权国家将根据现行的共和国宪法行使主权。南斯拉夫联邦已不是奉行法治的国家,相反却严重侵犯了人权、少数民族权利和共和国及自治省的权利。南斯拉夫联邦制度已不能为这一时期的政治经济危机提供解决办法,各共和国未能就使各共和国获得独立和把南斯拉夫联邦改组为主权国家联盟事宜达成协议。恪守承诺的斯洛文尼亚共和国,尊重各共和国平等权利,和各共和国一起本着平等、民主、和平的精神,尊重各共和国主权和领土完整的原则,来解决悬而未决的所有问题,斯洛文尼亚共和国将继续与各共和国就相关诸多问题进行谈判,希望能达成一致。1991年6月25日,依照有关的全民公决法和共和国宪法修正案,斯洛文尼亚共和国议会各院的联席会议颁布《斯洛文尼亚共和国独立和主权的基本宪章》。该文件主要内容共4条。①斯洛文尼亚共和国是主权和独立的国家,南斯拉夫联邦宪法在斯洛文尼亚停止生效。斯洛文尼亚共和国依照共和国的宪法性法律收回转移给南斯拉夫联邦当局的所有权利和义务。②斯洛文尼亚共和国与奥地利、意大利、匈牙利的边界是国际承认的这些国家与南斯拉夫联邦的边界，斯洛文尼亚共和国与克罗地亚共和国的边界是在南斯拉夫联邦内两个共和国的现有边界。③斯洛文尼亚共和国依照斯洛文尼亚共和国宪法和有关国际协议，保证保护在其领土上的所有人的权利和基本自由，不分民族属性和不搞种族歧视。保证在斯洛文尼亚共和国内的意大利族和匈牙利族民族共同体。④该基本宪章自斯洛文尼亚共和国议会各院联席会议公布后生效。

三　宪法的基本原则

1991年12月23日斯洛文尼亚议会颁布的《斯洛文尼亚共和国宪法》前言中写道："鉴于《斯洛文尼亚共和国宪法》与《斯洛文尼亚共和国独立和主权的基本宪章》保持了一致，并承认我们斯洛文尼亚人创造的我们自己的民族特性，在保护人权和基本自由、保障斯洛文尼亚人民基本的和永恒的自决权的基础上，获得我们的国家地位，作为我们为我们的人民解放而进行的历史性的和数世纪长期斗争的结果，斯洛文尼亚共和国议会特此颁布《斯洛文尼亚共和国宪法》。"《斯洛文尼亚共和国宪法》（以下简称《宪法》）共十章174条。第一章为总则（第1~13条），第二章为人权和基本自由（第14~65条），第三章为经济和社会关系（第66~79条），第四章为国家机构（第80~137条），第五章为地方自治（第138~145条），第六章为公共财政（第146~152条），第七章为合宪性和合法性（第153~159条），第八章为宪法法院（第160~167条），第九章为修宪程序（第168~171条），第十章为过渡性和结束条款（第172~174条）。

《宪法》的第一章是斯洛文尼亚共和国立国的基本原则，规定如下：斯洛文尼亚共和国是民主的共和国，是法治的、社会的国家，是以公民自决权为基础的全体公民的国家，是领土统一和不可分割的国家。在斯洛文尼亚，最高权力属于人民，人民根据立法、行政、司法分权的原则直接或通过选举行使权力，实行地方自治。斯洛文尼亚共和国保护人权和少数民族的权利及意大利族、匈牙利族民族共同体的自治权，关心在邻国的斯洛

文尼亚少数民族，保护自然和文化遗产，为发展斯洛文尼亚文化和文明创造条件，实行政教分离、宗教团体平等和活动自由。该部分还规定了斯洛文尼亚国徽、国旗、国歌、首都、官方语言等。

《宪法》第二章详细规定保护人权和基本自由，强调保证每个人享有平等的人权和基本自由，法律面前人人平等；斯洛文尼亚没有死刑，禁止虐待或侮辱性刑罚，法庭审判公开；公民有权按照本人意愿出入境，个人财产和继承权、个人秘密和个人档案资料受法律保护，个人有权了解依法收集到的与个人有关的档案资料；公民有言论、宗教信仰、集会结社自由，有请愿权，18岁以上公民有选举权和被选举权；公民有劳动自由，禁止强迫劳动；公民享有社会保障权；实行基础义务教育，大学实行自治；少数民族有权维护和发展本民族文化、使用本民族的语言和文字，但煽动民族、宗教仇恨等属违法行为。其第64条特别规定，意大利族和匈牙利族少数民族聚居区可自由使用本民族的标志，建立组织，开展经济、文化、科技、出版等活动，使用本民族的语言或使用斯洛文尼亚语和本民族语言双重语言教学，可成立自治共同体并保证其代表参加地方自治机构和国家议会，保证他们与作为邻国的母国的正常联系。

《宪法》第三章规定了斯洛文尼亚经济和社会关系，其中除有关对就业劳动、财产、国家资源、土地、生态环境、自然文化遗产的保护外，还规定企业经营自由，禁止限制贸易和自由竞争，工人可参加企业管理、可自由组织工会和罢工等。其第68条特别规定，外国人可在法律规定的条件下获得对附着在土地上的财产的所有权，但不能获得对土地的所有权，在互惠情况下的继承权除外。

《宪法》第四章到第十章的内容将在后面章节中介绍。

四 宪法的修改和补充

《宪法》规定，修改宪法的提案由20名议员、政府或至少300名选民提出，出席国民议会会议的议员的2/3多数通过，国民议会才可接受提案，且宪法修正案须国民议会全体议员的2/3多数通过才可生效。若有30名及以上议员提出要求，则国民议会必须将修改宪法的提案提交全民公决。若超过半数的登记选民参加了全民公决投票和超过半数的投票选民表示赞成宪法修正案，该修正案则获得通过，在国民议会颁布后生效。

1996年斯洛文尼亚与欧盟签订联系国协议，故而斯洛文尼亚共和国国民议会于1997年7月17日通过了对《宪法》第68条的修正案。斯洛文尼亚共和国国民议会于2000年7月26日通过了对《宪法》第80条的修改补充法。斯洛文尼亚签订加入北约和欧盟的有关协议后，2003年3月7日斯洛文尼亚共和国国民议会通过了对《宪法》第一章（总则）、《宪法》第47条（引渡）和第68条（外国人的产权）的修改补充法。斯洛文尼亚共和国2004年6月24日第69/04号政府公报，修正《斯洛文尼亚共和国宪法》第14条的宪法修正案（UZ 14），修正《斯洛文尼亚共和国宪法》（UZ 43）第43条，修正《斯洛文尼亚共和国宪法》第50条的宪法修正案（UZ 50）。斯洛文尼亚共和国2006年6月30日第68/06号政府公报，修正《斯洛文尼亚共和国宪法》第121条、第140条和第143条的宪法修正案（UZ 121、140、143）。斯洛文尼亚共和国2013年5月31日第47/13号政府公报，修正《斯洛文尼亚共和国宪法》第90条、第97条和第99条的宪法修正案（UZ 90、97、99），修正《斯洛文尼亚共和国宪法》第148条的宪法修正案（UZ 148）。斯洛文尼亚共和国2016年11月30日第75/16号政府公报，修正《斯洛文尼亚共和国宪法》第三章的宪法修正案（UZ 70a）。斯洛文尼亚共和国2021年6月8日第92/21号政府公报，修正《斯洛文尼亚共和国宪法》第二章修正案（UZ 62a）。

第二节　国家元首、立法机构和国民委员会

一　国家元首

斯洛文尼亚共和国的国家元首为共和国总统，1991年12月23日公布的新宪法规定，共和国总统代表斯洛文尼亚共和国，也是斯洛文尼亚武装部队最高统帅。总统由普选产生，任期5年，连续任职不得超过两届。

斯洛文尼亚

根据相关法律，如果有候选人获得超过半数选票就能直接当选，否则得票最多的两名候选人将进行第二轮角逐。共和国总统以直接、普遍和秘密投票的方式选举产生。只有斯洛文尼亚公民方可当选共和国总统。共和国总统的选举由国民议会议长下令举行。共和国总统不能兼任其他公共职务或职业，每届的任期为5年，连任不得超过两届，国家处于战争或紧急状态时可延长到战争或紧急状态结束后的6个月。在共和国总统长期不能工作、死亡、放弃职务或长期空缺时，在新总统选出之前，由国民议会议长暂时代理共和国总统职务，新总统的选举至迟应在前任总统停止履行职责后15天内举行。

共和国总统的职权是：发布国民议会选举令，颁布法律，根据法律规定任命国家官员，任免驻外使节和接受外国使节递交的国书，颁布批准的国际协议，批准大赦，授予国家荣誉、授勋，履行宪法规定的其他职责。国民议会可要求共和国总统对特定的问题发表意见。在国民议会因战争或实行紧急状态而不能召开会议时，共和国总统可根据政府的建议发布具有约束力和法律效力的命令。在特殊情况下，共和国总统发布的命令可依法限制个人的权利和基本自由。在国民议会复会后，总统应立即将总统令提交国民议会予以追认。在总统违反宪法或严重违法时，国民议会可向宪法法院起诉，在宪法法院经法官的2/3多数票通过裁决总统负有责任时，总统应辞职。宪法法院还可在收到国民议会起诉后，做出在裁决前暂时停止总统行使职权的决定。

根据斯洛文尼亚的选举法，总统候选人必须符合以下三项标准之一：国民议会10名成员的支持；一个或多个政党和国民议会3名议员的支持或3000名选民的签名支持；5000名选民签名支持。每个政党只能支持一个候选人。1992年12月6日斯洛文尼亚共和国按照新颁布的斯洛文尼亚共和国宪法，举行了首次共和国总统选举（同时举行了国民议会选举），1990年当选共和国主席团主席的米兰·库昌当选为首届斯洛文尼亚共和国总统。1997年11月23日，斯洛文尼亚举行了第二届共和国总统选举，有8名候选人竞选，结果米兰·库昌在第一轮投票中获得了半数以上选票，实现了连任。2002年11月10日斯洛文尼亚举行了第三届共和国总统选举。在总统选举的首轮投票中，9名候选人无一人获得半数以上选票，依照选举法规定得票最多的前两名候选人进入了第二轮投票。在12月1日进行的第二轮投票中，任共和国政府总理的雅奈兹·德尔诺夫舍克（自由民主党候选人）战胜了巴尔巴拉·布雷济加尔（独立候选人），当选为共和国总统。2007年11月11日，斯洛文尼亚国家选举委员会宣布，在第二轮总统选举投票中，联合国前助理秘书长达尼洛·图尔克以压倒多数击败前总理洛伊泽·彼得莱，成为斯洛文尼亚下届总统。2012年斯洛文尼亚总统选举于11月11日举行，12月2日举行第二轮选举。最终，博鲁特·帕霍尔击败总统达尼洛·图尔克，当选总统。斯洛文尼亚第六届总统选举第二轮投票于2017年11月12日结束，时任总统博鲁特·帕霍尔以53%的得票率战胜对手、卡姆尼克市长沙雷茨，获得连任。2022年，斯洛文尼亚总统选举第一轮投票于10月23日举行，7名候选人得票均未超过半数。洛加尔和穆萨尔的得票率分别为33.9%和26.9%，居前两位，进入第二轮角逐。第二轮投票于11月13日晚结束，独立候选人娜塔莎·皮尔茨·穆萨尔以54%的得票率战胜对手，当选斯洛文尼亚总统，成为该国历史上首位女总统。斯洛文尼亚全国选举委员会公布的数据显示，全国约170万选民中的52%参加了2022年总统选举第二轮投票。

二 国民议会

《斯洛文尼亚共和国宪法》第80条和第81条规定，斯洛文尼亚共和国国民议会是斯洛文尼亚的最高立法机关。根据宪法，国民议会是议会两院制中的下议院，议会中的最大党或党派联盟有组建内阁的权力。国民议会总共有90个议席，每4年选举一次，其中88席由各政党派出代表参选，其余2席由少数族裔即讲意大利语和匈牙利语的斯洛文尼亚人按照波达计数法（一种排序投票法）各自选举产生，选举出来的这2名议员必须维护本族裔的利益。

1. 国民议会的地位和职权

斯洛文尼亚国民议会是国家最高权力机构和立法机构，拥有立法权、选举权、监督权和预算审批权。主要职权如下：通过国家宪法和宪法修正

案，审议批准国家预算和预算修正案，通过议会工作条例，通过国家决定、决议、宣言、全国性规划，批准国际协定，宣布举行全民公投，决定议员、法官职务等的任免，决定国家战争状态和紧急状态，决定动用国家武装力量。议会行使下述监督权：确定议会调查案，决定对政府的信任案，决定对总统、总理和内阁部长的起诉，提出对议员的质询，提出针对总理、内阁部长和政府秘书长的相关动议。

2. 国民议会与国家元首、政府、最高司法机关的关系

根据斯宪法，斯总统代表国家，是武装力量的最高统帅。在总统职位空缺的情况下，由国民议会议长代行总统职责，直至产生新的总统。总统签署议会选举令，宣布经国民议会通过的法律生效。总统向国民议会提名宪法法院法官和斯法官理事会成员。如国民议会因紧急状态或战争无法召开会议，总统应政府要求主持通过法律文件。如总统违宪，国民议会可以向宪法法院起诉总统，由宪法法院裁定总统是否违宪。如有2/3的宪法法院法官投票确认总统违宪，则宪法法院有权撤销总统职务。

斯国民议会选举、任命和解除议会议长、议会秘书长、议会委员会主席和副主席、政府总理及内阁部长、法官、央行行长、审计法院成员的职务。

3. 国民议会的组成、选举和任期

国民议会由代表斯洛文尼亚公民的90名议员组成，议员由公民通过普遍、平等、直接和秘密投票的方式选举产生，意大利族和匈牙利族的少数民族共同体永远有权各选举1名议员进入国民议会，选举由国民议会全体议员的2/3多数票通过，除少数民族共同体议员外，其他议员的选举按照比例代表制进行，即议员进入国民议会的得票率须为4%以上，并尊重选民对国民议会席位分配的意愿。国民议会的90席中，88席由开放名单比例代表制选出，全国划分为8个选区，每个选区有11席，在选区内各党所得席次采用特罗普数额分配。如有剩余席位未分配，则由全国得票率不低于4%的政党以汉狄法分配（最高均数方法的一种）。

每届国民议会任期为4年，每届国民议会任期届满前，由总统签署下

届国民议会选举及选举日期令。斯国民议会选举委员会负责选举具体事宜。如果国民议会任期届满时处于战争状态或紧急状态，任期可延长到战争或紧急状态结束后6个月，国民议会有权决定这一任期在6个月之内提前结束。新一届国民议会的选举应在前一届国民议会自召开第一次会议起的4年任期届满前，提前2个月和推迟15天内举行。如果国民议会被解散，新国民议会的选举最迟应在前一届国民议会解散后2个月内举行。前一届国民议会的任期到新选出的国民议会举行第一次会议时结束，新国民议会的第一次会议由共和国总统在选举后20天内召集。

4. 国民议会的组织结构和工作机构

斯议会设23个委员会。它们分别是：经济委员会，条例委员会，反腐败委员会，民族委员会，人权平等委员会，监督谍报安全机构工作委员会，地方自治和区域发展委员会，环境国土委员会，农业、畜牧业委员会，财政、金融政策委员会，公共开支监督委员会，外交政策委员会，内政、公共管理和司法委员会，国防委员会，卫生委员会，交通委员会，文化、教育、体育和青年委员会，劳动、家庭、残疾人委员会，高等教育、科学技术发展委员会，海外侨民关系委员会，宪法委员会，任期及选举委员会，欧盟事务委员会。

斯国民议会工作机构有国民议会党团服务局、立法局、新闻局、秘书长办公室、秘书局、国民议会会议筹备和礼宾局、文件局、总务局、信息局和技术局等。

5. 议员制度

斯洛文尼亚法律规定，出席国民议会对法律文件审议和投票表决、就有关法律问题发动全民公决、就具有公共意义的事务向国民议会提出调查建议、就政府部长和议员的工作进行质询等是议员的责任。议员如不能参加国民议会会议，必须请假并说明理由。宪法规定议员享有豁免权，在没有国民议会同意的情况下，不得对议员施行拘捕，但在刑法规定5年以上徒刑的犯罪现场被捕者除外。

斯议员当选后，按斯公共部门职务工资法的规定领取议员薪水和补贴。

6. 国民议会会议制度

《斯洛文尼亚共和国宪法》第84~89条和第94条规定，国民议会议长应由全体议员多数票选举产生。斯洛文尼亚国民议会会议分为定期会议和特别会议两种形式。定期会议分别于每年的1月10日至7月15日和9月1日至12月20日举行，一般每月召开一次。召开特别会议须1/4以上议员提议或总统提议。有多数议员出席国民议会会议时，方可进行表决。出席国民议会的议员可经简单多数票（超半数）通过法律、其他决议和批准国际协议，有关选举制度、全民公决程序、国民议会议事规则等则须全体议员的2/3以上多数票通过。

7. 国民议会立法程序

斯洛文尼亚法律规定，政府、议员、国民委员会和5000人以上公民有权向议会直接提交法案。所提交的法案应包括法律名称、条款和书面说明。通过法案的程序如下。①法案提交者提出并起草法案。②提交法案文本。③经10名以上议员提议，对法案进行审议和修改。④对法案进行表决。⑤经国民议会表决通过后的法案交国民委员会审议。⑥如国民委员会否决法案，国民议会须对法案重新审议。⑦总统宣布经国民议会和国民委员会通过的法案生效，并在国家公报上发布。⑧法律正式生效。

一般法案经出席国民议会会议50%以上议员投赞成票后即获通过。涉及否决权、宪法修正案及其他重大法案须有2/3以上议员赞成方可通过。

8. 全民公决、法律的公布

《斯洛文尼亚共和国宪法》第90条、第91条规定，国民议会对法律规定的问题举行全民公决，全民公决的结果对国民议会有约束力。全民公决的程序由出席国民议会会议议员的2/3多数票通过的相关法律规定。在至少1/3议员提出要求、由国民委员会提出要求、至少4万选民提出要求时，则必须举行全民公决。所有享有选举权的公民都有权在全民公决中投票，当选民中多数人投了赞成票时，全民公决的议题即被视为通过。

共和国总统至迟在通过后的8天内公布通过的法律。国民委员会可在法律公布之前，在通过后7天内，要求国民议会对该法律进行复决，在复决中一般情况下经全体议员的多数票通过法律，除非宪法明确规定的特定法律必须经国民议会2/3以上议员通过方可生效。

9. 战争和紧急状态、议会调查

《斯洛文尼亚共和国宪法》第92条、第93条规定，在国家安全受到巨大和普遍威胁时，可宣布实施紧急状态。国民议会根据政府建议决定宣布战争状态或紧急状态并采取必要措施，决定军事力量的部署。在国民议会不能召集会议时，上述问题由共和国总统决定，但在国民议会复会时应立即提请国民议会对总统的决定予以追认。

对公众关心的重大问题，国民议会可进行调查并成立国民议会调查委员会，在国民议会的1/3以上议员或国民委员会提出要求时则必须成立调查委员会。国民议会调查委员会在调查和审问方面具有与司法机关相同的权限。

10. 国民议会党团

斯国民议会工作条例规定，拥有3名以上议员的政党可成立议员团或议员俱乐部。斯2022年产生的新一届国民议会中除独立议员和少数民族议员外，7个政党都设有议员团或议员俱乐部。议员团团长或议员俱乐部主席为国民议会主席团成员。

11. 国民议会对外交往

（1）互访。斯国民议会依照对外交往条例开展对外活动。国民议会议长、各机构、常设团、友好小组和议员个人可从事对外交往活动。国民议会各委员会每年可组团进行1次出访，每年接待1次外国议会代表团来访。代表团最多由3名议员组成，包括友好小组组长，另有少量工作人员及1名翻译随行。斯国民议会对外交往经费从国民议会预算中支出。国民议会主席团会议审批代表团来访和出访代表团组成等有关事宜。

（2）国民议会常设团。斯国民议会设有负责与欧盟议会、北约议会、欧安合作组织议会、地中海国家议会、欧洲-地中海议会、国际议会联盟、西欧联盟议会进行交往的常设团。

(3) 对外友好小组。斯国民议会设有面向45个国家的对外友好小组，这些国家分别是中国、阿根廷、阿尔巴尼亚、澳大利亚、奥地利、阿塞拜疆、比利时、保加利亚、波黑、巴西、捷克、黑山、丹麦、爱沙尼亚、芬兰、法国、希腊、克罗地亚、印度、意大利、爱尔兰、以色列、日本、加拿大、古巴、拉脱维亚、立陶宛、匈牙利、北马其顿、马耳他、墨西哥、德国、荷兰、挪威、罗马尼亚、俄罗斯、斯洛伐克、塞尔维亚、西班牙、瑞典、瑞士、土耳其、乌克兰、英国和美国。

12. 国民议会的历届选举

1992年12月6日，斯洛文尼亚共和国按照新宪法规定举行了独立后的第一届国民议会选举，以雅奈兹·德尔诺夫舍克为首的斯洛文尼亚自由民主党获胜。斯洛文尼亚自由民主党成员赫尔曼·里格尔尼克当选国民议会议长，里格尔尼克于1994年9月辞职后，由自由民主党成员约瑟夫·什科尔奇继任议长。

1996年11月10日，斯洛文尼亚共和国举行了第二届国民议会选举，斯洛文尼亚自由民主党得票最多。斯洛文尼亚人民党成员雅奈兹·波多布尼克当选国民议会议长。

2000年10月15日，斯洛文尼亚共和国举行了第三届国民议会选举，斯洛文尼亚自由民主党获胜。社会民主主义者联合名单的主席博鲁特·帕霍尔当选国民议会议长。

2004年10月3日，斯洛文尼亚共和国举行了第四届国民议会选举，结果以雅奈兹·扬沙为首的斯洛文尼亚民主党获胜。斯洛文尼亚民主党成员弗朗茨·楚克亚蒂当选国民议会议长。

2008年9月21日，斯洛文尼亚举行90名成员的国民议会选举。这是独立后斯洛文尼亚的第五届议会选举。帕维尔·甘塔尔当选国民议会议长。

斯洛文尼亚于2011年12月4日举行国民议会选举，选出国民议会全部90席议员。这是斯洛文尼亚史上第一次提前进行国民议会选举。格雷戈尔·维兰特于2011年12月21日至2013年1月28日担任国民议会议长，代理国民议会议长雅各布·普雷瑟奇尼克于2013年1月28日至2013

年2月27日任职。扬科·韦贝尔于2013年2月27日至2014年8月1日担任国民议会议长。

2014年7月13日斯洛文尼亚举行国民议会选举,此次选举因为阿伦卡·布拉图舍克政府辞职而触发。由律师兼教授米罗·采拉尔领导的新政党现代中间党以超过34%的得票率和36个席位赢得选举。

2018年6月3日斯洛文尼亚举行国民议会选举。斯洛文尼亚国民议会经投票表决,任命社会民主党领袖、前任斯洛文尼亚副总理兼农业、林业和食品部部长戴扬·日丹为新一任议长。日丹在国民议会90个议席中获得了49票的支持。

2022年5月,新一届国民议会组成。乌尔什卡·克拉科查尔-祖潘契奇（Urška Klakočar Zupančič）担任议长。国民议会各党派所占议席数为自由运动党41席、民主党27席、新斯洛文尼亚党8席、社会民主人士党7席、左翼党5席、少数民族议员2席。

三　国民委员会

斯洛文尼亚国民委员会是根据斯宪法组成的代表斯洛文尼亚各社会团体、经济界、专业人士和地方利益群体的具有议会性质的组织,是斯洛文尼亚国民议会的有机补充,共有40个席位,每5年举行换届选举。它由40名成员组成,其中代表雇主的委员4名；代表雇员的委员4名；代表农民、手工业者和独立职业者的委员4名；代表非营利组织的委员6名；代表地方利益的委员22名。

1. 国民委员会的组成、职权和表决

国民委员会是斯洛文尼亚各界代表组成的咨询协商机构,相当于议会的上院,但权力有限。

国民委员会的主要职权是：向国民议会提出通过法律的建议；在国民议会颁布法律前向国民议会提出复决要求；就国民议会职权范围内的问题向国民议会转达国民委员会的意见；要求国民议会就公众关心的重大问题成立调查委员会；提出举行全民公决的要求。国民议会也可要求国民委员会就专门的问题提出意见。

斯洛文尼亚

国民委员会在有多数委员出席会议时方可进行表决。国民委员会的工作程序应按照议事规则进行，国民委员会议事规则的制定也需要所有当选委员的多数票通过。

2. 国民委员会委员的选举、专任制和豁免权

《斯洛文尼亚共和国宪法》第98条规定，国民委员会的选举程序由国民委员会当选委员的2/3以上多数票通过的相关法律予以规定。《宪法》第100条规定，国民委员会委员不得同时又是国民议会议员。国民委员会委员和国民议会议员享有相同的豁免权。

除《斯洛文尼亚共和国宪法》和国民议会通过的《国民委员会法》外，国民委员会还制定了《国民委员会议事规则》《国民委员会地方利益代表选举法》等法律。根据《国民委员会法》，国民委员会委员由各界的组织和地方共同体间接选举产生，选举分为各界职业代表的选举和地方代表的选举。根据选举法，年满18岁的合法公民均有权当选国民委员会委员，当选的国民委员会委员任期为5年，选举应在上届任期届满前2个月到15天内举行，个别代表的选举最迟应在上届任期届满前75天内举行。政党可参加地方利益共同体代表的竞选，但不能参加和影响各界的职业代表的选举。

3. 国民委员会主席和机构

斯洛文尼亚共和国的国民委员会设有主席、副主席和秘书长。1992年选举后，伊万·克里斯坦博士当选第一届国民委员会主席；1997年举行第二届选举后，托内·霍尔瓦特当选国民委员会主席；2002年举行第三届国民委员会选举后，雅奈兹·苏什尼克当选国民委员会主席。

2017年12月12日，阿洛伊兹·科夫斯卡当选为斯洛文尼亚国民委员会主席，任期5年。据斯洛文尼亚通讯社报道，身为上一届国民委员会委员的科夫斯卡在选举中以压倒性优势击败了另外两名候选人。科夫斯卡随后发表了就任演讲。

2022年12月，新一届国民委员会成立。马尔科·洛特里奇（Marko Lotrič）在2022年11月底举行的选举中当选为国民委员会主席。国民委员会主席的选举需要获得总共40名议员的多数票，洛特里奇获得21票。

洛特里奇在当选后表示,至少在立法倡议方面,必须建立"与国民议会领导层的合作",以便为这些倡议创造通过和实现的可能性,还将与政府、总统、部长、各部委和专业服务部门进行良好和广泛的合作。

国民委员会的工作实体包括若干委员会和利益团体,委员会有:政治制度委员会、国际关系和欧洲事务委员会、经济委员会、小经济和旅游委员会、社会活动委员会、地方政府和地区发展委员会、农林和食品委员会、任免委员会。利益团体有:业主利益团体,雇员利益团体,农民、手工业者、商人和独立职业者委员会,非经济活动委员会,地方委员会等。

第三节 政府

一 政府的结构和选举

《斯洛文尼亚共和国宪法》第110~119条规定了一系列相关问题,包括政府的组成、政府总理的选举、部长的任命、政府的就职宣誓、政府的工作、总理和部长职务的停止、对政府的不信任案和信任投票、对政府的质询和对总理或部长的起诉等。根据宪法,政府由总理和各部部长组成,政府和部长是独立的,并对国民议会负责。

宪法规定,共和国总统经与各议员团领导人磋商后,向国民议会提出政府总理候选人,国民议会经全体议员秘密投票,以多数票选出政府总理。如果候选人未能获得必要的多数票,共和国总统可在14天内经过重新磋商提出另外一名候选人或再次提名原来的候选人,议员团或至少10名议员联合提名也可提出候选人。如果在此期间提出了多名候选人,则应对每名候选人分别进行投票表决,其中总统提出的候选人最先表决,如果未能当选,其他候选人按提名顺序依次表决。如果没有一名候选人当选,共和国总统可以解散国民议会并宣布举行新的议会选举,除非国民议会在48小时内以出席会议议员的多数票通过决定就总理的选举进行重新投票。在重新投票时,按候选人在前一轮选举中的得票数确定顺序并逐一表决，然后再对新提出的候选人进行表决，但在所有这些候选人中，共和国总统提名的候选人有优先表决权。如果经过此轮投票仍然没有一名候选人获得必要的多数票，这时共和国总统应解散国民议会、宣布举行新的国民议会选举。

国民议会根据政府总理的建议任免政府的各部部长，被提名的部长在任命前，必须到国民议会的相关主管委员会回答问题。

政府总理和各部部长在当选或被任命后，应向国民议会宣读《宪法》第104条规定的誓言。政府总理应协调各部部长的工作，并关注政府的政治方针与管理方针的统一性。每位部长对本部的工作负责，各部部长共同对政府的工作负责。

国民议会可对政府或个别部长进行质询，前提是至少有10名议员共同提出要求，如果在质询后的讨论中，全体议员的多数票对政府或个别部长表示不信任，国民议会应解散政府或免去个别部长的职务。国民议会可向宪法法院起诉政府总理或部长在行使职权中的违反宪法和法律行为，由宪法法院进行审理。

二　政府的职责

政府执行国民议会通过的政策、法律及其他法规或决议，根据国民议会通过的法律法规安排、指导和协调国家政策的执行。政府作为最高行政管理机构，可制定和采取法律、政治、经济、财政、组织及其他方面的相关措施。

斯洛文尼亚共和国政府的职责由《斯洛文尼亚共和国宪法》、政府法以及有关法律规定，主要有：安排、指导和协调国家政策的执行；为保证国家的发展和调节政府在各领域的活动而制定法规和采取政治的、经济的、法律的、组织的、财政的措施；向国民议会或共和国总统就立法、国家计划、国家预算及其他有关确定政府各领域基本的和长期的政策方针文件提出建议，并须获得国民议会批准；监督国家行政管理机构的全部活动，监督国民议会通过的法律及其他法规的执行；行使属于斯洛文尼亚共和国作为机构、经济企业及其他组织的创建者的权利和义务；管理斯洛文尼亚共和国的固定资产及其他资产（有专门法律规定的个别固定资产除外）；政府向国民议会提出包括基本目标、经济任务、预算政策和社会政策在内的预算备忘录，并对国家行政管理机构的工作制订计划和采取组织、人事及其他措施等。

共和国政府总理的职责，由宪法、法律及政府的议事规则等规定，主要是：负责领导和指导政府工作，对整个政府负责并代表政府，召集和主持政府会议，对部长下达指令，要求部长报告工作，代表其他国家行政管理机构，向媒体介绍政府的立场观点，等等。

政府向国民议会或总统提出建议后，有关部长或其他政府代表可以出席国民议会，国民委员会也可要求他们出席国民委员会会议，解释所提出的议案，随后国民议会议长主持会议，并对建议进行讨论。政府在未提出新的立法建议之前，可向国民议会建议就需要通过新的法律调节的基本问题和社会关系问题进行讨论。

三 历届政府的构成

1990年，斯洛文尼亚共和国作为南斯拉夫联邦的共和国之一，按照当时的共和国宪法举行了首次多党制民主选举，以洛伊兹·佩泰尔莱为总理的政府成立。1992年4月佩泰尔莱辞职后，执行委员会主席的职务由雅奈兹·德尔诺夫舍克接替。斯洛文尼亚在此期间独立，并获得国际承认，发行本国货币，开展经济和社会改革。1992年斯洛文尼亚共和国独立以来，组建了数届政府。

第一届国民议会 在1992年选举后，斯洛文尼亚自由民主党领袖雅奈兹·德尔诺夫舍克当选总理，并负责组阁。1993年1月12日，在国民议会上选举产生的联合政府，由斯洛文尼亚自由民主党、基督教民主党、社会民主主义者联合名单、社会民主党组成。政府成员共18人。1994年社会民主党退出联合政府。1996年社会民主主义者联合名单也退出联合政府。在1996年第二届国民议会选举前，斯洛文尼亚共和国政府已变成了由斯洛文尼亚自由民主党和基督教民主党联合组成的少数派政府。

斯洛文尼亚

第二届国民议会 1996年选举后，斯洛文尼亚自由民主党虽然得票最多，但3个反对党斯洛文尼亚人民党、社会民主党和基督教民主党结成联盟，所以总得票数超过了自由民主党。德尔诺夫舍克再次当选政府总理。自由民主党与3党联盟中的人民党达成联合执政协议，共同提出组阁名单，也就是由自由民主党、人民党和退休者民主党联合执政。联合政府在1997年2月27日正式成立，新政府以德尔诺夫舍克为首，共21人。斯洛文尼亚人民党与基督教民主党2000年4月合并为SLS+SKD斯洛文尼亚人民党，并退出联合政府，以德尔诺夫舍克为首的政府全体辞职。安德烈·巴尤克担任新的政府总理。2000年6月7日，新政府正式成立，任期只能到2000年11月大选后选出新政府为止，被称为"看守政府"。

第三届国民议会 2000年10月选举后，获胜的还是自由民主党，2000年11月16日，德尔诺夫舍克第三次当选政府总理。2000年11月30日联合政府正式成立，由斯洛文尼亚自由民主党、社会民主主义者联合名单、SLS+SKD斯洛文尼亚人民党和退休者民主党联合执政。

第四届国民议会 2004年10月选举后，获胜的是斯洛文尼亚民主党，也就是原来的社会民主党，该党主席雅奈兹·扬沙当选总理，组建了新的联合政府，主要与新斯洛文尼亚-基督教人民党、斯洛文尼亚人民党以及退休者民主党联合。

第九届政府于2008年11月21日成立，由博鲁特·帕霍尔领导政党联盟。2011年12月，总理博鲁特·帕霍尔及其内阁未能通过国民议会信任投票表决，导致斯洛文尼亚提前举行大选，这是该国独立后第一次提前进行国民议会选举。2012年2月，民主党主席雅奈兹·扬沙成功组阁并出任总理。2013年2月，国民议会通过对扬沙政府的不信任案，其后由积极的斯洛文尼亚党主席阿伦卡·布拉图舍克出任总理，组成新政府上台执政。2014年5月，布拉图舍克向总统帕霍尔和国民议会议长扬科·韦贝尔递交辞呈；同年7月举行的提前大选中，成立仅40余天的采拉尔党（由采拉尔创建并担任党主席，2015年3月更名为现代中间党）获胜；9月，采拉尔党联合退休者民主党和社会民主人士党组成联合政府。2018年3月，采拉尔总理辞职。当年6月，斯洛文尼亚再次提前举行国民议会选举，9个政党进入议会，但无一获得多数席位。在不到十年的时间里，斯洛文尼亚已经有连续四届政府提前终止任期，有的仅仅执政一年多便下台了。

斯洛文尼亚第十三届政府于2018年9月13日获得国民议会投票通过后宣誓就职，成为斯洛文尼亚历史上第一个少数党派组建的联合政府。政府联盟包括5个政党。在2018年6月3日举行的议会选举中，沙雷茨创立的中左翼政党马尔扬·沙雷茨名单党成为议会第二大党。因议会第一大党斯洛文尼亚民主党主席、前总理扬沙未能获得足够多的票数独立组阁，且随后也未获国民议会其他政党支持组成联合政府，沙雷茨获得机会与其他政党联合组阁。

2020年3月13日成立的第十四届政府，由总理雅奈兹·扬沙以及16名内阁成员组成。国民议会于当年3月13日以52票赞成、31票反对的表决结果，批准成立以扬沙为总理的新一届联合政府。这是扬沙第三次出任斯洛文尼亚总理。在16人内阁名单中，有7人来自国民议会第一大党斯洛文尼亚民主党，4人来自现代中间党，3人来自新斯洛文尼亚党，2人来自斯洛文尼亚退休者民主党。

2022年4月斯洛文尼亚举行国民议会选举，自由运动党获得最多议席，成为国民议会第一大党。5月，斯洛文尼亚国民议会通过了总统对自由运动党主席罗伯特·戈洛布（Robert Golob）出任新总理的提名。自由运动党与社会民主党和左翼党组成中左翼联盟，于5月24日正式签署联盟协议。6月，国民议会通过戈洛布提交的内阁名单，斯洛文尼亚新一届政府成立，罗伯特·戈洛布就任总理。戈洛布表示，社会公正、团结和建设知识型社会等是新政府的工作主题，新政府需要两个任期才能完成改革蓝图。同时，加强公共卫生系统、控制能源和食品价格上涨将是新政府面临的首要任务。新政府还将大力促进数字化发展，通过系统数据互联实现信息互通；集中部署太阳能电池板，以增加电力供应；等等。

四　政府的机构和工作实体

斯洛文尼亚共和国现任政府的下属机构有政府办公室、政府总秘书处、总理办公室、协议办、政府立法办公室、统计局、政府发展办公室和欧洲凝聚政策办公室、斯洛文尼亚情报和安全局、政府通信办公室、少数民族政府办公室、斯洛文尼亚政府驻外办事处、宏观经济分析与发展研究所、政府保护分类信息办公室、政府移民支持和融合办公室、秘书长办公室、战略委员会及其他政府办公室等。

总理办公室 由主任领导，相当于政府办公室，主任直接向总理报告工作。

战略委员会 根据法律规定，政府总理可成立各种咨询性的战略委员会，处理某些特殊问题并向总理提出建议和为总理拟订对该问题的立场和主张。总理任命战略委员会成员，通常由总理提名和政府任命（或免职）的部长级委员领导战略委员会。

秘书长办公室 负责协调工作，由秘书长领导。秘书长根据总理的指令工作，负责为政府会议做准备并执行政府决议，完成与政府工作有关的组织工作。秘书长向政府报告工作，由总理提名和政府任免。

此外政府还有一系列下属机构：立法办公室、公共关系与媒体办公室、移民和难民办公室、妇女政策办公室、宗教共同体办公室、残疾人办公室、缉毒办公室、非国有化办公室、新闻中心、礼宾局、人事部和综合服务机构等。

斯洛文尼亚共和国政府的工作实体，包括5个常设的工作实体及其他根据政府需要成立的委员会和咨询性委员会。5个常设的工作实体是国家调节与公共事务委员会、经济委员会、人事和行政委员会、纪律委员会和房屋建筑委员会。其他根据政府需要成立的委员会和咨询性委员会有20多个。

第四节　司法

一　宪法关于司法的规定

《斯洛文尼亚共和国宪法》第125~137条对司法、公共检察院、执业律师和公证人等做了规定。根据宪法，斯洛文尼亚的司法权由法官来行使，依照宪法和法律法官独立履行职责。法官的任职是长期的，专门的法律规定法官的年龄限制及其他条件、法官的退休年龄等。国民议会根据司法委员会的建议选举法官。司法委员会由 11 名委员组成，其中 5 名从大学的法学教授、律师及其他法律工作者中选举产生，另 6 名从长期从事审判工作的法官中选举产生，司法委员会委员选举产生司法委员会主席。国民议会可根据司法委员会的建议，在法官行使司法职权时违反宪法或严重触犯法律时，免去其职务。国民议会应免除滥用司法职权而故意犯罪并被法院做出了具有法律效力判决的法官职务。法官担任司法职务的同时，不能担任国家机关、地方自治机构和政党机关的职务，也不能担任法律规定的其他职务或从事其他活动。参与审判的人不得因在诉讼过程中发表的言论而被追究责任，法官享有豁免权，如被怀疑在行使司法职权过程中有刑事犯罪行为，未经国民议会许可不能拘捕或起诉。

最高法院是斯洛文尼亚共和国国内最高级的法院，对上诉案件进行裁决和处理法律规定的其他问题。

负责提起刑事案件诉讼的是国家检察官，在法庭上指控刑事罪行和履行法律规定的其他职责。由专门法律规定国家检察院的建制和权限。担任国家检察官的同时，不能担任国家机关、地方自治机构和政党机关的职务，也不能担任法律规定的其他职务或从事其他活动。

二 主要司法机构

斯洛文尼亚主要司法机构有斯洛文尼亚共和国司法委员会、斯洛文尼亚共和国宪法法院、斯洛文尼亚共和国最高法院、斯洛文尼亚共和国最高国家检察院、斯洛文尼亚共和国国家审计法院、斯洛文尼亚共和国劳动和社会法院、斯洛文尼亚共和国未成年人犯罪陪审团、斯洛文尼亚共和国行政法院、斯洛文尼亚共和国"人权保护人"机构，此外还有斯洛文尼亚共和国律师协会、斯洛文尼亚共和国公证人联合会、斯洛文尼亚共和国法警联合会等司法实体。斯洛文尼亚共和国司法的主要法律依据是宪法、法

斯洛文尼亚

院法（对法院的建制、司法权限、行政管理等做出了规定）、司法机构法（对法官的地位、职责、授权、任免等做出了规定）、劳动和社会法院法（对根据劳动和社会保障法成立的专门法院做出了规定）、行政检察法（对根据斯洛文尼亚共和国行政管理法成立的行政法院做出了规定）和法院程序法典等。

宪法法院主要负责判定国民议会有关立法是否与国家宪法相抵触，由9名法官组成，任期9年，不得连任。

检察院分共和国检察院、高等检察院（4个）和地区检察院（11个）。

普通法院为4级建制，全国共有44个地方法院、11个地区法院、4个高等法院和1个最高法院。除普通法院外，斯洛文尼亚共和国还有4个专门审理劳动纠纷的劳动法院、1个审理社会保障纠纷的社会法院以及负责二审的高级劳动和社会法院。斯洛文尼亚共和国行政法院，根据斯洛文尼亚共和国行政管理法的规定而设立，从属于高等法院。

地方法院负责审理应判处3年以下监禁的一般刑事犯罪以及民事纠纷、财产纠纷、遗嘱等问题，并进行一审判决，还负责地籍的登记和地籍簿的保存。

地区法院负责审理超出地方法院司法权限的案件、未成年人犯罪案件以及经营纠纷、企业清算或破产等民事案件，并进行一审判决，还负责公司的注册及其保存。

高等法院负责进行案件的二级审判和对地方法院及地区法院的上诉做出裁决，并解决地方法院和地区法院之间有关司法权限的争议。

受理上诉的最高级法院是斯洛文尼亚共和国最高法院，负责对下级法院上诉进行裁决，受理对刑事、民事、商业诉讼、行政、劳动和社会保障等各方面案件裁决的上诉，并解决下级法院之间有关司法权限的争议，还负责登记和记录斯洛文尼亚共和国各法院的司法实践，并保证其一致性。国民议会在司法部提出建议的基础上任命最高法院院长，司法委员会确定最高法院的法官人数并任命相关人选，司法部确定其他工作人员的人数。最高法院院长任期6年。

三　宪法法院

宪法法院是保护合宪性、合法性、人权和基本自由的最高司法权力机构。它是一个独立自主的宪法机构。宪法法院的主要权力包括审查立法部门通过的法规的合宪性以及审查行政部门通过的法规的合宪性和合法性。宪法法院负责审理因个人行为侵犯人权和自由、国家与当地社区之间以及当地社区之间的管辖权纠纷，以及因政党活动的违宪行为而引起的宪法申诉。它由9名法官组成，由国民议会根据共和国总统的提议选出。任期9年，不得再次当选。

宪法法院的职权：裁决法律是否符合宪法，法律和其他法规是否符合国际协议和国际法的一般原则，行政法规是否符合宪法和法律，地方政府的法规是否符合宪法和法律，司法当局公布的法律措施是否符合宪法、法律和行政法规；受理对个别法律文件违反宪法、侵犯人权和基本自由的指控，解决国家与地方政府实体之间、地方政府实体之间、法院与其他国家实体之间以及国民议会、共和国总统及政府之间在职权范围上的争议；裁决政党的文件和活动是否违背宪法；处理宪法和法律授权的其他问题；等等。在国民议会批准国际协议的过程中，根据共和国总统、政府或国民议会至少2/3议员的要求，宪法法院应对该国际协议是否符合宪法发表意见，此意见对国民议会具有约束效力。只有在其他法律手段都已用尽的情况下，宪法法院才对违宪的指控进行裁决，对指控进行裁决必须根据法律规定的标准和程序。如法律被宪法法院裁定不符合宪法，则该法律应全部或部分失效。宪法法院可以宣布废除其他不符合宪法或法律的行政法规或一般文件，或宣布其停止生效。宪法法院经全体法官的多数票通过做出裁决，整个诉讼程序须依照专门的法律规定进行。

宪法规定，国民议会在共和国总统提名的基础上选举产生法官。宪法法院的法官每届任期为9年，不得连任。宪法法院院长任期3年，在宪法法院的法官中选举产生。宪法法院的法官不得同时在国家机关、地方自治政府的机构和政党机关中任职。与国民议会议员相同，宪法法院的法官享有豁免权。宪法法院可依法提前解除法官职务的情形包括法官本人要求、因刑事犯罪被判刑和被剥夺了自由、长期丧失行使职权的能力等情况。

斯洛文尼亚共和国宪法法院于1993年成立。除法官外，设有院长、副院长和秘书长、法律文书等职。宪法法院下设秘书处、分析和国际合作部、文件信息部、统计部、行政技术服务部等机构。通过举行会议，宪法法院对案件进行裁决。宪法法院设有3个陪审团，分别负责刑法、民法、行政管理法和劳动与社会保障法方面的诉讼。另宪法法院设有多个委员会：编写委员会负责起草宪法法院会议裁决和其他决定的最终文本；研究委员会负责处理宪法法院审判程序的某些问题；经济和组织委员会负责就行政管理方面的问题提出建议；编辑委员会负责编辑出版宪法法院公布的裁决或其他决定等。

四　国家审计法院

审计法院是控制国家账户运作、国家预算和国家预算资金使用的最高权力机构。审计法院的工作独立，并遵守宪法和适用法律。向公众和国民议会议员及时、客观地报告调查公共资金使用者运作的所有重要调查结果。根据专业经验和过去的实践，它还可以直接建议公共资金用户改善他们的业务。审计法院在其审计权力范围内，协助公共资金使用者识别业务中的错误、违规行为等。

《斯洛文尼亚共和国宪法》第六章（第146~152条）对国家和地方共同体的财政、税收、预算、国债的发行和审计法院的职责及其成员的任命做了规定。根据宪法，国家和地方共同体筹集资金，主要通过征税、其他法定缴款及其自身财产的收入，从而行使其职权。在宪法和法律规定的条件下，地方共同体可以确定税收和其他缴款。国家和地方共同体的预算必须将用于公共消费的一切收入和支出列入其中，如果预算尚未被通过便开始执行时，预算资金使用者可暂时按上年预算领取经费。国债只能根据法律规定发行并且由国家对债务进行担保。审计法院是最高监督机构，对国家收支账目、国家预算及全部公共消费进行审计，独立地依照宪法和法律规定进行工作，由专门法律规定其建制和职权。国民议会根据共和国总统提名任命审计法院的成员。

审计法院有权对所有公共资金使用者的账目进行审计，有权对有犯罪嫌疑者提起诉讼或通报有关司法机构。公共资金使用者包括：获得欧盟预算、国家预算或地方共同体预算援助的公有和私有法人及自然人；获得某些特许权的公有和私有法人及自然人；国家或地方占有多数股份的公司、银行、保险公司等。根据国民议会、政府、地方共同体以及部分媒体和社会团体及个人关于进行审计的建议，审计法院每年制订工作计划。每年必须审计国家预算的执行，公共健康保险基金、退休保险基金的经营，某些市政机构、商业性的公共服务机构和非商业性公共服务机构的运作。审计法院每年应向国民议会提交年度工作报告。

法律规定，斯洛文尼亚共和国审计法院由1名主席和2名副主席、6名最高国家审计员以及最多120名其他工作人员（其中73人为审计员）组成。国民议会根据共和国总统提名、经全体议员的多数票通过的方式选举产生审计法院院长和副院长；审计法院院长任命审计员；审计法院成员均不能兼职，任期均为9年。在斯洛文尼亚，审计法院的成员在接受任命前四年不能是内阁大臣。

五　保护人权机构

在保护人权方面，斯洛文尼亚的相关主管部门包括司法机构、国家行政管理机构和其他公共权力机构。发生侵犯人权和基本自由的案件时，除了在国家一级为个人提供正常和特殊的法律救助以外，欧洲人权法院在区域一级对《欧洲人权公约》的执行情况予以监督。在发生侵犯该公约之下的权利的案件时，斯洛文尼亚公民也可以诉诸该法院。专门从事保护和增进人权的机构包括平等机会办公室、宗教群体事务办公室、民族事务办公室，以及由政府设立或在各部委内部运作的许多工作机构。

《斯洛文尼亚共和国宪法》第159条规定，"人权保护人"负责在国家实体、地方政府实体及其他掌握公共权力的机构之间的关系中，保护人

的权利和基本自由。"人权保护人"依照法律规定任命,法律还可对特殊领域设特别"人权保护人"。1993年12月,《斯洛文尼亚共和国人权保护人法》由国民议会通过。依照宪法和法律,"人权保护人"独立工作。除宪法和人权保护人法外,"人权保护人"的法律依据还有消费者保护法、环境保护法、国防法(保护军人服兵役期间的权利和基本自由)等。"人权保护人"有权就人权和基本自由方面的问题对国家、地方及其他权力机构进行调查,提出建议、意见或批评,责成有关机构限期处理有关问题。"人权保护人"还有权根据人权或基本自由受到侵害的个人提出的要求,或自己决定对有犯法或犯罪嫌疑者提起诉讼或通报有关当局。

国民议会在共和国总统提名的基础上选举产生"人权保护人",再根据"人权保护人"的提名,国民议会任命2~3名代理人,任期6年。人权保护人办公室由"人权保护人"及其代理人组成,是保护人权机构。人权保护人办公室下设有专业服务机构和秘书长办公室,秘书长负责领导行政技术服务机构的工作。

2015年10月28日,第70届联合国大会改选联合国人权理事会成员,斯洛文尼亚成功获选,任期为2016~2018年。

六 最高法院

最高法院是最高司法机构,其法官人数由司法委员会决定。最高法院法官由国民议会根据司法委员会的提议选出。斯洛文尼亚共和国最高法院院长由国民议会根据司法部部长的提议任命。2023年1月24日,斯洛文尼亚共和国国民议会任命米奥德拉格·乔尔杰维奇为斯洛文尼亚共和国最高法院新任院长。乔尔杰维奇于2023年2月15日就职。

第五节 地方自治

一 地方自治的宪法依据

《斯洛文尼亚共和国宪法》第五章(第138~145条)对地方自治问

题做出规定。斯洛文尼亚居民在区和其他地方自治共同体内实行地方自治。实行地方自治的基本单位是区，包括一个共同体（居民区）或由居民根据共同需要和利益而相互联系的多个共同体，或更小的乡和村。区的地域范围通过法律确定。区可独立处理涉及本区居民利益的地方问题。在事先征得区或其他地方自治共同体同意并保证提供资金的条件下，国家可把国家权限内的某些职责移交给区或其他地方自治共同体，有关国家机构监督区或其他自治共同体履行国家移交的职责是否恰当和是否符合要求。区可筹集财政经费。经济欠发达的区，不能完全保证履行其职权所需经费时，依照法律规定的原则和标准，可获得国家的财政补贴援助。

更广泛的地方自治共同体或地区自治共同体可由各区自由组合，以行使行政管理权和处理涉及共同利益的问题。国家可通过与更广泛的地方自治共同体或地区自治共同体签订协议，将国家的某些职责移交给更广泛的地方自治共同体或地区自治共同体，移交的原则和条件由专门法律规定。国家有关当局有权监督地方自治共同体行使职权时是否合法。公民也可联合成立地方自治共同体，可依照法律规定，将涉及国家权限的特殊问题，委托给由公民联合成立的地方自治共同体管理。

二　地方自治机构

斯洛文尼亚的地方管理机构的构成由地方自治法规定，包括区议会、区长和监督委员会。区长是整个区的代表，也是区议会主席。区议会是地方最高立法和决策机构，区长负责并监督区议会决议的执行，监督机构主要是监督公共资金的使用。根据地方自治法、地方选举法等有关法律，区长和区议会议员通过居民直接选举产生，区议员的选举实行比例制与多数制相结合的原则；区长的选举实行绝对多数制，即获得50%以上选票时当选，在无一人获得50%以上选票时，则得票最多的前两名候选人进入第二轮选举。政党或选民可以提名候选人（区长候选人须收集30人签名，区议会议员候选人须收集15人签名）。竞选活动至少持续一个月，在举行选举前一天结束。

三 地方财政

1998年斯洛文尼亚修改了地方财政法，对地方财政制度进行了改革，从所谓"支出型财政"改为"量入为出"的财政体制，即地方支出应与地方资源相符。依照法律，经济欠发达的区，不能完全保证所需经费的，可获得国家的财政补贴。

属于地方的财产包括：地方通过购买或其他方式获得的土地（建筑用地、农林用地等）；基础设施（归地方所有的道路和供水、供热、天然气供应系统等）；经营场地（包括用于商业性或非商业性经营的租赁场地）；地方在公共公司、公共机构、商业公司、银行等拥有的股份；地方预算、公共基金等的财政资金；地方的存款、有价证券等其他财政资金。地方自治共同体管理其财产的机构可以是地方政府的管理机构，也可以成立公共基金（如住房管理和经营）、专门的公共机构（如管理城市的建筑用地），或建立公共公司或公共商业机构（如供水、排污、污水处理、道路维修等），也可向其他法人或自然人转让地方自治共同体的管理权。

根据地方的不同特点，斯洛文尼亚的地方财政收入有两种类型：一种财政收入主要是个人收入税、财产继承和馈赠税、彩票利润税、不动产交易税、行政管理费和关税、在赌场外使用投币游戏机的特别税等；另一种财政收入主要是财产税、使用建筑用地补偿费、地方旅游税、公共管理等收费、农林用地变更税、环境污染和破坏的补偿费和赔款、行政管理收费、依靠地方拥有的财产获得的收入等。地方财政资金主要用于：满足地方自治政府及实体的工作；从事涉及地方公共利益的事业（基础教育、文化、体育、社会事业、卫生保健等社会服务）；从事涉及地方公共利益的商业性服务（公用事业、道路管理、住房建设、市政计划、环境保护等）；消防救灾；其他涉及地方公共利益的服务（丧葬服务，为旅游、农业、企业特别是小经济企业的服务等）。

除地方财政预算开支外，地方自治共同体可以与政府合作，为基础教育建设、道路建设、公用事业的基础设施建设等进行共同投资，也可为地区发展、农业进步、发展小经济等向银行借贷（但当年的借贷不能超过地方财政总收入的 10%，还本付息不能超过当年地方财政总收入的 5%）。

第六节　主要政党

斯洛文尼亚实行多党制，通常单一政党无法独自取得过半数席位，须与其他政党组成执政联盟。现将斯主要政党介绍如下。

1. 斯洛文尼亚民主党

该党前身为 1989 年 2 月 16 日成立的斯洛文尼亚社会民主协会，后更名为斯洛文尼亚社会民主党，2003 年 9 月改为现名。该党主张民主、自由、尊重人权，建立法治国家，强调法律面前人人平等；倡导相互尊重、社会团结；强调发展经济，认为经济增长是国家可持续繁荣的基础。党主席是雅奈兹·扬沙。

2. 左翼党

该党成立于 2017 年 6 月 24 日，由倡议民主社会主义和斯洛文尼亚可持续发展党合并而成，前身是左翼联盟。该党主张建立民主化的社会主义，制定确保人和自然可持续发展的社会和经济制度，力求社会各领域民主化的发展。党主席是卢卡·梅塞茨。

3. 新斯洛文尼亚基督教人民党

该党前身为斯洛文尼亚基督教民主党。成立于 2000 年 8 月。该党主张建立自由、法治的国家；认为健康、成功的经济和井然有序的城市和乡村是国家繁荣、人民幸福的最重要前提。

4. 斯洛文尼亚退休者民主党

该党成立于 1991 年 5 月。党员超过 3.5 万人。该党强调保护人权、自由和尊严；建立法治和福利的国家；提倡建立社会、卫生安全体制；强调保护自然环境和人的良好生存环境。

5. 马尔扬·沙雷茨名单党

该党成立于 2014 年 5 月。该党主张政府进行改革，提高工作效率；支持堕胎，呼吁容忍同性恋；支持代际合作，为各代人的美好生活寻找解决方案；提倡在知识、团结、责任、合作、尊重法律、促进高附加值经济的基础上推动国家发展。

6. 现代中间党（原名采拉尔党）

该党成立于 2014 年 6 月。该党主张建立法治国家，提倡可持续发展，确保人的尊严，保障社会和经济安全，崇尚宽容、自由、相互尊重、互惠和团结。

7. 社会民主人士党

该党成立于 1993 年 5 月 29 日，原名社会民主人士联合名单。2005 年改为现名。该党倡导尊重人权和尊严，确保人的自由；主张发展经济，建立安全、平等、经济发展的社会；强调建立法治国家；保护少数者权利。

8. 阿伦卡·布拉图舍克党

该党成立于 2014 年 5 月，原名阿伦卡·布拉图舍克联盟。该党主张法律面前人人平等，确保法治和平等原则，建立法治国家，打击腐败；提倡可持续发展，认为人与人的团结是建立公正社会和成功发展市场经济的条件。

9. 斯洛文尼亚积极党

斯洛文尼亚积极党是一个中间偏左的政党，由卢布尔雅那市市长佐兰·扬科维奇于 2011 年 10 月领导创建。2011 年 10 月 11 日，扬科维奇宣布他将参加 2011 年的国民议会选举。该党于 10 月 22 日正式成立。斯洛文尼亚首任总统米兰·库昌也宣布支持该党。该党的政治目标是要建立一个安全、高效的社会，努力让 GDP 的增长速度保持在 4%以上，债务控制在 3%以下。

10. 葛雷格·维兰特公民名单

公民名单是斯洛文尼亚中间派、古典自由主义政党，原名葛雷格·维兰特公民名单。该党在 2011 年 10 月 21 日于卢布尔雅那正式成立。维兰特成立新政党的决定是受到其他新成立政党，包括斯洛文尼亚积极党和永续发展党的影响。各党派对维兰特创立新政党的反应不一。过去与维兰特紧密合作的斯洛文尼亚民主党称他的行动"不公平和背信弃义"。社会民主党认为新政党将是其重要的竞争者，而真实党（Zares）、斯洛文尼亚退休者民主党和斯洛文尼亚民族党（Slovenian National Party）欢迎新政党在选举中提供更多元的选择。该党支持度的下滑与维兰特在公共行政部部长任期后的高失业补助丑闻有关。该党也遭到与民主党亲近的保守媒体的猛烈攻击。另外，他们因新自由主义经济党纲与在LGBT权利等议题上模棱两可的立场，遭到左派自由专栏作家批评。

11. 斯洛文尼亚自由民主党

该党是在原斯洛文尼亚社会主义青年联盟的基础上演变发展而来的，成立于1989年，后又与当时的民主党、社会党（由部分原来的劳动人民社会主义联盟成员组成）和绿色生态社会党等合并，现在的斯洛文尼亚自由民主党1994年2月16日组建而成。党主席是雅奈兹·德尔诺夫舍克。德尔诺夫舍克2002年底当选为共和国总统后，辞去该党主席职务，由安东·罗普继任该党主席。

在斯洛文尼亚该党被视为"中左翼"政党，是国民议会中的主要政党，在斯洛文尼亚共和国独立后的前三届国民议会选举中一直得票最多，在斯洛文尼亚多党联合执政的政府中占主导地位。

12. 社会民主主义者联合名单

1992年该党参加首次多党议会选举的联合竞选名单——"联合名单"（Zdruzenalista），因此得名。斯洛文尼亚1990年举行的首次多党制议会选举中，斯洛文尼亚社会民主复兴党从执政党变成了在野党，后与斯洛文尼亚工人党、斯洛文尼亚社会民主联盟和斯洛文尼亚退休者民主党结成联盟，以"联合名单"命名，1992年它们共同参加了斯洛文尼亚举行的首届国民议会选举。结成联盟的各政党于1993年5月29日共同召开代表大会，成立了新的左翼社会民主党——社会民主主义者联合名单。首任党主席是雅奈兹·科茨扬契奇。该党于1995年11月举行第二次代表大会，通过了社会民主主义者联合名单的"社会民主主义纲领"，遵循现代欧洲左翼政党的基本价值观。作为斯洛文尼亚唯一的左翼政党，该党于1996年9月加入了"社会党国际"。该党于1997年对党章和党纲进行了修改补充，选举了党的新领导人，博鲁特·帕霍尔（Borut Pahor）当选为主席。该党于2001年举行了第四次党代表大会，再次修改了党章和选举了领导人，博鲁特·帕霍尔连任主席。该党于2003年5月加入了欧洲社会民主党。

该党的党组织在斯洛文尼亚的58个区共有150个地方党的委员会。该党根据利益原则组成了各种利益团体，包括社会民主主义者联合名单的青年论坛、妇女论坛、工人联盟和退休者联盟。

13. 斯洛文尼亚民族党

该党成立于1991年3月17日。该党主张建立完全独立和主权完整的斯洛文尼亚国家，发展本国科学技术，使斯洛文尼亚民族成为拥有强大经济实力和发达文化的民族，为失业和就业安排不当的斯洛文尼亚人提供社会福利，使家庭成为社会的基本单位，加强军备和保证所有斯洛文尼亚人和公民的社会安全，保护和修复自然和文化遗产。该党是民族主义政党。

14. 斯洛文尼亚青年党

该党成立于2000年7月4日。该党致力于推动青年积极参与社会政治生活，使斯洛文尼亚公民，特别是青年人的生活更加美好和建设共同的未来。该党主张实行民主，所有人平等参与政治和在各级政权加强公众参与和监督，主张社会公正、树立保护环境的意识、非暴力、男女平等、非中央集权化、尊重和实现青年人的理想。该党自认为既不属于左翼也不属于右翼，而是由青年人组成的反对党，也是对斯洛文尼亚具有新鲜观点和看法的人的政党，是欧洲绿党联盟的观察员。

第七节　重要社会组织

1. 斯洛文尼亚工商会

工商会是斯洛文尼亚经济中最强大和最有影响力的组织。它的核心任务是改善商业环境，从而实现更大的经济增长。斯洛文尼亚工商会覆盖斯洛文尼亚的所有地区以及活动分支机构。除游说活动外，它还为国内外公司提供广泛的业务支持服务。

工商会以建立对商业更友好的经济体系和经济政策、建立良性交流的平台为主要目标。工商会有强大的国内外专业网络体系、有知识和经验丰富的顶尖专家、有仅针对会员的信息和建议，以及相关数据库。工商会规定：它代表会员在国家、地区和部门层面的利益；对影响商业环境的计划做出快速响应，并采取协调措施以防止或减轻此类计划的不利后果；为会员提供优质的业务信息。

工商会是设在布鲁塞尔的欧洲商会协会的成员，是设在巴黎的国际商会（ICC）的成员。

2. 斯洛文尼亚业主协会

1994年2月，斯洛文尼亚业主协会成立，是斯洛文尼亚第一个自愿组成的、代表和维护业主利益的组织。其目的是确保业主的正当利益和形成共同的立场，并在国内外代表业主利益。斯洛文尼亚业主协会的主要任务是：保证经济主体在国内外市场的竞争力，首先是在劳动成本方面的竞争力；进行三方谈判和签订关于工资政策的协议；为业主与工会就签订集体合同进行的谈判提供必要的专业依据；积极参加有关生产关系的新法律的拟定，在社会对话中宣传业主的立场并力促其实现；在业主之间协调立场；组织有关工资政策、产业规模和工人权利的立法和法规方面的教育和咨询工作。

2004年5月31日，斯洛文尼亚业主协会成为国际劳工组织框架内的国际业主组织的正式成员，也是欧洲工业和业主协会联盟成员。

3. 斯洛文尼亚汽车协会

它是斯汽车制造、零部件生产及有关研发单位的经济组织，目前拥有约50家会员单位。

协会的主要任务是通过组织企业对外参会、参展推介斯汽车行业，收集其他国家和地区汽车行业发展信息，为斯汽车企业开展对外合作提供服务。

4. 斯洛文尼亚自由工会联盟

斯洛文尼亚工会是独立、民主、自愿加入的非政府组织，为全国性组织。斯洛文尼亚自由工会联盟由全国30个行业的工会组成（如能源、农业、化工、机电、交通运输、纺织、商业、建筑、手工业、金融、餐饮旅游等），共有会员30万人。工会在维护会员在政治、经济和社会合法权益方面具有相当的作用和影响，是会员同政府及其他公共部门进行沟通的

斯洛文尼亚

桥梁。在斯洛文尼亚注册的外资企业享有国民待遇,可自愿加入相应行业工会。

工会组织在斯洛文尼亚的影响非常大。2012年4月,斯洛文尼亚约10万名公务员举行大罢工,抗议政府提出的对公共部门减薪裁员的预案。此次罢工由斯洛文尼亚工会发起,参与的民众则以教师为主。斯洛文尼亚的中小学校当天也因为罢工几乎全部关闭,大学也有部分停课。除了教师,斯洛文尼亚的警察、医护人员、消防人员等也参与了此次罢工。2015年11月,伴随难民危机,斯洛文尼亚发生了警察罢工。

5. 斯洛文尼亚"佩尔加姆"工会联盟

1991年6月15日,斯洛文尼亚"佩尔加姆"工会联盟成立,由斯洛文尼亚造纸业工会、斯洛文尼亚印刷业工会、斯洛文尼亚出版业工会、斯洛文尼亚杂志新闻业工会和维修工人专业工会组成。后来斯洛文尼亚医药部门工会、斯洛文尼亚保健部门工会、公路管理部门工会、社会保险和健康保险部门工会以及陆地运输部门工会也陆续参加了斯洛文尼亚"佩尔加姆"工会联盟。该工会联盟还包括化工、建筑、商业、林业、冶炼业和电力工业等行业的工会。

斯洛文尼亚"佩尔加姆"工会联盟是斯洛文尼亚的国家、业主、工会三方协商机构——经济社会委员会的成员之一,该工会联盟的成员分布在国家重要部门,如退休和残疾人保险局、健康保险局、就业局、统计局、斯洛文尼亚广播电视委员会、政府职业教育专家委员会、成人教育专家委员会、斯洛文尼亚国家和地区发展委员会、公共部门工资制度委员会等,还有28名代表当选为劳动法院和劳动社会法院审理诉讼案件的陪审员。

该工会联盟还参加了谈判和签订部门和行业集体合同的工作。斯洛文尼亚"佩尔加姆"工会联盟是独立的法人,依照国际标准和遵循会员的利益和要求自由活动,并与国内外其他工会组织建立联系,是国际工会网络和欧洲矿业、化工和电力部门工人联盟的成员。

6. 斯洛文尼亚90工会联盟

1991年2月8日,斯洛文尼亚90工会联盟在克拉尼成立。它是独立的工会组织，是当时斯洛文尼亚社会、经济和政治变革的产物。该工会联盟由 22 个经济部门和公共部门的工会组织及行业和地区组织联合而成，包括航空业、航海业、电力、旅游、商业等部门，是斯洛文尼亚四大工会联盟组织之一。

它是三方协商机构斯洛文尼亚经济社会委员会的成员。90 工会联盟的主要活动是进行集体合同的谈判和签订。为了维护法律和集体合同规定的工人的合法权利，90 工会联盟还可采取工会行动，如罢工、抗议、集会等。90 工会联盟支持各成员工会的活动以及促进工会的法律援助、教育培训等活动。90 工会联盟积极参加斯洛文尼亚国民议会的各委员会，特别是劳动、家庭、残疾人委员会有关工人权利和社会问题的立法工作，它的特点是独立于政府、宗教和政党。

7. 斯洛文尼亚"独立"新工会联盟

1990 年 3 月 30 日，斯洛文尼亚"独立"新工会联盟成立。在东欧剧变时期，其在斯洛文尼亚领导了一系列罢工运动，要求工会民主和政治民主，并在斯洛文尼亚成立了第一个新的和民主的工会联盟。其主张是：工会保障民主、独立和多元化，代表和维护会员和所有职工的经济、社会和文化利益；尊重人的政治、经济和社会权利；保障公民有权参加国家政治经济决策；工人参加企业决策；尊重工会自由，每个人对加入哪个工会组织有权自愿决定。按照联盟的原则，斯洛文尼亚"独立"新工会联盟的成员是各部门、各行业工会和联合的独立工会，各企业工会是联系其会员的基层组织形式，各行业工会组成地区工会。斯洛文尼亚"独立"新工会联盟由 10 个地区工会联盟组成，涉及波穆尔斯卡地区、马里博尔地区、科罗什卡地区、采列地区、卢布尔雅那地区、多莱尼斯卡、贝洛克拉尼斯卡和波萨夫斯卡地区、戈雷尼斯卡地区、诺特拉尼斯卡地区和北部沿海地区。

8. 斯洛文尼亚中国商会

2015 年 12 月 29 日，斯洛文尼亚中国商会成立大会在斯首都卢布尔雅那市举行。商会由驻斯洛文尼亚全体中资企业及在斯华商企业组成，会员企业经营范围涵盖制造业、通信、能源、贸易、物流和餐饮等领域。会

斯洛文尼亚

议审议并通过了《斯洛文尼亚中国商会章程》。

近年来，在共建"一带一路"倡议和中国-中东欧合作机制下，中斯高层互访不断，文化交流日益密切，经贸务实合作取得了长足发展。目前，斯洛文尼亚是中国在巴尔干地区最大的贸易伙伴，中国是斯洛文尼亚在亚洲最大的贸易伙伴。在此背景下，斯洛文尼亚中国商会的成立意义重大。

第四章

经　济

第一节　概述

一　经济发展历程

1. 奥匈帝国统治时期的经济发展

研究斯洛文尼亚地区的经济史，需要从研究农民的生产、劳动和生活开始。14世纪，在哈布斯堡王朝统治时期，这里已发展出了采矿业，开采的铁、铅、汞、铜等曾大量出口，后出现了一系列手工业工场，生产弹药、纸张、啤酒、玻璃等。商业和外贸的发展推动了道路建设和交通运输业。随着欧洲资本主义的迅速发展和经济、资本的集中，18~19世纪，奥地利当局成立了皇家的特权股份公司（东方公司），迅速发展造船业、海上运输业和外贸，外国资本从德、法等开始进入斯洛文尼亚地区。冶金、采矿两大部门在这一时期的斯洛文尼亚经济中占据重要地位。伊德里亚的汞矿一直是中东欧地区最大的汞矿场，纺织、制糖等工厂也同时出现，它们开始使用现代机器进行生产。斯洛文尼亚第一条铁路维也纳至采列路段于1846年通车，1857年维也纳—卢布尔雅那—的里雅斯特铁路全线通车。在南部斯拉夫人居住的地区中，斯洛文尼亚率先用铁路与欧洲发达地区相连，马里博尔铁路局经营斯洛文尼亚地段铁路运营，其拥有一批技术熟练的工人。斯洛文尼亚地区形成一批重要的工业城市，如的里雅斯特、卢布尔雅那、马里博尔等。的里雅斯特有丰富的煤矿和铁矿，1895

斯洛文尼亚

年的里雅斯特南部建起了高炉及炼焦厂,钢铁厂使用的里雅斯特提供的生铁进行轧制和锻造生产。外国资本投入到斯洛文尼亚的冶金和采矿、木材加工、水力和火力发电、交通运输等领域。1900年,随着经济的发展和中小资本的增加,卢布尔雅那信贷银行成立,这是斯洛文尼亚第一家银行。

经过19世纪的工业化过程,斯洛文尼亚经济迅速发展,人口不断增加,出现了城市人口逐渐增加、农村人口减少的趋势,但农民在居民总数中仍占多数。在奥匈帝国统治下,19世纪中期经过"约瑟夫改革",斯洛文尼亚农民受益于废除依附农制,获得了人身自由和少量土地。但工业化的发展不能提供足够的劳动岗位和吸纳全部剩余劳动力,而农村人口和劳动力还是不断增加,大批斯洛文尼亚人为了谋生,移民到国外。

2. 在南斯拉夫统一国家内的经济发展

当时在奥地利境内,斯洛文尼亚是经济落后地区,但在第一次世界大战后的南斯拉夫王国和第二次世界大战后的南斯拉夫联邦国家内,斯洛文尼亚属于经济最发达地区。斯洛文尼亚的工业化在19世纪时期带动了整个经济的发展,但在1930~1934年经济危机期间出现停滞。在统一的南斯拉夫国家内,斯洛文尼亚的日用消费品在南斯拉夫的南部欠发达地区拥有广大市场,斯洛文尼亚的纺织业、化学工业、金属加工业、皮革制造业和造纸业等加工部门发展迅速。

尽管当时斯洛文尼亚境内的投资有减少趋势,但斯洛文尼亚工业部门的人均投资额,比南斯拉夫王国工业部门的人均投资水平要高。在南斯拉夫王国内,斯洛文尼亚的面积占6%,人口占10%。根据1939年的统计,斯洛文尼亚的生铁、钢铁和煤的产量分别为全国总产量的50%、30%和26%,居全国首位;发电量为全国总产量的30%,仅次于克罗地亚,居第2位;斯洛文尼亚生产的玻璃、家具、纸张和服装的产量分别为全国总产量的44%、58%、60%和62%,均居全国首位。斯洛文尼亚居民的社会结构随工业的迅速发展发生变化,1941年斯洛文尼亚的农业人口在人口总数中的比重降低至55%。大部分农民拥有的土地面积小,在经济危机打击下,他们又欠下高额债务,仅靠农业生产,已经很难维持生活了。从农村进入城市的劳动力成了工人,但经济危机打击仍然存在,失业人数一直增加,工资水平不断下降。

新的南斯拉夫联邦国家在第二次世界大战后走上社会主义道路,作为其6个共和国之一的斯洛文尼亚,仍然是经济最发达的地区。南斯拉夫新国家成立初期,在共产党领导下,依照苏联模式实行了集中的行政经济管理体制,虽然存在一定的弊病,但斯洛文尼亚和其他共和国的经济仍得到迅速恢复和快速发展。在战后两年经济恢复期,南斯拉夫共产党制定了纲领,旨在加速工业化、实行生产资料国有化和消灭私有制。1945年南斯拉夫联邦议会通过土地改革法,没收有地农民超过30公顷的部分土地,分给无地和少地的农民,农业合作化进程开始。南斯拉夫联邦议会1953年通过《全民所有制农业土地基金和分土地给农业组织法》,规定个体农户最高土地限额为10公顷耕地,收购超过法定最高限额的土地,建立了全民所有制土地基金,分给国营农场和合作社使用。

伴随着经济的发展和所有制的变革,即国有制改为社会所有制,在20世纪60年代,社会所有制的农工联合企业出现,这些社会所有制的农业组织在20世纪70年代,按照联合劳动的原则,组成联合劳动组织。社会所有制农业组织的机械化程度高和劳动生产率高,与个体农户建立了多种形式的生产合作关系。

1946年南斯拉夫联邦议会通过《商业企业国有化法》,私有经济开始国有化。随后建筑用地和部分房屋也开始实行国有化。1948年,南斯拉夫走上了自治道路。1950年颁布《关于把国有经济企业和高级经济组织交给工人集体管理的基本法》,实行工人自治、将生产资料国有制改为社会所有制,并引进市场因素,工人自治发展为社会自治。1965年,南斯拉夫实行经济改革,各经济主体按照市场规律经营,国家开始对外开放。1976年通过《联合劳动法》,南斯拉夫各经济部门改组为联合劳动组织,如联合劳动复合组织、联合劳动基层组织、联合劳动的农业和手工业合作社组织等。

南斯拉夫经济出现的高速和持续发展,主要与自治制度的实施有

斯洛文尼亚

关。当时的斯洛文尼亚是南斯拉夫联邦国家工业化程度最高的地区，20世纪80年代，斯洛文尼亚工矿业的社会产值占该共和国整个社会产值的47%，斯洛文尼亚农业人口已减少到占该共和国人口总数的9.4%。在南斯拉夫联邦国家内，斯洛文尼亚拥有全南斯拉夫唯一的核电站，它的电气化水平最高。斯洛文尼亚加工业发达，新兴的电子工业居全国首位。

但是，以生产资料社会所有制为基础的自治社会主义经济体制的弊病日益显露。经济主体在生产资料的社会所有制下，丧失了投资和发展的动力，经济管理的分散和监督机制的缺乏，使经济结构不合理性越来越明显，再加上日益扩大的地区发展水平差距，南斯拉夫经济在20世纪80年代陷入危机。东欧剧变和南斯拉夫联邦的各共和国在政治上的分歧，使经济危机发展成政治危机，南斯拉夫联邦国家解体随之发生。

二　独立后的经济稳定与发展

斯洛文尼亚在1991年独立以后面临从地区经济向独立国家经济的过渡和从有限市场经济向完全市场经济的过渡。由于南联邦分裂和东欧剧变，斯洛文尼亚失去40%的市场，又面临从南联邦和东欧市场向国际市场过渡的困境。同时，独立前连续4年的经济滑坡和当时西欧经济的不景气又都加重了过渡的困难。在全面分析形势之后，斯洛文尼亚拒绝了休克疗法的建议，选择了一条适合本国国情的发展道路。经过几年的努力，斯洛文尼亚的经济取得了令人瞩目的成绩。被欧盟称为经济转轨最成功的国家之一。

1991年，其国内生产总值在连续4年下滑之后又同比下降8.1%，出口同比下降59%，通货膨胀率高达24.71%，实际工资下降10.9%，外债达18.6亿美元，而外汇储备只有40.9亿美元，银行系统仅有1700万美元。社会所有制企业严重亏损，濒临破产。银行资金严重短缺，几乎失去运营能力。政府采取紧缩的货币政策，削减财政开支，遏制通货膨胀，发行债券解决国内外呆账，恢复银行和企业的运营能力，刺激消费需求，增加生产，加快私有化进程和努力开拓西欧市场。斯洛文尼亚银行严格控制货币发行量，保持高利率并通过调节国内流通对汇率进行间接干预，汇率则与马克挂钩并随市场供求浮动。

1992年斯洛文尼亚国内生产总值虽仍同比下降5.4%，但到年中经济下滑已近谷底。下半年工业生产开始回升，出口增长，通货膨胀得到控制。这一年的一项重要经济成果是取得4亿美元的贸易顺差。1993年，经济形势出现转折，经济在第四季度则明显回升，全年增长13%，结束了连续6年下滑的局面，实现了软着陆。1994年，经济形势发生根本变化。国内生产总值增长5.5%，实际工资增长，通货膨胀率下降，失业率略有下降，进出口增加。同时，进出口地区结构也发生了根本变化。私有化也打破了徘徊不前的局面，私营企业已占企业总数的8%，产值占国内生产总值的24%。政府在减缓工资和消费增长、控制物价、遏制通货膨胀等方面取得良好效果，既保持了经济增长和较高的生活水平，又降低了通货膨胀率，国内需求增加、投资增长、西欧市场复苏、出口迅速增长和进口相对稳定、外汇储备增加等是经济发展的主要原因。1995年，经济继续保持中速增长的势头。这一年一项重大经济成果是托拉尔已成为在欧洲各国银行可以自由兑换的货币。经过4年多的时间，斯洛文尼亚完成了从地区经济向独立国家经济的过渡和从南联邦市场向国际市场的过渡，从局部市场经济向完全市场经济的过渡也取得重要进展。同时，斯洛文尼亚的各项经济指标在东欧转轨国家中也已崭露头角。与这些国家中经济情况最好的波兰、捷克和匈牙利相比，斯洛文尼亚的经济增长率、人均国内生产总值和实际工资均处于优势地位。

1. 投资吸引力

斯洛文尼亚经济转型平稳，过渡良好。其人均GDP远高于欧盟其他新成员国。斯洛文尼亚的优势是劳动力素质较高，在经济部门就业人员中约11%接受过高等教育，劳动力的技术水平和熟练程度较高，平均生产率接近西欧国家，而劳动力成本较西欧、北欧国家低廉，在欧洲国家居中等水平。斯洛文尼亚作为欧盟国家，法律健全，且遵守欧盟法规。此外，斯洛文尼亚加工业基础雄厚，拥有优越的地理位置和发达的交通设施，斯洛文尼亚企业同许多欧洲企业也建立了长期的合作关系。这些均在一定程度上为外商提供了良好的投资环境。世界经济论坛《2019年全球竞争力报告》显示,斯洛文尼亚在全球最具竞争力的141个国家和地区中,排第35位。在世界银行《2020年营商环境报告》公布的190个国家和地区中,斯洛文尼亚排第37位,较2019年排名上升3个位次。

2. 宏观经济

斯洛文尼亚经济属于高度外向型经济,本身经济规模较小,受世界经济特别是欧洲经济的影响很大。此外,斯洛文尼亚自然资源比较匮乏,但其制造业基础雄厚,工业产能位居前列的领域主要有:电子设备、汽车零配件、初级金属加工和金属制品加工、食品、机械设备制造。2021年,斯洛文尼亚国内生产总值(GDP)为520.2亿欧元,较2020年实际增长8.1%(见表4-1)。2022年10月22日,国际货币基金组织(IMF)将斯洛文尼亚2022年经济增长预测从3.7%上调至5.7%。根据世界银行统计,2021年,斯洛文尼亚投资、消费和净出口占GDP的比例分别为22.0%、72.7%和5.3%。

表4-1 2017~2021年斯洛文尼亚主要经济指标

指标	2017年	2018年	2019年	2020年	2021年
GDP(亿欧元,以目前物价和汇率计算)	432.78	459.48	480.00	463.0	520.2
GDP实际增长率(%)	5.0	4.5	4.6	-5.5	8.1
人均GDP(欧元)	20951	22182	22966	22014	24678

资料来源:斯洛文尼亚统计局。

斯洛文尼亚产业构成中,2021年服务业所占比重最大,其次是制造业,占比最低的是农业(见表4-2)。斯洛文尼亚经济高度依赖国际贸易,货物和服务出口占GDP的65%~70%。2021年,斯洛文尼亚商品出口额为394.43亿欧元,同比增长19.8%;商品进口额为415.49亿欧元,同比增长29.4%,贸易逆差为21亿欧元。2021年,斯洛文尼亚通胀率为-4.9%。出口是拉动斯洛文尼亚经济增长的主要动力。

表 4-2　2021年斯洛文尼亚主要行业产值情况

行业	产值(亿欧元)	占 GDP 比重(%)	增长率(%)
农、林、牧、渔业	9.60	1.84	-6.35
采矿业、电力、燃气、水供应、污水、废物治理	127.16	24.44	10.20
制造业	109.63	21.07	10.70
建筑业	27.73	5.30	2.93
批发和零售业、运输和仓储业、住宿和餐饮业	87.21	16.76	11.83
信息和通信业	19.01	3.65	8.35
金融和保险业	18.37	3.53	14.38
房地产业	32.35	6.21	1.97
专业科学和技术服务业、行政和支持服务业	44.33	8.52	10.40
公共管理和国防、教育、人类健康和社会服务	81.15	15.60	1.83
其他服务业	10.15	1.95	11.93

资料来源：斯洛文尼亚统计局。

截至2021年底，斯洛文尼亚国家外债总额为508亿欧元，净外债为49亿欧元。政府债务共计359亿欧元，占GDP的比重为69%。截至2021年底，国际评级机构标普对斯洛文尼亚主权信用评级为AA，展望为稳定。截至2022年4月，国际评级机构穆迪对斯洛文尼亚主权信用评级为A3，展望为稳定。截至2021年底，国际评级机构惠誉对斯洛文尼亚主权信用评级为A，展望为稳定。

根据斯洛文尼亚统计局数据，2020年斯洛文尼亚公共财政赤字为29.2亿欧元，占GDP的5.8%。斯洛文尼亚官方公布的数据显示，2021年第四季度失业率为4.5%。截至2022年3月，斯洛文尼亚就业人数为91.54万人，比2021年同期增加2.7%。

斯洛文尼亚2020年3月工业产值创2017年7月以来最低值，与2020年2月相比下降10.7%。为2008年11月以来最大月度下降幅度。按年度比

斯洛文尼亚

较,产量下降7.6%。3月产值下降也影响第一季度的工业产值同比下降了2%。斯洛文尼亚2020年3月出口额为29.2亿欧元,比2019年3月增长1.1%。进口额下降3.3%,至27.7亿欧元。与欧盟成员国间贸易额下降,而与非成员国贸易额上升。2020年前三个月出口额增长6.5%,进口额增长2.7%。2020年第一季度,斯洛文尼亚预算赤字3.06亿欧元,2019年同期为2.02亿欧元。

3. 发展规划

2016年4月,斯洛文尼亚政府制定了2017~2019年国家改革和国家稳定计划,计划将2017年政府财政赤字目标减少至GDP的1.7%,2018年减少至GDP的1%,2019年达到GDP的0.4%。2017年、2018年、2019年目标已经完成。

根据斯洛文尼亚政府2015~2020年国际化计划,其目标是在这5年中,将外商投资总额从目前的105亿美元增加到150亿美元,并将中国列为前景市场。

2017年12月,斯洛文尼亚政府制定了《斯洛文尼亚发展战略2030》,提出了一个新的长期的国家发展框架。该战略将联合国《2030年可持续发展议程》纳入其中,包含5大战略方向和12个发展目标,目的是将斯洛文尼亚建设成为一个为所有斯洛文尼亚人提供高质量生活的国家。2020年9月21日,斯洛文尼亚举办了一场关于工业和国际化未来的会议,提出斯洛文尼亚2021~2030年工业战略草案。其拟通过该战略为行业的进一步发展制订指导方针,使行业向绿色、创新和智能发展。

2013年,斯洛文尼亚政府拟定了包括第二大银行NKBM、最大电信公司斯洛文尼亚电信等在内的15家待私有化企业名单,旨在弥补政府财政预算缺口。2015年7月,斯洛文尼亚国民议会通过了斯洛文尼亚企业私有化蓝图——国有资产管理战略,对价值110亿欧元的91家国有企业进行分类,确定了战略投资资产、重要投资资产以及组合投资资产三大类企业可以出售的股份比例,计划对国有资产逐步实行私有化。战略投资资产包括24家企业,国家将通过斯洛文尼亚主权控股公司持有50%的股份。大部分有价值的企业,包括基础设施和能源类企业,如铁路运营商斯洛文尼亚日列兹尼采集团和港口运营商卢卡·科佩尔被列入战略投资资产名单。重要投资资产包括21家企业，国家将对这些企业保持控股权。该类企业包括业绩良好的斯洛文尼亚Petrol汽油集团、萨瓦克尔卡制药公司等。组合投资类资产包括46家企业，其中大部分为小企业，国家现持有其少数股权，但其中也包括近期国有化的银行和国家持有大量股份的若干赌场。该类企业将被出售。国有资产管理战略的核心目标为到2020年，通过改进管理和重组问题企业，将投资回报率提高到9%。

斯洛文尼亚为欧盟成员国和欧元区国家，2020年是欧盟七年规划的最后一年，为刺激欧盟经济复苏和重新振兴，欧盟拿出累计1.85万亿欧元来应对新冠疫情对经济的影响，根据相关比例，斯洛文尼亚将得到51亿欧元的援款和贷款，但须每年申请。为尽快使经济恢复正常，斯方将会根据欧盟要求，对相应规划进行调整，以促进绿色经济在内的斯洛文尼亚经济尽快恢复。

总之，斯洛文尼亚经济在经历长期低迷后正在反弹，经济增长更加强劲、失业率降低、公共财政更健康、收入水平重新与更发达的欧洲经济体趋同。如今，斯洛文尼亚需要实行进一步改革，以增加投资、促进生产率提高、提升生活水平，以及确保全民都能从包容性增长中获益。从长远来看，斯洛文尼亚经济总体发展良好。

第二节　农业

一　基本概况

1. 土地资源和农业经营结构

斯洛文尼亚农业用地相对较少，人均耕地仅有0.08公顷，这在欧洲国家中不多见。耕地主要分布在北部地区。

斯洛文尼亚农业规模小。近年来，经营体平均农地规模扩大，但农业结构仍难以适应大量生产体制发展和降低生产成本的要求。斯洛文尼亚各类经营体之间差异很大。大部分经营体年收入较低，它们属于自给自足型

农场，或者只有少量产品供应市场。

斯洛文尼亚的农业经营者的年龄结构并不乐观。30%以上经营者已达到或超过65岁，超过55岁的农业劳动力占农业劳动力的一半以上。这些人都存在着退出农业的问题，农业是否后继有人成为一个非常现实的问题。

2. 农业科技

近年来，斯洛文尼亚主要致力于以下农业科技工作：引进并管理公共信息系统，以监测气候变化对农业生产的影响；引进和管理自然灾害早期预警系统；加强农业咨询服务网和农业观测网的建设；建设反冰雹系统，降低恶劣天气对农产品产量的影响；研究与气候变化相适应的作物产品；建造水库，完善农业灌溉系统。

3. 特色产业

斯洛文尼亚养蜂历史悠久，政府对该项传统优势产业十分重视。斯农业部严格监控蜂种的品质和选育，斯养蜂协会积极指导养蜂生产。当地养蜂人培育出优质的卡尼鄂拉蜂，已成为很多国家尤其是北欧和中欧国家饲养的主要品种。

二　生产情况

1. 种植业

21世纪初，斯洛文尼亚种植业的主要作物是小麦、玉米、大麦、甜菜、土豆、饲料玉米、苜蓿等。种植业的谷物（6.2%）、蔬菜（7.1%）、水果（7.1%）、葡萄酒（9.8%）、经济作物（2.0%）、土豆（1.2%）六部门产值仅占农业总产值的32.2%。

斯种植业结构近年变化不大，且受干旱影响较为严重。谷物和根茎类作物的面积稍有缩减，其他类作物略有增加，总体变化不大。谷物是种植业中最重要的作物。

甜菜种植最盛时年产达到38万吨，伴随着加入欧盟的相应调整，自2007年开始不再种植。油料作物主要是油菜籽，葵花、大豆等仅为零星种植。沿海还种植了少量橄榄。

蔬菜和水果也是斯洛文尼亚的重要种植产品。蔬菜种植以小农户种植为主，专业种植不多。土豆产量高峰时接近20万吨，但近年生产规模急剧缩小。斯需要大量进口蔬菜、水果。花卉种植更少，市场上销售的花卉几乎都来自荷兰。

斯洛文尼亚的水果主要有苹果、梨、桃、杏、李子等，葡萄品种优良，葡萄酒业较发达。近年葡萄种植面积稳定，产量有所起伏。斯洛文尼亚只有22300公顷的葡萄园（约为法国波尔多的1/5），但已拥有约2400年的酿酒历史，比法国、西班牙等国家还要早，经过多次的邻国王朝统治及战火洗礼，它的葡萄酒业发展一波三折。第二次世界大战结束后，酿酒合作社取代了酒庄的地位，生产大量廉价的餐酒，只有少数的私人酒窖能以小规模运作，酒业几乎停滞不前。1991年，斯洛文尼亚脱离南斯拉夫独立。受惠于经济及各项投资者的资金，葡萄酒业迅速复苏。现平均每年生产8000万~9000万公升葡萄酒，约75%是白葡萄酒，主供内销市场，只有约15%外销，主要销往邻国克罗地亚、捷克及美国市场。斯洛文尼亚主要分为三个产酒区：①波德拉夫耶（Podravje），位于东北部，被奥地利、匈牙利及克罗地亚三个国家包围，是斯洛文尼亚最大的产酒区；②波萨维耶（Posavje），位于东南部，主要为红葡萄酒产区；③普里莫尔斯卡（Primorska），西面接意大利，部分位于伊斯特拉半岛。

斯洛文尼亚有机农场的发展水平在欧洲国家中处于领先水平。斯洛文尼亚有机农场的总数量持续增长，但增速渐缓。2012年到2013年有机农场增长了10%。但是后来增长减慢，2016年只增长了3%。总体而言，斯洛文尼亚80%的农田用于种植畜牧草料。与2015年相比，2016年种植橄榄的土地面积也增多，而用于栽植有机蔬菜和葡萄的土地面积增加了几乎10%。

有机植物产品中有饲料、蔬菜、谷物、水果、瓜类作物、根和块茎作物以及葡萄。2017年与2012年、2015年相比，有机蘑菇的种植持续稳定增长，但只占总有机作物的0.02%。

据斯洛文尼亚国家统计局数据，20多年来，斯洛文尼亚谷物自给率显著提高，2001~2020年，谷物自给率从46%跃升至88%。据统计，2016~2020年食品价格上涨近15%，水果价格上涨不到47%。2001~2020

斯洛文尼亚

年，蔬菜自给率从 39% 提高到 48%，土豆自给率从 79% 下降到 60%。

2. 畜牧业

斯洛文尼亚畜牧养殖业相对发达。21 世纪初，主要畜禽产量比重为牛占 13.2%、鸡占 8.3%、猪占 6.4%、禽蛋占 2.7%、牛奶占 17.4%，五部门产出份额占农业产出的 48%。

从肉类产量变化看，肉类生产量有所萎缩。牛肉、猪肉产量有所下降，羊肉产量略有增长，禽肉产量则在波动中扩大。肉类生产中，禽肉和猪肉的地位相对重要。

牛奶是畜牧业中最重要的产出，也是斯洛文尼亚少数可满足国内需求的产品之一。斯洛文尼亚的奶牛养殖规模小；40% 的农场仅有 1~2 头奶牛，只有 20% 的农场养殖奶牛数高于 10 头。养殖规模小是导致斯洛文尼亚相关产业缺乏效率的重要原因。但斯政府一直补贴着小规模奶农。鲜乳的国内加工企业主要有 7 家。生产的鲜乳 30%~40% 出口意大利，斯洛文尼亚也进口鲜乳和乳制品。

3. 林业

（1）森林面积及蓄积量

斯洛文尼亚森林资源丰富，是欧洲森林覆盖率最高的国家之一，森林面积 1.248 万平方公里，森林覆盖率接近 62%，排在芬兰和瑞典之后，列欧洲国家第三位。森林资源主要分布在南部、西部和北部的山区。斯洛文尼亚生物多样性丰富，拥有维管植物 3200 种，特有种 22 种，主要树种有山毛榉、云杉、橡树、欧洲赤松等。斯洛文尼亚的国树为心叶椴，属于落叶乔木。斯洛文尼亚有 44 个公园保护区，其中包括 1 个国家公园、3 个区域公园和 40 个景观园区。斯洛文尼亚 35% 的土地属于欧盟自然保护区网络而受到保护，50% 的森林被纳入欧盟自然生态网络。

2015 年，斯洛文尼亚森林蓄积量为 4.31 亿立方米（见表 4-3），且针叶林和阔叶林相差无几。蓄积量较高的树种是欧洲云杉和山毛榉。森林每公顷蓄积量为 332 立方米，为中东欧 16 国森林单位蓄积量的 1.6 倍。2015 年人均蓄积量为 202 立方米/人，是中东欧 16 国人均蓄积面积的 2.7 倍。

第四章 经　济

表4-3　1990~2015年斯洛文尼亚森林面积及蓄积量

		1990年	2000年	2005年	2010年	2015年
森林面积(万公顷)		118.8	123.3	124.3	124.7	124.8
覆盖率(%)		58.6	60.8	61.3	61.5	61.6
蓄积量(亿立方米)	针叶林	1.43	1.65	1.77	1.88	1.97
	阔叶林	1.31	1.68	1.97	2.18	2.34
总蓄积量(亿立方米)		2.74	3.33	3.74	4.06	4.31

资料来源：斯洛文尼亚统计局。

(2) 森林类型

斯洛文尼亚森林以温带林为主（88%），亚热带林占12%。2015年，按森林起源划分为天然林、天然次生林和人工林，分别占森林总面积的3.9%、93.4%和2.7%，各林型的面积变化不大。从森林功能来看，斯洛文尼亚商品林和森林保护区面积总体呈现减少趋势，而水土保持林和生物多样性保护林增长迅速，2015年生物多样性保护林面积是1990年的11.9倍。

(3) 森林采伐量

2016年，斯洛文尼亚森林生产力达到332立方米/公顷，高于中东欧16国的平均值（204立方米/公顷）。森林年采伐量达342万立方米，其中针叶树占60%，落叶树占40%。

斯洛文尼亚森林采伐呈现"减少-增加-减少-增加"的灵活波动型趋势，1990年木材采伐量最高，1995年降低，2006年、2011年又分别达到高峰。薪柴林采伐量也随着总体采伐量的波动有所增减，于1995年采伐量达到最低，1990年和2011年达到高峰。根据林木状况，灵活调整木材砍伐数量，更有利于森林的可持续发展。

据斯洛文尼亚林务局2016年数据，斯洛文尼亚森林的立木蓄积总量达327458525立方米。其中，针叶林立木蓄积量占46.50%，阔叶林占53.50%。近年来，斯洛文尼亚森林砍伐每年总共约有400万立方米，其中60%是针叶树，40%是落叶树。根据森林管理计划，砍伐量还可以更大。目前，砍伐量只达到了其砍伐潜力的70%。

(4) 森林所有权

斯洛文尼亚74%的森林是私有财产，26%的森林是公有的（由国家或地区拥有）。国有林地面积较大，且没有分割开来，能够进行良好的专业管理。私人林地面积小，平均面积仅3公顷。2016年数据显示，斯洛文尼亚的森林所有者已经有314000人（共同拥有者共489000人）。森林资产的大量分割和森林所有者与共同拥有者的数量之大，严重阻碍了私人森林的专业管理、最佳的木材生产和利用森林的潜力。

4. 渔业

斯洛文尼亚捕捞业不是很发达，故而养殖业有了较好的发展。斯洛文尼亚淡水养殖的历史可追溯到16~17世纪。1870年，斯洛文尼亚第一个养鱼场建成，进行鲤鱼人工繁殖。1881年，在伊凡·弗兰克教授首次成功进行鳟鱼人工授精后，开始了鲑科鱼类养殖。从19世纪末开始养殖温水和冷水鱼，20世纪末开始海水养殖。在20世纪初，已经成功地开始养殖褐鳟、斑鳟、虹鳟、美洲红点鲑以及多瑙哲罗鱼。此后，淡水养殖发展缓慢，尽管一些大型"联合体"拥有淡水养殖场和不多的私人养殖场，但淡水鱼产量低，在20世纪90年代初基本停滞。

斯洛文尼亚水产养殖包括淡水养殖（鲑科冷水鱼养殖、鲤科温水鱼养殖）和海水养殖（鱼和贝类养殖）。斯洛文尼亚的地理、气候和水文条件适宜冷水鱼养殖。水产养殖以自营的家庭式小型养殖场为主，多数有一个雇员。淡水养殖中对产值贡献大的主要种类为虹鳟和鲤鱼，斯洛文尼亚海水养殖没有淡水养殖的长期传统，海水养殖主要种类为地中海贻贝、狼鲈和金头鲷。

除了上述种类外，斯洛文尼亚养殖的其他冷水鱼类有茴鱼、鳟和贝尔湖红点鲑。养殖非本地的虹鳟和美洲红点鲑主要用于销售和游钓；养殖本地种类的目的是在自然水域增殖放流。温水鱼养殖包括许多鲤科鱼类。

斯洛文尼亚是水产品的净进口国。匈牙利、克罗地亚和捷克是其鲤鱼鱼苗的主要供应国，金头鲷和狼鲈鱼苗从法国、西班牙或意大利进口。从2001年起，斯国内鲤鱼鱼苗产量增加，进口重要性降低。海水养殖用苗完全依靠进口。斯国内鳟鱼苗的产量完全可以满足国内需求，但依然进口大量的鳟鱼卵，80%的鳟鱼卵来自美国。鲑鱼主要来自挪威、丹麦、爱尔兰和意大利。金头鲷和狼鲈来自希腊、克罗地亚和意大利。2017年以来，虹鳟进口量增加，主要原因是意大利和斯洛文尼亚之间新鲜鱼产品价格不同（88%的进口鳟鱼来自意大利）。斯洛文尼亚约75%的进口水产品来自欧盟国家，为冷冻、干制和加工产品。斯洛文尼亚出口养殖种类的量不大，主要市场为克罗地亚、意大利以及波斯尼亚和黑塞哥维那。

2018年，斯洛文尼亚渔业（包括软体动物和甲壳类动物）总产值为830万美元。其中87%来自水产养殖，13%来自野生捕捞。2008~2018年，渔业产量增长了2%，产品价值增长了15%。2008~2018年，斯洛文尼亚渔业出口总额增长了68%，进口总额增长了34%。

斯洛文尼亚政府通过广泛的政策为渔业部门提供支持。主要目标为维持就业、改善渔民福利和确保渔业可持续发展。政府为渔业部门提供金融服务，使渔业部门受益良多。2018年，斯洛文尼亚为渔业部门提供了180万欧元（约合210万美元）的融资服务。

三 农业政策

斯洛文尼亚从1999年起准备加入欧盟，在加入欧盟的过渡时期，农业政策的宗旨在于保证顺利过渡，使其农业能够适应欧盟环境。

政府采取的最重要的财政措施是对农民实施直接补贴。直接补贴与生产投入挂钩，以补偿因减少市场价格保护而引起的农民收入降低。这些措施以及来自欧盟的入盟前援助项目，帮助了斯洛文尼亚顺利入盟。

2004年加入欧盟后，斯洛文尼亚在实施共同农业政策的基础上，先后实施了"2004~2006年农村发展计划"和"2007~2013年农村发展计划"。

"2007~2013年农村发展计划"由斯洛文尼亚和欧盟共同制定，其农业的发展目标和政策重点关注以下内容：①提高农业部门的竞争力；②改善农村地区环境；③提高农村地区生活质量，促进多元化活动的开展；④鼓励当地就业和多样化建设。

其中第二项政策最为重要，被视为振兴农村的关键。在资金分配上，预算的50%用于实施第二项政策，33%用于第一项政策，11%用于第三项

斯洛文尼亚

政策。2007~2013年总预算为11.57亿欧元，其中9亿欧元来自欧盟预算，2.57亿欧元来自斯洛文尼亚政府。

斯洛文尼亚农业政策中，发展可持续农业和支持小规模农场发展的政策指向相当鲜明。政府提出的2020年农业发展愿景和目标为：安全、优质和负担得起的食物生产；维持耕地和农业地区活力；防止土地污染和过度使用；实施环境保护及自然保护原则。

此外，斯洛文尼亚极为重视欧盟倡导的有机、高山农业等改变生活方式的概念，积极支持有机农业发展。

由于农村发展在居住和旅游业中的重要性，斯洛文尼亚所有政党均支持促进环境友好型和可持续型农业发展。欧盟也支持斯农村发展计划。

2014~2020年，欧盟共同农业政策给予成员国政府更多裁量空间。斯洛文尼亚农业政策将继续秉承可持续发展、保护环境生态和振兴农村的社会目标，措施上向小规模农业、高品质和有机农业倾斜。

四 农产品贸易

斯洛文尼亚农产品贸易一直处于赤字状态，农产品进口占总进口的比重明显高于出口中的同类比例，反映了斯农产品相对缺乏竞争力。2000年以来，农产品进出口年增长率达到15%以上。受世界农产品市场价格变化的影响，农产品贸易在贸易额中的比重均有所提高。

斯洛文尼亚肉类、乳和乳制品、蔬菜水果及制品、谷物和谷物制品、糖和糖果、巧克力、饮料等均在进口中占有一定的比重。在出口中，活动物、肉类、乳和乳制品、肉食制品、饮料、食品等较为重要。绝大部分类别产品进口大于出口，除肉食制品出口大于进口外，其余类别产品均进口大于出口。

斯洛文尼亚农产品的主要贸易伙伴为欧盟成员国。2015年，斯洛文尼亚出口额居前十的产品为豆粕、大豆、全脂鲜牛奶、其他食品、精制糖、胡椒、玉米、鸡肉、鸡肉罐头、香蕉；进口额居前十的产品为豆粕、大豆、其他食品、精制糖、其他巧克力产品、香烟、天然橡胶、糕点、玉米、猪肉。

五 中斯农业合作

1. 农业合作交流情况

作为南联邦最发达的共和国,在南联邦解体前,中斯双方农业交流合作密切。中斯建交以后,两国在农业领域合作较少,农产品贸易数量不大。2009年8月,时任国务院副总理回良玉访斯期间,两国农业部签署了《关于农业合作的谅解备忘录》。2014年10月和11月,时任农业部副部长牛盾两次访斯,与斯农业部签署了《2015~2016年农业领域合作行动计划》和《中华人民共和国农业部与斯洛文尼亚农林食品部农业合作工作组议事规则》,在建立农业合作机制等方面达成一致。2014年10月底,中国农业部部长韩长赋出席第九届中国-中东欧国家农业经贸合作论坛时,会见了斯洛文尼亚副总理兼农林食品部部长戴扬·日丹,双方就推动中斯农业合作深入交换了意见,日丹还建议在联合国设立"世界养蜂日",希望中方支持,韩部长给予了积极回应。2016~2017年,中斯两国农业部部长频繁互访,两国农业合作持续升温。2017年,第12届中国-中东欧国家农业经贸合作论坛于8月24日至8月26日在斯洛文尼亚举办。其间,召开了中国-中东欧国家农业部部长会、中国-中东欧国家农业经贸交流会、中国-中东欧国家农业合作促进联合会顾问委员会第五次会议,以及中国-斯洛文尼亚涉农企业接洽会。在2021年6月7日举办的第五届中国-中东欧国家海关检验检疫合作对话会上,中国海关与斯洛文尼亚农林食品部通过视频方式,签署了出口禽肉的协议。该议定书由中国海关总署同斯洛文尼亚共和国食品安全、兽医和植物保护局共同制定。斯洛文尼亚表示,中国是斯洛文尼亚重要的贸易伙伴,两国农产品和食品贸易保持正增长。目前,斯洛文尼亚已经获得了中国动物源性食品包括牛奶、鱼罐头和蜂蜜的出口许可证。

2. 双边农产品贸易

两国农产品贸易规模尚小,但增长势头快。2000年中国向斯洛文尼亚出口农产品仅为188万美元,进口几乎为零。2012年,中国向斯洛文尼亚出口农产品1900万美元,进口农产品400万美元。2013年,两国农

斯洛文尼亚

产品贸易总额2033.59万美元。2014年,两国农产品贸易总额3254.66万美元,比上年增长60.05%。2016年,两国农产品贸易总额3052.5万美元,略有下滑,其中中国向斯出口2504.6万美元,自斯进口547.9万美元,较上年同期相比,向斯出口呈下降趋势,自斯进口呈上升趋势。2017年,斯洛文尼亚GDP约5245亿美元,其中与中国农产品贸易额占41.31%。中国向斯出口的主要农产品包括坚果、蔬菜和干豆(不含大豆),主要进口生牛皮等畜产品、葡萄酒、啤酒花等。中国商务部统计数据显示,2018年斯洛文尼亚对中国农产品出口贸易额约为618.1万美元,从中国进口农产品贸易额约为1894.6万美元。2019年斯洛文尼亚对中国出口农产品贸易额约为640.8万美元,从中国进口农产品贸易额约为3436万美元。

第三节 工业

斯洛文尼亚拥有良好的工业、科技基础。2004年加入欧盟以来,斯洛文尼亚政府积极推行自由贸易政策,重点开拓欧盟及中欧市场,优势产业不断加强,对外贸易逐年攀升。具有比较优势的产业主要是汽车产品制造业、金属加工业、化学与医药制造业、能源产业、电气电子产业。

机器制造业和交通工具制造业 这是斯洛文尼亚最重要的支柱产业。机器制造业主要产品为农用拖拉机、其他农林用机械、冶金机械、金属加工机械、食品饮料烟草加工机械、非家用制冷和通风设备,主要出口德国、意大利、法国、奥地利、克罗地亚等。交通工具制造业以生产轿车和汽车零部件为主,与法国合资的雷沃兹(REVOZ)汽车厂是斯洛文尼亚最大的出口商,雷沃兹汽车厂生产的雷诺牌小轿车主要向波兰、捷克、克罗地亚等出口。

斯洛文尼亚汽车工业历史悠久,早在1900年就开始制造摩托车等相关产品。汽车工业是斯洛文尼亚制造业的一个重要部门,亦是优势产业之一。斯洛文尼亚主要汽车产品为座椅及部件、车厢内部装饰材料、底盘、制动系统、汽车发动机、电子/电气元件、转向系统、动力部件、点焊设备、传动部件等。斯洛文尼亚汽车产品以出口为主,企业对于质量标准有着较为严格的控制和管理并按照 QS-9000、VDA 6.1、EAQF 和 ISOTS 16949 标准生产供应汽车部件。汽车零部件供应是斯洛文尼亚的重点行业,而西蒙斯（Cimos）则是斯最大的汽车零部件供应商之一。西蒙斯生产发动机部件、涡轮等汽车部件产品,供应福特、宝马等知名汽车品牌。斯洛文尼亚汽车产品主要出口市场为奥地利、克罗地亚、匈牙利、法国、德国、意大利、墨西哥、罗马尼亚、西班牙、土耳其、英国、美国等。奥迪、宝马、戴姆勒-克莱斯勒、大众、福特、雷诺、标致、菲亚特、雪铁龙、丰田等国际知名汽车制造商均使用斯洛文尼亚生产的汽车相关产品。

电机制造和电子光学工业　这也是斯洛文尼亚的重要支柱产业。主要电机产品有发动机、发电机、变压器等,配电和控电设备,电灯和照明设备;电子光学工业以生产家用电器、电子计算机、电子元件及其他电子设备为主,其中有电冰箱、冷冻机、洗衣机、烘干机等。戈雷涅（GORENJE）电器公司在斯洛文尼亚出口商名单中排名第二（仅次于雷沃兹汽车厂）,戈雷涅公司生产的电冰箱、洗衣机等畅销欧洲。"火花"（ISKRA）公司也是斯洛文尼亚著名的电器公司,在斯洛文尼亚对中国的出口企业中名列前茅,并在东南亚投资办厂,主要生产电容器、电表、电子接插件等。

其主要出口国家为奥地利、克罗地亚、丹麦、法国、德国、意大利、俄罗斯、英国。斯洛文尼亚注重电气电子产品的设计、研发,坚持国际标准,不断提高产品竞争力,牢牢占据对欧盟出口市场。

化工业和橡胶塑料加工业　化工业是科技含量较高、外国投资较多和以出口为导向的产业,以生产药品和原料药、塑料原料、农药、涂料、清洁剂、黏合剂为主。克尔卡公司和莱克公司是斯洛文尼亚著名的医药化妆品公司。橡胶和塑料加工业以生产各种包装袋、塑料容器、塑料浴缸及其他洗浴用具、塑料门窗等橡胶和塑料制品为主。萨瓦轮胎厂是美国固特异公司投资（控股70%）的企业,化工业和橡胶塑料加工业的产品主要出口到德国、意大利、波兰、美国、法国、奥地利、克罗地亚、波黑、北马其顿、俄罗斯及其他独联体国家。

纺织和皮革加工业　纺织和皮革加工业在斯洛文尼亚有较悠久的历

137

斯洛文尼亚

史，是劳动密集型产业，主要生产纱线、布匹、服装、鞋类、皮毛制品等。产品主要出口德国、意大利等。

木材加工业、造纸和印刷业 斯洛文尼亚林木资源较丰富，林地覆盖面积已超过全国土地面积的60%。木材加工业也是斯洛文尼亚工业中的传统产业，产品加工精细，木材利用率高，各种板材和家具是斯洛文尼亚传统的出口产品，主要出口德国、意大利、美国、奥地利、克罗地亚、比利时、法国等。木材加工业的主要产品有各种板材、各类家具、建筑用木制构件。纸张及印刷品也大量出口。

食品加工业 斯洛文尼亚的食品加工业技术高、品种多，主要生产各种肉类、蔬菜和水果加工品、奶制品、面食加工品、酒类及其他饮料。食品主要出口市场是南斯拉夫地区、德国、意大利、美国、俄罗斯及其他独联体国家。

斯洛文尼亚的食品加工业相对发达，有千余家企业，就业人数约2万人，食品加工业产值在GDP中占1%以上。

动力工业 动力工业主要包括采矿业和电、气、水供应业。斯洛文尼亚的矿产资源不丰富，原有的一些矿藏已近枯竭。采矿业以产煤为主，用于发电和供热，但不能满足国内能源需要，还须进口石油和天然气。除热电站外，斯洛文尼亚的水力资源较丰富并已得到充分利用。在南斯拉夫时期，斯洛文尼亚和克罗地亚两个共和国在斯洛文尼亚境内共同兴建了南斯拉夫唯一的核电站并于1982年开始投产，装机容量为632兆瓦，年产电力40亿千瓦时，两国各分配50%。斯洛文尼亚独立后对电站进行了更新改造，提高了产量，并经过与克罗地亚谈判解决了核电站的产权问题，每年斯洛文尼亚仍将该电站生产的一半电力供应克罗地亚。1998年斯洛文尼亚与欧盟开始入盟谈判后加速了改革进程，1999年按照欧盟标准制定了新的能源法，规定电力生产和分配部门应调整经营结构，然后逐步实行私有化（将资本的45%私有化，股份持有者的股份不能超过24%，输电、电网管理和核电站不私有化），电力供应实行市场化，电力供应者和使用者可就数量和价格自由协商，并放开电力出口（见表4-4）。

表 4-4　2016~2021 年斯洛文尼亚电力生产、进口和出口

单位：吉瓦时

	2016 年	2017 年	2018 年	2019 年	2020 年	2021 年
生产	16500	16257	16031	15801	17192	15883
进口	8359	9133	8930	7757	7119	8387
出口	9535	9648	9432	8031	9123	8657

资料来源：斯洛文尼亚统计局。

2021 年，斯洛文尼亚发电量为 15883 吉瓦时（GWH），与 2020 年相比略有下降。其中，水电 4966 吉瓦时，热电 4722 吉瓦时，核电 5706 吉瓦时，太阳能发电 453 吉瓦时，风力发电 5.6 吉瓦时。

斯洛文尼亚国家电网分为高压、中压、低压输电线路，其中 400 千伏输电线路长 510 公里、220 千伏输电线路长 328 公里、110 千伏输电线路长 2224 公里。斯洛文尼亚与奥地利之间架设有 2 条 400 千伏输电线路、1 条 220 千伏输电线路；与意大利之间架设有 1 条 400 千伏输电线路、1 条 220 千伏输电线路；与克罗地亚之间架设有 3 条 400 千伏输电线路、2 条 220 千伏输电线路、3 条 110 千伏输电线路；与匈牙利之间的输电线路已在准备中。

斯洛文尼亚现有火力发电站 4 座、核电站 1 座。水力发电站较大型的有 14 座，主要分布在其境内的索查河、萨瓦河、德拉瓦河、穆拉河上。大型变电站共有 8 所。

斯政府重视发展水电，2020 年初萨瓦河上游 4 座水电站正式运行，萨瓦河中游计划修建 10 座水电站，目前有 3 座正在建设之中，萨瓦河下游已有 4 座水电站运行，计划再建 2 座。德拉瓦河拟修建抽水蓄能电站等。火电站的建设和改造项目正在讨论之中。核能在国家层面尚无进一步发展的计划，但唯一与克罗地亚合资的核电站公司正在进行扩大核能发电规模的可行性研究。

能源工业　政府将通过采取有效利用能源的措施确保供应安全，增加对斯洛文尼亚开发可再生能源的支持，主要是水力发电。斯洛文尼亚政府

斯洛文尼亚

2011年公布了国家能源规划，称斯洛文尼亚不会放弃核能源，很可能在煤燃电厂新建发电站。该草案确立了五个方案，包括核能源，预计到2030年投资总额为250亿欧元到290亿欧元。尽管日本福岛核电站的教训为发展核能源蒙上了一层阴影，但斯洛文尼亚不会因此而放弃核计划，核能源是优质能源，可以被用来安全有效地发电。

斯洛文尼亚与匈牙利电力系统和天然气管道衔接工程是斯最重要的能源项目，提高能源供给的稳定性。此外，克罗地亚的液化气终端和"南流"线路也日益具有可行性。斯洛文尼亚企业在东南欧有诸多机会参与能源工程，斯电力企业已经在保加利亚投资热电厂。

2016年斯洛文尼亚新增光伏装机量约为10兆瓦。2015年末，斯洛文尼亚政府对11千瓦以下的太阳能发电设施引入了净计量方案。2017年4月，政府发布了招标公告，以决定净计量方案下哪些11千瓦以下的太阳能项目可获得退税补贴。截至2016年末，斯洛文尼亚累计光伏装机总量接近259兆瓦。以上项目均享有上网电价补贴政策。

斯洛文尼亚能源对外依存度正逐渐降低，主要原因为水电站和核电站发电量不断攀升。可再生能源产业在斯洛文尼亚发展良好。包括太阳能发电、热电联产、沼气发电、水电及其他发电等。随着《国家可再生能源行动计划（2010~2020年）》的实施，可再生能源在斯洛文尼亚将进一步发展。

钢铁工业 斯洛文尼亚利托斯特罗伊（Litostroj）公司是1947年铁托元帅倡议建立的。该公司最初生产钢铁（1947年），然后生产铸钢件（1951年）以及重钢铸铁件（1983年），后来投巨资研发钢铁精炼工艺（1994年）以及铸造设备（1999年）、数控技术（2000年）。现在，该公司还开始关注并涉足能源供应市场，已经获得了主要全球能源供应领域重型机械企业的认可。Litostroj公司是钢铁和特殊金属复杂单体铸造领域的专业企业，主要涉足水电煤气、蒸汽涡轮机、水泵、阀门、造船等领域。该公司目前在大型水力涡轮部件、热能和流体领域处于全球领先水平，主要生产项目包括样式设计、模型制造、熔化和浇注、热处理、粗精清洗、预加工和最终加工。另外，该公司还提供特殊金属冶炼、热处理、材料测试、铸件制造和清洗方面的服务。

SIJ 钢铁集团是斯洛文尼亚最大的综合性钢铁集团，也是欧洲最大的特钢生产商之一。公司所在的拉夫内工业生产地区拥有近 400 年钢铁冶炼、热处理和机械加工的历史。集团拥有斯洛文尼亚最大的钢厂、多家产品制造及加工工厂等，员工约 3400 名，是斯洛文尼亚国家重点企业，其超过 85%的收入来自海外市场。该集团的专业化产品有：各类冷轧机及铝箔轧机用锻造轧辊；铸轧机用辊套及辊芯；工业用刀具（包括切铝用直刀等）。所有产品均经过从原材料至最终成品的严格质量控制，以保证其优异的品质。

SIJ Acroni 隶属于 SIJ 钢铁集团，是斯洛文尼亚最大的钢铁企业之一。它是不锈钢四开板的欧洲领先生产商，也是电工钢和特殊钢热轧及冷轧带卷、厚板和冷轧型材的专业生产商。SIJ Acroni 位于斯首都卢布尔雅那西北方向大约 60 公里处。现有炼钢车间建于 20 世纪 80 年代后期，设计能力为年产大约 396000 吨钢水。

化学工业 化学工业是斯洛文尼亚传统优势行业之一，也是斯洛文尼亚发展相对较早的工业。早在 19 世纪上半叶，现在斯洛文尼亚境内就出现了一些小型化学品作坊，主要生产肥皂、油漆、酒精以及其他一些辅助化学品。19 世纪中期，斯第一家工业化的化学工厂（即现在的 KIK 公司前身）在卡姆尼克成立，主要为当时的奥匈帝国生产军用黑火药。此外，同时期还有两家较为重要的化学工厂，分别是现在 CINKARNA 公司（采列市）和 TKI 公司（赫拉斯特尼克市）的前身。这些早期化学工厂的建立得益于当时斯境内便利的铁路运输体系（连接至威尼斯与的里雅斯特港口）；毗邻原材料和煤炭资源地区，拥有丰富的劳动力资源。早期斯洛文尼亚化学工业的主要产品有铝制品、氮气、单宁酸、碳化钙、化肥以及橡胶制品等。

第一次世界大战之后，斯洛文尼亚化学工业出现了显著的结构调整，煤炭不再作为主要能源，而成为主要原材料之一。二战结束后，斯境内出现了大量新兴化学工厂，生产医药及医药中间体、化妆品、杀虫剂、橡胶及塑料制品等，奠定了斯洛文尼亚现代化学工业的主要格局。随着一些知

斯洛文尼亚

名外资化工企业的进入，如汉高、诺和诺华、固特异、科莱恩特等，斯洛文尼亚化工产业正在逐渐向生产专利技术及高附加值产品转型。

按照欧盟经济活动产业分类体系（NACE），斯洛文尼亚化学工业主要集中于以下两大类产业：DG-24类化学制品、化学药品、人造纤维的生产；DG-25类橡胶和塑料制品的生产。

斯洛文尼亚出口的优势化学工业产品有医药制剂、轮胎、汽车工业用塑料制品、涂料、油墨以及人造纤维等。其主要出口市场包括奥地利、意大利、德国、爱尔兰、美国、阿尔巴尼亚、波黑、克罗地亚、北马其顿、黑山、塞尔维亚、俄罗斯、波兰、罗马尼亚、斯洛伐克等。斯洛文尼亚的主要制药厂商有莱柯（Lek）制药公司和克尔卡（Krka）制药公司。

矿业 斯洛文尼亚矿产资源相对贫乏，主要有汞、煤、铅、锌等，储量不多，但矿泉、温泉和水力资源较为丰富。2011年初，斯洛文尼亚新探测出东北部地区蕴含天然气资源。

斯洛文尼亚的工业化进程较早，许多矿藏因长期开采已近枯竭。最古老的汞矿在诺特拉尼斯卡地区以北的伊德里亚，曾是世界著名的汞矿之一，早在1500年便开始开采。在欧洲，除西班牙外只有这里产汞，但20世纪70年代末因资源枯竭停产，矿区开发为旅游景点。伊德里亚地区还有朱砂、黝帝石、钼铅矿等稀有矿藏。石油分布在普雷克穆列地区，这里在二战前是巴尔干地区第一大油田，后来更大的油田在克罗地亚被发现，这里的石油产量也逐年下降。普雷克穆列地区的穆拉河和德拉瓦河的河沙中还含有少量金矿。斯洛文尼亚西北部的尤利安阿尔卑斯山区有少量铁矿，克罗帕（Kropa）有古老的炼铁厂，这里的炼铁业在斯洛文尼亚工业化初期相当活跃，并促进了耶塞尼采地区冶金业的发展，但后来这里的矿产资源不足，不能满足现代化工业生产需要。斯洛文尼亚南部的贝拉克拉伊纳地区也有少量铁矿，但不具规模开发生产的价值。斯洛文尼亚的冶炼业所需原料主要靠从国外进口。在卢布尔雅那西北部山区开发的第一个铀矿，保证了斯洛文尼亚与克罗地亚在克尔什科合建的核电站的需要。尤利安阿尔卑斯山区还开采过铅锌矿和铝矾土。卡拉万肯山区附近的矿藏种类较多：契尔内和梅日察有铅、锌和银，梅扎河流域有钼，普雷瓦利亚有石墨，卡姆尼克等地区有陶土。斯洛文尼亚的主要产煤区，在多莱尼斯卡地区的萨瓦河流域，最大的褐煤矿在北部的韦莱涅，这里建有全国最大的火力发电站。此外萨瓦河北岸的特尔博夫列、赫拉斯特尼克、扎戈列也是主要的褐煤矿区。卢布尔雅那以东萨瓦河河畔的利蒂亚（Litija）生产重晶石。斯洛文尼亚西部和北部山区的岩石提供了各种建筑用石料（其中以花岗石最为著名），亚得里亚沿海地带产盐。

信息和通信业 信息和通信业是斯洛文尼亚最具活力的部门，亦是国家优先发展的行业。斯洛文尼亚信息和通信业主要提供电信设备、电信服务、IT服务、软件、硬件、设备供应、网络服务。近年来，斯洛文尼亚信息技术和服务出口高速增长。主要出口市场为澳大利亚、奥地利、白俄罗斯、波黑、克罗地亚、塞浦路斯、芬兰、法国、德国、冰岛、以色列、意大利、哈萨克斯坦、摩尔多瓦、黑山、挪威、俄罗斯、塞尔维亚、瑞典、土耳其、英国、乌克兰和美国。

第四节 服务业、商业和旅游业

一 服务业

服务业为国民经济重要组成部分。包括批发和零售、修理、旅馆饭店、运输服务、通信服务、仓储、金融中介机构、房地产、租赁、企业服务、公共管理、社会服务、其他社区或个人服务。从业人口超过全国人口总数的1/5。2018年，服务业总值同比增长8.5%。斯洛文尼亚产业构成中，服务业所占比重最大，2014年占GDP的65%。在服务业构成中，知识型服务业所占比重较大。电信业、商业、金融和房地产服务业是份额增长最快的部门。

二 商业

斯洛文尼亚国内有较发达的商业网点。除在国内销售商品外，许多商业公司还在国外直接销售商品，这类商业公司有批发商店、零售商店、汽

车销售和维修店、生产企业货栈。在国外的零售商店以销售水果、蔬菜、肉类、糖果等食品为主，批发商店主要销售纺织、化工、汽车、家用电器（包括维修、零部件供应）等工业加工品为主。近年来，一些外国商业公司开始进入斯洛文尼亚市场，数量正在增加。

斯洛文尼亚国家统计局数据显示，2021年斯洛文尼亚的零售总额为137.8亿欧元，批发总额为165.6亿欧元。

三 旅游业

近年来，斯洛文尼亚旅游外汇收入持续增长，旅游业已成为国民经济的重要组成部分。据斯洛文尼亚旅游协会统计，斯洛文尼亚共有5553家企业从事旅游业。其中，2596家为旅游公司，其余为个体旅游经营业者。90%以上的旅游企业为小型企业，雇员不超过10人。旅游从业人员近4万人，占斯洛文尼亚就业人口的6.4%。据世界旅游组织（World Tourism Organization）预测，未来20年斯洛文尼亚旅游业将以每年6%的平均速度快速增长。

2019年，斯洛文尼亚游客人数再创历史新高，共有622万人次，其中外国游客470万人次，增长6.3%；当地游客152万人次，增长1.3%。过夜游客达1578万人次。以2019年12月为例，过夜外国游客主要来自意大利、奥地利、克罗地亚、德国和塞尔维亚，分别占过夜外国游客的26%、11%、10%、6%、5%。

自2010年以来的10年中，外国游客过夜住宿在过夜住宿游客总数中的比例一直在增长。2010年，外国游客占所有过夜住宿游客的56%，2015年为64%，2017年为68%，2018年为71%。过夜住宿外国游客主要来自德国（12%）、意大利（12%）、奥地利（9%）、荷兰（5%）和克罗地亚（5%）。从欧洲以外国家看，来自美国的游客最多，占所有过夜住宿外国游客的3%，同比增加24%。接下来是以色列、韩国和中国。

2018年，在山区度假村住宿过夜的游客最多，超过448.9万人次，占29%，同比增长14%。其次是健康度假村，近348.6万人次，占22%，与2017年大致相同。在海滨度假胜地住宿过夜的游客占19%，同比增加了

7%。在卢布尔雅那市过夜住宿的游客占14%，增加22%。外国游客在山区度假村过夜的比例最高，达32%，而国内游客在健康度假村过夜的比例最高，为39%。

斯洛文尼亚旅游局在2017年12月举办了新闻发布会，总结了斯洛文尼亚旅游业在当年取得的巨大成就，发布2017~2021年可持续发展策略，进行更大规模的国际推广活动。这一系列以可持续发展为导向的活动，在助力斯洛文尼亚成为一个绿色、活力、健康的国度的同时，为游客带来五星级旅游体验，在国际上不断扩大斯洛文尼亚知名度。

在旅游推广活动中，斯洛文尼亚收效甚佳，包括《福布斯》、《悦游》（Condé Nast Traveller）、《纽约时报》、《每日电讯报》、《卫报》、《漫游》等在内的国际知名媒体都将其列为"未来五年的顶级旅游目的地"。此外，《孤独星球》还将斯洛文尼亚的朱利安阿尔卑斯山地区评为2018年十大最佳旅行地区，ins用户也将布莱德湖列为2017年全球最受欢迎冬季旅游目的地。

旅游业受疫情打击最大，由于各国边境控制加之航班暂停，2020年，斯洛文尼亚到达旅客数量同比下降51%。

2022年5月，斯洛文尼亚政府通过了《2022~2028年斯洛文尼亚旅游战略》，这是斯洛文尼亚未来七年旅游业发展的基本框架。为实现"绿色精品、足迹更小、价值更高"的愿景，该战略希望提高质量和价值并确保全年提供旅游服务，提高当地人、旅游从业人员和客人的满意度等。

第五节　交通运输和电信

一　交通运输业

斯洛文尼亚是中欧国家主要贸易通道和出海口之一，陆、海、空交通运输网发达，有三个国际机场、三个主要港口（科佩尔港、伊左拉、皮兰）、三个自由贸易和免税区（卢布尔雅那、马里博尔和科佩尔）。国际货物在斯洛文尼亚过境运输的重要集散地科佩尔港，有现代化的基础设施

斯洛文尼亚

和集装箱码头，货物装卸专业化程度高。斯洛文尼亚独立后十分重视交通运输业的发展，新修建了一系列通往匈牙利及其他中欧国家的公路。在南斯拉夫时期，斯洛文尼亚铁路须经克罗地亚通往匈牙利，之后斯洛文尼亚与匈牙利之间的直达铁路的通车结束了斯匈之间没有直通铁路的历史。斯洛文尼亚与所有4个邻国已均有铁路和公路相通。泛欧5号和10号（公路、铁路）走廊在斯境内交会，地理位置较为优越。斯洛文尼亚的公路运输已实现私有化。1999年斯洛文尼亚通过的新铁路运输法规定，作为国有企业的斯洛文尼亚铁路公司将在保证铁路系统的管理和安全运输的情况下进行改组，并将根据专门的法律规定实行私有化。

铁路方面，目前斯政府准备或计划建设的铁路项目有：新迪瓦查—科佩尔铁路项目，这是欧洲TEN-T交通网络优先项目之一；新卢布尔雅那—叶塞尼采铁路建设项目；马里博尔—申蒂利二线铁路和现存铁路扩建项目。公路方面，政府建设的项目有：3号发展轴线北段；3号发展轴线南段。海运方面，科佩尔是斯唯一海运港口，也是中东欧内陆国家重要的中转港。目前斯政府准备或计划建设海运项目有：科佩尔港3号码头建设项目；科佩尔港1号、2号码头改造项目；科佩尔港客运码头项目。航运方面，卢布尔雅那机场计划建设T2航站楼和商业物流中心，使之逐步发展成为东南欧区域枢纽机场，但目前斯政府正积极对其国有亚德里亚航空公司和卢布尔雅那机场进行私有化，相关项目可能拖延。

1. 铁路

2020年，斯洛文尼亚铁路线总长为1209公里，其中单线铁路为879公里，其余为复线铁路。斯洛文尼亚有150多个铁路客站和140多个铁路货站。此外，泛欧5号、10号走廊在此交会。两条铁路线均经过斯洛文尼亚首都卢布尔雅那，在其境内全长分别为320公里和250公里，分别占两条铁路线全长的20%和10.6%。斯洛文尼亚没有地铁交通。2021年斯洛文尼亚铁路运输货物2030万吨，同比增加5%；行驶49.37亿吨公里，同比增加5%。

斯洛文尼亚铁路公司负责斯洛文尼亚境内的旅客和货物运输，并维护6万平方米的仓库。它于1991年南斯拉夫解体后由南斯拉夫铁路的卢布尔雅那铁路局创立而成。公司还拥有卢布尔雅那、马里博尔、科佩尔和采列的集装箱码头。2020年，公司运送旅客133.5万人次，运送货物1940万吨。

电气化铁路长度约为503公里，采用3千伏直流电的电压制式。而其他的南斯拉夫国家的电气化铁路均采用25千伏交流电的制式，因此前往萨格勒布的列车需要在多博瓦换挂，直至支持双供电制式的机车投入使用。

卢布尔雅那是斯洛文尼亚铁路系统的心脏。泛欧5号、10号走廊在此交会。泛欧5号走廊西起意大利威尼斯、的里雅斯特，在斯洛文尼亚境内经过卢布尔雅那、马里博尔，并与匈牙利布达佩斯相连，直通乌克兰基辅，全长1600公里，其中斯洛文尼亚境内全长320公里。泛欧10号走廊始于奥地利的萨尔茨堡，经过卢布尔雅那与克罗地亚萨格勒布相连，并经塞尔维亚边境至贝尔格莱德，最后抵达希腊的塞萨洛尼基。泛欧10号走廊全长2360公里，斯洛文尼亚境内全长250公里。通往现代化和不断发展的港口城市科佩尔的货运线路，是连接地中海至东南欧腹地距离最短的陆路通道。

2010年，斯洛文尼亚铁路加入了与该地区其他铁路运营商合资的货运企业——第10号货运，旨在提高国际铁路货运通关速度及运能。

城际列车（IC）是服务于国家及国际交通中较长距离的高质量列车，可连接更多的城市、国家和旅游胜地，并提供快速连接，仅在大型车站停靠。

欧城列车（EC）是服务于国际交通中重要路线的高品质列车，连接斯洛文尼亚和其他国家的重要城市。欧城列车的速度比城际列车更快，并且停站更少。

国际列车（MV）是服务于国际线路的高品质列车，通常不停靠于小型车站。

欧洲夜车（EN）提供高品质的国际夜间列车服务。一些欧洲列车因使用"全球性"统一定价而必须提前预订。

区域列车（RG）及普通列车（LP）可以连接至斯洛文尼亚铁路辖下的所有地区，它们通常作为通勤列车运营。在一些线路上，它们是唯一提供服务的列车类别，例如卡姆尼克至伊梅诺铁路。这类列车一般采用（摆式）电联车或在非电化区间采用柴联车运营。

斯洛文尼亚

2. 公路

斯洛文尼亚公路四通八达，两条"泛欧走廊"（5号线连通巴塞罗那和基辅，10号线连通萨尔茨堡和塞萨洛尼基）在斯洛文尼亚首都卢布尔雅那交会。斯洛文尼亚公路密度高于欧盟平均水平。由于地理位置优越，在欧洲任何地方乘坐道路交通工具，均可在1~2日内抵达斯洛文尼亚。截至2017年，斯洛文尼亚共有各级公路28884公里，高速公路为746公里。从运输情况看，斯洛文尼亚客货运输均以公路运输为主，占60%以上。国家授权Dars公司特许经营高速公路的管理、运行和维护。2020年，城际和国际公路运输旅客1320万人次，运送货物9090万吨。

3. 空运

卢布尔雅那机场于1963年12月24日建立。机场为亚德里亚航空公司拥有，是斯洛文尼亚最繁忙的国际机场，同欧洲十几个国家有固定航线，距首都卢布尔雅那仅26公里，机场有1条3300米的沥青跑道。除此之外，在第二大城市马里博尔和海滨城市"玫瑰港"还有两个国际机场。

亚德里亚航空是一家总部位于斯洛文尼亚首都卢布尔雅那的航空公司。该航空公司是斯洛文尼亚的国有航空公司，也是星空联盟的区域成员。亚德里亚航空主要经营欧洲范围内的定期航班，并提供前往欧洲以及中东部分城市的包机服务。其枢纽机场为卢布尔雅那约热·普契尼克机场。

2019年斯洛文尼亚航空业运量较2018年有所下降，机场运送旅客172万人次，同比下降4.9%；国际货物运输达到1.14万吨，同比下降8%。2019年10月斯洛文尼亚地区航空公司亚德里亚航空公司破产。

斯洛文尼亚与中国无直达航班，但可在欧洲主要城市，如法兰克福、维也纳、莫斯科、巴黎等转机到达。

2021年初，斯洛文尼亚成立了东南航空公司，最初主要提供空客A320飞机的包机运输服务及飞机租赁服务。东南航空以全部为经济舱的1架180座空客A320飞机开始运营，还增加另一架同类型飞机。飞机统一乘客的配置使承运人能够以最适合及最简单的方式进入市场以满足包机的需求。

4. 海运

由于地理位置优越，基础设施良好，斯洛文尼亚成为中欧重要的物流中心。除了首都卢布尔雅那和第二大城市马里博尔外，科佩尔港成为重要的交通枢纽。它是北亚得里亚海最重要的商业港口之一，是亚洲到中欧货物的最短航运路线，从这里发出的货物到达欧洲比从北欧港口发出的货物早七天到达。这不仅缩短了旅行时间，还减少了燃油消耗和对环境的不利影响。近年来，斯洛文尼亚采取了一些鼓励发展物流的措施，如更有效地通关、更加安全的交通、减少能源消耗、降低用户成本、减少对环境的影响。同时斯洛文尼亚制定了"交通发展战略2030"，即交通运输可持续发展规划和燃料替代发展规划。到2030年，国家预计将在交通运输方面投入170亿欧元。作为投资的一部分，连接科佩尔港口的铁路将进一步升级，以增加铁路运输货物的能力。斯基础设施部称，2019年货物的60%是从港口通过铁路运输的。铁路升级将改善日常运营能力，日运送能力将从90班列增加到222班列，这将使年货物运输量增加到4340万吨。政府正在鼓励运输和物流业进一步的数字智能化，以减少程序和成本。

科佩尔港位于亚得里亚海北端，是斯洛文尼亚唯一的海运港口，也是中东欧内陆国家重要的中转港。通过科佩尔港中转的货物可在24小时内到达维也纳、慕尼黑和布拉格，在48小时内到达华沙、哥本哈根和伦敦。科佩尔港建于1957年，占地450公顷，海岸线长2578米，拥有11个现代化和装备齐全的终端，适合各种类型的货物中转，拥有25处泊位。此外，该港口拥有1号、2号两个作业码头。1号码头长450米，水深14米；2号码头长800米，水深14~18米，可泊万吨级货轮和10万吨级邮轮。

近年来，科佩尔港的集装箱和其他货物吞吐量逐年快速增长，年均增长率达13%。该港的亚洲业务增长更快，年均增幅在50%以上。每年还新开几条该港至亚洲的航线，该港作为南欧及前南斯拉夫地区枢纽港的地位越来越重要。2019年，科佩尔港货物吞吐量为2280万吨，同比下降5%，集装箱吞吐量达到95.9万标箱，同比下降2.9%，汽车运量70.6万辆，同比下降6%。从货运结构来看，液体货物占16.6%，散装干货占33.9%，集装箱占38.8%，汽车占4.8%，普通货物占5.9%。港口发展目

标是 2030 年货物吞吐量达到 200 万标箱。

与欧洲北部港口相比,从亚洲经科佩尔港开往欧洲的货轮,航程可缩短 2000 海里。因此,科佩尔港已成为奥地利、匈牙利、捷克、斯洛伐克、塞尔维亚等内陆国家的中转港口。科佩尔港计划到 2030 年投资 4.5 亿欧元,建成中欧物流中心。投资计划包括扩建 1 号、2 号货运码头,新建 3 号货运码头、货物分流中心及拥有 1.2 万个停车位的车场。新建的 3 号码头长度将达到 1000 米、水深 14 米。

二 电信

斯洛文尼亚境内通信设施完善,互联网普及广泛。2018 年,87% 的家庭有互联网接口,71% 的居民每天上网。斯洛文尼亚的顶级域名为 ".si",由斯洛文尼亚学术和研究网（Academic and Research Network of Slovenia）管理。主要的通信服务提供商是斯洛文尼亚电信公司（Telekom Slovenije）、Telemach、AMIS 和 T-2。斯洛文尼亚电信 2019 年净利润 120 万欧元,营业收入 6.75 亿欧元。

目前,斯政府对其最大电信公司——斯洛文尼亚电信公司进行私有化,对其制定相关发展规划产生影响。斯洛文尼亚电信是斯出售的 15 家国有企业之一。但 2015 年 8 月初,斯洛文尼亚电信私有化项目的唯一投标人——英国私募股权基金 Cinven 宣布退出,斯洛文尼亚电信私有化项目陷入停滞。

第六节 金融与财政

一 金融

1. 货币

斯洛文尼亚于 2007 年 1 月 1 日加入欧元区,采用欧元作为本国货币,可自由兑换。根据欧洲央行统计,2015 年、2016 年、2017 年、2018 年和 2019 年,欧元兑美元平均参考汇率分别为 1∶1.08245、1∶1.1062、1∶1.1297、1∶1.1810 和 1∶1.1199。

2. 外汇管理

外国投资企业在斯洛文尼亚正常经营，在缴纳经营活动应负担的各种税费后，斯洛文尼亚对企业的资金、利润的汇出没有限制。根据欧盟规定，旅客出入欧盟国家允许随身携带1万欧元（或等值的其他外币、旅行支票，或其他有价证券），1万欧元及以下无须申报，超过1万欧元则必须报关。

3. 银行

斯洛文尼亚的中央银行是斯洛文尼亚银行，该银行在斯洛文尼亚议会制定的金融政策范围内完全独立运作。斯洛文尼亚的主要商业银行有：①新卢布尔雅那银行（Nova Ljubljanska Banka, NLB）；②马里博尔新信贷银行（Nova Kreditna Banka Maribor, NKBM）；③第三大银行（Abanka）；④SKB银行（SKB Banka）。2015年6月30日，斯洛文尼亚国有资产管理公司将斯第二大银行NKBM出售给美国收购型基金阿波罗全球管理公司（Apollo Global Management）和欧洲复兴开发银行（EBRD）。成交价为2.5亿欧元，其中阿波罗全球管理公司持股80%，欧洲复兴开发银行持股20%。

斯洛文尼亚银行成立于1991年6月25日，总部位于卢比安纳。该银行的任务是确保国内货币稳定和国内外支付的流动性，以及监督金融制度。作为独立的非政府机构，斯洛文尼亚银行曾是斯洛文尼亚托拉尔的发行单位。2007年，斯洛文尼亚开始使用欧元，斯洛文尼亚银行成为欧洲中央银行的会员。

新卢布尔雅那银行是斯主要的商业银行。2018年11月19日，欧洲复兴开发银行持有了斯洛文尼亚最大的银行新卢布尔雅那银行6.25%的股权。此次收购是在新卢布尔雅那银行私有化的第一阶段进行的。在此期间，斯洛文尼亚政府以公开发行股票的形式出售了该银行59.1%的股份。11月14日，该银行股票在卢布尔雅那证券交易所首次亮相时创造了290万欧元的交易量，占交易所当天总交易额一半以上。该银行的市值目前为10亿欧元。通过这项投资，欧洲复兴开发银行已成为新卢布尔雅那银行第二大机构投资者，且其曾经于2002~2008年为该银行的股东。

斯洛文尼亚

新卢布尔雅那银行发行股票实现了斯洛文尼亚于 2013 年对欧盟委员会许下重组该银行的承诺，该承诺是欧盟同意提供给斯洛文尼亚 15.5 亿欧元国家援助的条件之一。欧盟委员会于 2018 年 8 月批准了新卢布尔雅那银行的收购案，尽管斯洛文尼亚政府仍持有 25% 的股票，但其承诺卖出股票。新卢布尔雅那银行为斯洛文尼亚最大的银行，该行资产占全国银行总资产约 23%，其业务范围相当全面，其在五个东南欧国家的核心子公司也有相当高的市场影响力。新卢布尔雅那银行共有 349 家分行，雇员 6000 多人，拥有 180 万活跃顾客。

4. 融资服务

在斯洛文尼亚履行正常注册手续的所有外资企业，均享有银行融资的机会，但企业的经营和财务状况须符合有关银行的规定。在利率方面，斯洛文尼亚银行贷款利率高于欧元区 1%~2%。由于利率偏高，许多企业寻求外国贷款。

5. 信用卡

斯洛文尼亚信用卡使用较为普遍，VISA、万事达卡、American Express、Diners、Euro Card 信用卡在当地都可以使用。2015 年 1 月起，使用中国银联卡可以在斯洛文尼亚科佩尔银行的提款机上直接提取欧元现金。在斯洛文尼亚也可以使用旅行支票，为避免较高的汇率兑换手续费，建议使用欧元、美元和英镑的旅行支票兑换。

6. 证券市场

斯洛文尼亚卢布尔雅那证券交易所（LJSE）是斯洛文尼亚唯一的证券交易市场，经营股票、债券和多种金融衍生品。2009 年，LJSE 融资 196.7 亿欧元，远低于 2007 年 266.6 亿欧元的水平。LJSE 在 2007 年实现盈利最高纪录 22.27 亿欧元，2013 年盈利 3.91 亿欧元。2010 年起，引领 LJES 的指数是 SBI TOP（原来的 SBI20 在 2010 年被废止）。

二　财政

1. 财政状况

斯洛文尼亚于 1993 年开始实行"预算备忘录"制，每年首先由政府向国民议会提交预算备忘录（相当于政府当年施政纲领的经济部分），其中包括经济社会政策的总方针和财政、收入（工资）、税收、价格、对外经济关系等方面的政策，以及财政政策的目标、全年公共支出总额、国家税收总额、预算赤字规模（在国内生产总值中的比重）、国家预算占国内外借贷的比例等。备忘录在国民议会讨论通过后，由财政部根据政府各部门分别编制的预算进行汇总、审核和调整，形成国家预算草案，提交国民议会讨论、修改、补充，经议会讨论通过后，由政府负责执行。国民议会在最后通过国家的年度预算的同时，还须通过有关执行年度预算的法律（包括允许当年预算向国内外借贷的比例），连同国家预算一起公布于众，以便于监督执行。

采拉尔担任总理时，斯洛文尼亚政府成功地将财政赤字降到3.4%以下，2014年财政赤字占GDP的比重降至2%以下，从而退出了欧盟委员会2016年6月的"过度财政赤字程序"，免于被惩罚。2017年，财政赤字降至1%，2018年和2019年的财政预算有少量盈余。财政立场的改善主要源于斯洛文尼亚的经济复苏。

2018年政府总支出达96.25亿欧元，比通过的预算草案多出5000万欧元，同时也高出国民议会允许的最高值。尽管支出很多，但是实际目标赤字（2018为0.2%，2019年为0.6%）比设想值要低，中期财政到2020年实现公共财政平衡。

斯洛文尼亚政府财政预算，资金优先用于医疗、国家安全和基础设施建设。2019年医疗部门收到1.66亿欧元的财政资助，另外还额外拨款1800万欧元用于降低等待看诊时间，以及拨款4000万欧元用于医疗专业化和实习开支。斯洛文尼亚认为应提高解决国家安全问题方面的支出。2019年国防部获得另外4500万欧元拨款，而内务部的财政预算增长1100万欧元。其中现代化基础设施也是斯洛文尼亚优先项目之一，获得高出预算5000万欧元的拨款。

2. 税收制度

斯洛文尼亚独立后，对税收制度进行了一系列改革，基本建成了现代税收体制。

斯洛文尼亚

斯洛文尼亚加入欧盟后，税收体系与欧盟法律体系接轨（见表4-5）。国内主要税法是《宪法》第147款和第153款、《税务法》、《征税程序法》、《增值税法》、《使用税法》、《海关法》、《执行增值税法的规章》、《执行使用税法的规章》、《法人实体收入税法》、《个人收入税法》和《不动产税法》等。此外，欧盟的《共同体条约》、《海关法典》、《尼斯条约》和《关于制定规定实施第（EEC）2913/92号规则的第（EEC）2454/93号委员会规则》等法律法规同样具有约束力。

斯洛文尼亚税务局征收除关税以外的所有税赋，主要有：①针对法人实体收入的税赋；②针对个人收入的税赋；③为社会安全强制征收的税赋（伤残养老金保险、医疗保险、就业保险、生育保险等）；④营业税；⑤财产税；⑥其他税赋。

表4-5　2021年斯洛文尼亚主要税赋和税率

企业所得税	19%。税收减免：①用于R&D的投资100%减免；②设备和长期无形资产投资最高可减免40%
收益返国税	国外红利的15%，有双边协议的除外 向欧盟公民支付免此税
个人所得税	累进税率：16%、27%、34%、39%和50%
利息、红利和资本收益所得税	利息的20% 红利的20% 资本收益所得的0~25%（根据时间而税率不同）
财产税	0
不动产转移税	2%
增值税	标准税率为22% 优惠税率为9.5%，包括食物，不包括饮料
社会保障金	雇主：16.1% 雇员：22.1%
工资税	无

资料来源：斯洛文尼亚财政部。

第七节 对外经济关系

一 对外贸易

1. 贸易概况

斯洛文尼亚经济高度依赖国际贸易，属于高度外向型。对外贸易在国民经济中占有较高的比重。货物和服务出口额占GDP的65%~70%。

2. 贸易伙伴

斯洛文尼亚的主要贸易伙伴是其他欧盟成员国，最主要的贸易伙伴是德国、意大利、奥地利、克罗地亚和瑞士。2021年斯洛文尼亚对其他欧盟成员国的出口占其总出口的70.6%，对其他欧盟成员国的进口占斯总进口的73.3%。在非欧盟成员国中，塞尔维亚为最大的出口市场（见表4-6），中国为第二大进口来源国（见表4-7）。

表4-6 2021年斯洛文尼亚主要出口国

单位：亿美元，%

排名	国别	出口额	占出口总额比重
1	德国	81.94	17.5
2	瑞士	62.54	13.4
3	意大利	49.26	10.5
4	克罗地亚	36.61	7.8
5	奥地利	30.58	6.5
6	法国	20.54	4.4
7	波兰	13.68	2.9
8	塞尔维亚	12.87	2.8
9	匈牙利	12.21	2.6
10	捷克	10.24	2.2

资料来源：斯洛文尼亚统计局。

表 4-7　2021 年斯洛文尼亚主要进口来源国

单位：亿美元，%

排名	国别	进口额	占进口总额比重
1	德国	74.45	15.2
2	意大利	56.67	11.5
3	瑞士	50.36	10.3
4	中国	47.53	9.7
5	奥地利	42.51	8.7
6	克罗地亚	27.77	5.7
7	匈牙利	15.87	3.2
8	荷兰	15.74	3.2
9	波兰	14.96	3.0
10	法国	13.57	2.8

资料来源：斯洛文尼亚统计局。

3. 贸易结构

在斯洛文尼亚的货物贸易中，以半成品和中间产品为主（见表 4-8、表 4-9）。

表 4-8　2021 年斯洛文尼亚出口商品结构

产品名称	比重（%）
机械和运输设备	32.9
未列明的化学品和相关产品	27.8
医药产品	20.8
主要按材料分类的制成品	17.9
车辆	11.4
杂项制成品	9.8
电气机械、设备和器具及其电气部件	8.4
一般工业机械和设备，以及未另列明的机器零件	4.6
矿物燃料、润滑油及相关材料	4.1
金属制品	4.0

资料来源：斯洛文尼亚统计局。

表 4-9　2021 年斯洛文尼亚进口商品结构

产品名称	比重（%）
医药产品	13.4
电机和设备及其零件、录音机和放音机，以及这些物品的零件	9.8
火车或有轨电车车辆以外的车辆及其零件	8.6
有机化学品	8.4
核反应堆、锅炉、机械和机械设备及其零件	8.4
矿物燃料、矿物油及其蒸馏产品、沥青物质、矿物蜡	7.5
塑料及其制品	4.9
钢铁	4.7
铝及其制品	3.2
钢铁制品	2.2

资料来源：斯洛文尼亚统计局。

斯洛文尼亚是 WTO 成员，同时也是欧盟成员国，执行欧盟委员会发布的进出口贸易政策，遵守其贸易管理规定。

二　外国投资

1. 投资主管部门

2013 年，斯洛文尼亚共和国投资署（SPIRIT Slovenia）成立，隶属于斯洛文尼亚共和国经济发展与科技部。斯洛文尼亚共和国投资署是斯洛文尼亚与外国企业合作交流的重要桥梁，全方位提供政策扶持，其主要职责之一便是负责外国投资的相关事宜，吸引外国投资，执行相关的投资促进政策，以促进企业的发展和投资。

2. 关于投资行业的规定

外资企业在完税后利润可自由汇出。除下述禁止或限制领域外，外商可在其他领域自由投资，投资方式可灵活多样。

斯洛文尼亚禁止外商在下列领域设立独资企业：①武器和军事设备的生产和销售；②国家财政预算内指定的养老保险和医疗保险业；③铁路与

航空运输;④交通与通信;⑤保险业。

在下列领域,外资在企业里的投资比例有一定限制:①在审计企业中,外资比例不得高于49%;②在出版和广播领域的企业中,外资比例不得高于33%;③在证券经纪领域的企业中,外资比例不得高于24%;④在投资公司(负责管理投资基金)中,外资比例不得高于20%,外商投资超过其资产20%和在授权投资公司(经母公司授权可被投资的分公司)投资超过15%,须获得有关部门的批准。此外,外国人可以在斯洛文尼亚建立独资银行,但需要在国家对等的条件下得到中央银行——斯洛文尼亚银行的批准。

3. 关于投资方式的规定

目前,斯洛文尼亚的公司分类采用德国标准,主要为有限、无限和不公开三种形式。外国人可在斯洛文尼亚全部或部分拥有公司并享受国民待遇。斯洛文尼亚没有设立专门的外资管理部门,外资企业同斯洛文尼亚本国企业一样在地方法院注册,无须经政府部门批准,斯洛文尼亚公司法的有关规定完全适用于在其境内注册的外资企业。

以企业基本资金为股本的形式投资建立企业,外国投资者可拥有企业的整个所有权或部分所有权,主要企业类型有以下四种。①有限责任公司:以公司的全部资产承担责任,合作者不承担公司的责任。公司最低的设立资本是7500欧元,每位股东的最低出资额为50欧元。注册前,每位股东必须至少以现金方式支付认缴股份的25%,股东支付的全部现金额不得少于7500欧元。②股份公司:以公司的全部资产承担责任,股东不承担公司责任。法人及自然人均可创设股份公司。最低创设资本为2.5万欧元。股东可以股份或者实物出资,至少三分之一的创设资本必须为资金形式。③有限合伙公司:主合伙人对合伙者的全部财产负责,有限合伙人不承担公司的责任。如有限合伙公司通过发行股票获得资本,则所创建的公司为股份有限合伙公司。④普通合伙公司:所有合伙人以其全部财产承担各自及连带责任。

契约性合资公司内部各方之间的关系通过契约商定,外商对企业的投资并不改变企业内部既定的法律地位和所有权的结构。这种投资实际上可视为债务资本投资。

斯洛文尼亚法律允许外国投资者开发可再生和不可再生的自然资源。投资开发可再生的自然资源（水、森林资源等）的企业，由地方政府部门颁发特许许可。投资开发不可再生的自然资源的企业，须经斯洛文尼亚政府特例审批。

外国投资者可以通过新建企业、入股、兼并和收购等方式在斯洛文尼亚投资，但并购当地企业须经斯洛文尼亚政府有关机构审查，必要时政府可以进行干预。

4. 外国投资现状

2015年斯洛文尼亚银行的报告显示，按行业划分的外国直接投资主要分为以下几类：金融和保险活动（26.3%）、批发和零售贸易以及机动车维修（24%）、制造业（21%）、房地产（12.4%）、信息和通信活动（6%）、科学和技术活动（5.5%）、电力燃气和空调供应（1.8%）。2016年，外国直接投资数额达8.3亿美元。

斯洛文尼亚是35项双边投资条约的缔约国。这些条约涉及阿尔巴尼亚、奥地利、比利时-卢森堡经济联盟、波斯尼亚和黑塞哥维那、保加利亚、中国、克罗地亚、丹麦、埃及、芬兰、法国、德国、希腊、匈牙利、以色列、科威特、立陶宛、北马其顿、马耳他、摩尔多瓦、荷兰、波兰、葡萄牙、罗马尼亚、塞尔维亚、新加坡、斯洛伐克、西班牙、瑞典、瑞士、泰国、土耳其、乌克兰、英国和乌兹别克斯坦。

投资吸引力方面，世界银行发布的《2015年营商环境报告》显示，斯洛文尼亚从第46位下降到第51位。尽管排名有所下降，但其评分提高了，说明营商环境得以改善，其投资吸引力主要体现在以下几个方面：地理位置优越、基础设施完善、工业基础雄厚、劳动力素质及性价比较高、宏观经济稳定、辐射市场广、政策支持力度大、法律相对健全。

重点投资领域主要分布在药剂制造、中介服务和批发业、汽车等行业，其他领域则很少。除上述行业外，对斯投资的重点领域有医药化工行业、电子和计算机行业、旅游业、基础设施建设、新能源开发、机械制造和汽车工业。

联合国贸发会议发布的《2022年世界投资报告》显示，2021年，斯洛文尼亚吸收外资流量15.17亿美元；截至2021年底，斯洛文尼亚吸收外资存量200.43亿美元。2021年，斯洛文尼亚对外投资流量9.22亿美元；截至2021年底，斯洛文尼亚对外投资存量83.9亿美元（见表4-10）。

表4-10 2017~2021年斯洛文尼亚双向投资情况

单位：亿美元

年份	2017	2018	2019	2020	2021
吸收外资流量	8.98	13.84	14.63	2.06	15.17
吸收外资存量（截至2021年底）					200.43
对外投资流量	3.38	2.81	6.10	5.09	9.22
对外投资存量（截至2021年底）					83.90

资料来源：联合国贸发会议《2022年世界投资报告》。

从投资的行业分布看，外商投资最多的行业是制造业、零售业（含车辆维修）以及金融和保险业（不包括保险业和养老基金）；其次是通信业、房地产、高科技和能源领域。从地域分布来看，外资主要集中在中部，特别是卢布尔雅那及周边地区。从投资国别及投资企业来看，主要投资来源国有奥地利、瑞士、德国、荷兰、克罗地亚和意大利。很多投资企业是世界500强企业或国际知名大型集团，如美国微软和IBM公司、德国汉高（Henkel）、德国西门子公司（Siemens）、美国联信集团等。

此外，零售服务业公司有法国E.LECLERC、德国ALDI、德国LIDL和奥地利INTERSPA等连锁超市；其他服务业公司有德国DHL快递公司、德国辛克公司（SCHENKER）、美国AC尼尔森公司（AC Nielsen）、毕马威公司（KPMG）、普华永道（PWC）、德勤会计公司（Deloitte & Touche），以及安永会计师事务所（Ernst & Young）等。

三 斯洛文尼亚与中国的经贸关系

1. 双边经贸合作协议

自1992年中国与斯洛文尼亚两国签署《中华人民共和国政府和斯洛

文尼亚共和国政府经济贸易协定》以来，两国已签署多项经贸协议。2006年8月，两国签署政府经济合作协定；2014年10月24日，中国农业部副部长牛盾与斯洛文尼亚农林食品部长戴扬·日丹签署《2015～2016年农业领域合作行动计划》；2015年11月，双方签署正式的奶制品对华出口协定以及中国-中东欧森林协调机制备忘录。2016年4月，中国与斯洛文尼亚签署了《中国与斯洛文尼亚民航当局谅解备忘录》《中国民用航空局与斯洛文尼亚共和国民航局关于设计批准、出口适航审定、设计批准证后活动和技术支援的技术安排》。2017年5月，两国签署了《中斯关于进出口食品安全合作的谅解备忘录》。2017年11月，中斯签署了《中华人民共和国国家质量监督检验检疫总局和斯洛文尼亚共和国食品安全、兽医和植物保护局关于斯洛文尼亚输华蜂产品检验检疫和兽医卫生要求议定书》和《中华人民共和国政府与斯洛文尼亚共和国政府关于共同推进丝绸之路经济带与21世纪海上丝绸之路建设的备忘录》。2018年2月，两国签署《中华人民共和国国家发展和改革委员会与斯洛文尼亚共和国基础设施部关于开展交通运输和基础设施合作的谅解备忘录》。

2. 中斯贸易

2019年中斯贸易额有所下降。据中国海关统计，2019年，中斯货物进出口贸易总额为39.3亿美元，比上年减少21.7%。其中中国出口34.1亿美元，比上年下降22.9%；中国进口5.2亿美元，比上年下降12.6%。2021年，中斯货物进出口贸易总额为59.96亿美元，同比增长51.4%。其中，中国出口额为53.63亿美元，同比增长55.4%；中国进口额为6.33亿美元，同比增长24.6%。中国是斯洛文尼亚在亚洲最大的贸易伙伴，也是斯除欧盟国家外第二大进口来源国。斯洛文尼亚是中国在南斯拉夫地区最大的贸易伙伴。

2021年，中国对斯洛文尼亚主要出口电机、电气、音像设备及其零部件，针织或钩编的服装及衣着附件，锅炉、机械器具及零件，非针织或非钩编的服装及衣着附件，有机化学品等。2021年，中国自斯洛文尼亚主要进口电机、电气、音像设备及其零部件，车辆及其零部件，机械器具及其零部件，塑料及其制品，光学、照相、医疗等设备及其零部件等。

161

斯洛文尼亚

3. 双向投资

据中国商务部统计，2021年中国对斯洛文尼亚直接投资流量为304万美元；截至2021年末，中国对斯洛文尼亚直接投资存量为5018万美元。

（1）中国对斯洛文尼亚投资的主要项目

2013年4月，中国恒天集团与国际合作方联合收购了斯洛文尼亚TAM客车公司，主要从事旅游巴士和机场大巴生产。2014年8月，恒天收购了合作方持有的股权，拥有TAM公司100%股权。此后三次增加投资，总投资达到1627万欧元。TAM公司雇用本地员工172人，2018年销售收入976万欧元。

2015年11月，华为在卢布尔雅那注册成立分公司，公司与斯洛文尼亚电信公司、斯洛文尼亚最大的有线电视运营商泰勒马赫（Telemach）等逐步建立起战略合作伙伴关系。

2015年12月，浙江亚太机电股份有限公司与斯依拉菲公司（Elaphe）签署投资合作协议，亚太股份以增资方式向斯方企业注资1000万欧元，获得Elaphe 20%的股份。

2017年1月，浙江金科娱乐文化股份公司（金科娱乐）收购了Outfit7公司（国际著名的亲子互动类移动应用开发公司）全部股权，收购金额为10亿美元。Outfit7拥有超过53亿次的客户下载量，居全球第四位，通过此次收购金科将成为全球大型轻度内容发行商，将进一步推动中国的游戏、动漫、教育、影视的全球化。

2017年1月，中国-中东欧投资合作基金投资2200万美元，收购了斯洛文尼亚卢布尔雅那市公共照明（JAVNA RAZSVETLJAVA）公司和卢布尔雅那JRS公司84.1%的股权，主要为市政供电。

2017年5月，中国私募股权公司汉德资本收购了斯洛文尼亚福托纳（Fotona）公司绝大多数股权，该公司主要生产医疗、齿科和美容整形领域的高性能激光设备。

2018年，中国海信集团出资约3亿欧元收购了斯洛文尼亚著名家电制造商戈兰尼亚（Gorenje），持有该公司100%股权，2020年底新建年产100万台电视机的工厂，新增数百个就业岗位。斯洛文尼亚戈兰尼亚公司是在欧洲享有盛誉的家电制造商，成立于1950年，现拥有员工11000多名，每年制造大型家电超过500万台，年销售额超过13亿欧元。2019年出口额排在斯洛文尼亚最大出口商前十，高达11亿欧元。

（2）斯洛文尼亚对华投资的主要项目

据斯洛文尼亚央行统计数据，截至2017年底，斯洛文尼亚在华投资额4530万欧元，主要集中在制造业、批发零售业等领域。

2015年12月，浙江亚太机电股份有限公司（亚太股份）与ELAPHE公司签署投资合作协议，将斯洛文尼亚先进的轮毂电机技术引进中国。

斯洛文尼亚Krka制药公司是世界领先的仿制药公司之一，年收入超过13亿欧元，拥有12000多名员工。2017年11月，Krka公司同宁波美诺华药业股份有限公司在中国合资成立制药公司，注册资金2.3亿元人民币，其中Krka出资1.38亿元人民币，持有60%股份，美诺华出资9200万元人民币，持有40%股份。合资公司将面向欧盟及中国市场生产冻干粉剂等药物。

2017年12月，斯洛文尼亚蝙蝠飞机公司在中国注册蝙蝠亚澳通航科技（江苏）有限公司，注册资金7900万元人民币，并与江苏句容市政府签署通用航空飞机制造项目协议，计划投资20亿元人民币，年产飞机500架。斯洛文尼亚蝙蝠飞机公司现已发展成全球著名的轻型飞机生产商。

4. 承包劳务

据中国商务部统计，2019年中资企业在斯洛文尼亚新签承包工程合同1份，完成营业额250万美元。2021年未有新签承包工程合同，完成营业额360万美元。中国建筑、中国路桥、中铁九局和葛洲坝集团4家企业负责科迪二号线铁路项目，工程金额约7亿欧元。

5. 基础设施合作

2016年，中斯签署了《中国与斯洛文尼亚民航当局谅解备忘录》，为发展双边航空运输关系奠定了基础，为双方空运企业早日开通直达航线、开展商务合作，以便利两国人员、货物往来提供了坚实的法律保障。2018年2月，两国政府签署《中华人民共和国国家发展和改革委员会与斯洛文尼亚共和国基础设施部关于开展交通运输和基础设施合作的谅解备忘录》。

第五章 军　事

第一节　概述

　　1991年6月斯洛文尼亚国家武装部队正式建立，原名斯洛文尼亚领土保卫部队，1993年10月更名为斯洛文尼亚军队。斯宪法规定，总统为武装部队最高统帅。自1998年起，斯按北约标准改组军队体制，分为基本国防部队、加强部队和快速反应部队。2003年9月取消义务兵役制。经过30多年的发展，已成为一支现代化的、高素质的、可信赖的部队，在国内外享有很高的声誉。

一　建军简史

　　斯洛文尼亚军队可追溯到公元7世纪卡兰塔尼亚公国时期，这是第一个斯洛文尼亚人的国家。14世纪，斯洛文尼亚人的武装曾为反对土耳其侵略而战斗，1593年军事边区的斯洛文尼亚武装曾在克罗地亚的锡萨克地区与土耳其军队的战斗中取得胜利。

　　奥匈帝国统治时期，在奥匈军队中，英勇善战的斯洛文尼亚士兵组成的军团，后来成为1918年组建斯洛文尼亚军队的核心力量，斯洛文尼亚军队以鲁道夫·马伊斯泰尔将军为首，大约有1.2万人，在保卫斯洛文尼亚北部领土的战斗中成功地保卫了马里博尔及其周边地区。1918年12月成立塞尔维亚人-克罗地亚人-斯洛文尼亚人王国后，斯洛文尼亚军队被解散。

斯洛文尼亚

在第二次世界大战期间，1941~1945年，在南斯拉夫军队的框架内，斯洛文尼亚军队是完全独立的。1944年8月，斯洛文尼亚军队大约有2.17万人，共组成了2个军团和1个战区。

在抗击德意法西斯的战斗中，斯洛文尼亚军队解放了广大斯洛文尼亚领土，战争结束后，又成为统一的南斯拉夫人民军的一部分。

二 领土保卫部队

华约成员国1968年出兵捷克斯洛伐克，南斯拉夫联邦的政治、军事领导人意识到，国家必须拥有强大和有效的军事防御力量，各共和国和自治省建立领土保卫部队。南斯拉夫人民军的组成部分就是各共和国和自治省的领土保卫部队，通常按分队编制。1968年11月20日，斯洛文尼亚共和国的领土保卫部队成立，第一任司令是博扬·波拉克（Bojan Polak）将军，士兵来自斯洛文尼亚军队及斯洛文尼亚居民。

在南斯拉夫人民军中，斯洛文尼亚军事领导人试图使斯洛文尼亚部队的装备超出南斯拉夫军事装备，结果制订相关计划的斯洛文尼亚军事领导人被免职。南斯拉夫军事领导人接管了领土保卫部队并替换了部队的指挥官。随着南斯拉夫各民族之间矛盾的不断加深，1974年以后，以塞尔维亚人为主的南斯拉夫人民军对斯洛文尼亚领土保卫部队的不信任越来越重，非斯洛文尼亚军官被任命到斯洛文尼亚领土保卫部队担任重要职务的情况越来越多。

1990年，在首次多党议会选举中斯洛文尼亚反对党获胜，斯洛文尼亚发生一系列重大变革。南斯拉夫联邦政府命令斯洛文尼亚领土保卫部队解除武装，使斯洛文尼亚人感到斯洛文尼亚军队再次面临1918年和1945年被解散的局面，并认为塞尔维亚人试图统治整个南斯拉夫的野心已日益明显，因此斯洛文尼亚的多数指挥官未服从联邦政府的命令。当时的斯洛文尼亚领土保卫部队的军官已分裂成了追随南斯拉夫军队领导的少数派和致力于民主变革的斯洛文尼亚领导人的多数派。

在斯洛文尼亚首次多党议会选举后，新当选政府的国防部和内务部依照共和国宪法和全民防御法，成立了新的领土保卫部队司令部，并大力加强领土保卫部队的武器装备及其机动能力，使领土保卫部队得到发展，这是后来成立的斯洛文尼亚军队的骨干力量。1990年10月，南斯拉夫军队占领斯洛文尼亚领土保卫部队司令部，12月斯洛文尼亚军队开始正式使用新的军装、军徽和实行新的军衔制。1991年5月，斯洛文尼亚领土保卫部队开始在卢布尔雅那附近的伊格（Ig）训练中心和马里博尔附近的帕克雷（Pakre）训练中心对士兵进行军事训练。1991年6月2日，斯洛文尼亚领土保卫部队的第一代斯洛文尼亚军队士兵举行了宣誓仪式，斯洛文尼亚共和国的武装部队宣告成立。1993年10月，斯洛文尼亚共和国的武装部队正式改名为"斯洛文尼亚军队"。

三 "十日战争"中的军队

1991年6月25日斯洛文尼亚共和国宣布独立，6月27日南斯拉夫军队的装甲部队和其他部队为占领斯洛文尼亚边界的过境通道，对斯洛文尼亚发起了进攻，试图使斯洛文尼亚与外界隔离和解除斯洛文尼亚领土保卫部队的武装，迫使斯洛文尼亚放弃独立活动。在斯洛文尼亚广大民众的支持下，斯洛文尼亚领土保卫部队与南斯拉夫军队在边境地区进行了战斗，斯洛文尼亚广大民众把驻在斯洛文尼亚的南斯拉夫军队封锁在其营地。战争从6月27日一直延续到7月7日签订《布里俄尼宣言》，整整10天，被斯洛文尼亚称为"十日战争"。经过国际调解、谈判和签订协议，1991年10月29日最后一批南斯拉夫军队的士兵从科佩尔港撤离斯洛文尼亚。

在"十日战争"开始时，斯洛文尼亚领土保卫部队大约有1.6万人，到战争结束时已增加到3.5万人，还有大约10万警察部队，当时的装备主要是步兵使用的轻型武器。

第二节 国防体系和军事制度

一 安全与防务的基本原则

斯洛文尼亚共和国宪法规定，参加国防是国民的义务，在维护国家安

斯洛文尼亚

全中，国家遵循的首先是谋求促进和平的政策以及和平与非暴力的理念。

斯洛文尼亚共和国国民议会于1993年通过了《关于斯洛文尼亚共和国国家安全战略的决议》，后于1994年、1995年、1996年、1997年、2000年和2001年做了多次修改补充。文件指出，保证斯洛文尼亚共和国的安全源于斯洛文尼亚共和国的国家利益。斯洛文尼亚共和国长期的和至关重要的利益是维护斯洛文尼亚民族的特性和斯洛文尼亚人民的独立存在，在加入国际一体化进程中维护国家的独立、主权和领土完整；斯洛文尼亚共和国的战略利益是保证民主议会的政治制度的运作，加强法治，尊重人权和基本自由，保护少数民族权利及祖居的少数民族的发展，保证经济的稳定发展和加强经济的竞争力，加入欧盟和北约。文件认为，冷战结束后国际安全形势发生了剧烈变化，斯洛文尼亚面临新的挑战、危险和威胁。在欧洲，一体化与内部冲突及非一体化并存，东南欧地区的军事冲突、大量难民、恐怖主义行为、有组织犯罪、破坏环境、军事封锁等，在一定程度上是对斯洛文尼亚安全的威胁。斯洛文尼亚的地缘战略地位使各种外部影响和利益在这里得以体现。斯洛文尼亚的安全首先取决于西方和欧洲在军事上、政治上、经济上的一体化进程。

二 安全与防务政策

斯洛文尼亚共和国的国家安全政策建立在尊重人权和基本自由以及民主和国际法的基本原则的基础之上，主要由外交政策、防务政策、保证内部安全的政策、经济政策、防灾救灾和环境保护政策等构成。在外交政策方面，斯洛文尼亚共和国主张和平解决争端和拒绝使用武力，支持军控、销毁和不扩散大规模杀伤性武器，尊重人民的自决权，加强国际合作与信任。

斯洛文尼亚的防务政策旨在保障国家的防务能力和防务体系的进一步发展，在军事防务和民事防务方面做好充分准备并逐步达到北约要求的标准，在国际防务中发挥积极的建设性的作用，并争取加入北约和集体防务体系。在完善军事装备和提高防务能力的进程中最大限度地发挥本国工业和科技的潜力，并在北约和欧盟合作的框架内加强与外国伙伴的联系。军队的规模和结构、装备和活动应建立在需要和国家能力的基础之上，在接受外援方面应保证充分的紧急性和选择性。军队的发展目标应从数量转向质量，逐步缩小军队的规模和增加职业军人的比例，改善人员结构，实现装备的现代化，允许志愿者入伍，建成能应对各种可能的军事威胁和履行所承担的国际义务的灵活机动的组织结构。防务政策应保证军事防务与民事防务的协调，进一步加强民事防务体系，使民事防务体系适应变化了的形势，保证民事防务在国际和平与人道主义行动中，在后勤、情报、支持军队履行国际义务等方面发挥作用。国家应保证防务所需资金并在规模和结构上与北约成员国相符。

三 安全与防务体系

斯洛文尼亚共和国的安全与防务体系由国家的立法机构和执行机构管理和领导。安全与防务体系的法律框架和长期方针政策由国民议会决定，其实施所需资金由国民议会通过的国家预算提供。根据宪法，共和国总统是斯洛文尼亚共和国武装力量的最高统帅。斯洛文尼亚共和国政府作为执行机构，负责国家安全政策的执行及安全体系在各领域和各级的运作，并采取必要的政策、法律、组织等措施。斯洛文尼亚共和国政府下设国家安全委员会，负责指导和协调国家安全体系的运作，在战时则变成国家防务作战指挥部。斯洛文尼亚的国家安全构想强调对国家安全危机的管理，国防部已组建了国家危机管理中心。在国家的基本价值受到严重威胁时，要求取消军事防务与民事防务之分并全面协调行动。在危机超越国界时，应加强与邻国和国际组织，特别是与欧盟和北约的协调行动。

斯洛文尼亚共和国的安全与防务体系包括防务体系、内部安全体系和防灾救灾体系三部分。

斯洛文尼亚共和国的防务体系包括军事防务和民事防务。斯洛文尼亚军队是军事防务的承担者，主要任务是捍卫斯洛文尼亚共和国的独立和领土完整，对外部的军事侵略及其他武装威胁做好军事、技术、组织、人员、物资等准备，并在集体防务体系内执行斯洛文尼亚共和国加入北约所承担的任务。民事防务主要是由国家机关、地方自治机构、经济企业及其他团体、组织和公民通过非军事手段对军事防务采取补充和支持的措施与行动，在战争或其他危机状态下，保证政权运作和经济运转不中断，保证对居民的供应和保护他们的生命安全。

内部安全体系的主要承担者是警察、国家检察院、法院、负责监督检查的司法机构以及保证国内稳定与安全的其他国家机构，主要任务是防止和消除威胁个人、财产安全和公共秩序的违法犯罪行为，保证国家边界的安全，管理内部事务，提供情报信息、执行监督检查任务。在保证国内安全的行动中，还有其他有关机构、组织和个人参加。

防灾救灾体系是为保护人民生活、财产、文化遗产、环境等的统一和完整的体系，其中包括国家机关、地方共同体、经济联合体、公共救援机构、从事防灾救灾活动的非政府组织、其他团体和公民个人，主要任务是防止灾害发生，监视和发现发生灾害的可能性并为此发出警告和做好准备，在灾害发生后进行救援。

第三节　武装力量

一　国民的国防义务

《斯洛文尼亚共和国宪法》和《防务法》规定，保卫国家是国民的义务，包括军事义务、劳动义务和物质义务。出于宗教等原因不能履行军事义务的人，应履行非军事义务。

有关法律规定，年满17岁、身体健康和有履行军事义务能力的国民，在保卫国家方面都应承担军事义务，其中未参军的人均编入预备役编制履行军事义务，或者参军在军队服兵役。19~40岁的妇女可自愿参加武装力量的预备役编制和从事某些专业技术性工作。

国民对国防的劳动义务是指有劳动能力的国民（男18~63岁、女18~55岁），在战时或处于紧急状态时服役。斯洛文尼亚实行义务兵役制，服役期7个月。国民有义务为军事需要提供劳动，而且在履行劳动义务时没有罢工权。

国民对国防的物质义务是指在战时或处于紧急状态时，有义务提供军事需要的物资（包括车辆、机器、设备和其他物资，以及土地或设施的临时征用），同时享有归还权和损失补偿权。

二 军队的编制及武器装备

1. 斯洛文尼亚武装部队的组成

根据斯洛文尼亚共和国《防务法》，斯洛文尼亚军队有三种编制，即常备编制、和平时期编制和战时编制。常备编制由职业军人组成，包括士兵、士官、军官及其他军事人员和应征入伍的文职人员。和平时期编制由职业军人、义务军人和应征入伍的预备役人员组成。战时编制由常备编制人员、义务军人和在编的所有预备役军人组成。军队的军人是指职业军人、义务军人和应征入伍的预备役军人。军人入伍时必须宣誓，必须服从命令，遵守军队纪律；同时军人享有保障其人权和基本自由的权利，有权抵制明显违法或违反国际军事法规的命令，2002年《防务法》的修改补充法又增加了军人有权在军队享受宗教服务的内容。

《防务法》对军队的职业军人做了专门规定。根据规定，职业军人必须是本国国民（不能有双重国籍），身体条件和社会、安全等条件符合要求，受过一定水平的教育（士兵为中等职业学校毕业，士官为中等或高等学校毕业，军官至少为高等学校或大学毕业），从入伍时起不能是任何政党或政治组织的成员，年龄限制为士兵和士官25岁以下，军官30岁以下。具备条件的人可与国防部签订合同（士兵为期10年，可续签为期10年的合同，但年龄到45岁；士官和军官的合同可不限期，或为期10年和可续签为期10年的合同），签订合同后必须到军校接受专业军事培训（士兵、士官及其他军事人员为期1年，军官2年）和完成学业，未完成学业者则合同终止，义务军人服役期满后也可签订合同成为职业军人。

斯洛文尼亚军队按照部队的使命分为干预部队（或快速反应部队）、基本部队和后备部队。部队编制不分军种兵种，而由联合的战术和作战部队和以地区为原则的军区部队组成。干预部队用于在全国范围内采取行动，并履行国家在国际组织和国际协议中承担的义务；基本部队由联合的

斯洛文尼亚

战术和作战部队组成，用于在全国范围内和在国外执行各种形式的战斗任务；后备部队由以地区为原则的军区部队组成，用于对国土安全进行军事监督，对专用的军事设施进行军事防卫，保证军队的后勤供应等。斯洛文尼亚军队中还包括指挥机构、情报机构、军事卫生机构、管理机构、技术机构、交通运输机构和军队警察机构等。在战时，物资、医疗及其他军需主要由民防系统保障。为了实现对军队的民主监督和管理，斯洛文尼亚军队实行文职人员监督管理军队的原则。斯洛文尼亚共和国国防部部长由文职人员担任，国民议会的国防委员会主席由反对党成员担任。

斯洛文尼亚军队的各种军事院校对军事人员的教育和培训发挥着重要作用，负责军事人员教育培训的军事教育中心及下属的士官学校、军官学院、指挥学院及其他军事院校已培训了大批军事人员。斯洛文尼亚的军事教育中心是伴随斯洛文尼亚独立和武装力量的发展而发展的。1991年在训练中心培训了第一代斯洛文尼亚军人以后，当年年底便成立了当时称为"领土保卫部队"的士官学校，学员是具有中学毕业水平的士官候选人，首批12名陆军学员就在指挥陆军部队进行培训，期限为4个月。1992年6月斯洛文尼亚共和国国防部教育中心成立，士官学校成了该中心的组成部分。1993年2月指挥学院和军官学院成立，指挥学院主要是使连、营、旅及司令部的军官掌握战术、指挥、动员、后勤支持等方面的专业和技术知识；军官学院是使学员掌握一般军事理论和军事实践方面的知识。

2. 军衔与制服

斯洛文尼亚共和国《防务法》规定了斯洛文尼亚军队的军衔，分为士兵、士官和军官。士兵分为下等兵、中等兵、上等兵；士官分为中士、上士、参谋中士和参谋上士，以及海军中士、上士、参谋中士和参谋上士；军官分为少尉、中尉、上尉、少校、中校、上校和准将；将官分为少将、中将和上将。海军军官分为海军少尉、中尉、上尉、海军少校、中校、上校，海军将官为海军少将、中将、上将。士官和军官晋升的条件是：具有规定的受教育水平；被委任的职务要求更高的军衔和已任职至少一年；已按规定完成了军事培训；距离上次晋升已至少2年，具有较好的心理素质。国防部部长授权军队总司令及其他指挥员负责士官的晋升；将官以下军官的晋升由国防部部长根据军队总司令的建议授衔；将官的晋升由国防部部长提出建议和征得政府同意后，由共和国总统授衔。严重违纪者将停止 2~5 年晋升，违法和违反国际法者将被撤销军衔。

斯洛文尼亚武装部队的制服分为作战服、官方制服、礼仪制服、警卫队的制服和斯洛文尼亚陆军乐队的制服。

斯洛文尼亚武装部队战斗服的等级和徽章在左胸袋上，等级和职级在正式制服的肩带上。海军军官和海军上将的军衔贴在作战、勤务或礼仪制服的肩膀或底部。

3. 装备

（1）步兵

斯洛文尼亚步兵部队是作战部队不可或缺的一部分，作战部队还包括装甲部队和特种作战部队。步兵部队还包括专门从事山区战斗的山区部队。

（2）装甲部队

斯洛文尼亚装甲部队能够支援步兵、防空和反装甲战斗。装甲部队能够参与国家框架内的"联合作战"，为步兵部队提供训练，以配合坦克和反装甲作战。

（3）空中力量

武装部队空中的任务是保护斯洛文尼亚领空、重要的设施和单位，向斯洛文尼亚武装力量（SAF）提供空中支持、在自然灾害和其他灾害发生时执行保护和救援任务。军事航空团包括直升机中队、空军中队、航空学校、技术中队和空军基地。

（4）海军力量

海军部队的任务是向斯洛文尼亚水域提供军事防御，并参与海上保护、营救和协助任务。第 430 海军师由一个多功能支队和一个潜水员支队组成。

（5）炮兵

斯洛文尼亚炮兵是一支拥有强大火力的军队。它监视并支持联合作战部

斯洛文尼亚

队，有专门的战术团体。炮兵向斯洛文尼亚武装部队的联合战术单位以及专门的战术小组提供参与战斗（直接支持）和联合火力配合（一般支持）。

（6）防空与空域控制

防空部队是作战支援部队的一部分，旨在为作战部队提供火力支援和作战支持。斯洛文尼亚武装部队的防空部队是斯洛文尼亚共和国现役防空部队的一部分。该部队通过与敌方从空域进攻的手段进行战斗，以击退敌方从空域的进攻。

命令支援部队主要进行空域控制。它们在有限的时间内，使用24/7远程和短距离雷达系统执行空域控制。它们提供雷达数据的传输、汇总和处理，飞机的识别，空域情况图片的传输，以及监控北约联合防空和导弹防御系统（NATINAMDS），对防空武器系统进行控制和战斗管理。

（7）工程部队

工程部队是斯洛文尼亚武装部队内部部队，装备精良且经过训练，可以在各种战役条件下为战争提供工程支持。工程部队与其他分支机构、服务部门以及民防部门合作，实现了战争的工程保证。工程部队具有战场机动性，在战场调节方面操作严格、专业，阻碍敌人进入防御区，并能独立确保战斗工程需求。

斯洛文尼亚武装部队的工程单位执行以下任务：克服前进障碍，穿越特定区域，拆除危险装置，阻止敌军进入特定区域，进行军事搜查，清理道路/区域，建造/改善军事道路，建造/改善桥梁结构，防护结构/防御工事的建造，设置隐蔽和伪装措施，爆炸性物质的管控，对生化核放防御部队（CBRN）装置的支持以及最新工程数据的收集。

（8）核、放射、化学和生物防御

核、放射、化学和生物防御部队是战斗支援部队，旨在执行特定的核、放射、化学和生物防御措施，以确保在受到化学、生物、放射性或核打击（CBRN）的环境中生存和采取有限的行动。斯洛文尼亚武装力量的所有单位都采用常规的CBRN自卫措施，例如人身保护、检测、剂量测定、警报和报告、风险和危害分析，以及净化操作。该部队配备了个人防护设备（身体和呼吸防护配件）以及检测、识别和控制设备，完整的去污设备，警报和报告设备，物理防护设备，以及危害管理处置设备。

（9）联络

无论是在国内还是在国外，斯洛文尼亚联络部门都要确保移动通信和信息系统的运行，维护、控制以及管理通信和信息系统。联络官确保在任何作战条件下及时、安全、准确地传达有关部队和战场状况的信息，从而确保各部门协调运作。他们可以在电子战条件下传输数据和信息，为战场提供信息支持和数字化保障，并确保信息系统的安全运行。

（10）宪兵

斯洛文尼亚宪兵负责维护军事秩序，负责军事交通的安全、调查和侦察，并负责可被处以罚款或三年以下有期徒刑的军事罪行的查处，同时保护国防设施。宪兵还负责保护军事人员和文职人员、军事代表团、指挥部队，以及保护在战争状态下、位于军事场所和设施中的部队总司令的安全。

（11）后勤

后勤保障部队旨在为作战力量提供保障，其活动涉及重大资产的购置、存储、分配、维护和撤离，人员和资产的流动，军事基础设施的设置以及维护和管理，医疗保健和服务。

第四节 对外军事关系

一 斯洛文尼亚加入北约

斯洛文尼亚共和国独立后，开始与北约进行非正式接触，1993年底，斯洛文尼亚共和国国民议会通过关于国家安全计划战略要点的决议，首次形成了靠近北约和发展与北约关系的外交和防务政策。

1994年3月30日，斯洛文尼亚共和国政府总理德尔诺夫舍克在布鲁塞尔签署和平伙伴关系的框架文件，斯洛文尼亚正式加入北约和平伙伴关系计划；同年，斯洛文尼亚获得北约议会的联系伙伴国地位，正式开始在北约议会框架内进行议会合作和开展活动。

1995年5月，斯洛文尼亚制定了第一个斯洛文尼亚与北约个别伙伴

斯洛文尼亚

关系的合作计划，重点内容是协调防务体系和调整军队结构、开展培训和演习等，使之达到和平伙伴关系计划文件中规定的标准，提高参加共同演习、共同培训和在北约和平伙伴关系计划框架内实施人道主义行动和维和行动的能力；同年 6 月 19 日斯洛文尼亚与北约签订了关于允许北约军队及其他多国维和部队在斯洛文尼亚过境的协议，斯洛文尼亚国民议会于年底批准了该协议；1995 年 8 月斯洛文尼亚军队首次参加了北约和平伙伴关系计划框架内的军事演习。

1996 年初斯洛文尼亚加入北大西洋合作委员会（1997 年被欧洲－大西洋伙伴关系委员会取代）；同年 4 月 11 日斯洛文尼亚国民议会通过决议，表示愿加入北约和在北约集体安全体系的框架内保证斯洛文尼亚的基本安全利益；4 月 17 日，斯洛文尼亚开始与北约就斯洛文尼亚加入北约问题进行首轮个别对话，7 月 10 日、9 月 30 日和 1997 年 4 月 22 日进行第 2 轮、第 3 轮、第 4 轮个别对话。

1997 年 4 月 17 日，斯洛文尼亚国民议会通过关于加入北约的宣言，认为斯洛文尼亚已具备加入北约的条件并有能力为加入北约支付所需的费用；5 月 29 日，欧洲－大西洋伙伴关系委员会在葡萄牙的辛特拉成立，在北大西洋合作委员会和北约和平伙伴关系计划的基础上形成了新的合作机制，为就政治和安全问题进行协商和军事合作提供了框架，斯洛文尼亚作为北约和平伙伴关系计划的参加国，也是该委员会的成员国；7 月北约通过《马德里宣言》后，波兰、匈牙利、捷克就加入北约问题开始谈判，斯洛文尼亚未被列入第一批加入北约的候选国名单；8 月斯洛文尼亚共和国总统米兰·库昌签署关于斯洛文尼亚共和国在北约设立使团的命令，斯洛文尼亚共和国驻北约的使团正式开始工作；10 月斯洛文尼亚军队开始参加北约驻波黑的维和部队，斯洛文尼亚成为参加波黑维和行动的第 37 个国家；11 月斯洛文尼亚成为西欧联盟的联系国，加强了包括斯洛文尼亚在内的中欧国家和西欧国家之间的合作。

1998 年 2 月斯洛文尼亚国民议会通过了《斯洛文尼亚共和国参加北约一体化的国家战略》，同年秋季在斯洛文尼亚举行了在北约和平伙伴关系计划框架内的大规模军事演习，北约与其和平伙伴关系计划成员国的

6000多名军人参加了军事演习。

1999年4月北约成员国在华盛顿峰会上通过"加入行动计划",这是各候选国为加入北约做准备的基本文件,斯洛文尼亚被包括在内。随后斯洛文尼亚分别制定了1999~2000年、2000~2001年、2001~2002年、2002~2003年和2003~2004年的斯洛文尼亚共和国执行加入行动计划的年度计划。

2001年11月27日,斯洛文尼亚国民议会通过了《斯洛文尼亚军队发展和装备的总的长期计划》,后又提出了到2015年斯洛文尼亚军队的改革计划。

2002年11月北约布拉格峰会期间,斯洛文尼亚、保加利亚、爱沙尼亚、拉脱维亚、立陶宛、罗马尼亚和斯洛伐克被邀请就加入北约问题开始谈判。斯洛文尼亚于11月26日收到了北约秘书长关于开始谈判的正式书面邀请;12月24日斯洛文尼亚政府制定了与北约就加入问题进行谈判的基本原则。

2003年1月21日、31日,斯洛文尼亚与北约进行了2轮谈判,并于3月结束了最后谈判,就斯洛文尼亚加入北约问题草签了协议;3月23日斯洛文尼亚共和国就加入北约和欧盟问题举行全民公决,选民的投票率为60.43%,支持斯洛文尼亚加入北约的投票选民占66.08%(支持斯洛文尼亚加入欧盟的投票选民占89.63%);3月24日斯洛文尼亚外交部部长致信北约秘书长并提交了斯洛文尼亚的改革时间表;3月26日北约19个成员国在布鲁塞尔的常驻代表签署了斯洛文尼亚加入北约的议定书;在北约成员国的批准程序结束后,斯洛文尼亚于2004年3月29日正式成为北约成员国。

二 国际合作

斯洛文尼亚武装部队于1997年5月14日首次在危机应对行动中部署了其成员。斯洛文尼亚武装部队医疗队和四名联络官将第一批成员部署到阿尔巴尼亚的人道主义行动中,此后,斯洛文尼亚武装部队的成员人数逐渐增加。2007年2月,斯洛文尼亚军队有史以来第一次部署了一个营。除了参与国际行动和特派团,斯洛文尼亚武装部队还积极参与旨在在联盟

斯洛文尼亚

内部和外部开展行动的欧盟战斗小组（EU BG）和北约响应部队（NRF）。

军事领域国际合作的基本任务是开展有效和直接的、支持斯洛文尼亚共和国作为北约和欧盟伙伴以及正式成员的职责的活动。随着斯洛文尼亚共和国于2004年3月29日加入北大西洋联盟，斯洛文尼亚武装部队在支持国际和平方面更加活跃。其行动包括斯洛文尼亚武装部队成员参与和平资助行动和人道主义活动。

斯洛文尼亚武装部队参与的主要国际行动如下。

1. 科索沃地区

斯洛文尼亚武装部队于2000年1月首次向科索沃地区部署了部队。2007年，斯洛文尼亚军队首次向国际行动和特派团部署了一个营规模的部队。同时，斯洛文尼亚武装部队向科索沃地区部署了军民合作专家，并实施了一些支持当地居民的项目。斯洛文尼亚士兵在科索沃地区的任务包括维持安全稳定的环境，在通信和检查站执行控制任务，维护重要的设施以及执行与民兵合作项目。

2. 阿富汗

2003年8月11日，北约应联合国和阿富汗政府邀请，接管了伊萨夫行动，负责指挥、协调部队，包括在阿富汗提供部队指挥官和现场指挥。斯洛文尼亚武装部队的首批成员于2004年3月接管了伊萨夫行动的任务。到2014年12月31日，在伊萨夫部队中有1273人在役。在过去10多年中，国际安全援助部队中的21个斯洛文尼亚特遣队一直在执行各种任务，包括2004年的侦察任务、2005年以来的安全任务、2010年以来的辅导任务、2012年以来的咨询任务以及特殊行动。

北约成员国外交部部长于2014年6月底批准了"坚决支持"特派团的详细行动计划。国际安全援助部队（ISAF）在阿富汗的任务于2014年底结束。然后，它继续为阿富汗安全部队和机构提供培训、咨询和协助，以执行从2015年1月1日开始的新的"坚决支持行动"任务。斯洛文尼亚武装部队的首批成员从2015年开始在"坚决支持行动"中担任职务。斯洛文尼亚武装部队根据政府关于斯洛文尼亚共和国参加北约在阿富汗的决定性援助特派团（2014年11月27日通过）的政府决定，参与行动。

3. 伊拉克

2016年2月3日，斯洛文尼亚共和国政府通过一项决定，决定参加由全球反恐联盟组成的反对"伊拉克和黎凡特伊斯兰国"（ISIL）行动，有15名斯洛文尼亚武装部队成员参加了对伊拉克北部武装部队成员的培训。斯洛文尼亚武装部队在2016年3月的联盟定期招募大会上宣布加入全球联盟。根据斯洛文尼亚共和国政府的决定以及与德意志共和国的双边协议，斯洛文尼亚武装部队部署了临时部队。此外，斯洛文尼亚武装部队还向伊拉克北部运送了捐赠的剩余武器。

自2016年9月5日起，斯洛文尼亚武装部队在伊拉克北部执行任务。6名成员在位于库尔德斯坦训练协调中心（KTCC）的埃尔比勒（Erbil），1名军官在坦帕美国中央司令部（US CENTCOM）的联盟中执行任务。埃尔比勒的6名成员在特派团的领导国家之一德国的领导下，共同组成了一个流动培训小组，在伊拉克北部训练武装部队。根据2016年3月10日在坦帕举行的征兵会议的任务，他们在步兵装备和战术、基本医疗保健、工程学和同盟合作方面提供指导。

4. 黎巴嫩

2006年9月7日，斯洛文尼亚政府决定将12名斯洛文尼亚武装部队成员部署到联合国驻黎巴嫩临时部队行动，对黎巴嫩的局势稳定做出了贡献。斯洛文尼亚武装部队的首批成员于2006年12月参加了国际行动。

5. 巴勒斯坦

1948年5月29日，安全理事会第1号决议呼吁结束在巴勒斯坦领土上的敌对行动，并决定停火应由联合国调解员在一组军事观察员的协助下控制。联合国停战监督组织到达该地区，其军事观察员监督了以色列与阿拉伯邻国之间停战协定的执行情况。在1956年、1967年和1973年战争之后，观察员的职能根据情况的变化而改变。如今，这些地区的维和部队中部署了停战监督组织中东军事观察员小组、戈兰高原联合国脱离接触观察员和联合国驻黎巴嫩临时部队。观察员确保联合国在西奈半岛的存在、停战监督组织部队在贝鲁特和大马士革行动等。斯洛文尼亚武装部队自

斯洛文尼亚

1998年10月以来就参与了这一行动。斯洛文尼亚军事观察员的任务是监督冲突双方在以色列、黎巴嫩和叙利亚境内的停火协议执行情况，以及其他公认协定的维持情况。

6. 波斯尼亚和黑塞哥维那

波斯尼亚和黑塞哥维那发生冲突后，国际社会向该地区派遣了北约部队进行联合行动。2004年12月2日，北约决定结束稳定部队任务时，《代顿协定》规定的任务被分割，部分任务由"雅典娜行动"承担，部分任务由北约司令部在萨拉热窝执行。欧洲联盟部署了强大的军事力量。根据《联合国宪章》第七条，其任务是确保遵守《代顿-巴黎协定》，并维护波黑的安全。斯洛文尼亚武装部队参与行动，其他国家的部门向斯洛文尼亚武装部队提供行政和后勤支持。

北约萨拉热窝司令部的主要任务是改革波黑的国防和安全部门，支持前南问题国际法庭的行动。斯洛文尼亚军队与萨拉热窝北约司令部的军官和士官合作执行任务。目前，就其贡献力而言，斯洛文尼亚军队在参加北约萨拉热窝司令部的12个国家中排名第三。

7. 北马其顿

由于科索沃地区危机，北大西洋联盟自1999年以来向北马其顿派员。2002年，北约斯科普里总部（NATO HQSK）成立，员工人数超过300名。随着北马其顿国防改革的发展，以及科索沃地区部队的后勤支持需求不断减少，北约在北马其顿的力量也在下降。北约在该地建立总部的最重要任务是支持北马其顿国防和安全部门的转型，并协助北马其顿加入联盟。在这方面，北约司令部与北马其顿国防部、内政部和外交部紧密合作，并与北马其顿交通运输部协调，在北马其顿实施道路等基础设施的重建计划（为道路和桥梁建设共同提供资金）。北约司令部的任务是支持北约在西巴尔干地区（特别是驻科地区部队）的行动和派遣特派团，并监督2001年阿尔巴尼亚族代表与北马其顿代表在族裔冲突后签署的《奥赫里德框架协议》的执行情况。

斯洛文尼亚自2009年11月借调北约咨询小组成员以来，一直参与北约总部在北马其顿的相关行动。

180

8. 塞尔维亚

贝尔格莱德军事联络处（MLO）的主要任务是就 2005 年 7 月 18 日签署的《北约-塞尔维亚过境协定》的实际执行情况与塞尔维亚军事当局联络。MLO 促进了塞尔维亚与北约之间的和平伙伴关系计划的实施，并为北约在该地区的公共外交活动提供了援助。MLO 的职责包括支持自 2006 年 2 月开始运作的国防改革小组。该小组由塞尔维亚和北约共同管理，旨在为塞尔维亚当局改革和现代化塞尔维亚武装部队提供咨询和协助，帮助塞尔维亚建立现代化国防体系。

斯洛文尼亚武装部队（SAF）自 2007 年 1 月 13 日以来一直参加 MLO。SAF 成员在 MLO 中的任务包括协调和确保在北约主持下的货物和乘客在塞尔维亚境内的自由流动；与塞尔维亚当局达成必要的附加协议并进行协调；与北约联络官和东道国当局保持联络；与塞尔维亚各部保持永久联络；与其他国际组织合作并进行协调；为北约部队越过塞尔维亚国境提供便利；为其领土上与运输相关的所有活动提供保障。

9. 马里

自 2012 年 1 月该国北部武装团体叛乱以来，马里一直动荡不定。国内流离失所者人数已超过 20 万人。此外，大约有 15 万名来自马里的难民逃往邻国（毛里塔尼亚、尼日尔、布基纳法索和阿尔及利亚）。估计约 420 万人需要获得人道主义援助。

在 2013 年 1 月 17 日于布鲁塞尔举行的欧盟外交事务理事会特别会议上，成员国强烈谴责恐怖主义行径，并支持该地区和国际社会对马里事态发展的反应。会议正式成立了欧盟马里军事训练部队（EUTM），并任命了其指挥官。

斯洛文尼亚共和国积极参加欧盟解决马里危机的行动。2013 年 2 月 6 日，斯洛文尼亚政府决定部署最多 4 名斯洛文尼亚武装部队成员到马里。2013 年 3 月 19 日，斯洛文尼亚武装部队的第一批成员部署到该地区。

10. 拉脱维亚

在 2016 年 7 月于华沙举行的北约峰会上，所有盟国的国家元首和政府首脑一致决定在爱沙尼亚、拉脱维亚、立陶宛和波兰四个国家增强部署。

在2016年7月举行的北约峰会上,斯洛文尼亚表示愿意本着盟友团结的精神参加多国行动,并于2016年10月在布鲁塞尔举行的北约国防部部长会议上宣布成立一支由50名斯洛文尼亚武装部队成员组成的队伍。

斯洛文尼亚武装部队为执行任务的拉脱维亚增强了前线力量部署,参加其和平时期行动,包括演习、培训、自卫等,以确保和维持全面的北约威慑力和防御态势。斯洛文尼亚参加特派团提高了军事能力和技能,并增强战备能力和作战能力。

11. 索菲亚行动(EUNAVFOR MED)

自2015年以来,该行动已成为欧洲联盟和国际社会采取综合措施的一部分,以解决该地区的人口走私和非法移民问题。这也是与战略和区域合作伙伴更广泛接触,以充分解决原籍国移徙的结构性问题的一部分,行动的主要目的是限制地中海走私行动。

2015年7月6日至9月20日,斯洛文尼亚政府通过了关于斯洛文尼亚共和国参与该行动的决议,命令斯洛文尼亚武装部队参加EUNAVFOR MED行动,该行动更名为索菲亚(以索马里女孩名字命名,因为她是在其中一艘正在运营的船只上出生的)行动。2015年7月10日至8月6日,国防部发布了建立斯洛文尼亚特遣队的命令。

三 境外斯洛文尼亚武装部队的结构

1. 军事代表

国外的斯洛文尼亚武装部队包括三个斯洛文尼亚武装部队的特派团和一个国家支持部门。统一的特派团组织结构可确保在国外代表斯洛文尼亚武装部队的利益,并通过在国际机构中开展工作来支持共同目标的实现;国家支持部门为斯洛文尼亚武装部队的所有成员在国外提供国家支持。

军事代表的任务是:在北约-欧盟军事委员会及其工作机构中,代表斯洛文尼亚共和国和斯洛文尼亚武装部队的利益,确保斯洛文尼亚武装部队与北约和欧盟组织单位的整体合作，向北约和欧盟大使提供军事建议，对国际行动、特派团行动以及快速反应部队的行动提供支持，为国外维和人员提供国家支持，在北约、欧盟和其他国际组织中履行军事职责，为联盟的共同目标服务。

在国外开展活动的军事代表有北约和欧洲联盟的军事代表（派驻比利时布鲁塞尔）、联合作战司令部国家军事特派团（派驻比利时蒙斯）、盟军指挥部转型国家联络处（派驻美国诺福克）。

2. 北约和欧洲联盟的军事代表处

北约和欧盟的军事代表处是斯洛文尼亚武装部队执行北约和欧盟任务的最高机构。代表处总部设在斯洛文尼亚共和国常驻布鲁塞尔的北约代表团。欧盟范围内的部分位于斯洛文尼亚共和国常驻欧盟代表处，也位于布鲁塞尔。

军事代表处的任务是：在北约军事委员会和欧盟军事委员会及其工作机构中代表斯洛文尼亚共和国的军事利益；向北约和斯洛文尼亚共和国的欧盟大使提供军事建议；为北约国际军事人员和欧盟军事人员中的斯洛文尼亚武装部队提供国家支持；支持和协调斯洛文尼亚武装部队的军事代表参加北约和欧盟工作机构；与斯洛文尼亚武装部队派代表参加并代表斯洛文尼亚共和国和斯洛文尼亚武装部队利益的北约工作机构和其他北约机构进行合作；协调和支持斯洛文尼亚共和国最高军事和文职代表访问北约和欧盟，以及北约和欧盟最高代表访问斯洛文尼亚共和国。

3. 国家军事联合行动司令部特派团

设在比利时蒙斯的国家军事联合行动司令部特派团（ACO）确保维护斯洛文尼亚共和国和斯洛文尼亚武装部队的利益，并支持该司令部在战略层面上的准备和管理行动。特派团代表斯洛文尼亚武装部队与北约通信与信息服务局、欧盟盟军司令部作战部队、欧盟作战部队、盟军最高司令部欧洲司令部的特种部队转型司令部（SHAPE）和北约空降预警和控制部队合作，其任务是：开展谈判；组织和实施斯洛文尼亚武装部队单位和个人参加欧盟和北约行动或由北约支持的行动；协调和执行与斯洛文尼亚武装部队参加北约演习有关的其他活动；在 SHAPE 下进行与北约伙伴国家的合作；参与 SHAPE 工作机构以及 SHAPE 的所有组织；向在联合行动司令部主持下在北约维持和平结构内行动的斯洛文尼亚武装部队成员提供国家支持；协调和支持斯洛文尼亚共和国的军事和文职代表访问联合行动指挥部和联合行动指挥部代表在斯洛文尼亚共和国的访问；北约响应部队和欧盟战役小组的设计、组织和参与；参与与国际军事行动有关的斯洛文尼亚武装部队参谋长决策和起草军事建议。

4. 联盟转型司令部国家联络处

国家联络处（NPP）在美国诺福克的联盟转型司令部（ACT）总部运营。联络处支持在制定和实施北约转型概念方面促进斯洛文尼亚共和国和斯洛文尼亚武装部队的利益，并确保 ACT 和斯洛文尼亚武装部队之间持续不断的信息交流和专业解决方案的交流，支持实现斯洛文尼亚武装部队发展和能力建设领域的目标。

联络处的任务是：向斯洛文尼亚武装部队和国防部介绍在 ACT 的领导下制定改造举措和项目的情况；向 ACT 通报国防部和斯洛文尼亚武装部队当前、中期和长期转型活动；协调斯洛文尼亚武装部队参与北约的个别教育和培训项目；协调并支持国家军事和文职代表对斯洛文尼亚共和国首都地区的访问；确保斯洛文尼亚武装部队与美国陆军司令部之间的情报合作、联络与协调交流；等等。

第六章

社 会

第一节 国民生活

一 就业、失业和工资

1. 就业

斯洛文尼亚就业率逐步提高，2016年就业率提高了1.1个百分点，2017年提高了0.9个百分点。积极的就业措施解决了斯洛文尼亚长期的劳工市场问题。然而，55~64岁年龄阶段的就业率只有35%，每3名失业者中就有1人年龄超过50岁，对此经合组织（OECD）已经向斯洛文尼亚发出警告，这会使大量的未来企业家、创新性人才和研究人员离开斯洛文尼亚前往他国。

2016年，斯洛文尼亚每4个年轻人中就有3人签订临时工作合同（占75%），就业情况列欧盟首位。2016年，欧盟签订临时工合同的15~64岁雇员人数达2640万人，占总就业人数的14.2%。临时就业比例最高的为波兰，达27.5%，罗马尼亚最低，为1.4%。斯洛文尼亚略高于欧盟平均水平，达16.9%。

斯洛文尼亚国家统计局发布的2022年9月就业数据显示，9月斯洛文尼亚就业人数925217人，较2022年8月增长0.4%，较2021年9月增长2.1%。其中职工826721人，较2022年8月增长0.4%；个体经营者98496人，较2022年8月增长0.3%。教育行业就业人数增

斯洛文尼亚

幅最大，共 77500 人，环比增长 2.1%，同比增长 1.7%，比 10 年前同期增长 18.8%；建筑业和制造业就业人数增长最多，分别增加 5400 人和 4600 人。2022 年第三季度，斯洛文尼亚就业人数比第二季度增长 0.3%。

2. 失业

斯洛文尼亚失业数据按年度更新，1991 年 12 月 1 日至 2022 年 12 月 1 日期间平均值为 66083 人。失业人数的历史最高值出现于 2013 年 12 月 1 日，达 101000 人，而历史最低值则出现于 2022 年 12 月 1 日。2022 年 12 月 1 日，斯洛文尼亚失业人数达 41250 人，相较于 2021 年 12 月 1 日的失业人数 48500 人有所下降。

据斯洛文尼亚媒体报道，斯洛文尼亚是世界上就业和再就业体系较不灵活的国家之一。一旦雇佣关系形成，解聘将异常困难。斯洛文尼亚教育水平较高，劳工素质好，但由于人力资源匮乏，国内部分岗位供求失衡，为外籍劳工进入提供了条件。

斯洛文尼亚 90% 的外国雇工许可发放给前南斯拉夫国家公民。斯洛文尼亚总计有约 8.2 万名外籍劳工，其中来自前南斯拉夫的有 7.2 万人，欧盟地区的有 7000 人，其余国家和地区的有 3000 人。

3. 工资

斯洛文尼亚 2017 年经济由于出口和国内消费的强劲增长，增长接近 5%，但国民购买力水平仍较欧盟的平均购买力低约 0.25%。2018 年斯月工资水平见表 6-1。2019 年 1~12 月，斯洛文尼亚月平均税前工资为 1753.57 欧元，平均净工资为 1133.30 欧元，同比实际增长分别为 4.3% 和 2.1%。金融和保险部门的工资水平最高，公共管理部门工资水平最低。社保缴费水平较高，企业须缴纳员工工资的 16.1% 作为社会保险。根据斯洛文尼亚新公布的《最低工资法修正案》，2020 年最低工资额为 940.58 欧元。2020 年，斯洛文尼亚平均月工资为 1799 欧元。

表 6-1 2018 年斯洛文尼亚平均月工资水平（税前）

单位：欧元

划分标准	类别	金额
按性别	女士	1630
	男士	1732
按年龄	15~24 岁	1111
	25~34 岁	1403
	35~44 岁	1712
	45~54 岁	1756
	55~64 岁	1902
按企业性质	私营企业	1562
	国有企业	1908
按文化程度	小学	1103
	中学	1364
	大学	2334

资料来源：斯洛文尼亚统计局。

二 养老

在斯洛文尼亚人口中，2013 年 65 岁以上老人已近 20%。养老问题成为一个日益严峻的挑战。斯洛文尼亚养老金支付金额根据应计养恤金收入进行评估，最低的应计养恤金收入达到平均月工资的 76.5%。

缴纳养老金是斯养老的一大方式，就是在就业期间由雇主从工资中直接扣除的部分，占工资的 20% 左右。养老金这个"蓄水池"不断被加速抽取，而流入蓄水池中的资金却越来越少。虽然养老金的绝对数额还在增长，但由于物价不断上涨，这笔钱的实际购买力不断下降。特别是 2008 年以来，金融危机和欧债危机的打击使得失业率不断上升，斯洛文尼亚的养老基金已经快到了告急的程度。

在这种情况下，斯政府推出了一项名为"第二养老金"的计划，每个工作的人除了由企业直接从工资中扣除养老金外，还可以根据自己的收入情况，再向一个"额外养老基金"缴费。"额外养老基金"与一般的金

斯洛文尼亚

融理财产品不同，由国家指定的金融公司运营，基金投资的产品风险很低，但收益率比定期存款要高。目前，斯洛文尼亚很多中高收入者已开始每月向这个基金存入 100~200 欧元。到他们退休时，即使养老金下调，他们也能从这个"第二养老金"中获得一笔钱。但是，对于低收入阶层来说，他们的收入本来就很少，根本无法拿出钱来投资这个"第二养老金"。所以，这个方案并不能覆盖全体国民。

三 居民生活

斯洛文尼亚是世界上最发达国家之一。2014 年 6 月 16 日，欧盟发布了成员国人均消费水平。其中人均消费水平最高的国家是卢森堡，达到欧盟平均水平的 140%。斯洛文尼亚人均消费水平为欧盟平均水平的 74%，比 2013 年下降了 2 个百分点。人均 GDP 在 2018 年超过 22000 美元。斯洛文尼亚生活水平处于欧盟的中上游，人均年收入 2 万~3 万欧元。

斯洛文尼亚政府重视提高人民的生活水平，实行覆盖所有纳税人家庭和个人的医疗保障和社会保障制度，包括免费医疗、免费教育、失业保障金、退休金、残疾人福利等。斯洛文尼亚居民生活压力小，因为他们有：生育福利（孕妇享有 105 天的产假，孩子父亲享有高达 90 天的陪产假，孩子在小学一年级前均可使用；父母一方在产假结束后仍享受照顾子女假 260 天）、失业救济金（雇佣关系中的雇员强制参加失业保险，失业救济金不得低于 350 欧元，不得超过 892.50 欧元，临时缺勤期间还享有工资损失补偿）、子女生病陪护假期（孩子生病时父母享有 7~15 天的陪护假期）、学生教育津贴（学生自入学至大学毕业，每餐餐费只需 2.5 欧元）。此外，斯洛文尼亚学生从小学一直到大学学费全部免费。

2016 年，斯洛文尼亚产品和服务价格低于欧盟平均水平，其中食品、软饮料、衣服和消费电子产品的价格与欧盟平均水平几乎相当，而酒类饮料和酒店服务则更便宜。总体而言，2016 年斯洛文尼亚的产品和服务价格为欧盟平均水平的 82%，酒类饮料和烟草制品比欧盟平均水平低 19%，酒吧和餐厅的服务和住宿比欧盟平均水平低 18%，运输价格比欧盟平均水平低 10%。

据斯洛文尼亚国家统计局统计，2018年斯洛文尼亚的零售总额为139亿欧元，批发总额为145亿欧元。2019年，斯洛文尼亚人均月净收入1114欧元，实际增长1.9%，税前平均月收入1720欧元，实际增长2.2%。公共部门人均月税前收入为2050欧元，私有部门人均月税前收入为1617欧元。2018年，斯洛文尼亚家庭储蓄率（家庭可支配收入总额中储蓄额所占的比重）为15.1%，比2017年提高1.2个百分点。2019年12月，斯洛文尼亚总储蓄率为27.1%，较2019年9月下降1.9个百分点。

2019年，斯洛文尼亚通胀率为1.6%。生活必需品的价格如下：白面粉0.96欧元/千克，猪肉7.59欧元/千克，牛肉11.29欧元/千克，鸡4.99欧元/千克，苹果1.26欧元/千克，食用油1.76欧元/升，土豆0.99欧元/千克，白面包1.82欧元/千克，鸡蛋0.17欧元/个，鱼肉6.36欧元/千克。

四　住　房

自2008年国际金融危机导致房地产泡沫破裂以来，斯洛文尼亚房地产市场一直低迷，尤其是2012年以来，房地产出现加速下滑趋势。数据显示，斯房地产销售价格自2008年以来以每年4%左右的速度下滑。最严重时，首都市中心区域的普通公寓房价格从最高时的每平方米1500欧元降到了1200欧元左右。

房地产销售价格的下降直接影响到房屋租赁市场。这一时期，经济不景气造成许多人失业，他们被迫到首都之外找工作，造成首都的房屋租赁市场供大于求。

斯洛文尼亚政府征收房产税，而征税的依据是政府对于不同地区房产价格制定的参考价值的百分比。由于房地产市场不断下滑，政府不得不降低房屋的参考价值。比如2019年对于首都的公寓房的参考价值就比2012年降低了10%，而酒吧和餐馆等服务业所用房屋的参考价值就降低了30%。当地媒体报道称，很多年轻人找不到工作而又有实际的住房需求，政府方面却因财政捉襟见肘，无力来安排更多的资金在保障性住房和廉租房的建设上。

斯洛文尼亚

斯调查统计局的报告预计,由于目前斯经济看不到好转的迹象,房地产市场将进一步走弱。房地产市场的不景气反过来将影响到建筑业的就业情况。大量建筑工人失业成了一个新的社会问题。

但是,2019年以来,斯洛文尼亚的房地产投资越来越受欢迎,并被英国电视节目《太阳下的地方》评选为全球十大房地产投资地之一。斯洛文尼亚的房产近几年也一直受到很多外国人的关注,房地产市场正在反弹,需求大幅上升。在莱坊(全球性房地产咨询公司)公布的房价指数中,斯洛文尼亚高居全球第四位。

总之,从2016年到现在,斯洛文尼亚房地产业不断复苏;其宜居性是支撑近年房价的基础,再加上外国投资者的进入,房价上涨较快也在情理之中。但从其整个国家的基本面来看,经济底子薄、人口外流的斯洛文尼亚房产长期仍缺乏上涨动力。斯洛文尼亚房产宜居不宜投,未来几年长持存在较大风险。

五 移民

斯洛文尼亚面积不大,但自然景观丰富,拥有高山、湖泊、瀑布、溶洞、中世纪古城等。它人口不多,经济水平较高,生活成本较低,人们生活压力较小,是世界上最幸福的国家之一。斯洛文尼亚是欧洲唯一一个融合了阿尔卑斯山脉、地中海、潘诺尼亚平原和喀斯特高原的国家,是旅游理想之地。

斯洛文尼亚是一个十分发达的资本主义国家。它是欧盟成员国、北约成员国、申根国、经合组织成员国,也位于欧元区。它在东南欧经济转型国家中人均GDP位列第一,还是世界贸易组织的创始成员之一。2017年斯洛文尼亚GDP增长速度全球排第6名,2018年排第8名(OECD数据),人均GDP超过2.3万美元,素有"欧盟小瑞士"之称。所以,移民斯洛文尼亚成为很多人的选择。

相对于欧洲移民大国推出的政策,斯洛文尼亚移民政策显得格外宽松,外籍人士申请斯洛文尼亚移民手续,仅需要5万欧元存款,并且对主要申请人无语言、学历以及资金担保方面的要求。近些年来有大批移民和难民不断涌入斯洛文尼亚，斯洛文尼亚政府部门采取了一些应对措施，如关闭巴尔干移民路线和准许军队对难民采取行动等。

1. 拆除巴尔干移民路线

斯洛文尼亚总理采拉尔早在 2016 年 3 月 8 日欧盟峰会结束后就明确表示"西巴尔干地区的非正常难民潮已经结束"。尽管措辞上没有直接采用"关闭"一词，但实质上就是将关闭巴尔干难民路线。即自 2016 年 3 月 8 日起，斯开始全面执行申根规则，只对符合进入申根地区条件的证件持有人放行。在新的斯洛文尼亚移民政策尚未出台之前，斯洛文尼亚移民政策仍按照该规定执行。

2. 准许军队对难民采取行动

自匈牙利决定关闭边境之后，有数千名难民从克罗地亚进入斯洛文尼亚。面对不断壮大的移民潮，斯洛文尼亚议会于 2015 年 10 月 21 日通过了一项新的法规，同意军队协助警方驻守边境，疏导大量入境的难民。

结合现行的斯洛文尼亚移民政策，不同的移民方式所需具备的条件不同，例如斯洛文尼亚购房移民政策就要求申请人在斯洛文尼亚购买房产，并办理斯洛文尼亚考察签证；而申请斯洛文尼亚技术移民，主申请人须为年满 18 岁非欧盟国家之公民。

斯洛文尼亚商务移民是通过申请人在斯洛文尼亚注册商业公司，由公司为申请人申请居留许可，并缴纳社保，获得居留许可证（绿卡）的一种移民方式。持有斯洛文尼亚绿卡期间，居留人即可在欧洲申根 26 国自由通行和居住。

第二节 社会管理

一 社会管理概况

在社会政策方面，斯洛文尼亚的成绩好坏参半。尽管第三产业资金不足，但教育系统的结果总体上还是不错的。教育支出增加了，修订《高等教育法》将减轻政府负担,并寻求缩小性别差距。收入不平等指数很低。

强制性的公共卫生保健系统,以私人保险提供者为补充,通常可以提供良好的护理,但在财务上存在问题。关于医生工资的不合理协议容易引发广泛的公共部门罢工,导致政府垮台。

正在进行的养老金改革,将提高实际退休年龄和促使指数养老金增长,同时提高最低养老金水平。在危机时期结束之后,每年发放的工作许可证数量有所增加。随着第一批移民计划于2018年底完成,政府的反难民立场已经减弱。

斯洛文尼亚有着悠久的社会融合传统,其基尼系数(是指国际上通用的、用以衡量一个国家或地区居民收入差距的常用指标)在欧盟成员国中最低。过去,社会政策的重点是为老年人和有孩子的家庭提供福利。然而,在经济危机爆发后,社会差距扩大。政府于2012年5月通过的《财政平衡法》削减了多项社会福利计划,并减少了失业者的社会福利。但是从那以后,大多数削减措施被撤销。2015年秋季,采拉尔政府启动了新的《2015~2025年国家住房计划》。

二 社会政策和社会治理

1. 教育政策

斯洛文尼亚教育体系完善,完成高中教育的人口在25~64岁人口中占很高的比例。教育最紧迫的问题是较少部分的学生参加职业教育,以及高等教育资金严重短缺。与以前的政府相比,采拉尔政府更加重视教育政策。2016年9月,政府宣布将增加2017年和2018年的教育支出,修订了《高等教育法》,使高等教育体系更加完善灵活,缩小性别差距。

2. 社会包容

斯洛文尼亚社会融合度高。过去,社会政策着重为老年人和有孩子的家庭提供福利。然而,在经济危机中,社会差距扩大了。政府于2012年5月通过的《财政平衡法》削减了数项社会福利方案,减少了失业者的社会福利。2015年秋季,采拉尔政府启动了新的《2015~2025年国家住房计划》。有关贫困和社会排斥的问题已有所改善。

3. 卫生政策

斯洛文尼亚的卫生保健系统实行强制性公共健康保险计划，确保居民普遍享有基本健康服务，但不包括所有费用和治疗。为了弥补这一差距，公民可以购买额外保险。斯洛文尼亚卫生服务质量高，且部分卫生服务由私人服务商提供，全国卫生总支出远高于经合组织的平均水平。

2015~2017年，卫生保健系统改革成为执政联盟协议的主要内容。总理采拉尔组建的政府，承诺重新扩大公共计划的覆盖面，并在标准服务和额外服务之间进行更清晰的划分。2017年初，卫生部最终提出了一项改革建议，要求废除自愿的额外医疗保险，并实行统一的税率，每月在20欧元至75欧元。该提案遭到了各方，包括社会层面与工会的质疑。2017年3月，政府和医生之间达成协议，促使工会成立。经过六个月的艰苦谈判和医生群体的努力，达成有关从医标准和工资薪酬标准的协议。该协议受到其他行业的批评，包括代表护士群体的工会组织，他们认为该协议破坏了公共部门稳定的工资制度和标准。2017年7月，为弥补斯洛文尼亚医疗保健系统的不足，政府向公众提交了一份长期护理清单，为弱势人群提供服务。

4. 家庭政策

斯洛文尼亚妇女的就业率高于欧盟平均水平，并且6岁以下儿童的母亲的就业率在欧盟国家中最高。养育子女和就业的协调发展，使斯洛文尼亚提供的儿童保育设施超过了欧盟的平均水平。2011~2020年，幼儿园增加了约50%。大多数妇女从事全职工作，而兼职工作的数量也在缓慢增加。2014年生效的《家庭福利法》将兼职权扩大。斯最长产假时间接近欧洲平均水平。2014年法案还包括额外的不可转让的陪产假的改革。一方面，陪产假的总天数从90天减少到30天。另一方面，请假时期的薪水补偿从15倍增加到30倍。2017年3月，新的《家庭法》取代了1976年的旧版本。

5. 退休金政策

斯洛文尼亚采用传统的现收现付（PAYG）养老金制度，有代际公平性和财务可持续性。2012年12月斯洛文尼亚国民议会通过了重大的养老金改革。逐步将男性和女性的退休年龄提高到65岁，有40年服务经历的工人退休年龄为60岁。另外，引入激励措施，鼓励人们在获得正式退休资格后继续工作，同时对退休金公式进行更改，以缓解未来的养老金逐年增长的压力。2016年3月，劳动、家庭、社会事务和平等部提出了关于养老金的白皮书，全面概述了人口预测和长期可持续性，分析养老金制度以及其各种选择，旨在为新的改革共识奠定基础。2017年7月，在《白皮书》基础上，政府和社会伙伴达成一致，明确2020年要通过养老金改革总体纲要。2017年修订养老金和伤残保险，该法案于2017年4月获得国民议会一致通过，自2017年10月1日起，提高每月发放500欧元的满足全部退休条件退休人员的养老金和残障人士的养老金额度。根据估算，该修正案将使约52000名退休人员受益，平均每人每月额外获得26欧元养老金。

6. 融合政策

历届政府努力促进移民融合，通过开放医疗服务和学校，提供反歧视支持或鼓励政治参与。2015年6月，国民议会通过了关于外国人的新立法，加强对受雇外国工人就业的保护。截至2015年9月1日，外国工人接受统一的工作和居留许可。由于经济危机，外国人的工作许可证从2008年发放85000个下降到2016年仅发放7033个，之后开始缓慢增长，在2017年前8个月发放了7919个许可证。

7. 社会治安

斯洛文尼亚社会治安状况良好，犯罪率较低。当地居民不允许持有枪支。警察数量低于欧盟平均水平，但高于大多数其他中东欧国家。斯洛文尼亚于2007年12月加入申根协议，警察部队大规模专业化，边境管制有所加强。联合国毒品和犯罪问题办事处（UNODC）统计数据显示，2017年斯洛文尼亚共发生谋杀案件19起，袭击案件1398起，绑架案件1起，抢劫案件238起。斯洛文尼亚警察局统计2019年刑事犯罪共计27567起，有组织犯罪809起。2018年、2019年，斯洛文尼亚境内未发生恐怖袭击。

三 社会现象与社会热点

1. 斯洛文尼亚的妇女权益

斯洛文尼亚充分致力于贯彻《北京宣言和行动纲要》，申明《2030年可持续发展议程》，呼吁每一个目标都涉及男女平等参与和平等享有权利。斯洛文尼亚将对妇女和女童的暴力行为问题列为政治议程上的重要内容，并成为《欧洲委员会关于预防和打击对妇女的暴力行为和家庭暴力的公约》的缔约国，在预防和应对方面取得了重大进展。它进一步申明其致力于通过计划在2020年之前通过一项男女平等国家方案来促进性别平等的承诺。斯洛文尼亚承诺加强男性在促进两性平等中的作用，并将消除对妇女的暴力行为作为国家议程的重中之重，并已启动了一个项目，以促进男女平等地参与照料家庭成员。

政府设立了一个政府间工作组执行《伊斯坦布尔公约》，并对《防止家庭暴力法》（2008年）和《刑法》进行了修正（承认强迫婚姻为刑事犯罪）。斯洛文尼亚支持2016年国际发展援助项目——波斯尼亚和黑塞哥维那、黎巴嫩项目，并承诺通过"2015~2020年国家男女平等方案"中期战略。2016年，斯洛文尼亚还通过了《防止歧视法》，包括禁止基于性别的歧视。

2018年，根据世界经济论坛（WEF）的报告，在性别平等方面，斯洛文尼亚在144个国家中排名第七。美国伍德罗·威尔逊研究所和联合国开发计划署统计，在各国公共部门中担任领导职务的妇女的指数排名中，斯洛文尼亚排在第五位。根据欧洲两性平等研究所的数据，就男女平等而言，斯洛文尼亚是欧盟新成员中最好的国家。

1945年，南斯拉夫联邦共和国内的斯洛文尼亚共和党政府是世界上最早任命女性部长负责社会政策的政府之一。1947年，单身母亲和非婚生子女的法律污名化被废除。1976年，斯洛文尼亚是世界上最早对合法结婚的夫妇，以及同居但未婚的夫妇给予同等待遇的国家之一。1974年，南斯拉夫社会主义联邦共和国宪法引入了赋予妇女生殖选择自由的规定，堕胎和避孕是免费的。三年后，斯洛文尼亚非医学原因终止妊娠合法化。

斯洛文尼亚

但是，尽管妇女已达到充分就业水平，但整个社会在思想上仍然是重视男性，特别是在家庭关系方面。政府试图通过诸如建设公共托儿设施和全日制学校等额外措施减轻妇女在工作和家庭中的双重负担。如今，在斯洛文尼亚，大多数学龄前儿童都参加社会照料，而小学则为儿童提供了有组织的下午照料和进餐计划。

20世纪70年代，斯洛文尼亚的家庭分工相当传统和存在重视男性的倾向。如今，斯洛文尼亚妇女的大规模就业并未减轻妇女的负担，也没有导致家庭（以及社会）工作的平均分配。男女平等仅体现在妇女大规模就业上，妇女在做家务和抚养子女方面的更高标准和要求，以及消费的压力增加了她们的负担。

2. 罗姆人、移民和贫困人口状况

2017年3月20日至23日，欧洲委员会人权事务专员尼尔斯·穆伊涅克斯在访问斯洛文尼亚期间，审查了罗姆人、移民和寻求庇护者的状况，以及该国越来越多的贫困人口的现状。他强调了人权的中心地位，以确保斯洛文尼亚社会真正具有包容性。

斯洛文尼亚位于巴尔干移民和难民迁徙路线上，在2015~2016年以人道主义方式处理了近50万移民和难民的过境。人权委员会承认斯洛文尼亚当局有必要采取措施应对这种情况，但这导致斯洛文尼亚的立法修正案的目标主要是限制庇护，其中一些修正案允许拘留寻求庇护者，或赋权警察在不听取其保护需要的情况下关闭边界并遣返寻求庇护者，这违反了斯洛文尼亚根据国际人权和难民法承担的法律义务。

斯洛文尼亚参与难民的安置和重新安置力度很大。虽然将难民儿童纳入主流教育似乎已经很成熟，但仍需要采取进一步措施，以确保人们从获得难民身份到获得主流社会援助，没有遭受任何贫困。另外其需要进一步努力解决住房问题，难民称他们在获得社会住房方面遇到了严重困难，并在租赁市场上受到歧视。

卢布尔雅那当地的社区中心，帮助移民和寻求庇护者学习斯洛文尼亚语并结识斯洛文尼亚当地人。斯洛文尼亚不再只是一个过境国，一些寻求庇护者和难民将留在这里。政府努力提高处理这一新现实问题的能力，并为他们提供融入斯洛文尼亚社会的机会。

罗姆人在什科扬市的杜布罗什卡（Dobruška）瓦斯定居点生活，但是环境较差，许多家庭没有使用自来水、电或卫生设施的机会。在科尔什科的一所幼儿园，罗姆儿童学习各种技能，这可以帮助他们今后融入斯洛文尼亚社会。斯洛文尼亚的其他地区，罗姆人的状况较好。尽管如此，罗姆人仍然是斯洛文尼亚受高中辍学率、贫困和边缘化影响最大的群体。斯洛文尼亚当局持续做出努力，以改善罗姆人的状况，特别是在教育和就业领域，确保斯洛文尼亚罗姆人的权利。政府还进一步关注对罗姆人家庭的社会干预，并确保当地市政当局采取必要措施解决住房问题。

自2008年国际经济危机以来，斯洛文尼亚的贫困人口一直在增加，即使在获得社会援助后，贫困也影响了斯洛文尼亚14.5%的人口。斯洛文尼亚作为福利国家有着悠久的传统，但2012年采取的紧缩措施导致社会福利削减。养老金改革使老年人，特别是妇女，成为该国最有贫穷风险的群体。"在职穷人"的人数正在增加，长期失业和代际贫困的现象正在增加。人权委员会认为，斯洛文尼亚应坚持其福利国家的传统，应保护人们摆脱贫困。斯洛文尼亚宪法明确规定了获得社会保障、医疗保健、适当住房和适当工作条件是基本的人权保障。根据国际法，斯洛文尼亚有义务逐步实现这些权利，以"获得最多的可用资源"。

3. 新冠疫情

2020年3月4日，斯洛文尼亚国内首次报告1例新冠肺炎确诊病例，之后疫情在斯洛文尼亚国内不断扩散。3月12日，斯洛文尼亚政府宣布新冠疫情在斯洛文尼亚进入流行阶段。

为更好地做好调查工作，2020年4月20日起，在斯洛文尼亚微生物学和免疫学研究所马里奥·波尔雅克教授的主导下，研究所选取斯全国在年龄和地理分布方面具有代表性的3000人样本，进行新冠病毒感染情况全国性调查。

斯洛文尼亚启动应急机制。2020年3月12日，斯洛文尼亚政府宣布新冠疫情在斯洛文尼亚进入流行阶段即社区感染阶段。斯洛文尼亚政府根据《传染病防治法》第7条，启动传染病防控应急机制，即日起斯洛文

斯洛文尼亚

尼亚民防局与有关部门合作，负责协调防止病毒传播的措施。

政府调整公共卫生机构力量，集中力量分类治疗新冠病例。除卢布尔雅那大学临床医院、马里博尔大学临床医院等定点医院外，在其他医院设置感染病例治疗点，只有具有临床症状且需要住院治疗的患者才能入院。具有轻度临床症状的患者将在家隔离。

限制人员流动，降低传染概率。一是发出旅游警示。2020年3月14日斯洛文尼亚外交部建议斯洛文尼亚国民推迟所有出国旅行。3月16日斯洛文尼亚外交部再次重申，斯洛文尼亚人应该待在家里，避免出国旅行。二是限制公共交通。3月16日起斯洛文尼亚停运公交车和客运火车，出租车仍可运营，但须上客前消毒。3月17日起停止卢布尔雅那机场所有客运航班。三是禁止在公共场所聚集。

积极筹集医疗物资并寻求援助。一是全力采购医疗物资。疫情初期，斯洛文尼亚缺乏防护物资保障，为此从中国紧急采购了大量防疫物资。据当地媒体报道，从2020年3月中旬到4月25日，斯洛文尼亚商品储备局共签署59份合同，价值1.837亿欧元。加上已签订的另外10份合同（价值8290万欧元），采购防疫物资总值为2.666亿欧元。二是得到中国政府和人民的大量物资捐助。2020年5月1日，中国政府援助斯洛文尼亚政府的医疗物资运抵卢布尔雅那国际机场。此外，中国奥委会（体育总局）、上海市等机构、城市和公司也都向斯洛文尼亚捐赠了物资。三是积极接收其他国家援助。2020年4月1日，斯洛文尼亚接收到了捷克提供的一批防护设备。此外，斯洛文尼亚国防部打算在欧洲民防机制下申请医疗防护设备援助，并向北约申请运输援助。

新冠疫情在斯洛文尼亚进入流行阶段后，对斯洛文尼亚经济造成沉重打击。作为规模较小的开放型经济体特别容易受到疫情影响。服务出口，特别是运输和旅游业的出口尤其疲软。受影响最大的部门是服务业，特别是在贸易、运输、食品、住房和房地产领域。斯政府采取的经济强刺激计划有望部分缓解就业人数和家庭收入的下降，并为经济强劲复苏铺平道路。

2020年4月2日，斯洛文尼亚议会通过政府提出的总价值30亿欧元的一揽子经济社会刺激法案，为受疫情影响的包括外商投资企业在内的所有企业和工人及个体经营者、退休人员、学生、人数较多的家庭和福利受助群体提供财政援助。

2020年4月21日，斯洛文尼亚政府通过应对疫情经济社会发展法案草案。该法案草案为解决经济流动性援助提供解决方案。即国家将为企业恢复生产所需的贷款提供担保，提出20亿美元的担保计划。2020年5月，斯洛文尼亚出台针对受疫情影响最严重的旅游业发展的经济社会刺激法案。

第三节　医疗卫生

一　医疗卫生概况

据斯洛文尼亚统计局统计，2018年斯洛文尼亚人均寿命80.08岁；其中男性78.05岁，女性83.66岁。到2030年，斯洛文尼亚的女性将成为预期寿命增长最多的群体之一。斯洛文尼亚也被评为最注重公民健康的国家之一。

2007~2013年，斯洛文尼亚平均每万人中就有医生25人、护理和助产人员85人、牙医6人和药剂师6人。2005~2012年，平均每万人拥有医院床位46张。相比一些大国，斯洛文尼亚的医疗基础是非常优秀的。

1. 全民免费医疗

所有斯洛文尼亚人都被强制要求进入公共医疗保险系统，包括永居身份的人，以及他们的亲属。斯洛文尼亚的公民都可以获得免费医疗。

斯洛文尼亚的医疗保险主要由当地的医疗保险机构运营，为所有公民提供强制性的健康保险服务。它的主要任务是进行有效的医疗资金分配。每一个纳税人都有一张健康保险卡，每次去医院就医时只要出示这张卡就可以免费就医了。由于医疗保险包含了医生诊断和处方药的费用，所以无须再额外付钱。强制性医保涵盖了专家问诊、住院治疗、处方和孕期检查及分娩等。

斯洛文尼亚

强制性医保系统相当规范和完善。雇主必须在雇员一开始工作时,就在健康保险协会为其登记注册。医疗保险费由雇员和雇主双方共同承担。其中,雇员将收入的6.36%用于医疗保险,同时雇主也需要为雇员按其收入的6.56%缴纳保险。此外,雇主还需要额外支付0.53%的工资用来应对工伤和疾病。个体经营者也必须按照其税后收入的固定比例缴费。同时,失业者、退休人员、长期生病的人以及休产假的妇女必须自行支付固定金额的医保费用才能免费看病。例如,退休人员每年要支付养老金的5.65%用于医疗。

另外,在没有工作的情况下,想要到斯洛文尼亚生活的外国人,必须出示个人健康保险的证明,才能获得居住权。

2. 医疗及时、高效

专家将过去25年每个国家的死亡率数据作为参考,根据设定的医疗准入和质量(Healthcare Access and Quality,HAQ)指数对各国进行了排名。HAQ指数基于32个死亡原因对世界各国进行考核,其中包括病人是否"及时、有效"地获得治疗,从而分析每个国家的医疗护理表现。2016年,斯洛文尼亚医疗水平在全球192个国家中,得分87分,排第18位,远超欧洲大国德国。斯洛文尼亚医生医术精湛,很多都为全球医疗做出了杰出的贡献。

"烧伤治疗的鼻祖"佐拉·简泽柯维克就是斯洛文尼亚人。她在20世纪斯洛文尼亚最为动荡的时期,拯救了数以万计的烧伤患者。她一生都在为挽救烧伤患者的生命而工作。她主张早期切除烧伤区域和皮瓣移植来治疗烧伤,并针对真皮深层烧伤进行治疗。她还为全球的烧伤护理研究设立了全新的标准。可以说,简泽柯维克影响了整个烧伤临床治疗的发展。因此,她被评为"历史上最具影响力的50位医生"之一。

20世纪60年代,两位斯洛文尼亚医生让人们重新对医疗水蛭有所认识。他们在皮肤皮瓣移植手术中证实,水蛭可以起到预防瘀血的辅助治疗作用。

3. 医患关系

除了医生取得的科研成就,斯洛文尼亚医院的暖心关怀也被人们称赞。在当地，过去的十几年里，有一群专业表演者组成的"红鼻子"和"小丑医生"医疗团队。他们会走访斯洛文尼亚各地医院，与患者互动做游戏，为患者带去快乐，帮助他们早日康复。"红鼻子"和"小丑医生"真诚、乐观的性格以及滑稽的表演，每年给4万多名患者送去了无限的欢笑。这样既能改善他们住院时的情绪，又给患者带来了无限的正能量、勇气和信心。

4. 医疗保健

医疗保健在斯洛文尼亚各地都得到了很好的普及。斯洛文尼亚的所有城市都有医疗中心，小城镇则有独立的诊所。斯洛文尼亚的所有居民区都能得到紧急医疗援助，必要时甚至会出动直升机。

（1）药物和疫苗接种

在斯洛文尼亚，没有感染危险疾病的风险，所以进入该国不需要进行特别的疫苗接种。对于感冒、头痛、发烧或虫咬等小问题，无需处方也可以在药店买到药。斯洛文尼亚的大多数城镇都有药店，城市里还有24小时营业的药店。

（2）跨境保险

欧盟成员国公民可以持欧洲健康保险卡前往斯洛文尼亚。这张卡可以在公共卫生部门，即在医院和药店获得卫生服务。如果必须为斯洛文尼亚的卫生服务付费，在回国后将得到补偿。持欧洲健康保险卡，可以享受所有必要的医疗护理服务。但是，这张卡不涵盖私人医疗机构的医疗服务。对于非欧盟成员国公民，在前往斯洛文尼亚之前可购买国际旅行保险。

二 医疗市场

1. 概况

斯洛文尼亚的医疗支出占GDP的比重在2011~2022年相对停滞不前。2015年（可获得完整数据的最后一年），医疗支出为33亿欧元，约占GDP的8.5%。其中住院病人服务（包括长期护理）占总支出的2.96%，药物/耗材占总支出的1.57%，门诊服务占总支出的2.37%。2019年，斯洛文尼亚的医疗支出占GDP的比重为8.5%，2020年为9.7%。

斯洛文尼亚

绝大多数人口都由全国医疗保险计划覆盖。全国有36个医疗中心，提供一系列服务，包括门诊治疗、全科医生服务等。主要城镇提供医院和急诊室，并提供紧急医疗服务。牙科服务通常只有私人保险，牙科护理的自付费用可能高于医疗保健。在公共系统下，非紧急程序通常需要很长的等待时间。私人诊所费用高于公立医院，药店遍布全国各地。

2020年，斯洛文尼亚医院普通病床达到每千人4.25张，医院每百万人13.75家，护士每千人10.63位，医生每千人3.3位，重症监护病床每千人4.13张。

斯洛文尼亚医疗设备的市场规模约为3.5亿欧元。由于国内生产有限且高度专业化，进口产品主导了市场。大部分进口设备来自德国、意大利、荷兰、美国和瑞士。随着政府寻求替换医院中过时且昂贵的设备，以及公众越来越多地寻求新的创新产品，预计需求将会上升。

2. 市场准入

除了大多数医疗产品和药品需要获得监管部门的批准外，斯洛文尼亚没有特定的市场准入壁垒。卫生部是药品市场的主要参与者。卫生部制定卫生政策，提出卫生保健预算，并监督国家卫生保健基金的支出。

2007年，一些国家发起了一场降低医疗成本的运动。斯洛文尼亚也采用了类似于其他欧盟国家的治疗参考定价方案。这些措施使得品牌药生产商的市场环境更加困难。

一旦一种产品获得批准，斯洛文尼亚健康保险协会（National Health Insurance Institute）在多数情况下会给它设定一个偿付率。某些医疗产品还必须获得CE认证，并包括斯洛文尼亚语的说明。

欧盟共同关税表适用于从非欧盟国家进口的产品。所有产品，不论产地，都要缴纳增值税。医疗产品需要欧盟认证和批准，还有严格的注册过程，并要求对新产品进行广泛的测试。

3. 市场需求

随着人口老龄化，斯洛文尼亚对医疗产品和药品的需求增加。65岁以上人口比例从2000年的13%上升到目前的19%，预计到2030年将达到24%。预期寿命的延长和私营医疗保险的增长将创造新的市场机会。

三 医疗系统

1. 健康保险

斯洛文尼亚健康保险协会管理的强制性健康保险是斯洛文尼亚健康融资的基石，由1992年《医疗保健和健康保险法》定义。从设计上讲，健康保险计划覆盖了整个人口，因此不允许退出。有21个具体类别的被保险人，主要有两个类别。第一类是雇员（及其非收入受抚养人），他们根据收入支付薪金，占工资总额的13.5%，缴款由雇主（6.56%）和雇员（6.36%）分担。雇主可能需要额外的捐款，以适应因职业病和受伤而导致的过多索赔。第二类对象是失业者、养老金领取者、农民和自雇人士，他们向国家基金缴纳固定费用。国家就业研究所为登记的失业者支付固定的费用，自治社区必须为没有收入的人付款。养恤金领取者支付其养恤金总额5.65%的固定缴款。受益人可获得非常全面的医疗服务，以及非医疗待遇，即现金福利（例如失业30天后的工资补偿）。

根据1992年通过的健康医疗立法，所有公民每年必须（强制性）向斯洛文尼亚健康保险协会缴纳健康医疗保险费。缴费后，每位被保险人将有唯一的健康医疗保险卡，这也是缴纳健康保险后被保险人的正式身份证件。被保险人在就诊时必须出示本人医疗保险卡，享受保险范围内的免费医疗。公民个人还可根据需要，自愿缴纳各种附加健康医疗保险，享受更多的健康保险。未参加斯洛文尼亚医疗保险制度的外国人，可在当地医院就医，费用自理。

2. 补充健康保险

补充健康保险涵盖了强制性健康保险未涵盖的众多医疗服务，例如矫正手术、实验性服务、员工常规检查、儿童和青少年的预防药物、紧急情况医疗援助等。补充健康保险是斯洛文尼亚共和国公民社会保障体系的重要支柱，被定义为必须特别保护的公共利益。超过96%的人口签订了补充保险合同。

斯洛文尼亚通过立法确定了均等化方案，旨在按照代际互惠原则，按性别和年龄归类，对所有三家保险公司的支出额进行均等化。卫生部每3个月通过发布有关均等化的适当规定来对差异进行平均化管理。

四 医疗政策

欧盟及其成员国寻求措施确保欧盟公民的健康与安全。每个成员国都有责任在国家一级成功运作自己的医疗体系；但是，某些问题通常需要在欧盟一级解决。

因此，欧盟医疗保健政策旨在通过协调各种努力来制定预防传染性疾病的开放的统一的方法，以抗击传染病的传播，并支持提高医疗保健意识的国家措施。

在担任欧洲联盟理事会主席期间，斯洛文尼亚作为主持国致力于减轻癌症疾病的负担。主要目标是在政治层面上进一步促进某些活动，并采取定位以支持欧盟和成员国之间的不同措施（鉴于成员国之间存在差异），这将为实现这一目标做出贡献。促进健康的生活方式和预防癌症，以及研发更成功的治疗方法和达到更高的生存率。斯洛文尼亚将努力在共同体框架内以更高的政治水平解决癌症问题。

斯洛文尼亚除了应对广泛的疾病（例如癌症）外，在担任欧盟理事会主席期间，还强调减少饮酒以及与滥用酒精有关的损害。斯洛文尼亚注重医疗保健中的IT系统开发，这将有助于加快医疗机构之间的干预和更有效的信息交换。为此，卫生部在总统参与下组织电子卫生保健会议。

担任欧盟理事会主席期间，斯洛文尼亚还接管了相关议程文件，包括提供医疗服务文件，以确保欧洲公民获得高质量和安全的医疗服务；出台《欧洲卫生战略》文件，其基本目标是在欧盟一级确定公共卫生领域的平衡和全面管理，这将有助于改善欧洲公民的健康，推动形成人体器官捐赠和移植管理文件等。

第四节 环境保护

一 环境政策

定义环境可持续发展目标的主要机制是斯洛文尼亚的《2014~2020年

发展战略》。2015 年，斯环境和空间规划部发起了一次全面的公开辩论，内容涉及《空间规划发展战略》的更新（直至 2050 年，中期行动计划至 2020 年）。2016 年 3 月举行了全面的第三轮磋商。2015 年，斯洛文尼亚建立了全面的环境立法框架，引入了风险检查并完善了合规性监控。政府制定了关于减少排放、灾害评估、饮用水管理、生物多样性和废物管理的战略计划。政府为个人提供提高能源使用效率和可再生能源使用的财政支持。

地理因素决定了斯洛文尼亚国际环境关系的优先事项，特别是在水资源管理和生物多样性保护方面。斯洛文尼亚与邻国紧密合作，并在专业和技术水平上与巴尔干西部国家保持非正式的专业联系。斯洛文尼亚地处几个生态区域的交界处，因此拥有极为丰富的生物多样性和景观。国家的自然资源得益于接近自然森林管理的传统和低强度农业的发展。森林约占总土地面积的 62%，约为经合组织平均水平的两倍。斯洛文尼亚对区域和次区域规模的可持续发展的承诺是通过涉及阿尔卑斯山、多瑙河及其支流和地中海（包括亚得里亚海）的各种合作协定来实现的。斯洛文尼亚与邻国之间的双边合作包括与克罗地亚、匈牙利和意大利的水资源管理协议，以及与奥地利有关边境地区空间规划的协议。

二 环境保护状况

斯洛文尼亚十分重视对环境的保护，早在 1908 年便提出了设立环境保护基金的倡议，1924 年建立了国家公园，使斯洛文尼亚成为欧洲第五个拥有国家公园的地区。目前受国家法律保护的公园和景区的总面积已占国土面积的 8%，其中有 1 个国家公园、2 个地区公园、34 个人文风景区、49 个自然保护区、623 个自然遗产区。特里格拉夫国家公园几乎包括了整个尤利安阿尔卑斯山区，占国土面积的 4%。

1998 年斯洛文尼亚在中东欧国家中第一个设立了国家环保基金。1999 年斯洛文尼亚国民议会通过了国家环境保护计划，其中的优先项目是解决某些地区地表水过度使用问题，处理固体废料问题，保护生物的多样性和在制度上加强保护政策（特别是沿海、农村、山区和喀斯特地区）。专门用于环境保护的公共支出资金大约占 GDP 的 0.5%。近年来，

斯洛文尼亚

其环境保护政策的重点是减少工业废水的排放以改善水质，通过改用清洁燃料和在电站安装过滤装置，以降低空气中二氧化碳的排放量。斯洛文尼亚的河流中污染最严重的是卢布尔雅尼察和萨瓦河中段，索查河则是整个阿尔卑斯山脉中最清洁的五条河流之一。斯洛文尼亚还有100多个环境保护方面的非政府组织，对公众进行环境保护方面的宣传教育，提高公众的环保意识，使有关方面对某些不适当的管理予以重视，为环保事业做出了贡献。

随着立法的不断完善和政府、非政府组织等各方的共同努力，某些环境污染问题已得到治理，引进先进技术设备后，工业废水减少，河流水质得到改善；使用清洁燃料后，空气中的二氧化碳和烟尘不断减少，达到了欧盟要求的标准。

三 环境保护具体措施

1. 垃圾处理

垃圾处理问题一直是全球备受关注的话题，斯洛文尼亚就有着值得许多国家借鉴的先进垃圾管理和处理经验。该国在农村推行垃圾管理和处理措施，取得了非常好的成效。斯洛文尼亚垃圾管理和处理的高效得到了国际认可，这也将有利于促进该国农村农业经济的稳定发展。

斯洛文尼亚倡导生活在农村的居民践行"零废料"的生活模式，从源头上减少生活垃圾和生产垃圾。具体来说，就是倡导农村居民在自家的土地上种植蔬菜和水果，在购买食品时多选择有机食品。同时，斯洛文尼亚的农业和畜牧业比较发达，很多农牧产品的生产就在农村进行，这样部分生产废料就可以在农村直接再利用，减少了浪费和对环境的影响。同时，斯洛文尼亚对农牧产品的包装、运输和销售都采取适量适度原则，不过度包装，尽可能减少对环境的影响。据了解，欧盟国家平均年人均垃圾产生量是550公斤，而斯洛文尼亚只有350公斤。

除了减少垃圾的产生，对垃圾严格的细化管理也是斯洛文尼亚农村实现环保的一大重要因素。虽然在斯洛文尼亚的农村，人口分布比较分散，但不管是在小镇的聚居区，还是在偏僻乡间的小路旁，都可以看到不同颜色的垃圾桶和垃圾箱。一般来说，有三种不同颜色的垃圾桶对垃圾进行分类。一种是食品垃圾，另一种是可降解的包装垃圾（如各种纸品），还有一种是含有微量毒素以及塑料等物质的垃圾。另外，还会有一个小罐子专门收集废旧电池。在一些市镇的商店里，还有专门的玻璃瓶和塑料瓶收集机器，民众会将饮料包装投入这些机器中，并能够获得一定的现金补贴。

垃圾的分类投放是斯洛文尼亚对国民从小学就开始进行的一项教育内容，目的就是让儿童从小了解垃圾分类管理的重要性和如何对垃圾进行分类。除了让民众在投放垃圾时分类管理，政府在农村收集垃圾和运输垃圾的过程中也都遵循相应的分类原则，使用垃圾车的不同区域来将这些不同的废物分类管理。

斯洛文尼亚农村通过不断提高垃圾的再循环利用率，减少最终填埋的垃圾数量。据统计，目前斯洛文尼亚已经有超过 1/3 的垃圾能够做到完全循环处理而不进行填埋。同时，斯洛文尼亚政府还在全国不同的农村地区投资建设了一些纸品厂，生产完全可循环的纸制品，再将生活中产生的纸制品垃圾直接发送给这些工厂作为原料，形成纸品循环的闭环。

总体来说，斯洛文尼亚政府通过合理的规划、严格的管理以及对民众的早期教育，已经在农村形成了一套行之有效的垃圾管理系统方案，成为欧盟认定的具有极高环保等级的典范并予以推广。

2. 环保审查

2017 年 7 月 27 日，斯洛文尼亚政府决定对全国约 1000 家工业企业的环境许可证进行全面彻底的审查，以确保工业企业对环境的无害化。

环境部派遣由环境保护和自然灾害检查机构代表组成的工作组，从 2017 年 9 月开始，对全国所有工业企业的环保状况进行评估，审查约 1000 个前期下发的环境许可证。

斯洛文尼亚全国共有 62 个涉及危险物质、可能造成重大事故危害的企业，另外还有 210 家有可能对环境造成严重污染的企业。虽然这些企业先前已依法获得国家发放的生产与环境许可证，但当时在斯相关法律中还没有体现欧盟关于生产与环境的新技术标准与指令，因此大多数企业的生

产与环境保护标准不达标，其环境许可证须重新审查核发。

工作组在全国范围尽快开展工作，预计每年将审查 300~320 个工业企业设施，并依法采取相应措施。

3. 生态保护

斯洛文尼亚环境治理水平居世界领先地位。斯洛文尼亚在 2016 年度繁荣指数中，在接受调查的 149 个国家中排名第一，其中包括政府为保护生物多样性、减少污染和可持续管理自然资源所做的努力。2017 年，斯洛文尼亚排名第二。

斯洛文尼亚作为一个受欢迎的生态旅游目的地，《国家地理》杂志 2018 年将其称为"拥抱树的天堂"。一项名为斯洛文尼亚绿色环保计划的国家计划现在已经认证了 17 个目的地。认证过程采用通常的环境指标——绿色能源使用、废水处理等，但斯洛文尼亚对场所的特征增加了更多要求，包括文化遗产、自然和美食。

第七章

文　化

第一节　教育

斯洛文尼亚政府重视教育，实行义务教育制度。2019年教育支出占国内生产总值的5.7%，为25.4亿欧元。小学学制9年，儿童6岁入学；小学的9年课程分成3个3年期阶段教学。高中分为普通高中和职业技术学校。普通高中一般学制4年，职业技术学校学制根据专业为2~5年。高等教育分为大学教育和高等专业教育。来自欧盟和本地的全日制学生可免费就读大学。在职和研究生课程需要缴纳学费，非欧盟国家学生的大学本科和研究生学费每年约1000欧元（除艺术类）。斯洛文尼亚共有4所大学、10所独立高等教育学院。斯洛文尼亚语为教学语言。

一　教育体系

2016年经济合作与发展组织的"改善生活倡议"调查结果表明，教育是斯洛文尼亚人的第四大重要的话题，仅次于安全、健康和环境。斯洛文尼亚人未受教育的比例最低，在经合组织成员中，其未就业或未参与教育/培训活动的青年（15~19岁）比重（3.5%）远远低于经合组织的平均水平（7.1%）。斯洛文尼亚志愿者的主要兴趣是教育和文化，其中30%的正式志愿人员（15岁以上）参与这些领域。

1~6岁是幼儿园的适读年龄，家长可以根据各自家庭情况决定是将孩子送去幼儿园，还是让孩子在家中接受早期教育。幼儿园分为公立和私

斯洛文尼亚

立两种。公立幼儿园大多由地方政府和社区资助，家长则只需支付部分费用。教学主要使用的语言为斯洛文尼亚语，在部分区域，幼儿园也会采用双语教学。

根据宪法，斯洛文尼亚的初等教育是强制性的，并通过公共资金支付。该学段为期9年（学生从6岁开始），学年为9月1日至次年8月31日。斯洛文尼亚建有780所公立学校和4所私立机构。

2016年"更美好生活报告"指出，85.7%的斯洛文尼亚成年人口中，有30%的人已经完成了高中教育，超过了经合组织成员国家的平均水平。在斯洛文尼亚西部，90%的劳动力已经完成了高中教育，而东部的这一比例为86.2%。

斯洛文尼亚的高等教育包括私立和公立大学、技术学院、艺术学院和专业学院。学习类别可分为两大类：短期（2年）职业教育和传统高等教育。申请硕士的时候，学生可以更换大学、学院和专业。硕士毕业后，学生有机会申请博士。斯洛文尼亚有4个大学城：卢布尔雅那、马里博尔、科佩尔和新戈里察。国际欧洲地中海大学（EMUNI）也为学生提供教育机会。根据世界大学学术排名（ARWU），卢布尔雅那大学被誉为全球最好的大学之一。斯洛文尼亚所有大学的毕业证书在世界大多数国家都得到认证。斯洛文尼亚的4所公立大学的毕业证书也都得到中国教育部的认证。

总体而言，斯洛文尼亚的教育持续改善，学生在国际基准方面表现良好。斯洛文尼亚还在不断完善高等教育系统和职业培训框架，包括课程选择、教师工作量调整、研究经费和部门合作等。

二 教育类别

1. 教师教育

小学教师主要在教育学院接受培训。该课程为期4年。完成课程后，他们将被授予"学科教师"或"班主任"的头衔。在完成为期10个月（1个学年）的培训后，他们必须参加州教师资格考试。

中学教师在4~4.5年的学术研究课程（语言学/语言、数学、物理、化学、生物学、体育等）中接受教育学院和其他一些学院的教育培训。未修过这些科目的教师必须参加特殊的培训课程，考试合格后可以获得教师资格。他们也必须参加州教师资格考试。对于技术理论和职业实践教师而言，在完成了高等教育（非教师）学习和有至少三年的工作经验之后，准备任教的中学教师必须在接受特殊的培训课程后，方可取得在中学教学的资格。

职业学院的讲师必须具有大学学士学位、三年及以上的教育工作经验以及在其专业领域具有杰出成就。

2. 远程高等教育

卢布尔雅那大学经济学院提供远程课程学习，学生可以获得高等教育文凭。

3. 国际学校

卢布尔雅那英国国际学校在卢布尔雅那提供传统的英国教育。学校学生除了斯洛文尼亚人外，还有主要来自澳大利亚、挪威、葡萄牙和日本等国家的求学者。除斯洛文尼亚语和法语外，所有科目用英语授课，授课老师是由全职和兼职教师及助理组成的团队，大多数是母语为英语或流利双语的人。小学部分遵循国际小学课程（IPC）中的英格兰国家课程体系。中学生参加剑桥和 AQA（英国资格评估与认证联合会）的 GCSE（英国普通中等教育证书）、IGCSE（国际普通中等教育证书，是国外 14 岁至 16 岁全世界考试人数最多的体系之一）和 A-Level（中学高级水平）考试。卢布尔雅那英国国际学校是英国国际学校理事会（COBIS）的认可成员，是国际学校理事会（CIS）和剑桥国际学校的成员。

卢布尔雅那法国国际学校遵循法国现有的教育体系，以及当地的价值观和相关规定。学校的目标是确保提供优质法语教育。法国国际学校高中毕业生可以获得法国高中毕业文凭。卢布尔雅那法国国际学校是法国海外教育机构（AEFE）的一部分。目前全球有 400 多所由 AEFE 管理的学校遵循法国教育部制定的严格指令。卢布尔雅那法语国际学校非常重视外语教学，除法语和斯洛文尼亚语，还教授英语、德语、西班牙语和意大利语。

卢布尔雅那 QSI 美国学校是一所国际连锁的私立机构。卢布尔雅那校区于 1995 年 9 月建成招生，为中小学生提供高质量的英语教育。校园设

斯洛文尼亚

有运动场、室内网球设施和森林区。教室和图书馆以及两个计算机实验室都采用最新技术联网。学校采用北美教材,提供美国 AP 课程、SAT 和 ACT 的测试。学费 8000~10000 欧元/学年。

卢布尔雅那 IES 国际学校是一所提供 IB 课程(国际文凭组织 IBO 为全球学生开设的从幼儿园到大学预科的课程,为 3~19 岁的学生提供智力、情感、个人发展、社会技能等方面的教育)的国际学校,位于卢布尔雅那郊区。学校接收幼儿园至高中的孩子,学校授课语言为英语和斯洛文尼亚语,3 岁时教授德语。

欧盟境内居民取得斯洛文尼亚长期居留资格后,子女可选择在其他欧盟国家(德语区、法语区、意大利语区)就读,手续方便,父母探望照顾无须另外办理签证。欧盟境内的大学对欧盟居民基本免学费,或收取少量注册费,取得斯洛文尼亚护照后,可享受英国大学相关费用减免,最高可达 50% 的减免额度。

4. 语言教育

2011 年,欧盟委员会在全欧洲范围进行了一项语言能力调查。受调查的对象是初中三年级和高中二年级的学生,共 54000 人。该调查考核的是各国学生外语的听、说、读和写的能力,并对学生的语言能力进行评估,从低到高分为 PA、A1、A2、B1 和 B2 五个等级。

结果显示,在以英语为第一外语的欧盟国家中,排名前五的国家里就有斯洛文尼亚。超过一半接受考核的学生,英语水平达到了 B 级。只有不到 1/10 的学生的英语水平在 PA(初学者)级。斯洛文尼亚在 2015 年全球英语水平排行榜中,排名第六。

经调查,斯洛文尼亚人能如此流利地用英语交流的原因,是斯洛文尼亚的教育体系中,外语是非常重要的。斯洛文尼亚的教育部部长亲自提倡,从小学的第一堂课就让孩子开始学习外语。此外,斯洛文尼亚人不仅会说英语,也会说塞尔维亚语,不少人甚至还会说意大利语、德语或俄语。

5. 特殊教育

对有特殊教育需要的儿童(The Education of Children with Special Educational Needs,简称"SEN 儿童")的教育是基于平等的原则,同时

考虑到孩子们需求的多样性,采用包容性、个性化的工作方法,以确保儿童个体的最佳发展。

在斯洛文尼亚,SEN 儿童的教育是一种公共服务,政府提供从学前到中学教育的被正式认可的教育计划,有提供各种类型和水平教育的教育措施和额外的专业援助方案的正规学校。SEN 儿童的教育是由公共基金资助的,只有公立机构能提供 SEN 儿童教育。此外,SEN 儿童教育专业公立基础学校也可以由当地社区创办。

全纳教育(inclusive education)是 1994 年 6 月 10 日在西班牙萨拉曼卡召开的《世界特殊需要教育大会》上通过的一项宣言中提出的一种新的教育理念和教育过程。作为一种教育思潮,全纳教育反对歧视排斥、促进积极参与、注重集体合作、满足不同需求,是一种没有排斥、没有歧视、没有分类的教育。在斯洛文尼亚,SEN 儿童由正规学校基于全纳教育的概念来发掘他们的潜力,为需要特殊教育的儿童设置课程,通过改编教学计划和提供额外的专业援助来实现个性化教育。1 个 SEN 儿童可能会分配到 1 个永久性或临时的助理。此外,SEN 儿童不能住在离学校太远的地方,他们可以被安置在福利机构或寄养在别的家庭。2013 年,有 29 个永久性或临时性的住宅提供给 SEN 儿童,其中 5 个是社会福利机构,它们满足不同儿童的具体需求。

斯洛文尼亚的 SEN 儿童教育在公平与发展的基础上,既为儿童的发展提供了机会与空间,为他们创造最佳发展条件,同时又充分考虑了儿童的状况,在普通学校为他们提供了特殊的照顾。这种做法取得了很大的成效。

三 高等院校

1. 卢布尔雅那大学

卢布尔雅那大学(University of Ljubljana)成立于 1919 年,是斯洛文尼亚历史最悠久、规模最大、开设学科最丰富的高等院校。其中经济学院注重国际化的教育,于 2016 年 8 月获得全球商学院最重要的三大国际认证(AMBA、EQUIS、AACSB),成为全球 76 所获此殊荣的商学院之一。迄今为止,卢布尔雅那大学目前在读本科生及研究生人数约为 5 万人,在

斯洛文尼亚

职教师4000人。卢布尔雅那大学下设23个学院及3个艺术研究院。

卢布尔雅那大学学校办公室以及核心院校均分布在卢布尔雅那市中心。近年来,卢布尔雅那大学的一些学院在市郊修建了全新的现代化教学楼。卢布尔雅那大学积极推动高等教育改革,其中包括不断修订教学大纲、向欧盟标准靠拢等。从2007/2008学年开始,卢布尔雅那大学的所有专业均按照《博洛尼亚进程》开设。

2020年,卢布尔雅那大学已成为一所具有全球化视角、科研能力突出、能够为人类高品质生活做贡献的大型高等教育机构。

2. 马里博尔大学

马里博尔大学(University of Maribor)始建于1859年,是斯洛文尼亚一流的公立研究型综合大学,以其严谨治学和学术自由在中欧和南欧地区声誉卓著。总校坐落于"欧洲文化之都"马里博尔市中心,其余7个校区分布在斯洛文尼亚境内不同城市。该大学培养了1位斯洛文尼亚总统、1位政府总理、2位国民议会议长,以及马里博尔市长、著名作曲家、奥运游泳冠军等一大批学术名家、工商巨贾、政经精英。截至2013年,其共有17个学院,在读学生19369名,教职员工1739名。该校是欧盟伊拉斯莫斯高等教育交流计划(Erasmus Mundus)的重点资助高校。

该校最高级别的学术和专业机构是大学理事会,由各院系领导、学者和学生代表组成,定期召开会议以决定大学的政策和结构;行政管理领域的决策机构是管理委员会;学生理事会是讨论和决定与学生相关议题的重要机构。

3. 新戈里察大学

新戈里察大学(University of Nova Gorica)是一所研究型国际大学,凭借其斯洛文尼亚语和英语的创新教学方法,通过其卓越教学计划与方法,确保国际学生的高水平就业能力。大学下设7个学院:环境科学院、工程及管理学院、科学院、人文科学院、葡萄栽培及酿酒学院、艺术学院、研究生院。

4. 普林摩斯科大学

普林摩斯科大学(University of Primorska)授课语言为英语,本科课程有生物信息学、计算机科学、数学、旅游企业管理等。硕士研究生课程有经济与金融、材料科学等。

四　与中国的教育合作

1. 中斯教育合作简况

根据双边协议，双方每年互换4个奖学金名额。2012年温家宝总理出席中国与中东欧国家领导人会晤和经贸论坛时对外宣布，"未来5年向中东欧国家提供5000个奖学金名额"。2013~2018年，中国每学年向中东欧16国增加200个单方奖学金，斯洛文尼亚每学年增加5个单方奖学金名额。此外，斯洛文尼亚学生也可通过高校自主招生等其他途径申请中国政府奖学金。近年来，斯在华奖学金学生逐年增加。

近几年，中国赴斯留学生数量也有所增加。斯洛文尼亚有5所大学、48所独立的高等教育机构、46所学院按照欧洲博洛尼亚系统开展研究。所有的研究项目由斯洛文尼亚高等教育科技部批准。学生留学后获得的毕业证书受国际认可，可以在其他国家继续研究或在国际机构工作。斯洛文尼亚不仅提供高质量教育，也提供斯洛文尼亚语、英语授课等课程。外国留学生有机会作为交换生到世界各地合作大学学习，学习时间可达12个月。学生可以选伊拉斯谟计划或其他交流项目。

2. 中国在斯洛文尼亚汉语教学情况

目前，中国已在斯设立卢布尔雅那大学孔子学院（2010年5月），中方院校为上海对外经贸大学，已下设4个孔子课堂，分别是卢布尔雅那孔子课堂、马里博尔孔子课堂、克莱尼孔子课堂和科佩尔孔子课堂。2013年，孔子学院开设各类汉语课程班53个，参加人数1500人次；举办各类文化活动20余场次，参加人数5000人次。

2017年，我国已向斯派出汉语教师19人次，志愿者23人次，赠书6355册，提供孔子学院奖学金名额65个。

中方根据斯方需求，通过派汉语教师和志愿者，赠送汉语教材和图书，提供孔子学院奖学金，帮助斯培养本土汉语教师等多种方式，进一步支持斯开展汉语教学。2020年，卢布尔雅那大学孔子学院在斯洛文尼亚

的汉语教学和中国文化传播方面取得了巨大的进步。每年约有 750 人在孔子学院或孔子课堂学习汉语。孔院每年举办活动 25 次，向社会大众宣传中国文化。卢布尔雅那大学孔子学院也是汉语水平考试考点，是巴尔干地区八所能够进行 HSK 考试的孔子学院之一。HSK 考试是对汉语水平进行测试和评估的国际标准化考试。

第二节　科学技术

一　科学发展和成就

1490 年斯洛文尼亚发现了伊德里亚汞矿，这一发现对科学、医学和技术的发展起了特殊的推动作用。1693 年卢布尔雅那出现了斯洛文尼亚第一个学术组织并建立了斯洛文尼亚第一个图书馆（即现在的学院图书馆），推动了巴洛克时期的社会文化发展。该学术组织的创始人之一是重要的文化工作者、神学家、医生和法学家马尔科·格尔贝茨（1658～1718 年）。他还于 1712 年创建了第一个斯洛文尼亚的医学会。

最著名的斯洛文尼亚学者是博学家雅奈兹·瓦伊卡尔德·瓦尔瓦索尔（1641～1693 年）。1689 年，他出版的巨著《赞美克拉尼斯卡公爵领地》，是斯洛文尼亚百科全书，共 14 卷。书中描述了斯洛文尼亚及其邻国的文化和自然特征。1687 年他因对采尔克尼察湖周期性干涸的研究而成为英国伦敦皇家学会的会员。

18 世纪，最著名的斯洛文尼亚科学家是数学家和弹道学专家尤里·维加（1754～1802 年）。他为系统的弹道学奠定了基础，还编制了对数表、三角函数表，将 π 计算到第 104 位。著名化学家安东·马尔科·普伦契奇提出了微生物是引发传染病的原因的理论。斯洛文尼亚养蜂专家和绘画家安东·扬沙（1734～1773 年），曾是维也纳宫廷的农业教授。他撰写的《养蜂全论》一书于 1775 年出版。

18 世纪末，欧洲启蒙运动时期的著名科学家是日加·左伊斯男爵（1747～1819 年）。他也是矿物学家。在他的帮助下，斯洛文尼亚人 1778

年首次登上了斯洛文尼亚最高峰特里格拉夫山峰,并使斯洛文尼亚第一个热气球于1794年升上了天空。

19世纪,斯洛文尼亚有多名著名的科学家。约瑟夫·雷塞尔(1793~1857年),他发展了船舶推进器,并于1829年将世界上第一个推进器运用于的里雅斯特港口的公共交通运输。物理学家约瑟夫·斯特凡(1835~1893年),他发现了光辐射规律,后被称为"斯特凡规律",他还精通电子计量学,为电子技术中的精确测量奠定了基础。在他的努力下,斯洛文尼亚在1880年开始使用电灯,并于1884年建成了第一座小型发电站,还于1888年建成了卢布尔雅那电站。第二次世界大战后以他的名字命名的物理研究所在卢布尔雅那成立,是斯洛文尼亚最大的研究所。斯洛文尼亚教士和摄影家雅奈兹·普哈尔(1814~1864年)在1842年发明了玻璃板摄影术,也是世界科学发展史上的重要事件。

20世纪,斯洛文尼亚科学家继续做出贡献。安东·科德利男爵(1875~1945年)于1928年获得了机械光学电视系统的专利。爱德华·卢希扬(1886~1911年)是自制飞机并成功飞行的斯洛文尼亚第一人。曾是奥地利军队军官的斯洛文尼亚火箭工程师赫尔曼·波托契尼克-诺尔顿于1929年出版了《空间飞行问题》一书,他独创和富有远见的思想体现在他的空间飞行设计和研究之中。化学家弗里茨·普雷格尔博士因引进有机化学微观分析而促进了化学、生物学、医学等科学的研究,并于1923年荣获诺贝尔奖,也是截至目前获得诺贝尔奖的唯一一位斯洛文尼亚人。

卢布尔雅那大学在第一次世界大战后建立,许多享有世界声誉的斯洛文尼亚科学家在该大学任教,其中包括数学家约西普·普雷梅利、电力工程师米兰·维德马尔、建筑师约热·普列契尼克等。斯洛文尼亚科学与艺术院在第二次世界大战后成立,第一任院长是著名的斯洛文尼亚语言学家拉伊科·纳赫蒂加尔。

斯洛文尼亚科学家秉承深厚的科研传统,为全球知识型组织贡献了许多发明创造。如今,随着研发项目的日益多样化,斯洛文尼亚研究项目高标准的质量得到了全世界的认可。在一些研究领域,如计算机科学

或纳米技术，斯洛文尼亚已跻身世界前列。斯洛文尼亚认为知识是国家发展的重要支柱之一。自1991年以来，斯洛文尼亚一直是欧盟和其他欧洲研发项目的积极参与者；迄今为止，已独立参加了1000多个欧洲研究框架内的项目。

二 科研机构

1938年，斯洛文尼亚科学与艺术院成立，其前身是1693年在卢布尔雅那成立的歌剧科学院。该科学院内曾聚集了许多杰出的卡尔尼奥拉教士、世俗知识分子、贵族和自由民。第二次世界大战期间，他们一直在卢布尔雅那坚持活动，战后该科学院被正式命名为斯洛文尼亚科学与艺术院。经过长期的发展，斯洛文尼亚科学与艺术院已从原来的4个学部发展为6个学部，并组建了一系列新的研究所和新的机构。如今斯洛文尼亚科学与艺术院已是由在科学和艺术领域取得杰出成就的斯洛文尼亚科学家和艺术家组成的国家最高科学艺术机构。

斯洛文尼亚科学与艺术院实行自治管理，管理机构是院士大会、院长理事会。院士大会由所有院士、副院士参加，荣誉院士和通讯院士也可参加；院长理事会由院长、副院长、秘书长和通过选举产生的3名院士组成，其日常工作由院长、2名副院长和秘书长组成的执行委员会负责。院长和2名副院长、秘书长和各学部秘书通过选举产生，任期3年，可连任一次。根据有关规定，斯洛文尼亚科学与艺术院院士的名额为：院士最多60名，副院士最多30名，年龄为75岁以下；还有来自国外学术机构的通讯院士，最多90名。科学与艺术院的6个学部是：历史和社会科学部，语言文学部，数学、物理、化学和技术部，自然科学部，艺术部，医学部。科学与艺术院还有6个单位，即国际关系和学术合作部、斯洛文尼亚科学与艺术院图书馆（是斯洛文尼亚第三大图书馆）、环境研究与保护部、种族共同体研究委员会、瓦尔瓦索尔委员会、医学研究委员会。斯洛文尼亚科学与艺术院亦创建了一系列重要的研究所，例如约瑟夫·斯特凡物理研究所、国家化学研究所、涡轮研究所、米兰·维德马尔电力研究所等。科学与艺术院还创建了斯洛文尼亚科学与艺术院科学研究中心，是一个和科学与艺术院有着紧密联系的自治的研究机构。该中心和科学与艺术院一起，在一系列其他研究所（包括斯洛文尼亚语言学、考古学、历史学、艺术史学、音乐学、文学、民族学、民族音乐学、斯洛文尼亚移民研究、哲学、地理学、喀斯特研究、古生物学、生物学、医学等研究所）中实施有关保护斯洛文尼亚民族的自然和文化遗产的长期计划。斯洛文尼亚科学与艺术院已与32个国家的科学院通过签订双边协议建立了合作关系（与中国社会科学院于2003年签订了合作协议）。

除斯洛文尼亚科学与艺术院外，斯洛文尼亚还有许多大学的研究所和商业公司的研究机构。研究成果类型有基础科学研究、应用科学研究、成果转换的实验研究。

三　科技领域

1. AI 技术

2019年4月2日，斯洛文尼亚在联合国教科文组织的支持下建立国际AI研究中心。斯洛文尼亚是欧盟成员国中最早采取步骤建立国家AI战略的国家之一。

斯洛文尼亚已批准在联合国教科文组织的正式支持下建立一个人工智能研究中心，并计划将卢布尔雅那约瑟夫·斯特凡研究所的智能系统系转型为一个专注于AI治理和政策的中心。除了进行研究之外，该中心还将向世界各地的利益相关者开放，在起草指导方针和行动计划以在各个领域引入AI技术时提供政策支持。它还将就AI的影响向广大公众进行咨询。

新的中心将保留约瑟夫·斯特凡研究所现有的研究人员和资金结构。该研究所目前每年的预算约为50万欧元。来自国家和欧盟的资金，用于基本运营和研究。研究人员还可以从其他来源申请研究经费。但是在新战略下，解决的主题将有所不同。

2. 海洋生物技术

国家生物学研究所皮兰海洋生物学站是斯洛文尼亚唯一致力于海洋科学研究和专业工作的研究团队。它与国外高水平的海洋研究中心合作，代表了国家海洋研究领域的发展重点。研究工作会定期由具有不同学科的学生和受训研究生以及博士后研究员展开。皮兰海洋生物学站的基础设施包括研究实验室（生物、化学、微生物等）、盐水实验室水族馆、大会堂、生物实践实验室、拥有1500本科学专著和60种专业期刊的图书馆、带工作室的潜水基地、一艘12米长的研究船。

斯洛文尼亚亦积极参与海洋生物技术联合跨国研究计划。

3. 天文学、太空科学

斯洛文尼亚对于天文学、太空科学的探索和研究由来已久。关于黑体辐射研究成果显著的约瑟夫·斯特凡、太空旅行先驱赫尔曼·波托契尼克-诺尔顿，都是20世纪斯洛文尼亚的核心科研力量。很多斯洛文尼亚的科学家和工程师参与了多个重要的国际项目。斯洛文尼亚在全球范围内参与了重要的研究和应用。除了在斯洛文尼亚大学进行的世界领先研究（例如太空医学）外，斯洛文尼亚的公司还为全球太空工业提供最先进的组件和材料。此外，在过去的几十年中，斯洛文尼亚已经建立了许多跨学科的中心和小组，探索和发展跟踪设备、地面站、小型卫星及其组成部分等。

第三节　文学艺术

一　文学

斯洛文尼亚保存最早的历史文献都是用德文、拉丁文等书写的。16世纪斯洛文尼亚的文字和文化在新教改革中诞生。1550年，新教牧师、斯洛文尼亚民族语言之父普里莫日·特鲁巴尔第一次用斯洛文尼亚语撰写了两本书——《教义问答》和《识字课本》，为斯洛文尼亚语言文字和斯洛文尼亚文化的发展奠定了基础。1584年，新教教士尤里·达尔马廷（1547~1589年）首次把《圣经》全部译为斯洛文尼亚语。但后来新教受到打击，阻碍了斯洛文尼亚文学和文化的发展，直到18世纪末和19世纪初，斯洛文尼亚文学（特别是诗歌和戏剧）才真正开始发展。诗人瓦伦廷·沃德尼克（1758~1819年）和剧作家安东·托马日·林哈尔特（1756~1795年）的作品表现了法国启蒙运动和法国大革命时代的自由主义精神。他们为本民族的人民大众写作，作品形式简洁，主题和表现方式紧密贴近人民大众。瓦伦廷·沃德尼克还是斯洛文尼亚第一份报纸的创办人。

19世纪初是斯洛文尼亚的浪漫主义时期。最伟大的浪漫主义诗人弗朗茨·普雷舍伦（1800~1849年）的作品使斯洛文尼亚浪漫主义文学的发展达到了最高峰。他的作品唤醒了斯洛文尼亚人的民族意识，点燃了他们心灵中的战斗精神，被翻译为多种文字在国外出版。斯洛文尼亚独立后，他的诗歌《祝词》中的一段诗文被确定为斯洛文尼亚国歌的歌词。他本人被视为斯洛文尼亚民族独立和民族精神的象征。他的生日（2月8日）于1945年被定为斯洛文尼亚全国文化日，并设立了以他的名字命名的斯洛文尼亚最高文化艺术奖"普雷舍伦奖"，1962年设立专门的"普雷舍伦基金"。

19世纪后半期是斯洛文尼亚小说迅猛发展的时代，伟大的作家约西普·尤尔契奇（1844~1881年）的《第十个兄弟》是斯洛文尼亚小说的典范。他以英国历史小说为雏形，反映了土耳其军队进攻时期，在财产所有者与受束缚的农民之间存在严格区分的环境下，人们的命运和情感。尤尔契奇与评论家弗兰·列夫斯蒂克（1831~1887年）奠定了文学评论的基础。19世纪与20世纪之交，随着象征主义和颓废派的盛行，出现了现代派作家和所谓的"诅咒诗歌"。后来证明这些作品中有关斯洛文尼亚人对抗传统的天主教信仰的描写是言过其实的。诗人约西普·穆尔恩·亚力山德罗夫（1879~1901年）运用通俗的诗歌传统创作了富于感性的现代诗歌；德拉古廷·凯特（1876~1899年）在其短暂的一生中所创作的诗篇生动和令人振奋。

20世纪斯洛文尼亚现代文学中最著名的作家是伊万·参卡尔（1876~1918年）和奥通·茹潘契奇（1878~1949年）。参卡尔和茹潘契奇是斯洛文尼亚文化和精神无可争议的权威并影响着政治生活。参卡尔是象征主义短篇文学的大师和具有易卜生色彩的剧作家，其作品反映了资本主义发展和工业化时期的社会状况，他的杂文热情宣传了建立南斯拉夫国家的思想。茹潘契奇运用现代诗歌手法创作的诗歌具有强烈个性，在第二次世界大战初期他支持反抗运动和民族起义。第一次世界大战结束后，最

221

斯洛文尼亚

著名的作家是青年抒情诗人斯雷契科·科索韦尔（1904~1926年）。他是斯洛文尼亚文学中表现主义和构成派的奠基人，他的作品对后来的诗歌创作产生了很大影响。在两次世界大战之间和第二次世界大战期间，斯洛文尼亚文学以社会主义现实主义为主，普雷日霍夫·沃兰茨（原名洛夫罗·库哈尔，1893~1950年）、米什科·克拉涅茨（1908~1983年）、希里尔·科斯马奇（1910~1980年）、斯拉夫科·格鲁姆（1901~1949年）等都是当时著名的作家。其中科斯马奇尤为突出，他的创作在战后转向了当代风格并达到了顶峰。他的传记小说《坦坦德鲁伊》让读者甚至混淆了现实与虚构之间的界限。弗拉迪米尔·巴尔托尔（1903~1969年）的小说《阿拉穆特》描写了伊斯兰帝国皇帝通过巧妙操纵他的仆人的愿望而改变自己状况的故事，由于作品曾长期被人忽视，作者去世半个世纪后，《阿拉穆特》才被翻译成多国文字出版。第二次世界大战中斯洛文尼亚被占领期间，尽管曾被宣称为是所谓的"文化沉没"时期，却仍然出现了许多诗歌和散文作品。这些作品与其说是出自作者个人的创作力，不如说是出自全民族团结的创作精神，其中最著名的作家是约热·乌多维奇（1912~1986年）、爱德华·科茨贝克（1904~1981年）。爱德华·科茨贝克也是斯洛文尼亚战后文学的主要人物。他的游击队日记和随笔反映了民族的精神面貌。在20世纪50年代初的政治争论中，他与执政者政见不同。在斯洛文尼亚文学界从现实主义转向寻求表现个性的新一代中，著名的当代作家有：诗人雅奈兹·梅纳特尔、托内·帕夫切克、伊万·米纳蒂、奇里尔·兹洛贝茨、托马日·沙拉穆恩等；散文作家洛伊泽·科瓦契奇、弗拉迪米尔·卡夫契奇、帕夫莱·兹达尔、维托米尔·祖潘、德拉戈·扬查尔；剧作家格雷戈尔·斯特尔尼察、多米尼克·斯莫莱等。在斯洛文尼亚，每年在布莱德举行的笔会和在维莱尼察举行的作家聚会是国内外作家的重要活动，并在国内外享有盛誉。

斯洛文尼亚作家协会于1872年6月21日由以约西普·沃什尼亚克（1834~1911年）为首的52名作家在卢布尔雅那成立，并选举达沃林·特尔斯特尼亚克（1848~1921年）为主席。但不久该协会便停止了活动。1885年6月25日在约西普·沃什尼亚克领导下成立了作家支

第七章 文化

持协会，试图为自己的会员提供财政帮助。1915年其被奥地利当局解散。1920年斯洛文尼亚文学协会成立，1968年改名为斯洛文尼亚作家协会。

在斯洛文尼亚，文学是影响力很大的艺术形式。第一个斯洛文尼亚语言文本可以追溯到公元前1000年，即弗赖辛手稿（Freising Manuscripts），它也是用拉丁字母书写的最古老的斯拉夫语文本。如今，这些手抄本被保存在慕尼黑的巴伐利亚国家档案馆。在斯洛文尼亚文学发展中占据特殊地位的是牧师普里莫日·特鲁巴尔和诗人弗朗茨·普雷舍伦，前者出版了第一本斯洛文尼亚语书籍，后者创作的诗歌《祝词》中的一段成为斯洛文尼亚国歌的歌词。

1917年春天，第一次世界大战结束后首次召开的和平会议上，英国外交部特别设立了一个部门，专门负责收集和编制供英国代表团参加会议使用的背景资料。《斯洛文尼亚人》是该部门编制的160多份研究报告中的第13号报告——这些研究报告大多数于1919年巴黎和会闭幕后出版。这部研究报告包括介绍斯洛文尼亚历史、社会与政治状况的章节。

斯洛文尼亚历史学家约热·普里耶韦卡于2011年5月24日举行新作《铁托和他的同志们》一书的首发式。作为一本人物传记，该书披露了一些有关铁托生平的鲜为人知的故事。该书还充分肯定铁托当年在东西方两大对立集团，即北大西洋公约组织（北约）和华沙条约组织（华约）之间，独辟蹊径开展不结盟运动中的重要作用。普里耶韦卡出生在意大利的里雅斯特，是专门从事巴尔干地区研究的著名历史学家，也是斯洛文尼亚科学与艺术院院士。

阿莱士·施蒂格是斯洛文尼亚诗人、散文家和小说家，是新一代斯洛文尼亚文坛新秀，最富原创力的欧洲当代诗人之一。他同时还是德国语言文学研究院柏林艺术研究院院士、法国文学艺术骑士勋章获得者，作品被译成英语、德语和法语等16种文字。《从伤口另一端》一书收录了他于1997~2018年创作的诗歌及诗词散文作品近百篇，还附有被誉为"当代歌德"的著名德国诗人格林拜恩等撰写的诗评。

223

二 戏剧与电影

1. 戏剧

戏剧是斯洛文尼亚的文化传统之一。1879 年 12 月 28 日斯洛文尼亚最著名的剧作家和诗人安东·托马日·林哈尔特在卢布尔雅那首次用斯洛文尼亚语编排演出了他的戏剧作品《省长米茨卡》,因此斯洛文尼亚把这一天确定为斯洛文尼亚戏剧的诞生日。1867 年,斯洛文尼亚话剧协会在卢布尔雅那成立。位于卢布尔雅那的斯洛文尼亚人民剧院的历史可追溯到 18 世纪奥地利哈布斯堡王朝统治时期。19 世纪末 20 世纪初,一系列新的剧院在斯洛文尼亚建立:1892 年建立了省剧院,1907 年在的里雅斯特建立了斯洛文尼亚剧院,1919 年马里博尔剧院建立。第二次世界大战后,在卢布尔雅那、马里博尔、的里雅斯特剧院演出的话剧使斯洛文尼亚戏剧艺术日益繁荣,并出现了一系列专业的剧院:卢布尔雅那建立了市剧院(1951 年)和斯洛文尼亚青年剧院(1956 年),克拉尼(1949 年)、采列(1950 年)、波斯托伊纳(1952 年,后迁至科佩尔)、普图伊(1956 年)、诺瓦戈里察(1969 年)等也都建立了剧院。

斯洛文尼亚作家爱·克里斯坦的剧本《柳比斯拉瓦》(1906 年)、《卡塔·弗兰科维奇》(1909 年)和洛·科拉伊格尔(1877~1959 年)的《我们的血》(1912 年)均带有自然主义色彩。这个时期无产阶级新型戏剧的诞生和 20 世纪 20~30 年代大量批判现实主义社会剧的出现,标志着南斯拉夫剧坛出现了具有划时代意义的变化。斯洛文尼亚剧作家参卡尔的剧本代表作《贝塔伊诺瓦的太上皇》为无产阶级戏剧奠定了基础。斯洛文尼亚剧作家 B. 克雷夫特的《伟大的起义》(1937 年)、约·克拉尼茨(1904~1966 年)的《恰姆帕校长》(1935 年)和斯·格鲁姆(1901~1949 年)的《果格镇事件》(1931 年),都是 20 世纪 30 年代的优秀剧作。

斯洛文尼亚最著名的当代戏剧艺术家有博扬·斯图皮奇(1910~1970 年)、米拉·斯图皮奇、斯拉夫科·约恩(1904~1987 年)、斯塔内·塞维尔(1914~1970 年)、米勒·科隆、米莲那·祖潘契奇、波尔德·比比奇和杜山·约万诺维奇等。近年来斯洛文尼亚又涌现出了维托·塔乌费尔、托马日·潘都尔和马蒂亚兹·波格拉伊茨等著名戏剧艺术家。

2. 电影

斯洛文尼亚电影于20世纪初开始发展。1994年，斯洛文尼亚共和国电影基金建立，主要资金由国家保证。斯洛文尼亚的电影制作者和电影戏剧演员主要是在卢布尔雅那的戏剧、电影、广播、电视科学院培训的，也有部分人是在国外培训的。20世纪初，斯洛文尼亚电影的先驱卡罗尔·格罗斯曼（1864~1929年）首次制作了3部文献片，开启了斯洛文尼亚电影的发展史。20世纪30年代又有5部无声影片和一些有声影片问世。1931年的《金角王国》和1932年的《特里格拉夫的陡峭山峰》两部文献艺术片是斯洛文尼亚艺术片的最初尝试。这两部影片赋予了斯洛文尼亚影片以中欧盛行的"地方生活"特色。电影导演、摄影师和电影剧本作者梅托德·巴久拉（1897~1971年）在1926~1940年制作了30部新影片和短片。在第二次世界大战后他以最佳文献片导演而著称。后来，斯洛文尼亚的最高电影奖以他的名字命名（即"巴久拉电影奖"）。在斯洛文尼亚，无声电影一直延续到20世纪30年代。有声电影出现后，弗朗茨·什蒂格利茨（1919~1993年）于1948年导演了艺术片《在自己的土地上》，从而成为战后初期斯洛文尼亚艺术片的先锋。1951年约热·加莱和约热·克克茨成功地为青少年制作了系列影片。后来弗朗茨·什蒂格利茨继续了他们的工作，1955年导演了影片《静静的山谷》。1977年亚内·卡夫契奇导演了影片《领先的幸运》。导演弗朗茨·什蒂格利茨、伊戈尔·普雷特那尔和马特亚日·克洛普契奇与许多外国艺术家合作的影片曾获得广泛好评，而短片和动画片更是备受称赞。年轻一代的著名电影导演除伊戈尔·什泰尔克（1924~1977年）外，还有雅奈兹·布尔格尔、扬·茨维特科维奇等，他们制作的影片在国际电影节上也都有很好的反响。扬·茨维特科维奇导演的影片《面包和牛奶》在维也纳电影节上获得了未来金狮奖；布朗科·久里奇主演的影片《无人的土地》获得了奥斯卡最佳外语电影奖，并获得2001年欧洲电影奖最佳演员提名。

（1）电影院

古罗马人（Ancient Romans）和卢米埃尔工作室（Studio Lumière）第

斯洛文尼亚

一次电影放映是在马里博尔，可以追溯到1896年。两年后，卢米埃尔工作室在斯洛文尼亚卢布尔雅那城堡拍摄了第一部电影。

观众在KINODVOR电影院可以观看到精选的当代艺术电影和高端的电影产品。儿童、青年和老年观众都能找到适合自己的影片。到了夏天，电影院会组织户外电影放映，比如：在卢布尔雅那城堡举办"星空电影院"活动，放映当季高端电影和首映会；在国会广场组织"夏季电影院"播放经典电影。

（2）电影节

斯洛文尼亚电影节原来在采列举行，后迁至沿海城市波尔托罗日，1998年改为"斯洛文尼亚电影节"，每年举办一次。在电影节期间，除上映各种国产影片和国外影片外，还组织有关影片制作、剧本编写、资金筹集等问题的研讨会。著名的电影节有格雷斯曼（GROSSMANNN）电影节、LIFFE电影节、纪录片电影节、KINO OTOK电影节、ANIMATEKA动画电影节、移民电影节。

2014年，在第16届电影节期间，斯洛文尼亚放映了令人印象深刻的136部电影，其中42部入围了竞赛单元。斯洛文尼亚电影节为斯洛文尼亚电影人提供了一个向国家和国际电影业专业人士以及公众展示他们的故事片、短片、纪录片和动画电影的平台。

数据显示，2017年斯洛文尼亚人均观影频率为1.26次，人均电影支出为6.2欧元，电影院座位数为23346座。

三　音乐与舞蹈

1. 音乐

斯洛文尼亚人早在公元6世纪开始向这里迁移时，就带来了自己的斯拉夫音乐文化。8世纪斯拉夫人皈依基督教后，教堂唱诗班的音乐传播开来。11~15世纪创作了一些中世纪歌曲。修道院、教堂和学校流行的是有旋律的、曲调和谐的赞歌和举行礼拜仪式的歌曲。中世纪末，教会歌曲的发展达到了相当高的水平，当时欧洲的复调乐曲得到了发扬。16世纪最著名的斯洛文尼亚作曲家是创作中世纪赞歌和牧歌的大师雅科布·佩泰林-加路斯（1550~1591年）。17世纪以来，斯洛文尼亚音乐在意大利文艺复兴和维也纳巴洛克艺术风格的影响下开始欣欣向荣。1701年卢布尔雅那建立了交响乐科学院。1870年第一部斯洛文尼亚歌剧《贝林》在古典主义艺术的影响下诞生。在19世纪的浪漫主义时期，贝尼亚明·伊帕韦茨（1829~1909年）、弗朗·格尔比奇（1840~1917年）和安东·弗埃尔斯泰尔是最重要的代表人物，里斯托·萨文则是新浪漫主义的代表。第一次世界大战后，在欧洲音乐的现代派潮流中，代表人物是马里·科戈伊（1895~1956年）和斯拉夫科·奥斯泰尔茨（1895~1941年），而后浪漫主义的代表则是路茨扬·玛利亚·什克尔亚涅茨（1900~1974年）。此时是斯洛文尼亚音乐的兴盛时期，虽然被随后爆发的第二次世界大战所打断，但激励了新的自我意识和现代民族自我体现的创作精神。20世纪的斯洛文尼亚音乐具有了自己独特的色彩。后来，马里安·科吉那（1907~1966年）、普里莫日·拉莫夫什、乌罗什·罗伊科、亚尼·戈洛布、维恩科·格洛博卡尔和阿尔多·库马尔等都为欧洲民众表演过斯洛文尼亚音乐。斯洛文尼亚钢琴演奏家杜布拉夫卡·托姆什奇、长笛演奏家伊列那·格拉菲那乌埃尔、黑管演奏家马泰伊·贝卡维茨、女中音歌唱家马里亚那·利波夫舍克等在国外的演出，都获得了很高的评价。在斯洛文尼亚，古典音乐的主要演出团体是斯洛文尼亚爱乐乐团和斯洛文尼亚广播电视交响乐团。斯洛文尼亚广播电视舞蹈乐团在第二次世界大战后演奏了许多通俗风格的音乐。在声乐方面，斯洛文尼亚广播电视合唱团、斯洛文尼亚"奥克泰特"八重唱演出小组和"卡尔米那"（也可称为"胭脂红"）女声合唱小组都是享誉国内外的演出团体，由阿夫塞尼克5兄弟组成的"阿夫塞尼克"演奏小组是世界有名的传统民俗音乐演奏团体。另外，许多斯洛文尼亚的流行音乐演唱家和作曲家也在国际上享有良好声誉。

（1）尼安德特人的长笛、塔尔蒂尼的小提琴和贝多芬的手稿

现在的斯洛文尼亚地区对音乐的热爱最初可以追溯到6万年前的旧石器时代，当时尼安德特人开始使用长笛——它被认为是世界上最古老的乐器。在皮兰，可以聆听艺术家朱塞佩·塔尔蒂尼的那把有着约300年历史的小提琴演奏。斯洛文尼亚交响乐团会演奏贝多芬的第六交响曲。这支乐

斯洛文尼亚

曲的手稿以及修改的内容正是由伟大的作曲家贝多芬本人亲自送到卢布尔雅那的。

（2）斯洛文尼亚交响乐团

斯洛文尼亚交响乐团拥有300多年的历史，被认为是世界上最古老的音乐机构之一。它的发展和名气要归功于一批著名的音乐艺术家，比如古斯塔夫·马勒、瓦茨拉夫·塔利奇、汉斯·格斯特纳、马克·勒托夏、乔治·佩利瓦尼安和埃马纽埃尔·维拉姆。他们于不同时期在卢布尔雅那奋斗过。在与这支管弦乐队有关的知名人士中，路德维希·范·贝多芬（Ludwig van Beethoven）就是其中一位。

（3）斯洛文尼亚爱乐乐团

斯洛文尼亚爱乐乐团建立已有100多年的历史，但其前身学院爱乐乐团始建于1701年，迄今已有逾300年历史。这使得它成为世界上最古老的爱乐乐团之一。指挥家詹姆斯·贾德出生于英国，是法国德里尔国家乐团的首席客座指挥，同时还担任以色列交响乐团和以色列歌剧院音乐总监兼首席指挥。

2017年12月17日，斯洛文尼亚爱乐乐团在中国国家大剧院为中国观众带来了一场他们精心编排的演出，也拉开了国家大剧院2018新年系列音乐会的序幕。音乐会在轻松而有活力的《费加罗的婚礼》序曲中奏响乐章。《费加罗的婚礼》序曲成为音乐会上深受欢迎的传统曲目之一。之后演奏门德尔松创作的A大调第四交响曲，分为四个篇章，分别在活泼的快板、缓慢的行板、优雅的中板和迫切的急板中将音乐会推向高潮。中国青年钢琴家张浩天同斯洛文尼亚爱乐乐团在音乐会上合奏了C小调第二钢琴协奏曲第三乐章《诙谐的快板》。《北京喜讯到边寨》是斯洛文尼亚爱乐乐团专门为中国观众献上的曲目。音乐会在观众合着乐团演奏《拉德斯基进行曲》的掌声中落下帷幕。

2. 舞蹈

斯洛文尼亚的著名芭蕾舞演员是皮诺·姆拉卡尔和皮阿·姆拉卡尔，而两个年轻的舞蹈设计师伊斯托克·科瓦奇和马蒂亚兹·发里奇则在欧美各国舞台上提高了斯洛文尼亚舞蹈艺术的声望。伊斯托克·科瓦奇于

第七章 文化

1993年在比利时创建了"恩科那普"舞蹈队,并于1994年迁至卢布尔雅那。其在十多年的演出过程中,发展了自己的美学内涵、形成了自己的特色,并与国外许多团体建立了联系,在欧洲、美国、拉美地区的20多个国家进行过访问演出,并在伦敦、瑞典、以色列、斯洛伐克、瑞士、荷兰等国举行的舞蹈大赛中获奖。后来,在马亚·代拉克、安德烈·拉乌契、马拉·克利那等的推动下斯洛文尼亚成立了舞蹈学校,培养了一批青年舞蹈演员。斯洛文尼亚设有音乐科学院、歌剧学院、芭蕾舞学院等专门培训音乐、舞蹈人才的教育机构。在卢布尔雅那每年举行的舞蹈艺术节和卢布尔雅那夏季联欢节、马里博尔联欢节上,国内外著名的舞蹈艺术家等纷纷前来演出精彩节目。

四 美术

1. 美术史和艺术家

斯洛文尼亚的早期美术艺术与教堂有着密切联系,其国内存有许多浪漫主义时期以前的教会题材的雕像、12世纪的手稿图饰、哥特式的雕塑和壁画、文艺复兴风格的墓志铭和壁画、巴洛克式的雕刻和教堂顶棚画。在12~13世纪许多斯洛文尼亚艺术家,直到浪漫主义时期以后,才开始有了名望。

19世纪著名现实主义肖像画家是安东·阿日贝(1862~1905年)。他出生于斯洛文尼亚,但属于日耳曼文化圈。他创办的学校在慕尼黑。他是现实主义画家、绘画教师。安东的艺术遗产仅限于26幅作品,其中大部分收藏在斯洛文尼亚国家美术馆。

画家伊万·科比尔察(Ivan Kobilca, 1861~1926年)获得了法兰西国家艺术协会非正式会员的资格。她是斯洛文尼亚最著名的女画家,也是斯洛文尼亚文化认同的关键人物。1879~1880年,科比尔察在维也纳学习。在那里她在艺术学院的画廊中以及1880~1881年在慕尼黑复制了这些画作。1882~1889年,她在阿洛伊斯·埃尔德特尔特(Alois Erdtelt)的指导下继续学习。1888年,她的作品第一次参加了公开展览。1891年和1892年,她成为法国国家美术学院的荣誉会员。

229

斯洛文尼亚

她是斯洛文尼亚的现实主义者之一，在19世纪80年代创作了最重要的画作。她最有影响力的是人物画，特别是肖像画和乡村或城市地区典型人物的绘画。科比尔察最著名的画作有《喝咖啡的人》《荷兰女孩》《法尼修女肖像》《夏季》等。她的作品在欧洲所有主要画廊都有展出。

斯洛文尼亚美术通过20世纪上半期的一些印象主义画家的作品而受到世界的关注，其中最重要的代表人物是伊万·格罗哈尔（1867~1911年）、马蒂亚·亚玛（1874~1947年）、马蒂亚·斯泰尔内恩（1870~1940年）和里哈尔德·亚科皮奇（1869~1943年）。第二次世界大战后，斯洛文尼亚成立了美术科学院。加布里耶尔·斯图皮察、里科·代贝尼亚克、马克西姆·塞代伊（1909~1974年）、博日达尔·亚卡茨（1899~1989年）、维诺·皮隆（1896~1970年）、弗朗茨·米海利奇（1907~1998年）等杰出画家和艺术家曾在这里工作。

此外，卢布尔雅那书画学院也很有名。著名画家雅奈兹·贝尔尼克、安德烈·耶姆茨、约热·茨乌哈等曾在此作画。

左兰·穆什奇（1909~2005年）是享有很高国际声誉的斯洛文尼亚画家。他的作品曾在巴黎和威尼斯展出，并获得高度评价。当代杰出和获得国际承认的斯洛文尼亚美术家还有马里耶蒂察·波特尔奇和马尔科·佩利汉。他们在1998年成立了以"欧文"命名的绘画小组。他们的共同特点是使色彩浓艳的先锋派传统与社会政治意识相结合。

柏洛是一位女性艺术家。她力图用光线与动力装置，去探讨人类的大脑构造，模拟自然、身体与技术的关系。柏洛对自然现象和它们形成的过程（磁力、重力、结晶、分形等）着迷。她的一些近作（如《天文台》《流体印刷术》《铁晶体》）都是通过艺术和媒介的方式来探索磁流体动力学和模拟自然现象的产生。这些微观级、纳米级维度的观察蕴藉着某些宏观层面的思考，探讨了对时间、空间、物质、生命和存在的认识。

古米拉尔是一位油画家。受到拉康和梅洛庞蒂等哲学家的影响，古米拉尔力图画出隐藏在客观表象背后的东西，从而给人一种熟悉的陌生感。

乐纳迪克是一位装置艺术家，喜欢将物体、概念和话语这三种元素混

第七章 文　化

合使用，展示它们之间的张力，尤其是喜欢通过一个"被误导的"名称来暗示一种视觉的隐喻。

　　格拉吉福纳是一位版画家。他的大部分作品都只做一版，从不重复。格拉吉福纳尤其注重探讨视觉与触觉之间的关系。这与他早年学习和创作雕塑不无关系。格拉吉福纳充满能量，不断挑战新的技法和媒介。无论是在其绘画主题还是技术手法上，他总是将自己的作品与主流欧洲艺术家进行比较，对一切事物保持开放心态，同时也坚定其作品中独立的个人色彩。

　　在斯洛文尼亚，两年一度的国际绘画节是斯洛文尼亚美术家的重要聚会，也是欧洲美术家的重要活动之一。

　2. 绘画流派

　（1）现实主义艺术

　　斯洛文尼亚真正有影响力的艺术是19世纪中期兴起的现实主义艺术。舒伯茨（Šubic）兄弟是斯洛文尼亚19世纪现实主义艺术最杰出的代表人物。哥哥扬涅兹·舒伯茨（J. Šubic, 1850～1889年）的代表作《母亲肖像》（1880年）倾注着作者对母亲的全部感情，弟弟尤里·舒伯茨（1855～1890年）的代表作为《出猎前》（1882年）。

　（2）印象派运动

　　19世纪印象派运动，主要代表画家有伊万·格劳哈尔（1867～1911年）。他曾创建"萨瓦社"，有着强烈的民族色彩，宣扬独立和爱国主义的思想。在艺术上坚决反对学院派，主张放眼欧洲，吸收后印象派的一些好的经验。其代表作有《播种者》（1907年）、《九月》（1907年）等。

第四节　体　育

一　体育简史

　　早在中世纪时期，在斯洛文尼亚这块土地上生活的居民就开展划船、溶洞探险、钓鱼、狩猎、滑雪等各种类似体育运动的活动。公元17世纪这里的滑雪家第一次创下了中欧的滑雪纪录。但斯洛文尼亚人的体育组织

斯洛文尼亚

在此之后200多年才出现：1862年斯洛文尼亚人成立了其第一个体育协会"南方猎鹰"，1905年由115个体育协会联合成立"斯洛文尼亚猎鹰联合会"。1872~1920年，登山、自行车等许多其他协会也陆续建立，还成立了由大学生组成的斯洛文尼亚大学体育协会。在第一次世界大战后，斯洛文尼亚成立了第一个职业体育联合会，同时还成立了南斯拉夫奥林匹克委员会斯洛文尼亚分会。第二次世界大战后，斯洛文尼亚成立了"体育联合会"，后改称为"斯洛文尼亚体育联合会"。随后其又成立了名为"游击队"的体育教育联合会。20世纪70~80年代，斯洛文尼亚成立了一些专门为体育活动筹集资金的体育文化协会，建设了2000多个体育场馆和许多其他体育设施。1991年"斯洛文尼亚奥林匹克委员会"成立，一年以后得到了国际奥林匹克委员会的承认。

斯洛文尼亚独立后，体育运动蒸蒸日上。斯洛文尼亚共和国体育代表团于1992年首次高举斯洛文尼亚国旗进入巴塞罗那奥运会的会场，参加了第25届奥运会。斯洛文尼亚足球队在首次参加的2000年的欧洲锦标赛和2002年的世界杯赛中就取得了好成绩，并获得进入奥运会的资格。斯洛文尼亚手球队也参加了悉尼奥运会。

在斯洛文尼亚最受欢迎的体育项目有足球、篮球、冰球、手球、跳台滑雪和滑雪。个人竞技项目，如田径、自行车和网球也很受欢迎。斯洛文尼亚已经参加很多届夏季和冬季奥运会。斯洛文尼亚最高级别的足球联赛是斯洛文尼亚足球超级联赛。斯洛文尼亚参加了2002年和2010年世界杯足球赛。斯洛文尼亚最高级别的篮球联赛是斯洛文尼亚篮球甲级联赛，有12支球队参加。斯洛文尼亚最高级别的冰球赛事是斯洛文尼亚冰球锦标赛。

二　国际比赛成绩

斯洛文尼亚运动员早在奥匈帝国时期就参加了国际比赛。1912年斯洛文尼亚运动员开始参加奥林匹克运动会，鲁道夫·茨维特科作为奥匈帝国的体育队员，获得了跨栏赛跑的银牌。在第二次世界大战前，斯洛文尼亚体操运动员的成绩也居世界前列，最著名的运动员是列昂·什图克利。他在1922~1936年参加的3届奥运会和3届世界锦标赛中获得了8枚金牌、4

枚银牌和 5 枚铜牌。第二次世界大战后，米罗·采拉尔在 1964 年第 18 届东京奥运会和 1968 年第 19 届墨西哥奥运会的体操比赛中，又获得了 2 枚金牌和 1 枚铜牌。他 1958 年在墨西哥、1962 年在布拉格和 1966 年在卢布尔雅那举行的世界体操锦标赛中也都处于领先地位。体操运动员阿利亚日·佩甘和米蒂亚·佩特科夫舍克也在国际比赛中取得了好成绩。

斯洛文尼亚的滑雪运动员也取得了好成绩。在 1980 年冬季奥林匹克运动会上，博扬·克里扎伊获得了障碍滑雪第 4 名，博里斯·斯特雷尔、尤烈·弗兰科、马泰亚·斯维特、尤烈·科什尔、卡蒂亚·科伦、阿连卡·多夫然、娜塔沙·博卡尔、乌尔什卡·赫罗瓦特、什佩拉·普雷特那尔等也在世界杯赛、世界锦标赛和奥运会等重要国际比赛中登上了领奖台。跳台滑雪也是斯洛文尼亚运动员的强项，马蒂亚日·代贝拉克在 1988 年举行的第 15 届冬季奥运会上获得了 90 米跳台滑雪的铜牌；弗朗茨·佩泰克在 1991 年世界滑雪锦标赛中夺得了 90 米跳台滑雪的世界冠军；普里莫日·佩泰尔卡则在 1996/1997 年和 1997/1998 年赛季的滑雪世界杯赛中捧走金杯。

2022 年北京冬奥会跳台滑雪比赛中，首先夺冠的选手是斯洛文尼亚运动员乌尔莎·博加塔伊，第一次跳跃过后位居第二的她，在女子标准台比赛中上演精彩逆转。承受着巨大压力的她第二跳跳出了 100 米的距离，斩获个人首枚冬奥金牌。

2022 年 2 月 8 日，斯洛文尼亚运动员蒂姆·马斯特纳克在北京冬奥会单板滑雪男子平行大回转项目中获得银牌。这也是他体育生涯中的首枚奥运奖牌。

斯洛文尼亚的皮划艇运动员在 20 世纪 80~90 年代的世界比赛和奥运会上获得了奖牌。萨迪克·穆伊基奇和博扬·普雷舍伦在 1988 年第 24 届奥运会上获得了双人皮划艇比赛的铜牌；三年后伊兹托克·乔普和代尼斯·日维格利在维也纳举行的世界锦标赛中获得了银牌，后又在 1992 年巴塞罗那奥运会上获得了铜牌；同时，萨迪克·穆伊基奇、米兰·扬沙、雅奈兹·克莱门契奇和萨朔·米利亚尼奇获得了四人划艇比赛的铜牌。另外，伊兹托克·乔普在 1994 年、1995 年的世界锦标赛中又分别获得了单

233

人艇比赛的铜牌和金牌。在1999年的世界锦标赛中，他和路卡·什皮克一起在双人皮划艇赛中夺得了冠军。

2021年7月26日，东京奥运会皮划艇激流回旋比赛决出首枚金牌，凭借在决赛中的出色发挥，斯洛文尼亚选手本杰明·萨弗塞克将男子单人划艇金牌收入囊中。这也是斯洛文尼亚在该届奥运会上的首金。同时，这既是斯洛文尼亚在皮划艇激流回旋项目上的首枚奥运金牌，也是该国历史上第六枚奥运金牌。

斯洛文尼亚的田径运动员在重要国际比赛中也有优秀的表现。在世界锦标赛中，田径运动员布里吉塔·布科维茨曾获得了100米跨栏赛跑的银牌；格雷戈尔·参卡尔曾获得了跳远铜牌；运动员约兰达·切普拉克则是室内外800米赛跑的欧洲冠军。射击运动员拉伊蒙德·代贝维茨也在奥运会、世界锦标赛等许多重要国际比赛中获得了奖牌。

斯洛文尼亚田径运动员科兹姆斯，在2008年北京夏季奥运会男子链球比赛中获得金牌，在2012年伦敦夏季奥运会男子链球比赛中获得银牌。

登山运动是斯洛文尼亚较普及的传统体育运动。运动员托马日·胡马尔于1999年11月从南麓登上了世界第七高峰道拉吉里峰；斯洛文尼亚滑雪运动员达沃·卡尔尼查尔于2000年10月首次在珠穆朗玛峰滑雪成功，成为从世界最高峰滑雪下山的世界第一人；马拉松游泳运动员马尔廷·斯特雷尔则是征服密西西比河的世界第一人，2002年他用68天成功地在该河内游完了3800公里。

2021年，斯洛文尼亚运动攀登运动员亚妮娅·甘布莱特获得东京奥运会运动攀登项目女子全能金牌。12月14日，亚妮娅·甘布莱特与跳台滑雪运动员克里斯蒂安·塞克、乌萨·博加塔一起被斯洛文尼亚体育记者协会评选为2022年度最佳运动员，继2021年获得奥运冠军后，亚妮娅人气攀升至第二名。颁奖前，她在总统府与斯洛文尼亚总统博鲁特·帕霍尔会面。

2021年，斯洛文尼亚男子乒乓球运动员达科·约奇克在东京奥运会乒乓球男单比赛中，击败日本选手张本智和晋级八强。2022年2月，达科·约奇克获2022年欧洲乒乓球16强赛男子单打冠军。

2020年9月21日，斯洛文尼亚自行车运动员塔代伊·波加查夺得

2020 年环法自行车赛总冠军。他由此成为自 1904 年以来最年轻的环法自行车赛总冠军。2021 年 7 月 19 日，波加查第二次获得环法总冠军。同年 7 月 24 日，波加查夺得东京奥运会公路自行车男子组铜牌。

2021 年斯洛文尼亚运动员普利莫泽·罗格里奇，在实现环西班牙赛三连冠的同时，在东京奥运会斩获了公路自行车计时赛金牌。他曾是斯洛文尼亚的跳台滑雪运动员，现在是职业自行车手。

2021 年 7 月 5 日，在立陶宛赛区奥运会落选赛中，斯洛文尼亚篮球队在东契奇的率领下以 96 比 85 击败立陶宛队，历史上首次杀进奥运会。斯洛文尼亚篮球队 2017 年曾经夺得欧锦赛冠军。4 年之后，斯洛文尼亚篮球队又创造历史，东契奇夺得了立陶宛赛区 MVP 奖项。

三　奥林匹克运动会

斯洛文尼亚奥林匹克委员会成立于 1991 年，并在 1992 年 2 月 5 日被国际奥林匹克委员会认可。斯洛文尼亚运动员第一次参与奥运会是 1912 年在瑞典斯德哥尔摩举办的夏季奥林匹克运动会，他们作为奥地利队的一部分参赛。在这次比赛中，鲁道夫·茨维特科成为斯洛文尼亚人的第一位奥运奖牌得主。从此之后，直到斯洛文尼亚独立之前，他们都以南斯拉夫的名义参赛。

在 2000 年夏季奥林匹克运动会中，斯洛文尼亚运动员赢得 2 枚金牌。在 2008 年夏季奥林匹克运动会中，斯洛文尼亚运动员获得 5 枚奖牌。2014 年冬季奥林匹克运动会，斯洛文尼亚人获得 8 枚奖牌，为最佳的冬季奥运会表现。高山滑雪和划船是斯洛文尼亚获得奖牌最多的运动项目，各获得 4 枚奖牌。射击手莱蒙德·德贝维奇参加 8 次奥运会。他在 1984~2012 年参赛，其中前两次代表南斯拉夫参赛。田径运动员玛琳·奥蒂于 1980~2004 年参加 7 次奥运会。前 6 次她代表牙买加参赛并且获得 9 枚奖牌，第 7 次则代表斯洛文尼亚参赛。德贝维奇（Debevec）是该国年龄最大的奖牌得主及参赛选手，在他获得最后一枚奖牌时已 49 岁。该国最年轻的参赛选手是娜斯塔·戈维谢克（Nastja Govejšek）。她 2012 年参加游泳比赛时仅 15 岁。该国最年轻的奖牌得主是高山滑雪的阿连卡·多夫赞（Alenka Dovžan）。她在

斯洛文尼亚

参加 1994 年冬季奥林匹克运动会时仅 18 岁。斯洛文尼亚运动员曾在夏季奥运会的七种运动及冬季奥运会的五种运动中获得奖牌。在夏季奥运会里最成功的运动是柔道，共获得 5 枚奖牌（2 枚金牌），在冬季奥运会最成功的是阿尔卑斯滑雪，共获得 7 枚奖牌（2 枚金牌）。在团体运动里，国家队曾参加三次手球及一次冰球比赛，而且冰球队入围 2018 年冬季奥林匹克运动会。斯洛文尼亚人口仅 200 万，因此该国常自认为是人均获奖牌数最多的国家之一。

斯洛文尼亚奥林匹克运动会奖牌统计见表 7-1、表 7-2、表 7-3、表 7-4。

表 7-1　1992~2024 年斯洛文尼亚夏季奥运会奖牌统计

单位：枚

赛事	金牌	银牌	铜牌	总计
1992 年巴塞罗那	0	0	2	2
1996 年亚特兰大	0	2	0	2
2000 年悉尼	2	0	0	2
2004 年雅典	0	1	3	4
2008 年北京	1	2	2	4
2012 年伦敦	1	1	2	4
2016 年里约热内卢	1	2	1	4
2021 年东京	3	1	1	5
2024 年巴黎	2	1	0	3

资料来源：斯洛文尼亚官网，http：//www.gov.si。

表 7-2　1992~2022 年斯洛文尼亚冬季奥运会奖牌统计

单位：枚

赛事	金牌	银牌	铜牌	总计
1992 年阿尔贝维尔	0	0	0	0
1994 年利勒哈默尔	0	0	3	3
1998 年长野	0	0	0	0
2002 年盐湖城	0	0	1	1
2006 年都灵	0	0	0	0

续表

赛事	金牌	银牌	铜牌	总计
2010 年温哥华	0	2	1	3
2014 年索契	2	2	4	8
2018 年平昌	0	1	1	2
2022 年北京	2	3	2	7
总计	4	8	12	24

资料来源：斯洛文尼亚官网，http：//www.gov.si。

表 7-3　1992~2024 年斯洛文尼亚奥运会夏季项目获奖牌情况

单位：枚

运动项目	金牌	银牌	铜牌	合计
柔道	3	1	3	7
田径	1	2	1	4
划船	1	1	3	5
射击	1	0	2	3
轻艇	0	2	0	2
帆船	0	3	1	4
游泳	0	1	0	1
皮划艇	1	0	0	1
公路自行车	1	0	1	2
运动攀岩	1	0	0	1

资料来源：斯洛文尼亚官网，http：//www.gov.si。

表 7-4　1992~2022 年斯洛文尼亚奥运会冬季项目获奖牌情况

单位：枚

运动项目	金牌	银牌	铜牌	合计
高山滑雪	2	2	3	7
跳台滑雪	2	1	3	6
单板滑雪	0	1	2	3
越野滑雪	0	0	2	2
冬季两项	0	1	1	2

资料来源：斯洛文尼亚官网，http：//www.gov.si。

斯洛文尼亚

第五节 新闻出版

一 报刊图书

1. 报刊

斯洛文尼亚有 1000 多种报刊。主要报刊有《24 小时报》《斯洛文尼亚新闻》《劳动报》《日报》《晚报》等（见表 7-5）。

表 7-5 斯洛文尼亚主要报刊

名称	类别	语言
Delo	报纸	斯洛文尼亚语
Dnevnik	报纸	斯洛文尼亚语
Finance	报纸	斯洛文尼亚语
Dolenjski List	报纸	斯洛文尼亚语
Ljubljanske Novice	报纸	斯洛文尼亚语
Primorske Novice	报纸	斯洛文尼亚语
Slovenia Times	报纸	英语
Vecer	报纸	斯洛文尼亚语

资料来源：中国驻斯洛文尼亚大使馆经商处。

2. 图书出版

斯洛文尼亚人爱读书。每年 2 月 8 日的民族文化节都要举办大规模的图书展销会，供读者选购他们所喜爱的图书。斯洛文尼亚地处巴尔干地区西北部，在斯拉夫语中，斯洛文尼亚的意思是"有名望的民族"。斯洛文尼亚一直很重视图书事业的发展和人民阅读习惯的培养。除了每年出版大量不同类型图书之外，斯洛文尼亚也很重视为民众提供广泛的阅读途径。

2010 年 4 月 23 日，卢布尔雅那被联合国授予"世界图书之都"美誉。斯洛文尼亚是一个人均图书出版量和阅读量均居世界前列的国家。卢布尔雅那的人们读书盛行，市政厅前的大街上全是书摊。在卢布尔雅那市当选"世界图书之都"之际，斯洛文尼亚文化部部长还致信欧盟总部，建议欧盟各国降低图书的增值税，以最终实现图书零税率的目标。

第七章 文 化

图书对斯洛文尼亚的发展也起到了不可磨灭的作用。早在1584年斯洛文尼亚就以本国语言出版了作为西方宗教文明基础的《圣经》，这体现出其在传播文明和文化方面很早就做出了努力。

自2001年以来，斯洛文尼亚每年出版4500多部文学作品，位列人均出版文学作品国家第三，仅次于芬兰和冰岛。国家虽小，出版商数量却超过1800家，并且各有特色。2004年，斯洛文尼亚还公布了公共图书借阅权，使得作者能够根据公共图书馆借阅其作品的次数获得补偿。另外，斯洛文尼亚每年图书馆的借阅量均超过了2000万人次，即平均每位居民每年借阅量为11本，其中24%的借阅者来自卢布尔雅那。斯洛文尼亚主要出版社见表7-6。

表7-6 斯洛文尼亚主要出版社

序号	出版社名称	出版社性质
1	Morfemplus Publishing	儿童出版
2	Mladinska Knjiga Zalozba D. D., Publishing House	儿童出版
3	Sanje Publishing	儿童出版
4	Slovenian Book Agency	儿童出版
5	Strip Art Features	儿童出版
6	Založba Pivec d. o. c	儿童出版
7	AB Art Press	艺术出版
8	Vydavate'Stvo Matice Slovenskej	综合出版
9	Buvik	其他企业
10	Dajama	综合出版
11	Divadeln Ústav	其他企业
12	Ikar	其他企业
13	Tehniška Založba Slovenije	综合出版
14	LÚČ	其他企业

资料来源：中国驻斯洛文尼亚大使馆经商处。

二 广播电视

1. 广播电台

斯洛文尼亚电台创建于1928年，如今有卢布尔雅那的3个国家电台

239

和 5 个地区播音室对外播放节目。截至 2014 年，全国共有 76 个广播频道。

斯洛文尼亚国际广播电台（Radio Si-Radio Slovenia International）用英语和德语播报新闻。斯洛文尼亚广播电台（Radio Slovenia）是一个国家公共广播电台，它的三个频道也播送外语信息。

2. 电视台

斯洛文尼亚有 4 个公共电视频道，为斯洛文尼亚 1 套、2 套，科佩尔电视频道和马里博尔电视台，此外还有 35 个商业电视频道，由 31 家斯洛文尼亚电视台运营。斯洛文尼亚电视台（TV Slovenia）是最大、最重要的电视台。

斯洛文尼亚广播电视台（RTV，Raiotelevizija Slovenia）成立于 1958 年，是斯洛文尼亚的国家公共广播电视机构，也是斯洛文尼亚共和国国家电视台。台址设在卢布尔雅那，另外在科佩尔和马里博尔拥有地区广播中心。斯洛文尼亚广播电视台除了斯洛文尼亚语之外，也提供少数族裔语言的服务。斯洛文尼亚广播电视台 73% 的收入来自收视费，共有广播节目和电视节目各 3 套，另有少数地区性广播电视节目。三套广播节目中第一套为综合节目，用中波广播，24 小时连续播出。部分时段采用调频广播。除用本国语言播出新闻外，还用英语、德语广播新闻（每周一至周五各 1 次）。第二套节目每天广播 18 小时 30 分，主要为流行音乐和娱乐节目。第三套节目每天广播 8 小时，主要为系统的音乐和教育节目。三套电视节目每周共计播出 140 小时。

第六节　公共文化设施

一　图书馆

1. 国家与大学图书馆

欧盟 2017 年发布的《公共图书馆 2020》（*Public Librariles 2020*）显示，截至 2016 年底，斯洛文尼亚的公共图书馆共计 286 所，还有 591 处流动图书馆服务点。全国总人口数约 200 万人，每年使用公共图书馆的人次约 1030 万，每年全国图书馆的借阅量达到 2500 万册。

斯洛文尼亚国家与大学图书馆致力于收集、记录、保存、归档有关斯洛文尼亚民族的书面文化遗产、科学技术遗产。该馆既是斯洛文尼亚国家图书馆，也是卢布尔雅那大学图书馆，还是斯洛文尼亚图书馆体系发展中心和该国的研究型图书馆中心馆。

斯洛文尼亚国家与大学图书馆前身是根据哈布斯堡王朝女王玛丽亚·特蕾西亚的敕令于 1774 年建立的里苏姆图书馆，当时藏书有 637 册，在幸免于杰苏特学院大火而迁至卢布尔雅那的里苏姆新馆舍后，向公众开放。

国家与大学图书馆的数字化工作可以追溯到 1996 年。1996~2003 年，该图书馆开展了几个数字化项目（斯洛文尼亚著名肖像收藏等）。2003 年，数字图书馆的概念在现代图书馆和信息科学的基础上得以确定，而未来影响欧洲学术图书馆发展的最重要因素也得以确定。数字图书馆的发展是国家与大学图书馆战略计划（2004~2008 年）的重点之一。斯洛文尼亚数字图书馆（dLib.si）门户网站于 2005 年 11 月建立并向公众发布。2006 年到 2008 年，有关该馆旧材料的几个大型数字化项目开展起来。来自其他图书馆的数字化材料也开始被纳入门户网站 dLib.si。按需电子书（EOD, Ebooks on Demand）服务已全面实施，用户能够从国家与大学图书馆订购数字化复本。图书馆与外部合作伙伴（出版商）合作，创建了斯洛文尼亚科学期刊的数字收藏，建立了一个在线出版物合法存放获取的系统，并开发了 SVAROG 门户网站，使出版商能够存放他们的出版物。

该馆积极参与塑造欧洲图书馆和 Europeana（欧盟数字图书馆云计划），并通过合作创建卢布尔雅那大学数字图书馆，还参与了数字保存和数字图书馆发展领域的若干研究和开发项目。最重要的项目"斯洛文尼亚数字图书馆——dLib.si"于 2007 年通过，由挪威金融机构提供资金支持。2009 年和 2010 年发布的 dLib.siplus 项目由高等教育科学技术部以及欧洲发展基金赞助。不同的斯洛文尼亚文化机构通过新创建的全国文化电子内容聚合器将各自的数字资源的元数据传输到欧洲数字图书馆的门户网站。

斯洛文尼亚

斯洛文尼亚国家与大学图书馆在国际合作方面经验丰富，通过参加国际会议、各种国际委员会并在各种国际项目中进行合作。它与诸如 BL DSC（ARTEmail，不列颠图书馆英国国家图书馆文献提供中心）、DBI-Link（德国图书馆研究院）、Subito（德国文献服务系统）、OCLC（Prism，联合计算机图书馆中心信息检索系统）、CNRS（INIST，法国国家科学研究院）和 Proquest（电子数据平台的博士、硕士学位论文合集）等开展馆际互借，并与联合国、欧盟和联合国教科文组织等进行相关交流。斯洛文尼亚国家与大学图书馆与捷克和丹麦国家图书馆的合作尤为活跃。斯洛文尼亚国家与大学图书馆是 COSEC（斯洛文尼亚联合会授权电子资源）的协调员，自 2003 年起，还成为 EIFL（图书馆电子信息联盟）的成员。

斯洛文尼亚国家与大学图书馆与欧洲图书馆合作，为其提供涉及历史、文化、生活等方方面面的丰富的馆藏资源，包括有关斯洛文尼亚文化和文学的旧杂志、维都塔（一种描绘城市风光的风景画）、稀有的录像带、1548～1924 年的斯洛文尼亚领土地图、古代卢布尔雅那的明信片、斯洛文尼亚的古代小说、1794～1919 年交响乐团的档案等。

为加强学术领域的研究与服务能力，斯洛文尼亚国家与大学图书馆在 2017 年 11 月 30 日完成了信息获取测试，即在卢布尔雅那大学、中心科技图书馆和国家与大学图书馆能够获取来自 Springer 材料信息数据库和 Nano 数据公司的资源。自 2017 年 4 月 22 日，卢布尔雅那大学能够登录中国的 CNKI（中国知网）。通过图书馆领域的研究和教育等活动，该馆积极地运营着整个斯洛文尼亚的图书馆体系，为图书和情报信息科学领域的理论和实践研究持续作出杰出的贡献。

2. 斯洛文尼亚"东亚资源图书室"

2018 年 5 月 11 日，斯洛文尼亚卢布尔雅那大学社会科学学院图书馆"东亚资源图书室"对外开放。中国北京首都图书馆向该图书室赠送了数百本有关中国的图书和画册。"东亚资源图书室"的建立是该校的一个历史性事件，将有助于斯洛文尼亚民众进一步学习和深入了解中国和东方的文化。

二 博物馆与美术馆

斯洛文尼亚的博物馆和美术馆有许多宝贵的藏品。它们都是当今斯洛文尼亚长期积极参与国际发展的见证。

1. 斯洛文尼亚国家博物馆

国家博物馆里收藏着6万年前尼安德特人使用的长笛。它被认为是世界上最古老的乐器。令人惊叹的宝贵藏品中，还包括出土于布莱德湖、源自公元前12世纪前后的金色雕刻品 Vače Situla（铁器时代早期礼器）、卢布尔雅那湿地的神像和独木舟、哈桑·帕夏衣服上的十字褡、带有魔法的护身符（一块折叠的纸片）和一个装着熙笃会修道院创始人心脏的骨灰瓮。

2. 斯洛文尼亚国家美术馆

国家美术馆建筑群，其历史可以追溯到13世纪。这里展示着斯洛文尼亚印象派的作品，还有斯洛文尼亚风景画画作。这些作品用色鲜艳，熠熠生辉。这里收藏有安东·阿兹比、朱里·苏比克和约瑟夫·佩特科夫斯基的作品，马克西姆·加斯帕里对旧民间服饰和风俗的超现实描绘，以及伊万娜·科比尔卡的高超画作《夏季》。著名画家卓然·木斯克的大作也是重要藏品。

3. 斯洛文尼亚科技博物馆

斯洛文尼亚科技博物馆位于13世纪修建的加尔都西会修道院内。南斯拉夫总统铁托著名的豪华座驾系列不可错过，可以了解到机动车的历史。这里还收集了柏林德意志技术博物馆的藏品、尼古拉·特斯拉（Nikola Tesla）的发明、研究成果和作品，以及农业、林业、木业、狩猎业、渔业、纺织业和印刷业的藏品。

4. 科巴里德博物馆

在第一次世界大战期间，有一条最重要的战线穿过斯洛文尼亚，这里爆发过军事史上最大的山地战斗。曾获欧洲理事会奖的科巴里德博物馆通过展品告诉人们战争的无意义之处。伊松佐河（又名"索查河"）战场、堡垒和意大利士兵公墓的图片和实物可以重现当时的战事。

斯洛文尼亚

5. 斯洛文尼亚国家历史博物馆

这家博物馆主要介绍斯洛文尼亚的历史发展历程。它的特色展品之一是源自三叠纪时期的 Trigav 鱼化石。这种鱼化石已经有 2.1 亿年的历史，全球罕见。游客还可以了解"人鱼"（洞螈）、2 万年前的两个猛犸象骨架和一只洞熊，以及世界上最美丽的矿物收藏品。博物馆的主人被封为埃德尔斯坦男爵，当地人以他的名字给馆内的稀有矿物命名。

6. 采列地区博物馆

14 世纪和 15 世纪，颇具影响力的采列伯爵就居住在王子宫。这里现在是博物馆，收藏着采列及其周围地区各种各样的考古证据。在古代，采列是最繁荣和最富有的罗马殖民地之一，被称为小特洛伊或第二特洛伊。它的考古遗迹就在原地——王子宫的地下室。这里还收藏有欧洲最古老的工艺品，以及具有 3 万年历史的缝纫针。

7. 卢布尔雅那城市博物馆

博物馆内仍然保留着罗马城镇 2000 年前的考古遗址，还展出该地区更古老的人类居住的文物，时间可追溯到公元前 4500 年，当时的居民居住在卢布尔雅那湿地的湖边桩屋里。这里还出土了古老的木轮及木轮轴。

8. 布雷日采的波萨维博物馆

在这座拥有文艺复兴和巴洛克元素的美丽建筑中，可以看到新石器时代和铁器时代的考古发现。这些展品有大约 7000 年的历史。它也是唯一保存凯尔特战车残骸的博物馆。其他稀有的展品还包括巴洛克风格的雪橇——奥地利皇后玛丽亚·特蕾莎赠送的礼物。这里有壮观的骑士大厅，涂满了描绘奥维德《变形记》的巴洛克风格壁画。另外，斯洛文尼亚的这个独特宝库还经常举办音乐会。

9. 伊德里亚城市博物馆

几个世纪以来，伊德里亚及其周边地区以汞矿而闻名。它被认为是世界上历史第二长的、最大的汞矿。这家博物馆展现了矿工的艰难生活场景和环境。游客在小镇周围也可以了解更多关于这方面的信息，例如矿工房子、前弗朗西斯矿井大楼和伊德里亚的水轮及矿用机车。

10. 海事博物馆

到皮兰可以去新古典主义风格的加布里埃利宫，也就是如今的海事博物馆，这里保存着斯洛文尼亚的全球航海证据。这些文物可以追溯到石器时代晚期。在塔尔蒂尼故居可以看到塔尔蒂尼那把有着300年历史的小提琴。

11. 马里博尔地区博物馆

马里博尔地区博物馆是一栋融合堡垒和庄园的别致建筑。这里有许多关于马里博尔及其周围地区的藏品，有制服、锡兵、旗帜、钟表、灯具、乐器和药品等。

12. 科佩尔地区博物馆

贝尔格雷摩尼-塔克宫被认为是科佩尔最美丽的宫殿之一。它建于约1600年，采用矫饰主义风格。入口处十分宏伟，里面就是科佩尔地区博物馆及其藏品，主要展示宫殿、科佩尔及其周边地区的历史。

13. 国家现代历史博物馆

20世纪是斯洛文尼亚历史上最动荡的时期之一。人民经历两次世界大战带来的巨大损失。国家现代历史博物馆收藏有许多照片、明信片和硬币，来自战时集中营的衣服和军事装备都在无声地诉说着那些艰难的时期。

14. 斯洛文尼亚学校博物馆

设立于1898年，斯洛文尼亚学校博物馆是国家最古老的博物馆之一。其设立的初衷是让参观者们了解数个世纪以前斯洛文尼亚的教育体系和教育历史。通过老照片、笔记本、学校报告等藏品，人们能够知晓数个世纪以来斯洛文尼亚教育系统的发展；孩子们还可以学习园艺和草药种植的各种知识。

15. 诺尔顿中心

坐落在东北部小城镇维塔涅，造型独特的诺尔顿中心是为了纪念斯洛文尼亚宇航学先驱赫尔曼·波托契尼克-诺尔顿而建，他最早提出了人造重力空间站的构想。中心设有文化类的展览和活动空间，以及科研类的研究与会议空间。

16. 老葡萄藤馆

位于马里博尔的兰特地区，是世界最古老葡萄藤的专用博物馆。这栋建于 16 世纪的建筑曾是马里博尔城墙的一部分，人们可以在这里了解最古老葡萄藤的全部信息，以及斯洛文尼亚葡萄酒的悠久传统与文化，还可以去其酒庄和品酒室里品尝种类丰富的优质葡萄酒。

17. 依兰高山滑雪博物馆

作为全球首家滑雪装备的商业制造商，斯洛文尼亚著名滑雪品牌依兰享有很高的国际声誉。依兰在斯洛文尼亚西北部村庄贝古耶纳格伦奇克设立了高山滑雪博物馆，游客们在那里可以了解依兰品牌的传奇故事。

第八章

外　交

第一节　外交简史

一　独立前的外交活动

斯洛文尼亚独立前的外交活动可分为三个时期：1918年以前属奥地利和奥匈帝国统治时期；两次世界大战之间的塞尔维亚人-克罗地亚人-斯洛文尼亚人王国及后来的南斯拉夫王国时期；第二次世界大战后的南斯拉夫联邦时期。

因历史上长期受异族统治，斯洛文尼亚人没有自己的国家，在当局的外交机构任职并参加外交活动的只是少量外交人员。16～19世纪，直到1918年，在奥地利和后来的奥匈帝国的外交机构工作的只有约20名斯洛文尼亚人。其中，来自斯洛文尼亚沿海地区的日加·赫尔贝尔斯泰恩，被称为斯洛文尼亚"第一外交官"。他走遍欧洲履行各种外交使命，曾连续在驻沙俄的使馆担任外交职务。当时的斯洛文尼亚外交官主要是斯洛文尼亚的卡尔尼奥拉人、卡兰塔尼亚人及其他贵族和获得贵族身份的人，他们曾在许多欧洲国家从事外交工作。后期也有人在美国、加拿大、南非、埃及等国工作过。神圣同盟国家首脑为签订神圣同盟条约，于1812年在卢布尔雅那举行会议，持续半年之久，这是斯洛文尼亚外交史上罕见的大事。

20世纪30年代两次世界大战之间，在南斯拉夫王国内，塞尔维亚王

斯洛文尼亚

国的外交起着主导作用，斯洛文尼亚人参加的外交活动不多，而且只是在塞尔维亚王国内工作。也有少数人曾在美国、苏联、比利时、土耳其、德国、罗马尼亚、埃及、伊拉克、阿根廷等国工作过。其中有曾担任"塞尔维亚人-克罗地亚人-斯洛文尼亚人王国"驻布拉格大使的伊万·乌里巴尔，曾担任南斯拉夫王国驻阿根廷大使的伊集多尔·参卡尔，曾任驻柏林使馆武官的弗拉迪米尔·乌布尼克。这些斯洛文尼亚的外交官在开展双边外交活动的同时，还参加了许多国际谈判，特别是参加了巴黎和会的谈判。

在南斯拉夫联邦国家内，第二次世界大战后，尽管斯洛文尼亚的外交人员只占外交人员总数的3%~5%，但约有70人在国外担任过大使，有50人担任过总领事，斯洛文尼亚的职业外交官至少增加了一倍。在这一时期，斯洛文尼亚的外交人员从事的重要外交活动主要是：参加第二次世界大战结束后有关边界划分的谈判，与意大利签订有关边界问题的奥西莫协议（Osimo Agreement），在联合国内参加工作。在第二次世界大战结束前一年，斯洛文尼亚已开始对战后的欧洲安排做准备。当时的斯洛文尼亚民族解放委员会，曾委派一批学者参与起草巴黎和会谈判文件，参加谈判的南斯拉夫代表团团长是南斯拉夫和斯洛文尼亚重要领导人爱德华·卡德尔。直接涉及斯洛文尼亚利益的问题是南斯拉夫与意大利之间的边界和对"的里雅斯特自由区"的管理，结果南斯拉夫的要求未能全部实现，意大利只是部分归还了第一次世界大战后占领的斯洛文尼亚领土。

20世纪50~60年代，在亚洲和非洲地区为实行不结盟政策中，斯洛文尼亚的外交人员发挥了重要作用。斯洛文尼亚在南斯拉夫国内开放边界，便于与居住在国外的大批斯洛文尼亚人往来，也有利于斯洛文尼亚经济和技术的发展。斯洛文尼亚与其他国家和地区在70年代建立了更多的联系。1972年当时的斯洛文尼亚共和国总理斯塔内·卡夫契奇首次正式访问了巴伐利亚和不来梅（德国），那里有大批斯洛文尼亚少数民族居住，后又访问了匈牙利，倡议建立合作关系。巴黎和会未确定的部分边界，在1975年南斯拉夫与意大利签订的奥西莫协议中得到确定。1978年11月20日，位于阿尔卑斯西部国家的7个地区的代表，包括意大利的2

第八章 外 交

个地区、奥地利的3个地区、南斯拉夫的斯洛文尼亚和克罗地亚，在维也纳发表"阿尔卑斯-亚得里亚劳动共同体"（Alpes Adriatic Working Community）成立宣言，目的是缓和东西方的紧张关系和促进合作，这是最早打破东西方界限而建立的地区合作和区域一体化的形式。

二　独立初期的外交

1990年斯洛文尼亚举行首次多党制民主选举后，1990年5月16日成立新政府。新政府的外交部是在过去的斯洛文尼亚共和国国际合作委员会的基础上成立的，首任外交部部长是迪米特里·鲁佩尔博士。斯洛文尼亚独立以来的外交部部长是迪米特里·鲁佩尔（1990~1993年在任）、洛伊泽·佩泰尔莱（1993~1994年在任）、左兰·塔莱尔（1995~1996年在任）、达沃林·克拉崇（1996~1997年在任）、博里斯·弗尔莱茨（1997~2000年在任）。2000年迪米特里·鲁佩尔再次出任外交部部长到2004年6月，随后由伊沃·瓦伊格尔继任，2004年10月大选后迪米特里·鲁佩尔再次出任新政府的外交部部长。

斯洛文尼亚外交部于1990年成立，为全面开展外交活动制定外交政策、健全外交机构，最初的外交活动主要涉及斯洛文尼亚与中欧国家的接触和联系。当时的斯洛文尼亚政府决定，至少在维也纳、华盛顿和布鲁塞尔设立3个独立的斯洛文尼亚外交使团。斯洛文尼亚共和国就独立问题举行全民公决后，争取国际社会的承认便成了斯洛文尼亚共和国外交政策的基本任务。改组后的外交部成为斯洛文尼亚共和国争取国际承认的主要力量，并建立了对外联系的网络。在争取国际承认的过程中，与邻国保持良好的睦邻关系极为重要，这是斯洛文尼亚争取独立和国际承认时期基本的和优先的外交战略任务。1991年2月24日斯洛文尼亚议会通过了《外交事务法》，对外交活动的各个领域作了规定，该法至今仍有效。争取国际承认的外交战略任务在独立后的半年内基本完成，1992年1月15日欧共体宣布承认斯洛文尼亚共和国为独立国家，随后美国和其他国家也先后宣布承认斯洛文尼亚独立。1992年5月22日斯洛文尼亚共和国被联合国接纳为正式成员国。此后斯洛文尼亚又先后加入了联合国的贸发会议

249

(UNCTAD)、欧洲经济委员会（ECE）、开发计划署（UNDP）、儿童基金会（UNICEF）、教科文组织（UNESCO）、国际劳工组织（ILO）、工业发展组织（UNIDO）、国际原子能机构（IAEA）、粮农组织（FAO）等。斯洛文尼亚与世界多国先后建立了外交关系。

三 外交重点转向欧洲大西洋一体化

斯洛文尼亚共和国成立初期外交政策的基本战略方针为：转向欧洲，参加欧洲大西洋政治、安全和经济结构的一体化（特别是加入欧盟和北约的一体化进程）；在联合国、欧安组织等多边国际组织中发挥积极的建设性作用；努力与所有伙伴国（特别是邻国）保持良好的双边关系；最终退出巴尔干，在东南欧国家范围内发挥新的政治作用；在政治、经济、文化等方面争取获得国际社会对斯洛文尼亚存在的合法性及其利益的承认；关心在国外的斯洛文尼亚人。

斯洛文尼亚把加入欧盟和北约作为外交政策的优先战略任务，并使斯洛文尼亚与欧盟和北约的关系迅速发展。斯洛文尼亚于1994年成为北约和平伙伴关系计划的成员国，于2003年与北约签订了加入北约的议定书，并就加入北约和欧盟问题举行了全民公决。2004年斯洛文尼亚作为北约东扩的第二批候选国正式加入北约。斯洛文尼亚于1996年与欧盟签订了联系国协议（即"欧洲协议"），1998年与欧盟正式开始了入盟谈判，2002年底谈判结束，2003年签订了加入欧盟的条约。经欧盟各成员国批准后，斯洛文尼亚于2004年成为欧盟的正式成员国。

斯洛文尼亚在世界的多边组织中积极发挥作用。1997年斯洛文尼亚当选为联合国非常任理事国（任期为1998~1999年）。斯洛文尼亚还积极参加了欧安组织（OSCE，1992年3月24日加入，当时是欧安会）、欧洲理事会（Council of Europe，1992年1月29日加入）、中欧倡议组织（CEI，1992年6月18日加入）、国际货币基金组织（IMF，1993年1月15日加入）、关贸总协定（GATT，1994年10月30日加入，是后来的世贸组织的创始成员之一）和中欧自由贸易协定（CEFTA，1996年加入）等国际和地区合作组织的各项活动。

第八章 外 交

截至2021年6月，斯洛文尼亚已与世界上189个国家建立了外交关系。在与世界各国的关系中，斯洛文尼亚的对外关系重点是周边的邻国、欧盟成员国、中欧自由贸易协定成员国、新独立的苏联加盟共和国和美国。斯洛文尼亚与邻国有着较好的睦邻与合作关系，在欧盟成员国中特别重视与德国、法国和邻国意大利、奥地利的关系。斯洛文尼亚与美国的外交往来频繁，与俄罗斯也长期保持着良好的关系。2001年6月16日美俄两国总统布什和普京的首次会谈在斯洛文尼亚举行。斯洛文尼亚认为这是国际社会对斯洛文尼亚作为可信任的建设性的对话和合作伙伴的认可，是斯洛文尼亚对世界和平与稳定做出的又一贡献。在美国发生"9·11"事件后，斯洛文尼亚积极参加了国际反恐联盟的行动。

斯洛文尼亚宣布独立后，经历了武装冲突和"彻底脱离前南斯拉夫的痛苦过程"，但也使斯洛文尼亚被列入了"中欧国家"行列，确定了斯洛文尼亚为稳定巴尔干地区冲突所应发挥的新作用。为促进东南欧地区的"和平、民主、尊重人权和经济繁荣"，40多个国家和国际组织代表在欧盟的倡议下，于1999年6月10日在科恩举行外长会议并草签了《东南欧稳定公约》。1999年7月30日各国首脑在萨拉热窝正式签约。参加稳定公约的各方，除东南欧国家（阿尔巴尼亚、波黑、保加利亚、克罗地亚、马其顿、摩尔多瓦、罗马尼亚）外，还有欧盟15个成员国、八国集团的非欧盟成员国（美国、加拿大、日本、俄罗斯）及其他国家（斯洛文尼亚、捷克、匈牙利、波兰、斯洛伐克、挪威、瑞士、土耳其）、国际组织（联合国、欧安组织、欧洲委员会、联合国难民署、北约、经合组织）、国际金融机构（世界银行、国际货币基金组织、欧洲复兴与开发银行、欧洲投资银行、欧洲委员会开发银行）、地区倡议组织（黑海经济合作组织、中欧倡议组织、东南欧合作倡议、东南欧合作进程）的代表。斯洛文尼亚通过参加《东南欧稳定公约》、参加驻波黑和科索沃地区的维和行动、建立帮助前南斯拉夫地区排雷和地雷受害者的国际信托基金等方式，为巴尔干地区的和平与稳定做出了贡献。

斯洛文尼亚于2004年5月1日正式加入欧盟后，致力于全面融入欧盟体系。积极发展同德国、法国等欧盟大国和美国、俄罗斯等国的关系。

251

注重发展与其他前南斯拉夫国家的关系，积极参与协调西巴尔干事务及国际热点问题的解决。

第二节　外交政策

1999年12月17日，斯洛文尼亚共和国国民议会通过了《斯洛文尼亚共和国外交政策宣言》。该文件在序言部分中强调，为了加强斯洛文尼亚共和国的国际地位和作为民主的成功的中欧国家的地位，有必要确定和调整外交政策的基本方针。考虑到欧洲和世界的政治、经济、安全形势可能的发展，以及由此产生的对斯洛文尼亚民族和国家的发展至关重要的价值和利益，斯洛文尼亚共和国的外交政策必须保证两个基本价值：国家安全和公民福利。斯洛文尼亚共和国外交政策在维护其民族的特性的同时又以对世界开放为基础，成功的外交政策成为斯洛文尼亚经济发展和国际地位提升的有效工具。斯洛文尼亚共和国的外交政策以其宪法制度的基本原则和公认的国际法准则为依据，致力于加强斯洛文尼亚的国家地位。

在国际关系中，斯洛文尼亚主张和平解决争端和拒绝使用武力，支持武器控制、裁减军备和不扩散大规模杀伤性武器，支持和尊重人民的自决权。斯洛文尼亚主张加强国际合作和信任，尊重国际法、国际协议及其他国际文件规定的人权，特别关注欧洲的人权监督机制和人权问题的解决。斯洛文尼亚致力于按照国际法解决国家的继承问题，考虑到南斯拉夫已解体，应平等对待所有新独立的继承国并按比例分摊继承的权利和义务。斯洛文尼亚共和国依照宪法和国际法，支持反对恐怖主义、打击贩卖毒品和所有形式的国际犯罪行为。

为了密切与欧洲国家之间的经济和安全防务联系，斯洛文尼亚的发展和安全战略以加入欧盟、西欧联盟和北约为重点。为了加速发展经济和加强斯洛文尼亚在国际上的作用，斯洛文尼亚寻求在国际组织和机构中享有平等地位和富有成效的积极合作。

斯洛文尼亚外交政策的基本方针包括保证国家独立、斯洛文尼亚民族特性和安全，保护国家和在国内外的公民的利益。在相互信任和尊重以及

第八章 外 交

经济及其他领域良好合作的基础上解决与邻国的关系问题,也是斯洛文尼亚外交政策的首要任务。斯洛文尼亚将根据宪法、《联合国宪章》、欧洲理事会的公约解决少数民族的地位问题。

《斯洛文尼亚共和国外交政策宣言》的结论部分重申,遵循斯洛文尼亚的基本价值和长远利益,斯洛文尼亚共和国外交政策的优先目标是:加强国际地位和声望;与所有近邻国家建立稳定和良好的睦邻关系;加入欧盟、北约、西欧联盟;加入经合组织;在联合国、欧安组织、世贸组织、中欧自由贸易区内和在与欧洲自由贸易联盟的关系中发挥积极作用;与中欧国家在中欧倡议组织内,在意大利、斯洛文尼亚、匈牙利三边合作的框架内,以及在其他类似机构的框架内紧密合作;积极参与稳定东南欧局势和加强经济合作。在地理、政治、经济、文化和历史因素的基础上,斯洛文尼亚共和国坚持国际法基本原则,致力于尊重基本人权,并为全面稳定邻国及其他地区形势提供良好的服务。斯洛文尼亚的基本利益是和平、安全、繁荣、领土完整,保护和发展民族特性。民主、尊重人权和法治也是斯洛文尼亚共和国在国际关系中遵循的基本原则。

斯洛文尼亚致力于全面融入欧盟体系。积极发展同德国、法国等欧盟大国和美国、中国、俄罗斯等大国关系,注重发展与其他原南斯拉夫国家的关系,积极参与协调西巴尔干事务及国际热点问题的解决。先后参与在科索沃、马其顿、东帝汶、阿富汗、伊拉克和黎巴嫩等10多个国家和地区的维和行动。

2004年5月,斯洛文尼亚加入欧盟。此后,斯洛文尼亚于2007年1月和12月先后加入欧元区和申根区。2008年上半年斯洛文尼亚任欧盟轮值主席国。2015年10月28日,第70届联合国大会改选联合国人权理事会成员,斯洛文尼亚成功获选,任期自2016年至2018年。

目前,斯洛文尼亚和克罗地亚仍存在边界争端,与部分前南斯拉夫国家存在历史遗留的债务问题。总体来看,斯洛文尼亚与周边国家不存在严重危害关系的争端,许多合作项目正在或将要开展,多双边关系不断深化。斯洛文尼亚作为欧盟成员国,对外交往主要贯彻欧盟的政策。斯洛文

斯洛文尼亚

尼亚是经合组织成员，并加入了北约、中欧国家多国维和组织、东南欧多国维和组织等多种军事外交组织。

第三节 斯洛文尼亚加入欧盟

一 与欧盟的联系国协议

斯洛文尼亚共和国独立后，率先获得欧共体的承认，并于1992年4月13日正式建立外交关系，此后双边关系迅速发展。南斯拉夫作为非经互会和非华约成员国早在1970年就与欧共体签订了贸易和合作协议，享受贸易中的"普惠制"待遇，但20世纪90年代初，因国家分裂和战争而中断。斯洛文尼亚在独立后迅速恢复了与欧共体的正常关系。1992年10月7日斯洛文尼亚与欧共体签订了关于财政、技术及其他领域合作的框架协议，并成为"法尔计划"（PHARE Program）的受援国。1993年4月5日，斯洛文尼亚与欧盟重新签订了贸易和合作协议以及交通运输和财政方面的合作议定书，在与欧共体的贸易中开始享受普惠制待遇，除钢铁等敏感产品外，斯洛文尼亚的一般工业品可在配额的限度内免税进入欧共体市场。

斯洛文尼亚政府于1992年向欧共体提出签订联系国协议的要求，1993年又提出开始就签订联系国协议进行谈判的要求。后经过双方谈判，斯洛文尼亚与欧盟的联系国协议于1995年6月草签，但因遭到意大利反对（当时的意大利右派政府抛开原有奥西莫协议而要求斯洛文尼亚以实物赔偿第二次世界大战后意大利公民的在斯财产，遭到斯方拒绝）而被拖延。后经欧盟其他成员国调解，采取了所谓"西班牙折中建议"（斯洛文尼亚对欧盟成员国逐步放开不动产市场），意大利政府（已是中左派政府）才同意与斯签约。1996年6月10日斯洛文尼亚与欧盟的联系国协议（即《欧洲协议》）正式签订。但因"西班牙折中建议"的内容与《斯洛文尼亚共和国宪法》（第68条）不符，斯洛文尼亚首先启动了修宪程序，并于1996年7月15日由斯洛文尼亚共和国国民议会通过了宪法修正

第八章 外 交

案，随后批准了联系国协议。经过欧盟及各成员国议会大约2年的批准程序，联系国协议于1999年2月1日正式生效。欧盟的《欧洲协议》被称为取代贸易和合作协议的第二代协议，是包括经济、政治、文化等多方面内容的合作协议，签约国通过签订协议获得了欧盟联系国的地位，协议的执行将使签约国为加入欧盟准备条件，同时密切了签约国与欧盟在政治、经济、财政、金融、科技、文化等领域的合作和联系，使联系国逐步实现与欧盟的一体化。

在政治方面，联系国协议为斯洛文尼亚与欧盟之间的政治对话提供了制度框架。双方成立了斯洛文尼亚与欧盟的联系理事会（每年举行1次部长级会议）、联系委员会（每年举行1次会议）和斯洛文尼亚共和国国民议会与欧盟议会之间的联合议会委员会（每年举行2次会议），目的是通过政治对话发展双方更加紧密的政治关系。

在经贸方面，联系国协议的经贸部分通过签订临时协议的方式，在联系国协议签订后即可生效，而无须等待双方议会批准。

1996年11月11日，斯洛文尼亚与欧盟签订了关于贸易及有关贸易问题的临时协定，并于1997年1月1日生效。临时协定对人员、服务、资本的流动以及保护竞争和统一立法等问题做了安排，成立了协调双边合作问题的共同机构，目标是在此后6年的过渡期内建立自由贸易区。协定规定，斯洛文尼亚对欧盟产品逐步降低关税，2001年1月1日全部取消进口欧盟工业品的关税；欧盟从1997年起取消从斯洛文尼亚进口一般工业品的全部关税和进口限额。欧盟的征税产品中的所谓"中等敏感产品"从1999年1月1日降低基本关税税率的15%，2000年1月1日全部取消关税；"非常敏感的产品"（纺织品、钢铁、汽车等）也将逐步降低关税，1999年底降低基本关税税率的35%，2000年再降低基本关税税率的20%，2001年1月1日全部取消关税；农产品将通过专门协议予以规定。根据协定，双方还将保证对方企业的国民待遇，保证对方企业的资本和利润自由汇回国内，斯洛文尼亚在6年的过渡期内不制定和采取新的歧视性法规和措施；在协定生效8年内，服务业完全开放。在斯洛文尼亚连续居住3年以上的欧盟成员国公民，在对等的基础上获得在斯购买不动产的权

斯洛文尼亚

利，斯洛文尼亚在协定生效后4年内逐步开放不动产市场，并保证欧盟成员国所有居民在斯购买不动产的权利。根据欧盟理事会哥本哈根会议决议，斯洛文尼亚可在最多7年内实行对不动产的保护条款。协定还规定，斯洛文尼亚在国家补贴方面必须透明并提交关于补贴总额及资金分配的年度报告，在协定生效后3年内取消全部强制性限制竞争的法律。

二 与欧盟的"加入伙伴关系"

1996年6月10日，斯洛文尼亚政府与欧盟正式签订联系国协议的同时，向欧盟正式提出了加入欧盟的申请。尽管斯洛文尼亚在与欧盟签订的联系国协议生效之前就提出了加入欧盟的申请，但在后来参加入盟谈判的10个中东欧国家中是最后一个提出申请的。在此之前，1993年6月在欧共体理事会的哥本哈根会议上已向申请加入欧共体（欧盟）的中东欧国家提出了入盟基本条件（即"哥本哈根入盟标准"）：能保证民主、法治、人权和保护少数民族的稳定的制度（政治标准）；拥有能发挥功能的市场经济，有应对欧洲内部竞争和市场压力的能力（经济标准）；有能力承担作为成员国的义务，包括坚持欧盟的政治、经济和货币联盟目标（涉及采用共同法规的标准）。1994年12月，欧盟理事会的埃森会议提出了帮助中东欧国家加入欧盟的"加入前战略"（又称"埃森战略"），重点集中在：执行联系国协议；进行制度性对话；确定加入欧盟单一市场的措施和优先协调的立法；将"法尔计划"纳入"加入前战略"；促进欧盟与中东欧国家、地区和利益集团之间多边合作计划也是"加入前战略"的组成部分。

1995年5月，欧盟委员会发表了关于中东欧国家准备加入欧盟统一大市场的"白皮书"，提出了申请加入欧盟的候选国在加入欧盟前应采用的欧盟法律、进入欧盟内部市场的基本要求，以及候选国在各个领域的优先任务和欧盟将提供的援助。1995年12月欧盟理事会在马德里会议上提出，要求欧盟委员会对中东欧联系国的发展状况做出评估。为此欧盟委员会于1996年4月向申请加入欧盟的中东欧国家发出了调查问卷。斯洛文尼亚在签订联系国协议之前已陆续收到部分问卷，最后于1996年7月25

第八章 外 交

日回答完全部问卷并返还给欧盟委员会（共 156 页，分为 23 个方面，包括内部市场、经济货币联盟、司法和内务等）。在调查问卷的基础上，欧盟委员会于 1997 年 7 月 16 日发表了《2000 议程》（包括 3 部分：未来主要领域的共同政策；欧盟 2000~2006 年的财政展望；欧盟扩大问题）。在欧盟扩大部分中，对申请加入欧盟的中东欧国家进行了分析和评估，并建议欧盟理事会开始与斯洛文尼亚和捷克、匈牙利、波兰、爱沙尼亚、塞浦路斯 6 国就加入欧盟问题进行谈判。1997 年 12 月欧盟理事会的卢森堡会议批准了《2000 议程》，为申请国加入欧盟提供财政支持（2000~2006 年欧盟为支持第一批谈判的 6 国的"加入进程"提供包括"法尔计划"、农业发展、结构援助在内的总额为 210 亿欧元的援助，对第二批候选国保加利亚、拉脱维亚、立陶宛、罗马尼亚和斯洛伐克提供 2 亿欧元支持其经济改革），并做出了启动与上述 5 个中东欧国家和塞浦路斯入盟谈判的决议。欧盟还决定，伴随着加入进程，将每年举行欧盟成员国和在欧洲的所有联系国的国家或政府首脑会议，就共同的外交和安全政策、司法和内务、经济和地区合作等问题进行政治协商。首次"欧洲会议"于 1998 年 3 月 12 日在伦敦举行。会议结束后，欧盟与斯洛文尼亚等 6 国的入盟谈判于 1998 年 3 月 30 日正式开始。

联系国协议、关于中东欧国家加入欧盟统一大市场的"白皮书"和"法尔计划"构成了欧盟对中东欧国家的"加入前战略"。同时欧盟与申请加入欧盟的中东欧国家之间的关系变成了"加入伙伴关系"。欧盟与申请加入欧盟的中东欧国家之间的加入伙伴关系的主要内容包括：帮助"准备加入国"执行《采用共同法规的国家计划》；与准备加入国一起对其实施优先经济政策的情况共同进行评估；实施欧盟委员会提出的对准备加入国采用共同法规的援助计划；欧盟委员会每年向欧盟理事会提交有关每个准备加入国准备进展情况的报告。

斯洛文尼亚政府在提出加入欧盟的申请后，于 1997 年制定了《斯洛文尼亚共和国加入欧盟的战略》，内容包括：①序言；②斯洛文尼亚共和国加入欧盟的出发点；③经济社会领域；④斯洛文尼亚共和国立法与欧盟法律的协调；⑤欧盟的共同外交与安全政策；⑥司法与内务；⑦公共管理

斯洛文尼亚

机构的改革；⑧斯洛文尼亚公众对欧盟和斯洛文尼亚加入欧盟的意见的通报；⑨斯洛文尼亚共和国加入欧盟战略的执行。该文件对斯洛文尼亚的经济现状和问题进行了分析，确定了为加入欧盟在立法、司法、内务、公共管理等各个领域应进行的改革和采取的政策措施，并对加入欧盟战略的实施和时间表做了安排。在欧盟理事会的卢森堡会议通过《2000 议程》后，1998 年 3 月欧盟制定了与斯洛文尼亚的"加入伙伴关系"计划（1999 年 12 月做了修改），从而在欧盟与斯洛文尼亚之间建立了加入伙伴关系。与此同时，斯洛文尼亚政府还制定了关于采用欧盟共同法规的国家计划（NPAA，2002 年 5 月做了修改），对斯洛文尼亚在 2002 年底前在经济政策、结构改革、外交和安全政策、司法和内务、公共管理机构改革等方面的优先任务，以及实施计划所需资金的来源和对计划执行情况的监督（斯洛文尼亚政府负责对计划的执行进行监督并定期向欧盟有关机构提交报告）做了规定。1998 年 10 月，斯洛文尼亚在"准备加入国"中先与欧盟共同签署了对于斯洛文尼亚执行中期经济政策优先任务的共同评估文件（包括最新的发展、成绩和问题，宏观经济政策和经济结构的调整，中期的宏观经济目标方案）。同年 11 月初，欧盟委员会首次发表了关于斯洛文尼亚加入欧盟进程的报告。此后欧盟委员会每年都发表一次有关斯洛文尼亚加入进程的报告，最后一次报告于 2002 年 10 月发表。入盟谈判于 1998 年 3 月底开始，2002 年底结束。

三　与欧盟的入盟谈判

斯洛文尼亚与欧盟之间的入盟谈判先进行的是技术性的会谈，被称为"筛选性会谈"，主要是按照欧盟的共同法规，对各"准备加入国"各领域的法律规定进行筛选和确定应按照欧盟共同法规调整法律的范围。"筛选性会谈"分为两部分进行：第一部分是多边会议，由欧盟代表向所有候选国代表介绍欧盟各领域的共同法规；第二部分是双边会谈，由欧盟代表分别与各"准备加入国"代表会谈，以确定各候选国应调整的法规范围。"筛选性会谈"结束后，实质性的谈判才开始。谈判通过双边的政府间会议（部长级会议 6 个月举行一次，大使级会议每月一次）进行。双

第八章 外 交

边会谈共涉及 31 个"章节"或领域：①商品自由流动；②人员自由流动；③自由提供服务；④资本自由流动；⑤公司法；⑥竞争与国家资助；⑦农业；⑧渔业；⑨交通；⑩税收；⑪经济和货币联盟；⑫统计；⑬社会政策和就业；⑭能源；⑮工业政策；⑯中小企业；⑰科学与研究；⑱教育、培训和青年；⑲电信和信息技术；⑳文化和视听政策；㉑地区政策和结构工具；㉒环境；㉓消费和健康保护；㉔司法与内务；㉕关税联盟；㉖对外关系与发展援助；㉗共同外交和安全政策；㉘财政资金监督；㉙财政与预算条款；㉚机构；㉛其他。其中第 30 章（涉及新成员国参加欧盟议会、部长理事会和委员会等机构及应有的席位等问题）和第 31 章（其他问题）不属于双方谈判内容。斯洛文尼亚把需要与欧盟进行谈判的 29 个章节分成了三类：第一类，只需对法律的个别部分进行调整；第二类，须对法律进行技术性调整；第三类，相关问题须通过谈判解决。斯与欧盟的"筛选性会谈"于 1999 年结束并开始了实质性谈判，谈判未按章节顺序进行而采取了先易后难的办法。

为了在"筛选性会谈"后能与各国进行实质性的双边谈判，欧盟要求各国为各领域的谈判分别提交各自的"谈判立场"文件，说明各国对调整各领域法规的立场，特别要说明是否需要过渡期。斯洛文尼亚于 1998 年 9 月和 12 月以及 1999 年 7 月、11 月和 12 月分批提交了全部 29 个领域的"谈判立场"文件。在全部"谈判立场"文件（在谈判过程中又有所修改）中，斯洛文尼亚只对涉及财政拨款的领域和敏感领域提出了需要过渡期的要求，即地区政策、农业政策、财政和预算条款被列为最后一揽子谈判的 3 个章节。此外，在商品自由流通领域，为了达到欧盟医药制品方面的要求需要过渡期；税收领域也需要有过渡期；在社会政策领域，退休和社会保障方面需要过渡期；在能源领域，为达到能源供应的安全要求需要有过渡期；在环境领域，为达到欧盟的环境保护水平需要有过渡期。到 2001 年底，斯洛文尼亚与欧盟已结束了 29 个章节中的 26 个章节的谈判，只剩下了地区政策、农业政策、财政和预算条款的 3 个章节。2002 年底斯洛文尼亚与欧盟结束了全部谈判。2002 年 12 月欧盟理事会的哥本哈根会议宣布欧盟与斯洛文尼亚、捷克、波兰、匈牙利、斯洛伐克、

斯洛文尼亚

爱沙尼亚、拉脱维亚、立陶宛、塞浦路斯和马耳他 10 国之间的全部入盟谈判结束，并根据欧盟委员会的建议向 10 国发出了加入欧盟的邀请。2003 年 3 月 23 日斯洛文尼亚共和国就加入欧盟（和北约）问题举行了全民公决，结果投票率为 60.43%，其中赞成加入欧盟的票数占 89.64%（赞成加入北约的票数占 66.08%）。2003 年 4 月 16 日，25 国（欧盟 15 国与 10 个准备加入国）首脑在雅典举行了加入欧盟条约的正式签字仪式。加入欧盟的条约在签署国议会和欧盟及 15 个成员国议会批准后生效，2004 年 5 月 1 日斯洛文尼亚等 10 国已成为欧盟的正式成员国。2005 年 2 月 1 日，斯洛文尼亚国民议会以 79 票对 4 票批准《欧盟宪法条约》。

斯洛文尼亚在准备加入欧盟的进程中获得了如下援助。

"法尔计划"：1992～1999 年为 191 亿欧元，2000 年为 3330 万欧元，2001 年为 2850 万欧元，2002 年为 4190 万欧元，2003 年为 4190 万欧元。

"加入前结构政策工具"（ISPA）：2000 年为 1960 万欧元，2001 年为 1600 万欧元，2002 年为 1700 万欧元，其中大约 60% 用于环境项目，40% 用于交通运输项目。

"农业和农村发展的特别加入计划"（SAPARD）：2000 年 10 月设立，用于提高农业部门竞争力和环境保护，平均每年 6600 万欧元。

四　加入欧元区

2007 年 1 月 1 日，斯洛文尼亚采用欧元，正式成为欧元区第 13 个成员国，也是 2004 年加入欧盟的 10 个成员国里最先进入欧元区的国家。

1. 斯洛文尼亚在马斯特里赫特趋同标准上全面达标

根据入盟协议，欧盟新成员国想要加入欧洲经济与货币联盟（European Economic and Monetary Union，EMU），进入欧元区，必须遵循"两步式安排"，经历"三个阶段"，满足"五项标准"。"两步式安排"是指新成员国第一步须加入欧盟，第二步才能进入欧元区。根据"两步式安排"，10 个欧盟新成员国进入欧元区的完整进程可大致划分为三个阶段：①加入欧盟的准备阶段（前 EU 阶段）；②加入欧盟后，进入欧元区前的预备阶段（后 EU 前 EMU 阶段）；③欧元区成员阶段（EMU 阶段）。

第八章 外 交

新成员国需要满足五项趋同标准，这些标准被明确写入《马斯特里赫特条约》（以下简称《马约》），因此通常被称为"马斯特里赫特趋同标准"。它制定的目的是确保新成员国在进入欧元区之前通货膨胀低且财政稳健，具体包括价格稳定标准、政府预算状况标准、长期利率标准、汇率稳定标准以及法律一致性等五项指标。

欧盟委员会和欧洲中央银行对斯洛文尼亚的评估结果显示，至2006年3月，斯洛文尼亚已实现"马斯特里赫特趋同标准"的全面达标，具体情况如下。

第一，价格稳定标准。《马约》规定成员国在进入欧元区前一年的平均通货膨胀率，不高于欧盟内物价最低3国平均通货膨胀率加1.5%。在欧央行测评前12个月内（2005年4月至2006年3月），斯洛文尼亚平均通货膨胀率是2.3%，低于价格趋同标准的参考值（2.6%）。

第二，政府预算状况标准。政府预算赤字不能超过正常情况下国内生产总值的3%；政府债务占国内生产总值的比重不能超过60%。2005年，斯洛文尼亚政府预算赤字占GDP的比重是1.8%；政府债务占GDP的比重是29.1%。与2004年相比，财政赤字比例减少0.5个百分点，政府债务比例下降0.4个百分点。斯洛文尼亚财政预算状况表现良好，不存在过度赤字和负债。

第三，长期利率标准。成员国在进入欧元区前一年的长期利率水平，不得超过3个经济运行最为平稳的成员国平均长期利率再加2%。测评前12个月内（2005年4月至2006年3月），斯洛文尼亚平均长期利率是3.8%，低于利率趋同标准的参考值（5.9%）。斯洛文尼亚长期利率呈现较大幅度的下降。

第四，汇率稳定标准。成员国必须加入欧洲汇率机制（ERMⅡ）两年以上，并在两年内成员国货币兑欧元的中心汇率不得贬值，且市场汇率维持在中心汇率±15%的范围内。斯洛文尼亚2004年6月28日加入欧洲汇率机制（ERMⅡ），它加入欧盟当日（2004年5月1日）的市场汇率设定为中心汇率。在2004年6月至2006年4月近两年（22个月）的考察期内，本币托拉尔对中心汇率的偏离，向上最大为0.1%，向下最大

为 0.2%。

第五，法律一致性。成员国中央银行须独立运作，并与欧洲中央银行体系目标保持一致；必须保证成员国国内法与欧共体条约第 108 条和第 109 条以及《欧洲中央银行体系和欧洲中央银行条例》一致。经修改，斯洛文尼亚中央银行法已与《欧共体条约》和经货联盟第三阶段的各项条例要求基本相符。2006 年 3 月 30 日，斯洛文尼亚国民议会通过《中央银行法修正案》，使国内法与欧共体协议一致，并从制度独立和人员人身独立两方面保证斯洛文尼亚中央银行的独立性，维持价格稳定，严格按照欧共体条约设定目标支持公共经济政策，实现与欧洲中央银行体系目标的一致。欧洲中央银行同意修正案于 2006 年 4 月 14 日起正式生效。

2. 斯洛文尼亚率先进入欧元区的原因分析

表面看来，"马斯特里赫特趋同标准"全面达标是斯率先进入欧元区最直接的原因；深层次来看，良好的经济基础、较高的经济发展水平、稳定的政局以及政府和民众的不懈努力是斯洛文尼亚率先全面达标的重要原因。

（1）"马斯特里赫特趋同标准"全面达标是直接原因

"马斯特里赫特趋同标准"是新成员国进入欧元区必须满足的硬性指标，欧盟委员会和欧洲中央银行对该原则的把握十分严格。斯洛文尼亚于 2006 年 3 月 2 日向欧盟和欧洲央行提出申请，要求正式采用欧元。随后，欧洲中央银行运用"马斯特里赫特趋同标准"进行逐项测评，斯洛文尼亚全面达标。

（2）经济基础良好，经济发展水平较高是根本原因

较雄厚的经济基础，较高的经济发展水平，发达和运行良好的市场机制以及与欧盟较高的一体化程度，是斯洛文尼亚率先进入欧元区的根本原因。

经济基础较雄厚。斯洛文尼亚属中等发达国家，境内资源丰富，工业传统悠久，拥有多样化的制造业加工基地，科技水平较高，服务业发达。在金融服务方面，该国银行体系健全，资本运行良好，不良贷款比例很低；经济增长稳健，人均 GDP 水平高；经济转型成功，市场机制发达。

斯洛文尼亚的经济转型采取渐进式改革,其基本思想是:经济稳定、增长适当、中等风险、逐步改革。政府加强对经济的宏观调控,以"分配"与"销售"相结合的方法推进企业私有化,并在进行经济体制转轨和经济结构调整的同时,加强国际经济联系;经济开放度较高,与欧盟贸易联系紧密。

(3) 政府和民众的强烈愿望与不懈努力是内在动力

斯洛文尼亚是欧盟新成员国中第一批加入欧洲汇率机制(ERM Ⅱ)、第一个申请正式采用欧元,第一个通过"马斯特里赫特趋同标准"测评的国家,反映了它期望尽快进入欧元区的态度。斯洛文尼亚政府为达标进行不懈努力:修改中央银行法、改革货币政策、配合汇率政策、维持托拉尔与欧元的汇率稳定、促进利率和价格稳定;调整财政政策、实施结构改革、通过金融合同及工资非指数化、放开金融市场、降低通货膨胀率。从而使斯洛文尼亚成为新成员国中第一个进入欧元区的国家。

(4) 政局稳定、政府执政能力较强是切实保障

斯洛文尼亚独立后集中精力进行政治体制转轨、经济体制转型。政治上,取消一党制,实行多党议会民主体制,设总统、国民议会和国民委员会,多党轮流执政,共组政府,并随着政党不断分化组合,逐步形成比较明晰的左、中、右三翼政党分野。相比很多中东欧国家,它在推行民主政治方面已领先一步。另外,斯洛文尼亚基本是单一民族的国家,不存在突出的民族矛盾问题;两次连任总统的库昌,政治斗争经验丰富,威望较高,这些都是斯洛文尼亚政局稳定的重要因素,保证了斯洛文尼亚近20年来的政治社会稳定。

3. 斯洛文尼亚率先进入欧元区的影响

斯洛文尼亚率先进入欧元区,无论是对于斯洛文尼亚、欧盟新成员国的经济发展,还是对于欧洲经济货币联盟的推进,乃至对全球区域经济一体化的发展,都具有重要的理论意义和实践价值。

(1) 开欧元区东扩先河,迈出欧盟新成员国正式采用欧元的第一步,具有深刻的历史意义

斯洛文尼亚率先采用欧元,标志着欧元区向东扩展的正式启动,意味

斯洛文尼亚

着货币联盟内异质性整合拉开帷幕。斯洛文尼亚率先进入欧元区，使欧盟新老成员国间货币整合初见成果，为欧盟深化与新成员国的经济整合、提升欧元国际地位开创了新的局面。

（2）为其他要求加入欧元区的新成员树立了榜样，指明了道路

欧盟新成员国可以参照斯洛文尼亚加入欧元区的策略、步骤和努力，选择适合自己的道路和方法。斯洛文尼亚未来在欧元区的经济表现也将对其他新成员国产生示范效应。

（3）为斯洛文尼亚自身发展带来机遇的同时，引入挑战

一方面，斯洛文尼亚通过全面融入欧洲经济一体化进程，享受货币整合带来的诸多好处，实现贸易扩张，加大资本引进，维护金融稳定，最终达到经济持续增长的目的。这同时也是经济规模小、政治影响力低的国家为避免在欧盟内被边缘化而采取的一种积极策略。它使斯洛文尼亚能够趋利避害，化被动为主动，通过引入外部压力，借助外部环境，催生内部经济增长。

另一方面，汇率政策工具和独立货币政策的丧失，又使斯洛文尼亚缺少自主调节经济的手段，从而不能根据本国情况，及时采取措施，应对冲击，只能置自己于欧盟整体的经济大背景下，一旦其经济形势与欧盟整体经济形势相悖，将不得不为其他欧盟成员国分担风险，承受经济调整带来的痛苦。

五 担纲欧盟轮值主席国

2008年1月1日，斯洛文尼亚正式接替葡萄牙，成为2008年上半年的欧盟轮值主席国。这是欧盟2004年大规模扩大后首次由新成员国担任轮值主席国。斯洛文尼亚总理扬沙在欧盟主席国官方网站发表讲话说，斯在担任轮值主席国期间的重要议程是能源和气候变化问题、科索沃及西巴尔干地区问题、成员国对《里斯本条约》的批准程序，以及不同文化之间的对话等。斯洛文尼亚希望在签署《里斯本条约》之后，欧盟能够高效地运转。斯洛文尼亚国民议会于2008年1月批准该条约。欧盟委员会与斯洛文尼亚政府会谈，就半年内的任务展开讨论。在斯洛文尼亚担任欧

第八章 外 交

盟轮值主席国期间组织了数百次会议，协调欧盟 27 个成员国的政治利益。

从 2007 年起，斯洛文尼亚作为第一个新的欧盟成员国引入欧盟的共同货币欧元，从 2007 年 12 月起，斯洛文尼亚加入申根国家。鉴于自己的历史和地理位置，斯洛文尼亚在外交政策上聚焦解决科索沃地区问题，并推进巴尔干国家的入盟进程。担任欧盟轮值主席国的斯洛文尼亚早已认识到，在承认科索沃独立的问题上，27 个欧盟成员国是无法取得一致的。科索沃地区阿尔巴尼亚人表示将宣布独立。这对欧盟来说将是一个外交上的沉重打击。斯洛文尼亚竭尽全力，促使欧盟至少同意在科索沃地区启动援助当地重建的行动。

2008 年，斯洛文尼亚担任欧盟轮值主席国期间，希望改善欧盟与俄罗斯的关系，因为在下届欧盟与俄罗斯峰会召开期间，有关新的战略伙伴关系协议的谈判需要重新启动，而且波兰作为欧盟成员国在实现政权更迭之后放弃了抵制立场。

在斯洛文尼亚担任欧盟轮值主席国期间，欧盟启动了与塞尔维亚的入盟谈判。但欧盟一些成员国认为，塞尔维亚在追捕战争嫌犯问题上与海牙国际法庭的合作令人不太满意，同时在科索沃地位问题上也与欧盟存在争议。土耳其的入盟事宜在斯洛文尼亚担任欧盟轮值主席国期间也没有得到解决。

斯洛文尼亚尽量将欧盟的内部纠纷以及与欧盟委员会的不睦大事化小，或是关起门来进行内部解决，这也是 2008 年《欧盟改革条约》在欧盟所有成员国中得以批准的关键因素。

2021 年 7 月 1 日斯洛文尼亚接替葡萄牙，开始为期半年的欧盟轮值主席国任期。这是斯洛文尼亚第二次担任欧盟轮值主席国，但其"主席国议程"并未引起足够重视，该国的"政治转向"及与欧盟的关系问题则成为关注焦点。在斯洛文尼亚的相关工作计划中，新冠疫情后的恢复和推动落实欧洲战略自主、组织会议就欧洲未来进行探讨、强调法治、促进欧洲周边地区的安全与稳定是优先工作。

第一，随着新冠疫苗接种持续推进，欧盟成员国疫情基本得到控制，限制措施逐渐放开，社会经济开始恢复。利用 8000 亿欧元恢复基金加快推进各国经济复苏计划,将是斯洛文尼亚担任欧盟轮值主席国期间面对的首要任务。斯洛文尼亚除了推动疫情后经济复苏外,还着手加强欧洲在应对危机等关键领域的战略自主能力,包括药品、疫苗和医疗设备的供应、网络安全、粮食供给和能源安全等。

第二,组织会议就欧洲未来面临的主要挑战展开辩论是斯洛文尼亚的另一项重要议题。斯洛文尼亚政府2021年9月举办第16届布莱德战略论坛,以"欧洲的未来"为主题,就欧盟面对的问题、风险和机遇展开讨论。

第三,斯洛文尼亚政府在担任欧盟轮值主席国期间强调法治,重点审议关于欧盟法治情况的年度报告。

第四,斯洛文尼亚还强调在边境和网络等方面确保欧洲安全,严格划分合法和非法移民,支持加强共同的外交和安全政策。

除上述四方面优先工作外,斯洛文尼亚还致力于针对西巴尔干地区的欧盟扩大,开启阿尔巴尼亚和北马其顿的入盟谈判。

值得关注的是,中国在斯洛文尼亚的工作规划中也多次出现,其中包括2021年10月在昆明举行的联合国《生物多样性公约》第十五次缔约方大会上,欧盟支持达成"2020年后全球生物多样性框架";在对外贸易政策方面,欧盟将寻求与中国建立更公平、基于规则导向的经济关系。

"团结、恢复、欧洲"是斯洛文尼亚为此届任期设计的关键词。欧盟委员会主席冯德莱恩表示,斯洛文尼亚出任主席国正值欧盟转折时期,面临的任务具有挑战性。

第四节 与其他国际组织的关系

一 加入北约

1. 加入北约"和平伙伴关系计划"

20世纪90年代初,北约与苏联东欧国家开始从对抗向合作转变,北约自身从军事政治组织向政治军事组织转变,并将北约的作用扩大到到北约成员国以外执行任务,同时开始寻求与苏联东欧国家建立建设性的伙伴

第八章 外 交

关系。1991年12月由北约成员国和苏联东欧国家组成的"北大西洋合作委员会"（NACC）成立，到1996年6月已有37个成员国。1994年1月北约首脑会议提出倡议，希望北大西洋合作委员会和欧安会（现在的欧安组织）的成员国与北约一起建立新型的"和平伙伴关系"，并拟定了和平伙伴关系计划的"框架文件"。随后向各国发出了邀请。1994年原东欧的8个国家、波罗的海3国和俄罗斯等10个国家先后签署了"框架文件"，加入了北约的和平伙伴关系计划。1995年白俄罗斯和马其顿加入，2000年和2002年克罗地亚和塔吉克斯坦也先后加入。1997年5月由北约成员国和和平伙伴关系国组成的"欧洲大西洋伙伴关系委员会"（EAPC）成立并取代了北大西洋合作委员会。到2003年该组织已有46个成员国。欧洲大西洋伙伴关系委员会为和平伙伴关系提供了政治框架内的多边论坛，成员国定期举行大使、外长、国防部部长会议以及政府和国家首脑会议，就有关的安全问题（如地区问题、军控、维和、民事紧急行动计划、科研、环保等）进行磋商。2001年美国发生"9·11"事件后，该组织加强了对采取措施共同反对国际恐怖主义的关注。

斯洛文尼亚共和国独立初期开始与北约进行议会和政府级的非正式接触和合作。1993年12月29日，斯洛文尼亚共和国国民议会通过了关于国家安全战略要点的决议，首次形成了有关要求加入北约的正式文件。1994年3月30日，斯洛文尼亚共和国政府总理雅奈兹·德尔诺夫舍克在布鲁塞尔签署了和平伙伴关系的框架文件，斯洛文尼亚正式加入北约的和平伙伴关系计划。和平伙伴关系的框架文件把维护和促进人权及基本自由、实行民主和法治作为伙伴关系的基本价值，重申维护民主社会和国际法原则，制止对一国的领土完整和政治独立的威胁和武力侵犯，尊重现有边界和用和平方式解决争端，履行裁军和军控方面的国际义务。签署框架文件的伙伴国与北约合作设定的目标是：实现国防预算透明；对军队实行民主监督和由文职人员管理；与北约发展军事合作，共同制订计划和进行军事训练、演习，提高参加北约的维和、搜救、人道主义行动的能力；发展军队，提高其与北约成员国军队共同作战的能力。框架文件还从伙伴国和北约两方面做出规定。在伙伴国方面，各伙伴国应根据北约制定的

斯洛文尼亚

"伙伴关系工作计划"（PWP，一般为跨年度计划），并结合本国情况，分别与北约制定"和平伙伴关系计划"，北约对各个计划的制订和执行提供帮助；伙伴国军队参加伙伴关系框架内的军事演习及其他活动；伙伴国在北约设立联络处，参加北约的各种会议和活动。在北约方面，北约将开始对伙伴国的"计划与考察进程"（PARP），包括北约制订伙伴关系工作计划、对伙伴国制定的计划的执行情况进行考察，对其军队及参加训练和演习等行动的能力进行鉴定和评估；促进包括计划、训练、演习和军事学说发展在内的军事政治合作；在伙伴国的领土完整、政治独立或安全受到威胁时，北约将与之进行磋商和寻求解决办法。

北约于1995年4月完成了首轮对斯洛文尼亚的"计划与考察进程"。1995年5月，斯洛文尼亚制定了第一个斯洛文尼亚与北约之间的"和平伙伴关系计划"，确定了与北约合作的领域，重点是调整防务体系和军队结构，在军事训练和演习中达到伙伴关系框架文件中提出的民事和军事方面的标准。1995年8月，斯洛文尼亚军队开始参加和平伙伴关系框架内的训练、军事演习、维和及其他人道主义行动。

2. 加入北约的战略

1994年1月，北约布鲁塞尔首脑会议重新确认了北约向其他欧洲国家开放的原则。1995年9月通过的关于北约扩大的研究报告称，北约扩大是朝着加强整个欧洲大西洋地区的安全与稳定和实现该地区一体化的基本目标继续前进的一步，北约的扩大将会促进这些国家的民主改革和一体化，加强相互信任、协商和合作。经过对候选国的全面审议和个别对话，1997年7月北约马德里首脑会议决定邀请波兰、捷克、匈牙利三国开始与北约就加入北约问题进行谈判。尽管斯洛文尼亚共和国国民议会早在1993年底就通过了有关要求加入北约和与北约关系的外交和安全政策的决议，在1995年和1996年与北约进行了4轮个别对话，但未被列入北约扩大的第一批候选国名单。北约马德里会议的文件表示，北约将继续向要求加入北约的国家开放，斯洛文尼亚是在接近北约成员国标准方面取得积极进展的国家，可在下一轮扩大时加入北约。随后，斯洛文尼亚共和国政府于1998年3月11日将斯洛文尼亚国民议会通过的《斯洛文尼亚共和国加入北约一体化的国家战略》送交了北约理事会。

《斯洛文尼亚共和国加入北约一体化的国家战略》文件共包括3个部分：①斯洛文尼亚共和国加入北约一体化的原因；②北约与斯洛文尼亚共和国；③1998~1999年斯洛文尼亚共和国加入北约的战略行动。

该文件强调，"公民的和平与安全、领土完整和国家主权、法治的民主国家、保护人权和少数民族、个人福利和社会繁荣，是斯洛文尼亚外交与安全政策所遵循的长期利益和基本价值"。斯洛文尼亚"外交政策的目标特别包括加强斯洛文尼亚的国际地位，与邻国建立稳定良好的睦邻关系，加入欧盟，加入北约和西欧联盟，在联合国、欧安组织、世贸组织、中欧自由贸易区和欧洲自由贸易区内发挥积极作用，与中欧国家在中欧倡议组织和斯、意、匈三边合作框架内密切合作，加强国际经济合作"。"在互信的基础上建立关系和加强在政治、安全、防务、经济、科学、信息等领域的合作是斯洛文尼亚的战略利益。"该文件认为斯洛文尼亚加入北约"将使斯洛文尼亚加入发达的西欧北美的政治安全框架，促进斯洛文尼亚经济发展和与北约成员国的合作，加强斯洛文尼亚在欧洲和世界的国际地位，巩固斯洛文尼亚作为赞成一体化的、民主的、和平的国家的国际认知"。加入北约是斯洛文尼亚的利益。北约是欧洲安全结构中有效的集体安全组织，不仅为其成员国提供集体安全保障，也是对欧洲，特别是对"欧洲以外地区"的安全与稳定负责的政治军事联盟。斯洛文尼亚邻近的国家（波黑）发生了第二次世界大战以来最残酷的战争，斯洛文尼亚靠近欧洲的危机和不稳定地区，加入北约是斯洛文尼亚外交和安全政策的优先任务。

该文件回顾了1990~1997年斯洛文尼亚与北约之间关系的发展，以及斯洛文尼亚共和国国民议会的活动。认为加入北约的益处在于：能为促进社会全面发展提供长期稳定的国际安全环境，提高国家安全水平，能对欧洲安全问题和解决欧洲危机地区问题共同负责和共同决策，能加强斯洛文尼亚的国家威望和谈判力量，能巩固斯洛文尼亚在经营和投资方面"低风险国家"的地位，能使斯洛文尼亚参与同发达国家在科技、信息等领域的交流和经济合作，能使斯洛文尼亚减少国防费用和增强军事工业的

斯洛文尼亚

竞争力。

该文件规定了斯洛文尼亚1998~1999年为加入北约所采取的战略行动。斯洛文尼亚共和国政府表示，为了使斯洛文尼亚达到北约成员国的基本标准，斯洛文尼亚政府将在政治、经济、外交等领域加强活动，即加强政治民主制度；继续经济改革，加速私有化，加强市场经济和外贸自由化；保持对人权和少数民族的高水平的保护；加强对军队的民主监督和文职管理，修改防务法；加强睦邻合作，优先解决与邻国之间悬而未决的问题。

斯洛文尼亚认为，符合北约要求的标准对于斯洛文尼亚的信誉和加入北约极为重要，而斯洛文尼亚在国际关系中，特别是在邻国和东南欧发挥积极的建设性作用也相当重要，加入北约将对东南欧地区的安全形势产生重要影响。作为北约的和平伙伴关系国，斯洛文尼亚军警部队积极参加了北约的维和行动；在斯、意、匈三边合作的框架内组建了三国的地面部队。

1998年斯洛文尼亚政府设立了"帮助排雷和地雷受害者国际信托基金"（ITF），到2002年已有24国捐款。其活动从波黑扩展到克罗地亚、阿尔巴尼亚、科索沃地区，还继续扩展到北马其顿、塞尔维亚和黑山。斯洛文尼亚还建立了"地区儿童心理康复中心"，为东南欧地区因战争而受到精神和心理伤害的儿童医治和康复提供条件。1999年斯洛文尼亚积极参加了"东南欧稳定公约"，是稳定公约的三个工作组之一（民主化与人权问题工作组）的主席，也是稳定公约的捐助国之一（2000年提供了价值大约400万欧元的项目援助；2001年援助价值为200万欧元；2002年为240万欧元）。

3. 从"加入行动计划"到签订"加入议定书"

1999年4月北约的华盛顿峰会启动了"加入成员国行动计划"进程，作为对仍在要求加入北约的候选国的反馈，并通过"加入成员国行动计划"向候选国为加入北约所做的准备提出建议、给予帮助和支持，要求候选国分别根据本国情况，为准备加入北约制订包括政治、经济、防务、资源、安全、立法等方面的国家行动的年度计划。在政治经济方面，候选

第八章 外　交

国应达到的目标包括用和平方式解决种族、领土等国际争端，实行民主、法治、保护人权和对军队的民主监督，促进稳定、经济自由化、社会公正和保护环境；在防务和军事方面，重点是使候选国具备能力，为集体防务和北约新使命做出贡献；在资源方面，包括人力、物力、财力，重点是使候选国有能满足防务所需的费用并使之有能力履行作为成员国对北约集体防务承担义务；在安全方面，主要要求候选国建立确保敏感信息安全的程序；在立法方面，候选国应保证本国立法与北约的立法安排和国家间协议相一致。北约根据各国情况提出建议。北约的各方面专家与候选国保持经常会晤和讨论各种问题，每年向北约外长和国防部部长春季会议提交有关候选国执行计划的进展情况的报告，并在每年举行的北约理事会和候选国的"19+1"会议上进行讨论。包括在"加入行动计划"内的候选国共8个国家：斯洛文尼亚、阿尔巴尼亚、保加利亚、爱沙尼亚、拉脱维亚、立陶宛、罗马尼亚、斯洛伐克（马其顿和克罗地亚于2003年也开始了第一个年度计划）。"加入行动计划"是北约承诺"敞开大门"的体现，但候选国参加计划并不能保证其加入北约，"加入行动计划"也不取代"和平伙伴关系计划"。斯洛文尼亚政府于1999年10月将国民议会通过的第一个"1999~2000年执行加入行动计划的国家年度计划"（ANPMAP）提交北约，2000年5月北约理事会与斯洛文尼亚之间的"19+1"会议结束了第一个年度计划。2000年9月斯洛文尼亚政府根据北约对斯洛文尼亚执行计划情况的评估，制定了"2000~2001年执行加入行动计划的国家年度计划"。此后，又先后制定了2001~2002年、2002~2003年和2003~2004年的国家年度计划。2000年5月，在斯洛文尼亚和立陶宛共同倡议下，9个加入北约的候选国（阿尔巴尼亚、保加利亚、爱沙尼亚、拉脱维亚、立陶宛等）在立陶宛首都维尔纽斯共同发表《维尔纽斯宣言》，表示将在加入北约进程中加强合作和共同采取行动加强其对北约扩大战略的影响，候选国定期举行首脑会议，交流经验和对重大国际问题发表意见。2001年3月克罗地亚参加进来，形成了"维尔纽斯10国集团"。

2002年11月北约布拉格首脑会议期间，斯洛文尼亚和保加利亚、爱沙尼亚、拉脱维亚、立陶宛、罗马尼亚和斯洛伐克一起被邀请就加入北约

斯洛文尼亚

问题开始谈判。斯洛文尼亚于11月26日收到了北约秘书长关于开始谈判的正式书面邀请。12月24日斯洛文尼亚政府制定了与北约就加入问题进行谈判的基本原则。2003年1月21日、31日斯洛文尼亚与北约进行了2轮谈判。3月结束了最后谈判,斯洛文尼亚向北约提交了在加入北约的进程中应完成改革的时间表。

斯洛文尼亚共和国在加入北约进程中应完成改革的内容分为政治和经济、防务和军事、资源、安全、立法等。政治方面包括保证社会平等和解决少数民族问题,继续对军队实行民主等方面监督,向公众通报加入北约的情况,确立反腐败和有组织犯罪的立法框架,保证对继续改革有足够的管理能力,解决地区问题(南斯拉夫继承问题、地区合作问题等);经济方面主要是保证经济环境的稳定,继续经济改革和结构调整,保证防务费用的宏观经济可承受性和可持续性;防务和军事方面包括对防务行动提供法律保证,制定和执行斯洛文尼亚武装力量长期发展计划和防务计划,使斯洛文尼亚的空间监测与北约统一的防空体系相关联,保证通信安全和与北约司令部的高级磋商,进行反映北约战略、学说、程序和标准的军事教育和培训,保证斯在北约机构工作的人员数量,保证与北约相一致的有效的国家防务计划体系,保证对防务体系改革给予足够支持的军费水平,保证与北约军队有相应的人员结构共建,维护和完善人员管理制度;资源方面主要是使斯洛文尼亚的物资采购制度与北约相一致,允许按照北约的程序为"北约安全投资计划"(NSIP)进行竞标,制定向北约共同预算付款的国家预算法和税法,设立国家的NSIP办公室;安全方面主要涉及保障信息安全的立法、机密信息(情报)的保护,机要人员的安全保障等;立法方面主要是斯洛文尼亚将承担北约的条约和协议规定的全部义务,加入北约成员国共同制定的法律文件的执行。

在斯洛文尼亚与北约结束谈判和达成协议后,斯洛文尼亚共和国于2003年3月23日就加入北约和欧盟问题举行了全民公决。3月26日北约19个成员国常驻布鲁塞尔的代表签署了关于斯洛文尼亚共和国加入北大西洋公约的议定书,简称"加入议定书"。2003年4月北约成员国开始了对议定书的批准程序,加入北约的议定书在批准程序结束后开始生效。

2004年3月29日,斯洛文尼亚与其他加入北约的新成员国一起在华盛顿举行正式签约仪式,正式加入北约。

4. 参与北约相关事务

(1) 阻止克罗地亚加入北约

2009年2月17日,北约发言人詹姆斯·阿帕苏莱伊呼吁斯洛文尼亚尽快完成克罗地亚加入北约议定书的批准程序,以便克罗地亚能与阿尔巴尼亚一起在2009年4月初举行的北约首脑会议上正式加入该组织。当时的26个北约成员国中,只有斯洛文尼亚、荷兰和希腊还没有完成克罗地亚入约议定书的批准程序,而荷兰和希腊可很快完成批准程序。北约无意干涉斯洛文尼亚的内部事务,但希望斯洛文尼亚能够尽快完成批准程序。斯洛文尼亚和克罗地亚的争端不会影响阿尔巴尼亚的入约进程。

斯洛文尼亚国民议会于2009年2月9日批准了克罗地亚的入约议定书,但斯两个政治组织2月16日发起了旨在推翻该项议会决议的全民公决。根据程序,公决发起者需要收集到至少4万个选民签名才能促使当局举行全民公决。但不管全民公决最后能否举行,克罗地亚的入约计划都可能被打乱,因为收集签名时间至少需5周,而距离北约首脑会议仅有6个星期。

根据北约的入约程序,克罗地亚的入约议定书在得到所有26个北约成员国批准后,克罗地亚还必须批准修改后的《北大西洋公约》,并把批准文件送交美国国务院保存。

斯洛文尼亚和克罗地亚都是前南斯拉夫的共和国,自1991年独立以来,两国一直未划定陆地和海上边界。斯洛文尼亚两个政治组织之所以提出全民公决的倡议,正是因为对克罗地亚与斯洛文尼亚的领土争端表示不满。由于领土争端,斯洛文尼亚2008年12月阻止了欧盟与克罗地亚的部分政策领域的入盟谈判。

(2) 防务开支增长

北约的防务开支在多年下降后于2014年逐步恢复。北约30个成员国中有6个国家——美国、英国、希腊、爱沙尼亚、罗马尼亚和波兰已满足防务开支占本国国内生产总值2%的要求,其他几个国家正逐步达到这个

斯洛文尼亚

目标。

2014年，北约成员国在威尔士举行峰会期间确定了防务开支占国民生产总值2%的目标。5月，各国同意加速实现这个最低目标。斯洛文尼亚和阿尔巴尼亚、克罗地亚、法国、匈牙利、捷克、黑山和土耳其一起在2017年为达到防务开支占本国国内生产总值2%的目标努力，并取得较大进展，它们为维护自由和安全不断加强防务投入。

斯洛文尼亚2004年成为首个加入北约的南斯拉夫加盟共和国，是第五批加入北约的国家。受2008年国际金融危机重创，斯洛文尼亚国防开支在2010年至2017年缩减了1/3以上，2018年只相当于国内生产总值的1%。

2016年，因担心军费减少会导致军队介入危机或冲突的能力"不足"，斯洛文尼亚政府致力于增加此后几年的国防预算，计划在2024年达到国民生产总值的1.14%，但仍低于北约给成员国制定的2%目标。

（3）战备检查

斯洛文尼亚军方2018年2月21日证实，一个陆军旅没能通过北大西洋公约组织的战备检查。斯洛文尼亚军方认为，连续多年缩减国防开支是主要原因。来自第72旅的800名官兵接受北约一系列检查，其中四项不合格，综合评定结果是"未做好战备"。而且斯洛文尼亚军队装备"陈旧、破损"。

第72旅有18个月时间准备迎接这次战备检查，然而大部分时间是军方这支部队采购军事装备。而且这支部队多次参加北约行动和边境巡逻，没有时间进行定期训练。斯洛文尼亚将采取措施改善军队状态，准备接受新一轮检查。

（4）北约创新挑战赛

自2017年以来，位于弗吉尼亚州诺福克的盟军司令部转型基地的北约创新中心每年都会举办两次北约创新挑战赛，旨在快速且经济高效地解决联盟及其成员国面临的共同挑战。该挑战赛为非传统创新者（学术界、个人和初创企业）提供优先机会，并扩大北约网络以及与工业界和学术界的合作。

第八章 外 交

创新挑战赛向所有北约国家开放。它为参与者及其解决方案提供了可见性，并为获胜者提供了开发其产品的机会。北约创新网络致力于在北约国家之间发展共享的创新文化并激发变革，旨在促进未来能力的发展，保持北约的技术优势。

2023年6月，斯洛文尼亚主办北约创新挑战赛，该挑战赛的重点是提高军事机动性。该挑战赛的目的是找到一种数字解决方案，以便利用跨欧洲运输网络（TEN-T）协调有效地规划和执行军事行动。

总之，加入北约加强了斯洛文尼亚的安全，促进了斯洛文尼亚的长远发展，将其纳入了最发达的西方国家的政治和安全框架，并提升了斯洛文尼亚作为支持一体化的民主与和平国家的形象。

根据GlobalData发布的《2023~2028年斯洛文尼亚国防市场》报告，斯洛文尼亚在2022年首次实现了20%的国防采购目标。该报告预测，分配给国防采购的总预算份额将从2022年的26.8%增加到2027年的33.0%。

斯洛文尼亚的目标是到2030年发展一个中型战斗群和一个侦察战斗群，作为其长期战略计划的一部分。为了实现这一目标，斯洛文尼亚降低了入伍的教育要求，以增加部队人数。然而，此举可能会导致人员成本增加。

尽管斯洛文尼亚是北约成员国，但斯洛文尼亚仍未达到该联盟国防开支占GDP 2%的目标。该国2023年的预算仅将GDP的1.4%用于国防。

国际行动严重占用国防资源。2014年乌克兰危机使北约和欧洲迫切需要加强和统一其军事能力。从历史上看，斯洛文尼亚在国防方面的预算相对较少，导致对新技术采购的投资很少，但随着北约东部边境出现危机，这种情况发生了变化。斯洛文尼亚的国防开支在很大程度上受到其对国际组织的奉献精神的影响，因为斯严重依赖集体防御来维护其安全。斯洛文尼亚的领空受到北约特别空中警务安排的保护，因为其缺乏全面警务所需的机队。

装甲车和反装甲系统重要性的加强预计将增加相关支出。斯洛文尼亚通过投资新的步兵战车（IFV），在加强其陆军方面取得了重大进展。作

斯洛文尼亚

为这一举措的一部分，斯洛文尼亚从奥什科什防务公司采购了相当数量的联合轻型战术车（JLTV）。GlobalData 报告预测，分配给收购的总预算的份额将增加，预计将从 2022 年的 26.8% 上升到 2027 年的 33.0%。斯洛文尼亚的收购潜力得到了提升，这要归功于为支付正在进行的和未来的收购而增加的资金。

斯洛文尼亚的国防预算近年来一直在上升，尽管仍低于其他北约盟国，而且这一趋势将在未来五年内持续下去。国防预算经历了显著的激增，从 2019 年的 56400 万美元增加到 2023 年的 91200 万美元，复合年增长率（CAGR）为 12.9%。根据 GlobalData 的预测，斯洛文尼亚的国防开支预计将在整个预测期内以 8.2% 的复合年增长率增长，到 2028 年将达到 15 亿美元。

二　加入经合组织核能机构

斯洛文尼亚于 2010 年 7 月 21 日签署《经济合作与发展组织公约》，承诺全力致力于实现该组织的基本目标。与所有成员国一样，斯洛文尼亚政府在经合组织设有常驻代表团，由大使和外交官组成。作为理事会成员，斯洛文尼亚确认年度报告中的工作方案，并确定年度预算的数额，经合组织根据每个国家的经济相对规模分摊会费。斯洛文尼亚代表团成员负责监督经合组织各委员会的工作。因此，代表团在经合组织秘书处和斯洛文尼亚当局相关部门之间提供联络，并发挥着至关重要的沟通作用。他们代表本国政府在多边谈判中的立场，为本国政府寻求经合组织相关专业知识领域的帮助，并努力在国内传播经合组织的专业建议和意见，进而确保经合组织相关工作与本国所涉相关领域问题相吻合。经合组织通过其国别调查以及统计和经济数据，为其成员国提供分析和监测其经济、社会和环境政策的工具。各国可以利用经合组织的专业知识，包括同行评议，获得经合组织秘书处提供的所有研究和分析。这项工作涉及欧洲的经济和社会领域，很难仅由任何一个国家单独开展。除了经济情报职能外，经合组织还是一个论坛，各国可以在其中讨论和分享国家经验，确定最佳方案并找到解决共同面临问题的办法。经合组织与 100 多个非成员国经济体建立了工作关系，成员国受益于其与世界所有参与者的对话和协商，在相互依存程度日益提高的背景下，制定全球性规则。

斯洛文尼亚于 2011 年 5 月 11 日正式成为第三十个核能机构（NEA，属于经济合作与发展组织）的成员国。拥有了正式会员资格，斯洛文尼亚将在过去与核能机构合作的基础上，为实现安全、环保和经济的核能和平利用，并满足未来尖端国际科学、技术和法律要求做出贡献。

斯洛文尼亚目前仅拥有一台在役核电机组——克尔什科核电机组。该机组于 1981 年并网发电，为斯洛文尼亚提供了 25% 的电力。目前，斯洛文尼亚 41% 的电力来自煤和燃气、29% 来自水力、25% 来自核能以及 5% 来自可再生能源。斯洛文尼亚在约瑟夫·斯特凡研究所拥有一个核培训中心和一座研究堆。该研究所拥有约 880 名员工。

斯洛文尼亚自 2002 年就在核能机构的 7 个常设技术委员会派驻观察员，并于 2010 年 7 月加入经合组织。经合组织称，目前核能机构的成员国拥有全球 85% 的核电机组。除了俄罗斯、乌克兰、印度和中国，其他核电国家都是经合组织核能机构成员国。

三　加入其他国际组织

斯洛文尼亚还是世界卫生组织（WHO）、国际劳工组织、世界银行（World Bank）、国际足球联合会（FIFA，简称"国际足联"）、国际奥林匹克委员会成员等。

1992 年斯洛文尼亚加入国际原子能机构（IAEA）。

1992 年 5 月 22 日，斯洛文尼亚加入联合国。

1995 年 1 月 1 日斯洛文尼亚加入世界贸易组织。2007 年 12 月 21 日，爱沙尼亚、匈牙利、拉脱维亚、立陶宛、马耳他、波兰、斯洛文尼亚、斯洛伐克和捷克这 9 个当时的新欧盟成员国正式成为申根国家。

联合国粮农组织与斯洛文尼亚的合作涉及可持续农业、农村发展等领域。渔业和林业资源负责任、可持续的管理是联合国粮农组织援助的主要领域。斯洛文尼亚还在为该区域内外提供技术合作和人道主义援助方面发挥了积极作用。

斯洛文尼亚

第五节 与其他国家的关系

斯洛文尼亚于 2004 年 5 月 1 日正式加入欧盟，致力于全面融入欧盟体系，积极发展同德国、法国等欧盟大国和美国、俄罗斯等大国的关系。注重发展与其他南斯拉夫国家的关系，积极参与协调西巴尔干事务及国际热点问题的解决。

一 与德、法、英、美、俄的关系

1. 与德国的关系

在欧盟成员国中，斯洛文尼亚特别重视与德国的关系。斯洛文尼亚与德国有着传统的良好合作关系。在斯洛文尼亚争取独立的过程中，德国为斯洛文尼亚独立获得国际承认起了重要作用。德国是最早与斯洛文尼亚建立外交关系（1992 年 1 月 15 日）、向斯洛文尼亚派驻大使并签订取消签证的双边协议的国家之一。德国与斯洛文尼亚建交后，当时的德国外长根舍立即于 1992 年 2 月正式访问了斯洛文尼亚，继任德国外长金克尔也于 1993 年和 1996 年访问了斯洛文尼亚，1996 年 9 月德国总统赫尔松首次正式访斯，1998 年 5 月斯洛文尼亚总统库昌首次正式访问德国。斯洛文尼亚与德国之间几乎签订了所有重要的政治经济协议。斯洛文尼亚在争取加入欧盟和北约的过程中得到了德国的积极支持。德国是斯洛文尼亚的第一大贸易伙伴（两国之间的进出口贸易额占斯洛文尼亚进出口贸易总额的 1/3 左右），德国对斯洛文尼亚的投资在斯洛文尼亚的外国直接投资总额中居第 3 位。

两国都是北约组织及欧盟的成员国家。有超过 50000 名斯洛文尼亚人于德国境内生活。德国和斯洛文尼亚关系素来友好而和谐，德国曾大力支援斯洛文尼亚实现自主、脱离南斯拉夫独立，并提供咨询计划和支援方案以协助斯洛文尼亚过渡到市场经济。德国在斯洛文尼亚加入欧盟及北约组织时，亦都表态支持，其后也在采取措施促进两国之间的贸易往来。

2013 年 4 月，斯洛文尼亚总统帕霍尔访问德国。2013 年 7 月，斯洛文尼亚总理布拉图舍克访问德国。2016年，德国-斯洛文尼亚工商会庆祝成立十周年。2017年2月8日，德国总理默克尔会见到访的斯洛文尼亚总统博鲁特-帕霍尔。2019年5月22日，旨在加强双边合作的德国-斯洛文尼亚行动计划由两国外交部部长在柏林签署。斯洛文尼亚于2021年下半年担任欧盟理事会主席国，许多政治家访问了斯洛文尼亚。2021年10月初，德国总理默克尔出席了在斯洛文尼亚克拉尼市的布尔多城堡举行的欧盟-西巴尔干峰会。此外，德国卫生部部长斯潘、财政部部长朔尔茨、外交部部长马斯和国防部部长克兰普-卡伦鲍尔分别于2021年秋季前往斯洛文尼亚参加欧盟非正式部长级会议。洛加尔外长于2021年5月前往德国进行为期两天的访问。

德国、葡萄牙和斯洛文尼亚三国接任欧盟理事会轮值主席国，任期从2020年7月到2021年12月。德国于2020年7月1日至2020年12月31日接任欧盟理事会领导职务。葡萄牙于2021年1月1日取代德国，随后斯洛文尼亚于2021年7月1日取代葡萄牙。这三个国家一起组成欧盟理事会的"轮值主席国三驾马车"。这将是德国第13次担任欧盟轮值主席国，上一次是2007年上半年。"轮值主席国三驾马车"制度是在2007~2008年正式引入的。当时作为第一届三驾马车进行合作的也是德国、葡萄牙和斯洛文尼亚。

2. 与法国的关系

斯洛文尼亚与法国于1992年4月23日建立外交关系，法国于1992年在卢布尔雅那设立大使馆，斯洛文尼亚于1993年在巴黎设立大使馆。1998年法国外长魏德林首次访斯，同年斯洛文尼亚政府总理德尔诺夫舍克正式访法，此后双方的政治对话不断加强。2001年斯洛文尼亚政府总理德尔诺夫舍克、外长鲁佩尔及多位部长先后访法，两国在各领域签订了许多协议，为提升双边关系和合作奠定了基础。斯洛文尼亚在争取加入欧盟和北约的过程中也得到了法国的支持。法国是斯洛文尼亚的第3大贸易伙伴（仅次于德国和意大利，斯洛文尼亚对法国的出口额在其出口总额中居第3位，从法国的进口在斯洛文尼亚进口总额中居第5位）；在斯洛文尼亚的外国直接投资中，法国仅次于奥地利、瑞士、德国居第4位。两国在文化、教育、

斯洛文尼亚

科技等领域签订有合作协议和合作计划，进行全面的合作。

2011年签署的战略伙伴关系由多个三年行动计划组成，标志着两国外交关系有了新的发展。2013年4月，斯洛文尼亚总统帕霍尔访问法国。2013年5月，斯洛文尼亚副总理兼外长埃里亚韦茨访问法国。2013年7月，法国总统奥朗德访问斯洛文尼亚。2013年12月，斯洛文尼亚总理布拉图舍克访问法国。2013年7月，"布尔多进程"国家领导人会议在斯洛文尼亚举行，斯洛文尼亚总统帕霍尔、克罗地亚总统约西波维奇、塞尔维亚总统尼科利奇、马其顿总统伊万诺夫、波黑联邦主席团成员科姆希奇、黑山总统武亚诺维奇、阿尔巴尼亚总统尼沙尼、法国总统奥朗德及科索沃地区领导人亚希亚加与会。斯洛文尼亚总统博鲁特·帕霍尔于2014年4月17日至18日访问了巴黎，法国外交部部长代表欧洲事务部于2014年5月14日在斯洛文尼亚举行了多次会议。2014年7月14日，法国、斯洛文尼亚在布鲁塞尔举行的波黑和塞尔维亚洪灾后国际捐助会议之前，两国政要进行会面。法国外交和国际发展部部长于2015年4月23日访问了斯洛文尼亚，作为布尔多-布里俄尼进程首脑会议的一部分。两国签署了2015~2018年斯洛文尼亚-法国战略伙伴关系行动计划。斯洛文尼亚总理米罗·采拉尔于2015年7月7日至8日和2016年7月4日对法国进行了两次正式访问，并在两次访问中均会见了法国总统。2017年9月，法国欧洲事务部部长参加了斯洛文尼亚布莱德战略论坛。2019年7月2日两国签署新的法国-斯洛文尼亚战略伙伴关系行动计划。法国欧洲事务国务部部长兼欧洲和外交部部长于2019年11月15日接见斯洛文尼亚共和国外交部国务秘书。两位部长分别讨论在2021年下半年和2022年上半年斯洛文尼亚和法国担任欧盟理事会主席国之际，欧洲面临的主要挑战。

2021年12月，斯洛文尼亚驻华大使苏岚与法国驻华大使罗梁在北京举行欧盟轮值主席国交接仪式。中华人民共和国外交部欧洲司司长王鲁彤与欧盟驻华大使郁白出席仪式。法国驻华大使表示，"法国充分肯定斯洛文尼亚担任欧盟轮值主席国期间做出的努力。斯洛文尼亚成功团结各成员国，取得了决定性进展，我们的共同目标非常明确，欧洲应继续作为世界稳定、繁荣、灵感以及缓和的源泉"。

3. 与英国的关系

斯洛文尼亚与英国于1992年建立外交关系。近年来斯洛文尼亚与英国关系不断发展。斯、英两国建交后，英国三位外长赫德（1992年）、里弗金德（1996年）、库克（1998年）先后访斯，1998年英国王室安妮公主代表英国访斯，随后查尔斯王子也访问了斯洛文尼亚；斯洛文尼亚除有多位部长先后访英外，政府总理德尔诺夫舍克于1995年正式访问了英国，总统库昌于2001年首次正式访问英国。斯、英两国签订了一系列重要的协议，使两国关系不断发展，双方的贸易往来迅速增加，2001年英国已成为斯洛文尼亚的第7大贸易伙伴和第8大外国直接投资国。两国在文化体育等领域也保持着良好的合作关系。

2013年10月，斯洛文尼亚国民议会议长韦贝尔访问英国。斯洛文尼亚总理阿兰克·布拉图舍克于2014年4月22日起对英国进行为期两天的访问，其间会见了英国首相卡梅伦，以及欧洲发展复兴银行主席查克拉巴蒂。斯总理此行的主要目的是加强两国的经济合作，吸引英国投资者关注斯洛文尼亚正在进行的国有企业私有化进程，推动斯经济复苏。2010～2013年，斯洛文尼亚向英国出口贸易保持在每年4.5亿~5亿欧元，从英进口贸易从2010年的2.63亿欧元增加到2013年的3.9亿欧元。斯洛文尼亚与英国正在加强在商业、旅游、投资、科教、文化等领域的合作。两国之间的贸易额一直在上升，2018年首次超过10亿欧元。2019年2月27日，斯洛文尼亚博鲁特·帕霍尔总统对英国进行为期三天的正式访问。帕霍尔总统和英国外交大臣杰里米·亨特会面，巩固斯洛文尼亚和英国之间的良好双边关系。会面中，帕霍尔表示斯洛文尼亚在英国脱欧后会继续加强双边关系。

2020年1月30日，在脱欧前，斯洛文尼亚外长采拉尔与英国驻斯洛文尼亚大使索菲·霍尼举行会谈。他们同意建立良好的双边关系，并强调，尽管英国脱欧，但斯洛文尼亚和英国将继续加强在经济、旅游、投资、科学、教育和文化以及多边论坛内的合作。两国将在包括东南欧在内的所有共同关心的领域中努力。

2022年2月23日，两国签署关于加强大不列颠及北爱尔兰联合王国和斯洛文尼亚共和国双边关系的联合意向声明。

4. 与美国的关系

美国于1992年4月7日承认斯洛文尼亚独立。1992年8月11日斯、美两国建交并在对方首都互设大使馆。斯洛文尼亚还在纽约派驻了联合国常驻代表和总领事馆,在克利夫兰、休斯敦和洛杉矶设立了领事馆。1993年斯洛文尼亚取消了美国公民的入境签证,1997年美国取消了斯洛文尼亚公民在美短期(9个月以内)逗留的签证。在斯洛文尼亚加入北约的进程中,斯、美两国领导人保持了频繁接触。1996年美国提出"东南欧合作倡议"(SECI)并把斯洛文尼亚包括在内。最初斯未参加,后经与美国代表磋商,斯于1997年3月响应该倡议并任命了SECI合作的协调员。同时,斯从1997年开始获得美国对中东欧国家加入北约进程中提供的财政援助。1997年11月斯洛文尼亚开始参加东南欧国家国防部部长会议,并于1998年6月在斯洛文尼亚举行了东南欧国家军队参谋长会议,美军联合司令部副司令拉尔斯通出席。斯洛文尼亚政府总理德尔诺夫舍克曾分别于1996年5月、1997年5月访问美国;斯洛文尼亚总统于1997年9月访问美国。

截至1999年,美国访斯的重要外交活动有:1994年9月美国助理国务卿霍尔布克访斯;1995年9月美国防部部长佩里访斯并签订了斯美军事和安全合作协议;1997年3月美国外事委员会副主席比登、5月美众议院11名议员和6月美前总统候选人多尔访斯;1997年7月美国务卿奥尔布赖特访斯,两国加强了政治对话和伙伴关系;1998年3月美副国务卿塔尔博特访斯,双方就寻求解决东南欧危机的办法交换了意见;1998年6月美军联合司令部副司令拉尔斯通再次访斯;1999年6月美国总统克林顿及夫人和以美国务卿奥尔布赖特为首的政府代表团访斯。2001年6月应斯洛文尼亚邀请,美俄两国总统布什和普京在斯洛文尼亚举行首次会晤,开始了美俄之间新的对话和伙伴关系。斯洛文尼亚认为,美俄两国总统选择在斯洛文尼亚首次会晤,这"不仅表明斯洛文尼亚与美俄都有着良好的关系,而且也是对斯洛文尼亚为世界和平和缓和紧张局势的努力、斯洛文尼亚在经济政治社会改革中所做的努力的承认"。2002年5月,斯洛文尼亚总理德尔诺夫舍克在纽约参加联合国特别会议后再次对美国进行了访问。斯、美之间的经济贸易关系也不断发展,双方贸易额不断增加,到2002年美国已成为斯洛文尼亚的第6大贸易伙伴。斯洛文尼亚和美国国家元首多次互访,其中包括乔治·W.布什2008年6月对斯洛文尼亚的访问。

2010年4月,斯洛文尼亚政府总理博鲁特·帕霍尔与美国总统奥巴马在布拉格举行会晤。帕霍尔呼吁关注波黑和阿富汗的安全局势,并感谢美国继续支持加强西巴尔干领导人之间的信任。2011年2月,斯洛文尼亚政府总理帕霍尔访美,在为期三天的访问中,他会见了几位民主党人,其中包括汤姆·哈金和约瑟夫·拜登,并在白宫与总统巴拉克·奥巴马进行了短暂会晤。2020年2月7日,国务秘书多布拉·博日奇访问华盛顿。国务秘书多布拉·博日奇在工作访问中与美国政府代表举行了双边会谈。他谈到了双方共同关心的主要问题,包括双边政治和经济合作、北约-欧盟-美国关系以及个别地区问题,特别侧重于西巴尔干地区。美国和斯洛文尼亚的利益紧密结合,仅在扬沙第三届政府上任时才出现。显然,特朗普政府发现斯洛文尼亚可以为美国的利益服务,2020年8月13日,美国国务卿蓬佩奥访问斯洛文尼亚,与斯洛文尼亚外交部部长签署了一项"5G网络安全"联合声明。

斯洛文尼亚和美国的首届战略对话,在斯洛文尼亚外交部部长安热·洛加尔(Anže Logar)2020年12月访问华盛顿特区时举行。会议中,两国就共同关心的关键问题进行了实质性对话,为讨论全球和地区战略问题以及双边合作领域提供了主要框架。2022年3月14日,斯洛文尼亚-美国第二届战略对话会议在斯洛文尼亚首都卢布尔雅那举行。当天的对话由斯洛文尼亚外交部政治局局长杰内杰·穆勒(Jernej Müller)和美国国务院负责欧亚事务的副助理国务卿罗宾·邓尼根(Robin Dunnigan)主持。第二届会议召开之际,正值俄乌冲突和新冠疫情等全球挑战频发之时。此次战略对话强调了两国对双边合作以及在多边论坛中合作解决影响两国安全、繁荣和恢复力问题的重视。美斯两国就东欧及其邻国局势的最新发展交换了意见。美斯两国重申对乌克兰主权和领土完整的坚定支持,并重申各国必须尊重其在国际法下的义务。斯洛文尼亚和美国因历史友谊、共同价值观、战略伙伴关系以及北约联盟而联系在一起。

5. 与俄罗斯的关系

斯洛文尼亚与俄罗斯于1992年5月俄外长科济列夫访斯时签订了第一个关于建立外交关系的双边协议。斯洛文尼亚和俄罗斯分别于同年6月和10月在对方首都开设大使馆。斯、俄两国外长之间一直保持了定期会晤。1997年俄第一副总理伊万诺夫率政府代表团访斯,随后两国签订了有关避免双重征税和保护投资、交通运输以及政府间合作等协议。此后两国关系(特别是经贸关系)迅速发展,俄成为斯洛文尼亚的重要贸易伙伴,2002年斯俄贸易额已在斯外贸总额中居第7位,斯洛文尼亚的公司还开始在俄罗斯进行直接投资。斯俄两国政府之间签订有文化教育合作协议,2003年6月还签订了为期4年的文化教育合作计划,其中包括交换学者、语言研究、举办展览、大学及其他文化科学机构之间的直接合作等。2001年,普京与布什在斯洛文尼亚进行首次会晤时与斯洛文尼亚总统和总理进行了会谈,两国领导人认为,斯俄之间在经济领域的合作已取得良好成绩,两国应进一步加强政治领域的合作。两国的议会之间也建立了联系,双方的议会代表团进行了互访。"斯拉夫文化论坛"由斯洛文尼亚和俄罗斯于2004年成立,旨在保护和发展斯拉夫语国家共有的文化价值观和传统。2009年11月,俄罗斯与斯洛文尼亚签署了关于建设"南溪"天然气管道的政府间协议,这是俄罗斯与斯洛文尼亚关系的一个关键时刻。

2012年10月,斯副总理兼外长埃里亚韦茨访问俄罗斯。11月,总理扬沙访问俄罗斯。2013年5月,俄罗斯外长拉夫罗夫访问斯洛文尼亚。7月,俄杜马上院副主席沃罗比尤夫访问斯洛文尼亚。10月,斯洛文尼亚副总理兼外长埃里亚韦茨访问俄罗斯,并出席斯俄政府间委员会会议。11月,斯洛文尼亚国民议会议长韦贝尔访问俄罗斯。12月,斯洛文尼亚总理布拉图舍克访问俄罗斯。斯洛文尼亚最险峻的高山公路维西奇山口是由一战的13000名苏联战俘所建造。公路第22个转弯处,有座东正教小教堂,纪念当年建路时不幸丧命的人。2015年俄罗斯总理迪米特里·梅德韦杰夫访问维西奇教堂期间，斯洛文尼亚总理米罗·采拉尔表示，斯洛文尼亚希望欧盟解除对俄罗斯的经济制裁，因为制裁影响了两国之间的贸易。2016年7月，俄罗斯总统弗拉基米尔·普京访问斯洛文尼亚之际，与斯总统博鲁特·帕霍尔共同参加维西奇事件100周年纪念活动。

2017年2月10日，斯洛文尼亚总统访问莫斯科，双方签署了2018～2022年天然气供应合同。斯洛文尼亚是俄罗斯天然气在东南欧稳定的销售市场，其70%的天然气需求由俄罗斯天然气工业公司提供。2018年4月19日，斯洛文尼亚外交部部长卡尔·埃尔哈维克会见了正在斯洛文尼亚访问的俄罗斯通信和大众传媒部长尼古拉·尼基福罗夫，两人讨论了两国之间的经济关系。2019年9月11日，斯洛文尼亚马尔扬·沙雷茨总理对俄罗斯进行正式访问。同行的斯洛文尼亚外交部部长认为，斯洛文尼亚是负责任和值得信赖的欧盟成员国，两国的商业、文化和政治联系应当继续加强。

2022年2月俄乌冲突的爆发对斯洛文尼亚社会产生了重大影响。除了已经造成的明显政治和经济影响外，难民问题、人道主义援助问题也已经波及斯洛文尼亚社会生活方方面面。俄罗斯联邦航空运输局2月27日发布消息，宣布对拉脱维亚、立陶宛、斯洛文尼亚、爱沙尼亚四国飞机关闭俄罗斯领空。俄方称这一决定符合国际法准则，是对上述四国对俄所有民航客机关闭领空的报复措施。2022年3月15日，乌克兰总统泽连斯基在首都基辅与到访的波兰、捷克和斯洛文尼亚三国总理举行会谈，重点讨论了乌克兰的安全保障、对俄罗斯制裁和乌克兰的欧盟候选国地位问题。

二　与邻国的关系

斯洛文尼亚与4个邻国（奥地利、意大利、匈牙利和克罗地亚）之间，尽管出于历史原因而存在某些悬而未决的问题（特别是民族问题），但仍然保持了较好的睦邻关系。

1. 与匈牙利的关系

斯匈两国一直保持着良好的睦邻关系。在斯洛文尼亚境内约有8500名匈牙利族少数民族，在匈牙利3000多人自称是斯洛文尼亚族人，两国

斯洛文尼亚

于 1992 年签订了关于保护两国的斯洛文尼亚和匈牙利少数民族特殊权利的协议,在保护少数民族问题上一直保持协商和合作的友好关系。2003 年 2 月斯洛文尼亚总统德尔诺夫舍克对匈牙利进行了正式访问,这是他 2002 年 12 月就任斯洛文尼亚总统后的首次出访。斯洛文尼亚与匈牙利都是中欧倡议组织、中欧自由贸易区等国际和地区合作组织的成员国,两国有着加入欧盟和北约的共同外交战略,并一起加入了欧盟和先后加入了北约,匈牙利加入北约后,曾积极支持斯洛文尼亚加入北约。在经济合作方面,除相互贸易往来外,两国还共同修建了跨边界公路,两国共同修建的直通铁路也已于 2001 年通车,从而结束了两国之间没有直通铁路的历史。两国还与意大利合作修建巴塞罗那—基辅的泛欧 5 号走廊的里雅斯特—科佩尔—卢布尔雅那—布达佩斯部分。两国在使用斯洛文尼亚的科佩尔港口和使该港口扩大在匈牙利市场的业务方面也在进行合作。在军事、内务、信息技术以及文化、教育、科学、出版等领域,两国的合作均在不断加强。

2013 年 4 月,匈牙利外长毛尔托尼访问斯洛文尼亚。2013 年 5 月,匈牙利总统阿戴尔访问斯洛文尼亚。2013 年 9 月,斯洛文尼亚国民议会议长韦贝尔访问匈牙利。2020 年 5 月 18 日,匈牙利外交部部长称,匈牙利和斯洛文尼亚已就在 6 月 1 日前逐步重新开放两国边境的路线图达成一致。匈牙利外交部部长彼得·西耶加托 2020 年 6 月 18 日表示,如果不重启国际合作,就不可能重启经济。匈牙利和斯洛文尼亚两国之间的年贸易额超过 25 亿欧元,因此,有必要放松对边境的限制措施。

2020 年扬沙第三次出任总理后,斯洛文尼亚与欧盟关系出现问题。有欧洲观察家称,斯洛文尼亚早已不再是欧盟新成员国中的"优等生",而是正在步匈牙利、波兰的后尘,成为新的"麻烦制造者"。甚至有人称斯洛文尼亚正在"欧尔班化"(注:欧尔班是匈牙利现任总理,其执政方式被认为是"强人政治回归")。斯洛文尼亚民主党、匈牙利执政党青民盟和波兰执政党法律与公正党,都具有民粹主义、本土主义和传统主义色彩。三者在意识形态上的亲近逐渐在行为上得到体现。比如,与匈牙利青民盟亲近的企业家在斯洛文尼亚民主党控制的媒体中进行了大量投资。

2021年3月，匈牙利执政党青民盟退出欧洲人民党议会党团，扬沙暗示斯洛文尼亚民主党也可能退出。在2020年围绕欧盟复苏基金的辩论中，匈牙利坚持基金的分配不应当与法治状况挂钩，斯洛文尼亚也不出意外地支持匈牙利的立场。围绕匈牙利限制未成年人获得同性恋相关信息权的法律争议，欧盟国家中只有波兰和斯洛文尼亚支持匈牙利。

2021年9月，斯洛文尼亚和匈牙利政府联席会议在斯洛文尼亚召开，并签署政府间协议，斯洛文尼亚经济发展和技术部部长和匈牙利外交和贸易部部长讨论了具体的合作项目，以及斯洛文尼亚和匈牙利的立场。两国总理签署的这项联合基金协议，在2022~2026年发展两国人口混合的地区，每年为每个地区提供500万欧元资助。2022年2月，匈牙利外交部国务秘书莱文特·马扎尔和斯洛文尼亚教育、科学和体育部部长西蒙娜·库斯特克签署了一项关于匈牙利-斯洛文尼亚2022~2025年教育、科学和文化计划的协议。

2. 与奥地利的关系

自1992年1月15日两国建立外交关系以来，斯奥两国领导人保持频繁接触。1998年9月奥地利总统克莱斯蒂尔对斯洛文尼亚进行工作访问，10月斯洛文尼亚总统库昌赴维也纳参加中欧倡议组织成员国首脑会议，同时对奥地利进行了工作访问；2000年12月奥地利议长费舍尔访斯，与斯洛文尼亚总统库昌举行了10年内的第13次会见；2001年2月奥地利总理舒塞尔访斯，2月斯洛文尼亚总理德尔诺夫舍克访奥；2001年10月斯、奥两国外长就两国之间的经济合作、少数民族、斯洛文尼亚的非国有化、欧盟扩大和斯洛文尼亚的入盟谈判、东南欧形势和反对恐怖主义等问题进行了年内的第10次会晤；2001年11月斯洛文尼亚总统首次正式访问奥地利。两国建立外交关系以来，已签订了30多个双边协议，在多个领域进行全面合作。在经济方面，奥地利是斯洛文尼亚第4大贸易伙伴，在斯洛文尼亚的外国直接投资中奥地利居首位（2002年底占斯洛文尼亚外国直接投资总额的32%）。两国进行着良好的跨边界合作及经济、文化、环保、运输等方面的合作，在共同建设跨边界公路和边防站等项目中使用欧盟用于跨边界合作项目的基金。

斯洛文尼亚

作为欧盟成员国，奥地利支持斯洛文尼亚加入欧盟，并表示两国之间存在的历史和法律问题不与斯洛文尼亚的入盟问题相联系。两国之间悬而未决的历史问题将通过由双方专家组成的专门小组进行研究和提出报告，并将在此基础上形成两国的和解文件。2001年两国又签订了《斯奥文化协定》，除规定双方文化、教育、科学领域的机构将进行直接合作，相互承认中学、大学和学院的毕业证书及科学院的学位外，还把讲日耳曼语的斯洛文尼亚公民归属为"在斯洛文尼亚讲日耳曼语的种族群体"，首次提到在奥地利的斯洛文尼亚少数民族地区以外的大城市中（如维也纳等）也存在斯洛文尼亚少数民族。该协议为斯奥双方解决保护在本国内的对方少数民族的权利问题奠定了基础。

2013年2月，斯洛文尼亚总统帕霍尔对奥地利进行国事访问。2013年6月，斯洛文尼亚总理布拉图舍克访问奥地利。2013年9月，奥地利总统菲舍尔访问斯洛文尼亚。奥地利边界围栏是奥地利于2015年11月至2016年1月在其与斯洛文尼亚接壤边界，以及2016年在其与意大利接壤边界修建的隔离墙和移民管理措施，以应对欧洲移民危机。它们位于欧盟内部边界，奥地利、意大利和斯洛文尼亚都是欧盟成员国，也是自由旅行申根区，有共同的联盟签证政策。斯洛文尼亚边界上的隔离墙长达数公里，位于最繁忙的过境点施皮尔费尔德－申蒂利附近，包括警察设施，用于筛查和审核移民。另一个移民管理设施，位于奥地利靠近意大利南蒂罗尔布伦内罗的边境，于2016年建成。2015年11月，在欧洲移民危机期间，奥地利宣布打算在与斯洛文尼亚的边境上修建边境隔离墙。该隔离墙的目的是控制难民和移民的流动。奥地利和斯洛文尼亚都在申根区内。围栏最初沿着施皮尔费尔德附近从斯洛文尼亚进入奥地利的最繁忙过境点建造，长约3.7千米。如果需要的话，可以在48小时内建造一个25千米长的可伸缩围栏。隔离墙已于2016年1月完成。2016年2月，奥地利与斯洛文尼亚等巴尔干半岛国家签署了一项协议，阻止移民从希腊流向中欧。

2019年6月，斯洛文尼亚总统博鲁特·帕霍尔和奥地利总统亚历山大·范德贝伦在维也纳会晤时呼吁提升双边关系。2020年两国设立

"睦邻对话年",希望其合作能够"培育和肯定本已良好的睦邻关系"。2020年9月奥地利总理塞巴斯蒂安·库尔茨(Sebastian Kurz)对斯洛文尼亚进行访问。奥地利总理与斯洛文尼亚总理雅奈兹·扬沙就两国在疫情防控与打击非法移民方面展开合作进行了沟通。作为斯洛文尼亚的重要贸易伙伴和最大的海外投资方,与斯洛文尼亚的经济往来为奥地利带来了巨大利益。斯洛文尼亚则准备出台相应措施,进一步促进外国投资。

3. 与意大利的关系

两国之间的关系曾经历了波折。斯洛文尼亚独立后,与意大利建立了较好的睦邻关系并承认了斯洛文尼亚对意大利与南斯拉夫签订的49项协议的合法继承权,其中包括1975年签订的关于第二次世界大战后国际承认的斯意边界的安排(A区和B区)及解决B区意大利居民财产问题的奥西莫协议(1975年签订)和罗马协议(1983年签订)。但20世纪90年代初意大利右派政府上台后,趁斯洛文尼亚私有化之机,向斯提出第二次世界大战后意公民留在斯洛文尼亚的财产问题,试图取消奥西莫协议和罗马协议,要求以实物补偿意大利公民的财产,并在1995年斯洛文尼亚与欧盟草签联系国协议时,以此作为意大利同意斯洛文尼亚与欧盟签订联系国协议的条件。斯洛文尼亚认为,意大利已承认斯洛文尼亚对上述协议的继承权并且斯洛文尼亚已开始执行协议,意大利试图取消协议并把意斯的双边关系问题和斯洛文尼亚与欧盟签订联系国协议相联系,作为对斯洛文尼亚签订联系国协议的附加条件,这是斯洛文尼亚所不能接受的。后经当时的欧盟轮值主席国西班牙提出折中方案(即斯洛文尼亚对欧盟成员国逐步放开不动产市场,意大利同意斯洛文尼亚与欧盟签订联系国协议)后,问题才得到解决。意大利右派政府下台后,斯意关系明显改善,两国关系进入了新阶段。

1997年意大利总理普罗迪和总统斯卡尔法罗先后正式访斯。2001年1月斯洛文尼亚全部偿还了对意大利公民的债务,2月意大利通过了保护意境内斯洛文尼亚少数民族的法律,一周后斯洛文尼亚总理德尔诺夫舍克正式访意。两国在政治、经济、文化、科技等领域的合作迅速发展,1996

斯洛文尼亚

年意大利开始与斯洛文尼亚、匈牙利在政治、经济、军事、安全等领域建立了"三边"合作伙伴关系〔2000年因克罗地亚参加进来而形成了"四边"合作伙伴关系（即 Quadrilateral）〕，意大利支持斯、匈加入欧盟和北约，在军事上三国决定共同组建"多国地面部队"（MLF），意参加斯、匈的公路和铁路等基础设施建设并予以资金和技术支持，共同修建泛欧5号走廊途经的意、斯、匈部分。意大利是斯洛文尼亚的第2大贸易伙伴，在斯洛文尼亚的外国直接投资总额中居第5位（2002年）。斯意之间除在经济领域加强投资、基础设施建设以及加强斯洛文尼亚的科佩尔港和意大利的的里雅斯特港之间的港口合作等外，两国还为了防止非法移民偷越过境而加强了司法和边境安全方面的合作，意大利在第二次世界大战期间从斯洛文尼亚掠走的文物、档案、地籍册、土地登记册等，也已开始逐步向斯洛文尼亚归还。

2013年3月，斯洛文尼亚总统帕霍尔访问意大利。2013年6月，斯洛文尼亚总理布拉图舍克访问意大利。2013年9月，意大利总理莱塔访问斯洛文尼亚。为解决好意大利与申根国互相开放边境问题，意大利外交与国际合作部部长迪马约于2020年6月5~9日分别前往德国、斯洛文尼亚和希腊进行工作访问，交流疫情的发展趋势与合作抗疫问题。2020年7月14日，意大利当局正式将的里雅斯特市中心的国民大厅移交给了意大利的斯洛文尼亚少数民族，13日双方签署了一份关于所有权转让的文件。斯洛文尼亚总统博鲁特·帕霍尔和意大利总统塞尔焦·马塔雷拉出席了移交仪式。这是斯洛文尼亚少数民族发展以及两国关系发展的里程碑，也是欧洲的里程碑。帕霍尔总统称之为历史性事件，是"百年一遇的行为"。除了参加国民大厅移交签署仪式外，帕霍尔和马塔雷拉还前往巴索维察镇，向斯洛文尼亚的法西斯主义受害者和二战后被杀害的意大利受害者纪念馆敬献花圈，并共同会见了斯洛文尼亚和意大利少数民族的代表。斯洛文尼亚外长安热·洛加尔与斯洛文尼亚外侨部部长海伦娜·雅克利茨共同出席了国民大厅移交活动，认为这开启了斯意两国共同未来的新篇章。洛加尔指出，斯洛文尼亚外交部借此机会再次敦促意大利，通过一份由斯洛文尼亚和意大利历史学家组成的委员会于2000年编写的关于1880年至

1956年斯洛文尼亚与意大利之间关系的报告。2020年12月，斯洛文尼亚和意大利外交部部长举行电话会议，讨论意大利和克罗地亚打算在亚得里亚海划定的专属经济区。他们同意尽快与克罗地亚外长就该议题举行三方会议。两位部长强调了亚得里亚海经济合作、"蓝色经济"发展的重要性。2021年11月，意大利和斯洛文尼亚国防部部长签署了国防领域的第一份政府间协议（G2G）。

4. 与克罗地亚的关系

斯洛文尼亚与克罗地亚的历史文化相近，曾经都是南斯拉夫联邦的共和国，两国之间相互了解，经济有互补性，民众之间有着密切联系，两国独立后立即相互承认并且有着相同的外交战略目标（加入欧盟和北约）。在克罗地亚境内发生战争期间两国继续保持了正常的经贸往来并成为重要的贸易伙伴。但斯克之间仍然存在着南斯拉夫遗留下来的一系列悬而未决的问题，其中最主要的四大问题是：斯洛文尼亚与克罗地亚之间的海上边界问题，南斯拉夫时期双方在斯洛文尼亚合建克尔什科核电站的产权问题，偿还克罗地亚居民曾在斯洛文尼亚卢布尔雅那银行的萨格勒布分行储存的外汇存款问题，斯洛文尼亚的法人和自然人留在克罗地亚的财产问题。经过两国最高领导人和各级领导人及专家之间的长期磋商和谈判，1999年10月两国政府签订了关于财产法和所有权的双边协议，对尊重两国独立前在对方注册的法人和自然人的财产所有权和共同投资的产权做了规定，为解决相互之间存在的产权问题创造了条件。

2001年12月两国就划分克尔什科核电站的所有权签署了协议，规定两国平等划分所有权、共同管理电站和各享有一半的发电量，使核电站的问题得到基本解决。斯克之间签订的边界合作协议已于2001年生效，但关于海上边界问题虽然双方也草签了协议，却因未能获得克罗地亚议会批准而一直未能正式签订，斯方要求克方尽快批准已经草签的协议，克方则要求对海上边界进行国际仲裁，边界问题的继续存在使两国之间在共同开发和使用亚得里亚海海洋资源、进行海上运输等方面的合作造成了一定困难，同时也不时使两国关系趋向紧张。关于卢布尔雅那银行偿还克罗地亚居民在该银行的外汇储蓄存款问题，因涉及南斯拉夫中央银行，须在解决

斯洛文尼亚

对南斯拉夫继承问题的框架内协商解决。尽管两国之间存在悬而未决的问题，但双方经贸联系密切，克罗地亚是斯洛文尼亚的第5大贸易伙伴，是斯洛文尼亚商品的第3大出口市场，克罗地亚也是斯洛文尼亚厂商对外直接投资最多的国家。

2013年1月和2月，斯洛文尼亚副总理兼外长埃里亚韦茨与克罗地亚外长普希奇举行会晤。2013年3月，斯洛文尼亚总统帕霍尔与克罗地亚总统约西波维奇举行会晤。2013年4月，斯洛文尼亚国民议会批准克罗地亚加入欧盟；2013年5月，斯洛文尼亚总统帕霍尔访问克罗地亚。2013年12月，克罗地亚议长莱科访问斯洛文尼亚。

斯洛文尼亚边界围栏是斯洛文尼亚在其与克罗地亚接壤的边界上修建的隔离墙，以应对欧洲移民危机。斯洛文尼亚和克罗地亚都是欧盟成员国，因此这一隔离墙是欧盟内部边界。2015年11月，斯洛文尼亚开始建造由铁丝网组成的屏障。该障碍的既定目标是控制难民和移民的流动，而边境则保持开放。斯洛文尼亚和克罗地亚之间400英里的边界形成了申根区的东南部边界，这是欧盟成员国共享的免护照区。2015年10月16日，匈牙利关闭边境以来，成千上万的移民试图进入申根区，其中有17.1万名阿富汗和叙利亚难民从克罗地亚进入斯洛文尼亚。移民的流动可能会被转移到穿越阿尔巴尼亚和意大利的路线上。克罗地亚向欧盟投诉说，斯洛文尼亚围栏是鹿等野生动物迁徙的障碍，"斯洛文尼亚违反欧洲关于保护自然栖息地和环境的立法"。斯洛文尼亚于2015年12月在与克罗地亚西部地区伊斯特拉和戈尔斯基科塔尔交界处铺设的铁丝网围墙，危及了狼和棕熊的栖息地，这两者在克罗地亚都受到法律的保护。世界自然基金会和来自边境两侧地区的居民都对修建铁丝网的决定表示抗议。2016年3月，斯洛文尼亚宣布只允许在斯洛文尼亚申请庇护的移民和有明确人道主义需求的移民进入斯洛文尼亚领土。

自1991年从南斯拉夫联邦独立以来，斯洛文尼亚和克罗地亚两国一直就皮兰湾港口附近一段数公里长的海岸线的归属问题存在争议。2001年底，斯、克两国总理签署了皮兰湾海域划分草案，即《杜诺雪克-兰钦协议》，斯获得80%的水域，克获得20%的水域。斯国民议会称这是斯方外交胜利。克方多数政党却对此表示反对，克议会迄今也未批准该草案。斯认为，该草案十分重要，它实际上是未来最终协议的组成部分。克却坚持认为，克议会没有批准该草案，因此它不具有法律效力。2003年8月15日，克罗地亚政府宣布，根据国际海洋权利公约及欧洲渔业政策，从本国的经济发展及国家利益考虑，将把自己狭长的亚得里亚海岸线宣布为"特别经济区"。克方的这一决定在斯引起轩然大波。按目前的边界，斯仅有皮兰湾内的46.8公里的亚得里亚海岸线，皮兰湾西部的陆地最突出点由克控制。如果克根据国际公约对海岸线实施特别经济区政策，加强控制和防护手段，将导致斯船只无法自皮兰湾驶至国际公海，不但斯渔民无法继续捕鱼，而且斯也将失去出海口。最重要、令斯政府最不满的是，双方在海岸边境线问题上一直存有分歧，在边境问题尚未解决、克方不与斯协商情况下宣布此决议，明显置斯的主权于不顾。2009年11月4日，克罗地亚总理科索尔和斯洛文尼亚总理帕霍尔在瑞典首都斯德哥尔摩签署边界仲裁协议，为两国解决持续近20年的边界争端和为克罗地亚加入欧盟铺平了道路。根据这项协议，克罗地亚和斯洛文尼亚这两个巴尔干国家将通过国际谈判来解决两国1991年宣布独立时遗留下来的边界争端。2010年3月23日，斯洛文尼亚宪法法院认定斯政府与克罗地亚签署的边界仲裁协议符合斯宪法。此举为这一仲裁协议获斯议会通过、斯克两国最终解决边界争端扫清障碍。2015年7月29日，克罗地亚议会通过决议，决定退出与斯洛文尼亚签订的将两国边界争端提交国际仲裁的协议。召开的议会特别会议以141票赞成、0票反对通过了政府有关退出仲裁协议的提案。克罗地亚认为，做出的有关两国边界的仲裁可能有失公平和独立。在克罗地亚议会通过决议后，欧盟委员会表示尊重克罗地亚议会投票结果，但对其单方面退出仲裁决定感到遗憾，表示将听取双方的意见，做调解工作。斯洛文尼亚总理办公室声明说，总理采拉尔认为仲裁协议仍然有效。斯洛文尼亚已经任命了新的法官，仲裁程序应该继续。斯洛文尼亚前外长鲁佩尔表示，如果克罗地亚退出仲裁协议，斯洛文尼亚将阻止克罗地亚加入申根区。2017年6月，国际仲裁法庭将皮兰港超过2/3的区域判给了斯洛文尼亚，而斯洛文尼亚只占有46公里的海岸线。克罗地亚的海岸线

斯洛文尼亚

全长1700多公里,克罗地亚要求占得该区域的一半,于是拒绝了这项判决。仲裁法庭把2017年12月30日定为决定生效的日期,但是海上情况依旧十分紧张。2019年克罗地亚政府与其他国家对话,寻求支持其加入申根区。10月下旬,欧盟评估克罗地亚已达到加入申根区所需的技术标准,将由其他欧洲国家决定克罗地亚能否加入申根区。然而斯洛文尼亚直接表示,斯方是否支持克加入申根区取决于克是否执行国际法庭做出的关于两国边境争端的仲裁结果。克罗地亚在与欧洲中央银行、欧盟和成员国进行会谈之后,欧元区10月接受了克罗地亚加入欧洲汇率机制(也称欧元区等候区)的意向书。这是加入欧元区之前必须完成的一个步骤。

2021年9月,欧盟成员国和西巴尔干地区的政治领导人出席在斯洛文尼亚布莱德湖镇举行的第16届布莱德战略论坛。克罗地亚总理安德烈·普连科维奇和斯洛文尼亚总理雅奈兹·扬沙会面。两国建立了良好的对话、沟通和合作。双方同意两国之间未解决的问题,例如边界争端,应该以不损害相互关系的方式解决。

斯洛文尼亚能源集团汽油公司(PETG)计划投资1700万欧元(1930万美元)在克罗地亚克宁附近修建三座光伏发电厂。在2021完成了苏克诺维奇、普利斯科沃和弗布尼克光伏电站建设所需的一切准备工作。这三座光伏发电厂的总装机容量为22兆瓦。通过投资苏克诺维奇、普利斯科沃和弗布尼克光伏发电厂,斯汽油公司正在实现其战略目标,预计到2025年底,可再生发电能力将达到160兆瓦。

三 与其他中欧国家的关系

中欧全称欧洲中部,是欧洲五个国家地理分区之一,包括德国、波兰、捷克、斯洛伐克、匈牙利、奥地利、列支敦士登和瑞士8国。连接其余4个地理区域,是欧洲的交通中心。因地处欧洲中央,不仅自然条件具有多样性和过渡性,其政治、经济、民族与文化也具有明显的多样性和过渡性。各国均属发达国家,经济水平发展高,尤以德国为代表。中欧也曾是欧洲最为动荡不安的地带,先后成为两次世界大战的策源地,战争的破坏使这里一度受到重创而停滞不前。然而战后的几十年,良好的机遇和这

第八章 外　交

一地区的民族特有的严肃勤奋的精神，使这里迅速重新崛起，在欧洲事务中发挥举足轻重的作用。斯洛文尼亚与波兰、捷克、斯洛伐克等中欧国家在地理上是近邻，均是斯拉夫民族，在历史上有着相同的经历和共同的文化传统，同属于制度转轨国家，有着共同的加入欧盟和北约的外交战略，这些国家也都是联合国、欧安组织、欧洲理事会、中欧倡议组织和中欧自由贸易协定的成员国，因此斯洛文尼亚与这些国家之间除双边关系外，各国领导人还通过各种国际和地区合作组织定期举行的国家和政府首脑会议、部长会议等，保持着经常接触和密切联系。1992年斯洛文尼亚与这些国家建交后，已先后签订了许多双边的政治、经济协议。1993～1994年斯洛文尼亚分别与匈牙利、捷克、斯洛伐克签订了自由贸易协定。1995年与波兰签订了自由贸易协定。1996年加入中欧自由贸易协定，随后又与保加利亚、罗马尼亚签订了自由贸易协定。斯洛文尼亚与这些国家之间的贸易额迅速增加。在与中欧自由贸易协定签约国的贸易中，绝大多数工业品贸易已取消了关税，农产品中部分取消或降低了关税，部分农产品在双边协定的基础上取消或降低了关税，还有一部分农产品仍保持着配额制。在中欧自由贸易协定成员国中（除邻国匈牙利外），斯洛文尼亚特别重视与波兰、捷克、斯洛伐克的关系。其中斯洛文尼亚与波兰签订自由贸易协定后，两国经济贸易合作发展迅速，贸易额超过了斯与匈牙利、捷克之间的贸易额。在中欧自由贸易协定成员国中，波兰成为斯洛文尼亚的最大贸易和经济合作伙伴。

1999年2月，斯洛伐克外长爱德华·库坎对斯洛文尼亚进行正式访问。2000年8月，斯洛文尼亚外长阿洛伊兹·彼得勒对斯洛伐克进行正式访问。2001年斯洛伐克总统鲁道夫·舒斯特（5月23～24日）和总理米库拉斯·祖林达（2月19日）均对斯洛文尼亚进行正式访问。应斯洛文尼亚总统邀请，舒斯特总统出席了2002年5月31日至6月1日在斯洛文尼亚举行的第九次中欧国家总统会议。2002年3月4日，斯洛伐克副总理玛丽亚·卡莱奇科娃访问了斯洛文尼亚。两国签署了除《避免双重征税协定》和《产品合格证书互认协定》外所有重要的双边经济协定。

捷克在斯洛文尼亚的对外贸易伙伴中排第11名。尽管斯洛文尼亚与

斯洛文尼亚

捷克一直存在贸易逆差，但它仍然是斯洛文尼亚最重要的贸易伙伴之一。捷克外交部部长扬·卡万于1999年1月对斯洛文尼亚进行工作访问，捷克总统瓦茨拉夫·哈维尔于2000年4月对斯洛文尼亚进行工作访问。2001年5月，捷克总理米洛斯·泽曼对斯洛文尼亚进行正式访问。斯洛文尼亚总理于1999年3月对捷克进行了正式访问，同年9月斯洛文尼亚当时的外交部部长访问了捷克。2000年4月，斯洛文尼亚外交部部长对捷克进行了正式访问。捷克外交部部长扬·卡万于2001年2月访问了斯洛文尼亚，同年5月，捷克总统米兰·库坎对斯洛文尼亚进行了工作访问。斯洛文尼亚外长安热·洛加尔于2020年10月14日对捷克布拉格进行工作访问，会见了外长托马什·佩特日切克和捷克总理安德烈·巴比什。2021年9月1日，捷克总理安德烈·巴比什参加了布莱德战略论坛。

2013年6月，爱沙尼亚总统伊尔韦斯访问斯洛文尼亚。2021年4月，斯洛文尼亚欧盟事务总干事芭芭拉·苏什尼克与爱沙尼亚外交部欧洲事务总干事玛丽卡·林塔姆举行了双边磋商。他们讨论了双边关系和斯洛文尼亚下半年担任欧盟理事会主席国的优先事项以及当前欧盟问题。

2013年11月，斯洛文尼亚副总理兼外长埃里亚韦茨访问罗马尼亚。2019年1月15日，斯洛文尼亚总统帕霍尔在布加勒斯特与罗马尼亚总统约翰尼斯会晤，表示支持欧盟向西巴尔干国家扩大的政策，不应拒绝该地区国家有朝一日加入欧盟的愿望。帕霍尔强调，他将尽全力让国民增强对欧盟未来的信心。约翰尼斯说，两国总统就罗马尼亚出任欧盟轮值主席国期间的主要日程交换了意见。他重申，罗马尼亚继续支持欧盟向西巴尔干国家扩大的政策。

斯洛文尼亚的科尔卡制药公司在华沙有自己的经营场地。该公司还在波兰洛德兹市的阿尔贡（Argon）制药公司占有大约90%的股份。除两国领导人在中欧倡议组织、中欧自由贸易协定及其他国际和地区合作组织框架内经常接触外，两国之间已签订了包括经济、文化、教育、科技合作、自由贸易、保护和鼓励投资、避免双重征税等18项重要协议。在文化方面，两国的文化机构、大学（相互开设本国语言课程、交换留学生）、科学院（交换学者、科研项目合作）等也开展了广泛的合作。斯洛文尼亚与捷克、斯洛伐克也保持着政治、经济、文化等各领域的密切合作，各国在司法和安全领域的合作也不断加强。2013年7月，斯洛文尼亚副总理兼外长埃里亚韦茨访问波兰。2021年4月22日，波兰总理莫拉维茨基与来访的斯洛文尼亚总理扬沙在华沙举行会晤。莫拉维茨基表示，斯洛文尼亚是波兰可以依赖的国家之一，并且可以与其在经济、政治及泛欧洲领域进行密切合作。斯洛文尼亚在2021年下半年担任欧盟轮值主席国，确定优先讨论的重点议题。斯洛文尼亚总理扬沙表示，非常感谢波兰在疫情期间向斯洛文尼亚派遣医生，帮助其抗击新冠疫情。尽管有疫情存在，但两国经济交往保持在20亿欧元的良好水平；斯洛文尼亚在担任欧盟轮值主席国期间确定三个优先事项，即可能的新流行病、网络安全和关于欧洲未来的对话，让欧洲为可能面临的威胁做好准备。扬沙强调，希望未来加深与波兰在经济、文化、知识、科学和教育领域的合作。

四 与其他东南欧国家的关系

阿尔巴尼亚、保加利亚、罗马尼亚、克罗地亚、北马其顿、波黑、塞尔维亚和黑山等东南欧国家也是斯洛文尼亚的近邻，其中克罗地亚是斯洛文尼亚的邻国，保加利亚和罗马尼亚是中欧自由贸易协定成员国，2007年1月1日，罗马尼亚和保加利亚正式成为欧盟成员国，马其顿（2019年改名为北马其顿）和克罗地亚已与欧盟签订了稳定和联系协议，斯洛文尼亚则参加了东南欧各国签订的《东南欧稳定公约》，并在此框架内积极参加创建地区和平与稳定、经济恢复和重建活动。斯洛文尼亚曾与克罗地亚、北马其顿、波黑、塞尔维亚和黑山同是南斯拉夫联邦国家内的共和国，彼此相互了解，存在着各种密切联系，斯洛文尼亚从其政治、经济、安全等利益出发，十分重视与东南欧国家建立良好关系。除塞尔维亚和黑山外，1991~1992年斯洛文尼亚、克罗地亚、马其顿、波黑先后宣布独立后，已相互承认并先后建立了外交关系。在对南斯拉夫的继承问题上，四国坚持南斯拉夫地区的所有独立国家都是南斯拉夫的平等继承国的原则立场（南联盟则坚持南联盟是南斯拉夫的唯一合法继承国），各国领导人之

斯洛文尼亚

间保持着经常接触和就有关问题进行磋商。

斯洛文尼亚与北马其顿之间不存在争议问题，两国关系良好。两国早在1992年就签订了自由贸易协定，但未能切实执行。1996年两国又签订了自由贸易协定的附加议定书，斯取消全部从马其顿进口工业品的关税，马其顿则到2000年全部取消进口斯洛文尼亚工业品的关税。但因马其顿方为了压缩过大的贸易逆差而减少对斯洛文尼亚产品的进口，近年来双方贸易额有所下降。2013年4月，斯洛文尼亚副总理兼外长埃里亚韦茨访问马其顿。2013年7月，斯洛文尼亚总统帕霍尔访问马其顿。2013年11月，马其顿总理格鲁埃夫斯基访问斯洛文尼亚。2015年4月，斯洛文尼亚总参谋长奥斯特曼访问马其顿。2015年9月，马其顿外长波波斯基赴斯洛文尼亚出席第十届布莱德战略论坛。两国的发展合作重点是环境保护，特别是水资源保护、废水管理和能源效率。特别强调在加入欧盟的背景下加强经济发展、区域平衡发展、公共管理现代化和培训。自2015年以来，斯洛文尼亚为马其顿的发展合作项目捐赠超过1600万欧元。2018年5月9~10日在卢布尔雅那举行了联合委员会第11次会议。2021年3月，斯洛文尼亚国务秘书加什佩尔·多夫赞和北马其顿欧盟事务国务秘书卡林卡·加伯举行会谈，对两国之间的良好关系表示满意。双方强调了北马其顿加入欧盟的重要性及其在加入欧盟方面取得的进展，是继续改革进程和维持该国乃至该地区政治稳定的重要因素。国务卿多夫赞讨论了斯洛文尼亚对北马其顿加入欧盟的援助，其中大部分与在适应欧洲标准的背景下交流科技经验和转让斯洛文尼亚知识产权有关。这项合作由双边技术援助基金通过国际发展合作提供资金。两位国务卿一致认为，在该领域未来两国均会加大合作力度。2021年3月，斯洛文尼亚共和国外交部部长安热·洛加尔在首都接见了北马其顿共和国主管欧洲事务的副总理尼古拉·季米特洛夫。洛加尔外长表示继续支持北马其顿加入欧盟的道路，并概述了斯洛文尼亚担任欧盟理事会轮值主席国的主要优先事项。2021年5月，斯洛文尼亚和北马其顿经济合作联合委员会第12次会议以视频方式举行。斯洛文尼亚国务秘书和北马其顿经济部国务秘书进行会谈。联委会回顾了两国当前的经济形势和双边合作，以及在重点领域加强合作的机会。2022

年2月，在斯洛文尼亚和北马其顿之间的政治磋商框架内，斯洛文尼亚共同外交和安全政策总干事耶尔内伊·穆勒会见了北马其顿欧洲国家双边关系总干事和欧盟总干事带领的代表团。双方讨论了经济和文化合作领域的双边关系。

斯洛文尼亚与波黑自1992年10月建交以来，两国一直保持着友好往来。波黑前总统伊泽特贝戈维奇于1995年和1996年两次访斯，1998年7月波黑塞族共和国总理访斯，1999年10月包括波黑主席团三主席在内的波黑政府代表团正式访问斯洛文尼亚；斯总理德尔诺夫舍克于1997年访问波黑，斯总统库昌于1996年、1998年正式访问波黑，2000年又对波黑进行了工作访问，2002年再次访问了波黑。早在波黑战争期间，斯洛文尼亚就向波黑提供了援助和支持。1997年斯洛文尼亚开始向波黑派出军警部队参加维和行动，12月双方签订了有关斯向波黑提供大约320万美元无偿援助的协议。1998年斯洛文尼亚在美国及其他各国支持下设立了援助波黑排雷和地雷受害者国际信托基金。1999年底，双方签订了有关1999年斯向波黑提供大约320万美元无偿援助的协议（用于结构改造和职业培训，其中70%给波黑联邦，其余给波黑塞族共和国）。2001年斯洛文尼亚与波黑签订了自由贸易协定（2002年生效，斯取消全部从波黑进口商品的关税，波黑在2005年全部取消从斯进口商品的关税）。波黑是斯洛文尼亚商品的第6大出口市场，但在两国之间的贸易中波黑一方有相当大的贸易逆差，两国试图通过合资办厂、技术转让、共同进入第三国市场等高级的合作形式解决贸易逆差问题。斯洛文尼亚公司在波黑的直接投资在斯对国外直接投资总额中居第3位（仅次于斯在克罗地亚和德国的直接投资），是波黑的最大外国直接投资国。斯洛文尼亚与波黑已有200多个合资项目，为波黑提供了约3000个新工作岗位。斯洛文尼亚的高林洁家用电器公司在波黑有自己的工厂，斯洛文尼亚的海特娱乐中心在波黑首都萨拉热窝城郊建有自己的连锁单位——斯堪德里亚娱乐公园（包括赌场、两个饭店、演出和娱乐场所等）。两国之间除存在贸易逆差问题外，还存在着斯洛文尼亚的卢布尔雅那银行偿还部分波黑居民过去在该银行储存的外汇存款问题，由于这一问题涉及南斯拉夫中央银行，双方将在解决

斯洛文尼亚

对南斯拉夫继承问题的框架内，通过协商予以解决。2013年10月，斯洛文尼亚国民议会议长韦贝尔访问波黑。2013年10月，波黑外长拉古姆季亚访问斯洛文尼亚。2017年波黑相关研究结果表明，两国贸易强度不断增加，进出口流量几乎平衡，产业间贸易盛行。波黑的贸易表现显著改善，行业内专业化程度和贸易量增加。然而，出口结构和比较优势格局对波黑不利，这表明波黑在与斯洛文尼亚的贸易中的地位需要提高。2020年1月11日波黑对外贸易和经济关系部部长斯塔萨·科萨拉克在萨拉热窝会见了斯洛文尼亚驻波黑大使佐里察·布基纳茨，讨论双边合作和改善两国关系。双方表示，波黑与斯洛文尼亚关系密切友好，斯洛文尼亚是波黑十大贸易伙伴之一。布基纳茨大使表示，斯洛文尼亚完全支持波黑欧洲一体化进程。在此背景下，她指出斯洛文尼亚2021年主持欧盟理事会，重点将放在西巴尔干国家和波黑欧洲一体化进程上。双方还讨论了有关波黑与斯洛文尼亚之间当前高水平贸易以及斯洛文尼亚在波黑投资量的问题。科萨拉克部长重点介绍了波黑的旅游能力建设问题，并表示斯洛文尼亚的成功做法可以成为波黑的榜样。

南联盟（2003年改名为"塞尔维亚和黑山"）被斯洛文尼亚视为"没有边界的邻国"，但也是在南斯拉夫地区唯一的一个在斯独立后长期未能与斯建交的南斯拉夫地区国家。1992年南联盟政府曾宣布承认斯洛文尼亚独立，但因联合国已通过对南联盟实行制裁的决议，斯未做出积极回应。1995年11月签订《代顿协议》后，斯洛文尼亚政府根据联合国通过的关于暂停对南联盟的封锁和恢复贸易经济关系的决议，宣布承认南联盟并愿与之建立外交关系，但南联盟未予回应，直到2000年底（斯洛文尼亚独立已近10年）南联盟国内发生政权更迭后，两国才正式建立外交关系。在1998~1999年科索沃发生武装冲突和战争期间，斯洛文尼亚作为联合国非常任理事国积极参与解决包括科索沃问题在内的国际热点问题，呼吁国际社会关注科索沃形势，建议联合国安理会讨论科索沃问题，并对国际社会为科索沃冲突双方进行直接对话和举行朗布依埃谈判提供支持和帮助。在北约轰炸南联盟期间，斯洛文尼亚领导人与北约、美国和联合国最高领导人紧张接触，认为南联盟的事态已发展到一切外交努力均已穷尽的地步,北约对南联盟的军事干预已不可避免,这种军事干预将推动新的欧洲安全与合作进程。与此同时,斯洛文尼亚向科索沃提供了人道主义援助,设立了接纳科索沃难民的临时难民营。尽管斯洛文尼亚与南联盟未建立外交关系,但斯洛文尼亚与南联盟的黑山共和国政府保持着联系。1998年11月黑山共和国政府总理访斯,1999年2月黑山议会代表团访斯,2000年7月斯洛文尼亚、克罗地亚、捷克三国总统在克罗地亚参加杜布罗夫尼克夏季联欢节,会见了黑山总统久卡诺维奇。2000年10月塞尔维亚民主反对派代表科什图尼察在南联盟总统选举中获胜后,斯洛文尼亚总统库昌致信科什图尼察表示祝贺,认为科什图尼察的胜利为两国关系在新的基础上实现正常化和加强合作提供了机会。11月以民主党领袖(后出任塞尔维亚共和国政府总理)金吉奇为首的塞尔维亚民主反对派代表团访问斯洛文尼亚,希望两国尽快建立外交关系、加强经济合作和解决对南斯拉夫的继承问题。12月9日,斯洛文尼亚和南联盟外长共同签署了两国建立外交关系的协议。2001年3月,两国签订了贸易和经济合作协议、文化教育合作协议、公路运输协议、取消外交签证和两国外交部合作协议。2002年6月,斯政府总理德尔诺夫舍克率政治经济代表团正式访问南联盟,两国又签订了鼓励和保护投资、旅游、邮电等一系列协议。两国首都之间的航空运输在停飞10年后重新开通,斯洛文尼亚的马卡托尔零售商店在贝尔格莱德开业。2002年斯对南联盟的出口在斯全年出口总额中已跃居第7位,但双方贸易不平衡,南联盟一方出现了相当大的逆差。2003年3月,塞尔维亚政府总理金吉奇遭暗杀身亡,斯政府总理安东·罗普赴贝尔格莱德参加了葬礼;同年7月南联盟更改国名后,新当选的塞尔维亚和黑山总统马罗维奇率代表团正式访问了斯洛文尼亚。2013年6月,斯洛文尼亚副总理兼外长埃里亚韦茨访问塞尔维亚。2013年7月,斯洛文尼亚国民议会议长韦贝尔访问塞尔维亚;2013年10月,斯洛文尼亚总理布拉图舍克访问塞尔维亚。2019年8月,应塞尔维亚总理安娜·布尔纳比奇的邀请,斯洛文尼亚总理马尔扬·沙雷茨对塞尔维亚进行正式访问。两国总理在会晤中讨论了双边关系和两国政府未来合作计划,强调加强经济合作。双方讨论了进一步深化斯洛文尼亚和塞尔维亚政府之

斯洛文尼亚

间合作的机会，同意两国政府的联席会议制度，上一次联席会议于2018年2月在斯洛文尼亚举行，达成了几项具体协议，其中一项关于塞尔维亚公民在斯洛文尼亚就业的协议于2019年9月1日生效。2019年12月17日，塞尔维亚和斯洛文尼亚政府在诺维萨德举行第五次政府联席会议后，塞尔维亚总理安娜·布尔纳比奇称，两国之间的政治和经济合作处于最高水平，没有重大的公开问题。布尔纳比奇在与斯洛文尼亚总理马尔扬·沙雷茨举行的联合新闻发布会上，对斯洛文尼亚对塞尔维亚欧洲一体化的支持以及对建立所谓的迷你申根倡议的支持表示感谢。2021年8月27日，塞尔维亚安娜·布尔纳比奇总理在贝尔格莱德与斯洛文尼亚共和国国民议会议长伊戈尔·佐尔契奇进行了交谈，双方强调两国有着非常好的政治和经济关系。

斯洛文尼亚与阿尔巴尼亚之间有着传统的友好关系。斯洛文尼亚独立后，两国于1992年建交，在政治、经济、文化等领域进行全面合作。阿尔巴尼亚前任总统贝里沙于1992年、迈达尼于1999年、马伊科于2003年访问了斯洛文尼亚，斯总统库昌和总理德尔诺夫舍克分别于1993年和1999年访问了阿尔巴尼亚。1992年两国签订经济合作协议后，斯对阿出口逐年增加，但阿对斯出口有所减少，从而使阿方逆差扩大。在阿尔巴尼亚发生"金字塔事件"后，斯洛文尼亚向阿派遣军警部队参加了多国维和部队和医疗队，并提供了人道主义援助。斯洛文尼亚建立援助波黑排雷和地雷受害者信托基金后，已使排雷活动扩大到阿边境地区（和科索沃地区），斯洛文尼亚还在《东南欧稳定公约》的框架内为阿的国家制度建设和人员培训、实行法治和反对有组织犯罪活动提供了技术援助。1997年5月至7月，斯洛文尼亚派遣25人医疗分队参加阿尔巴尼亚"阿尔巴行动"。此后，它继续支持恢复阿尔巴尼亚稳定的努力，参与了西欧联盟的多国咨询警察部门（MAPE），帮助重建和培训阿尔巴尼亚警察队伍。2012年9月3日，斯洛文尼亚总理雅奈兹·扬沙在首都卢布尔雅那会见了到访的阿尔巴尼亚总理萨利·贝里沙，双方就阿尔巴尼亚申请加入欧盟等问题交换了意见。在会谈结束后的新闻发布会上，扬沙赞扬阿尔巴尼亚政府近年来所进行的社会变革对其日后加入欧盟具有重要作用，并表示他更加注重西巴尔干地区国家申请加入欧盟的问题。他强调，在欧盟面对债务危机的情况下，有关国家申请加入欧盟的努力绝不能停止。贝里沙表示，阿尔巴尼亚政府正积极致力于发展国家经济，通过创造良好的投资环境和借助劳动力便宜等优势努力吸引外资，以克服意大利和希腊等主要贸易国遭受债务危机所带来的不利影响。他还强调，阿尔巴尼亚决心履行欧盟提出的所有要求，以便早日加入欧盟。关于西巴尔干问题，贝里沙主张通过对话解决地区间的各种矛盾，包括塞尔维亚与科索沃之间的争议问题。阿尔巴尼亚2009年4月加入北约，又于同月申请加入欧盟。尽管阿尔巴尼亚的这一申请尚未被接受，但阿尔巴尼亚公民已获得在欧盟国家旅行90天内免签证的待遇。2019年3月4~5日，应阿尔巴尼亚共和国总统伊利尔·梅塔邀请，斯洛文尼亚共和国总统博鲁特·帕霍尔对阿尔巴尼亚进行正式访问，加强双边经济对话。

五　与中国的关系

1. 历史背景

斯洛文尼亚与中国有着传统的友好合作关系，早在斯洛文尼亚独立以前的南斯拉夫时期，中南两国之间的许多经济合作项目就曾是斯洛文尼亚公司参与的。1981年斯洛文尼亚卢布尔雅那与四川成都建立了友好合作关系，至今已保持40多年。斯洛文尼亚和中国在文化、科技领域也进行过良好的合作。斯洛文尼亚独立后，中国于1992年4月27日正式承认斯洛文尼亚共和国，5月12日两国签署建交公报，正式建立外交关系。建交公报中强调："两国政府同意，在相互尊重主权和领土完整、互不侵犯、互不干涉内政、平等互利、和平共处的原则基础上，发展两国之间的友好合作关系。""斯洛文尼亚共和国政府承认中华人民共和国政府是中国的唯一合法政府，台湾是中国领土不可分割的一部分。斯洛文尼亚共和国政府确认不和台湾建立官方关系。""中华人民共和国政府支持斯洛文尼亚共和国政府加入联合国和其他国际组织的努力。""两国政府同意，在平等互利的基础上，根据国际惯例，互相为对方在其外交代表履行职务方面提供一切必要的协助。"

斯洛文尼亚

1992年8月和1993年2月,两国先后在卢布尔雅那和北京设立了中国驻斯洛文尼亚大使馆和斯洛文尼亚驻中国大使馆。1993年9月12~14日,中国国务院副总理兼外交部部长钱其琛访斯。这也是中国领导人在两国建交后对斯洛文尼亚的首次访问。双方签订了鼓励和保护投资协议,科学技术合作协议,教育、文化、科学合作协议和两国外交部定期进行磋商的议定书。1994年5月27~31日,斯洛文尼亚政府副总理兼外长洛伊兹·佩泰尔莱应邀访华,双方又签署了关于互免外交和公务护照签证的协议和两国通讯社新华社和斯通社之间的合作协议。1995年2月13~17日,斯洛文尼亚政府总理德尔诺夫舍克应邀访华。这也是斯洛文尼亚政府首脑首次访问中国。双方签署了有关避免双重征税和防止偷漏税的协议。1996年10月14~19日,斯洛文尼亚总统库昌对中国进行国事访问,双方签署了《中斯联合公报》。在公报中,斯方重申将继续坚持一个中国的原则立场,承认世界上只有一个中国,台湾是中国不可分割的一部分,中华人民共和国政府是代表全中国人民的唯一合法政府。斯洛文尼亚共和国不和台湾进行任何官方往来和建立任何官方关系的立场不变。中方对此表示赞赏并指出,中国高度重视同斯洛文尼亚在各领域的友好合作关系,尊重斯洛文尼亚的独立和主权,重视斯在欧洲和国际社会中正在发挥的积极作用,对斯有意加入欧洲一体化进程表示理解。中国尊重斯洛文尼亚的和平外交政策及其在解决巴尔干危机方面的作用。斯方强调斯洛文尼亚为原南斯拉夫社会主义联邦共和国的继承国之一。中方表示理解并希望原南斯拉夫有关各国就继承问题加紧协商,中国将尊重它们达成的一致意见。

2. 多方合作

中斯两国建交以来,经贸关系和经济技术合作迅速发展。1992年11月8~13日,斯外交部副部长沃伊卡·拉芙巴尔率团访华。双方签署了中斯经贸合作协议。随后成立了两国经济贸易合作混合委员会。1993年9月12~14日,中国外经贸部副部长谷永江随国务院副总理兼外长钱其琛访斯期间,与拉芙巴尔一起主持了中斯经济贸易合作混合委员会的首次会议,此后两国的经贸合作混合委员会每年举行一次会议。1998年4月19~25日,斯洛文尼亚工商会副主席塞维托·斯坦蒂奇率斯企业家代表

第八章 外 交

团来华进行了访问。1999年5月17~18日，中国贸促会代表团访斯，与斯工商会签署了《两国合作协议补充条款》。2001年10月20~24日，斯经济部部长蒂阿·佩特琳访华。中斯建交以来，经贸合作关系发展顺利，两国之间的贸易额增长迅速。此外，双方的经济合作还扩展到经济技术合作领域，并且正在向金融、投资等领域扩展。据中方统计，2018年双边贸易额为50亿美元，同比增长48.3%，其中中方出口额为44亿美元，同比增长53.3%，进口额为6亿美元，同比增长19.3%。2019年中斯贸易有所下降。据中国海关统计，2019年，中斯进出口贸易总额为39.3亿美元，比上年减少21.7%。其中中国出口34.1亿美元，比上年下降22.9%；中国进口5.2亿美元，比上年下降12.6%。据中国海关统计，2020年，中斯进出口贸易总额为39.6亿美元，同比增加0.8%。其中，中国出口额为34.5亿美元，同比增加1.2%；中国进口额为5.1亿美元，同比下降1.5%。中国是斯洛文尼亚在亚洲最大的贸易伙伴，也是斯欧盟外第二大进口来源国。斯洛文尼亚是中国在前南斯拉夫地区最大的贸易伙伴。中斯双边贸易额过去10年增长5倍，2021年达45亿欧元。2022年中斯双边贸易额为74.5亿美元，同比增长24.4%，其中中方出口额为68.6亿美元，进口额为5.9亿美元。2023年1~10月，双边贸易额为58.3亿美元，其中中方出口额为54.1亿美元，进口额为4.2亿美元。

中国与斯洛文尼亚在文化、科技与教育等方面也进行了良好的交往与合作。1993年9月斯首都卢布尔雅那市市长率团参加了"中国成都93国际熊猫节"，2001年10月卢布尔雅那市市长率团参加了为成都与卢布尔雅那建立城市合作关系20周年在成都举行的庆祝活动；江苏省宜兴市与斯洛文尼亚的诺沃梅斯托市之间、江西省九江市与斯洛文尼亚港口城市科佩尔之间的城市合作关系也在顺利发展。在文化教育领域，中斯双方的文化部在两国政府之间签订的文化教育科学合作协议的框架内，通过定期签订执行协议的议定书，进行了成功的交流与合作，其中包括作家、艺术家互访、艺术团访问演出（1999年中国京剧团曾赴斯进行访问演出）、举办文化艺术展览（2001年"中国民间艺术一瞥"在卢布尔雅那展出，2003年斯展览"斯洛文尼亚城市的变迁"在北京举行）、翻译出版对方书籍

斯洛文尼亚

（中国翻译出版了斯洛文尼亚作家约西普·尤尔契奇和伊万·参卡尔的著作）等，两国的大学教授也进行了互访，并交换了留学生。在科技方面，根据两国政府在 1993 年签订的科技合作协议，两国科技部部长进行了互访并成立了中国和斯洛文尼亚科技合作混合委员会，混合委员会定期举行会议并签订科技合作议定书，根据 2001~2002 年签订的第 4 个议定书，两国科技人员在化学、物理、生物学、动物学、园林管理、数学、生物技术、考古学、造纸工艺、喀斯特地貌等学科的 20 多个科研项目中进行合作。由斯洛文尼亚出资在西安的文物修复和展出合作也顺利进行。2003 年斯洛文尼亚科学与艺术院与中国社会科学院签订了合作协议，两国在社会科学领域的合作也不断拓展。2017 年两国文化部签署《中华人民共和国政府和斯洛文尼亚共和国政府 2017—2021 年文化和教育合作计划》。2019 年 11 月 25 日，第四届中国-中东欧国家文化合作部长论坛在北马其顿首都斯科普里召开。论坛通过了《中国-中东欧国家文化合作斯科普里宣言》和《中国-中东欧国家 2020—2021 年文化合作计划》，新建中国-中东欧国家文化合作网络信息平台。

斯积极参与中国-中东欧国家合作，是中国-中东欧国家林业合作机制牵头国，在中国-中东欧国家体育合作协调机制中牵头冬季运动。中斯两国就抗击新冠疫情团结合作。两国政府、企业、社会各界通过多种方式相互支持。

2022 年 12 月 18 日，由中国山东高速集团统筹运营的中欧班列（"齐鲁号"）南通道"跨两海（里海、黑海）"线路首班班列从中国-上海合作组织地方经贸合作示范区（简称"上合示范区"）多式联运中心启程，开往斯洛文尼亚第一大港口科佩尔，标志着"齐鲁号"南通道"跨两海"线路成功运行，进一步扩展上合示范区面向欧洲方向国际物流大通道。本趟班列共 82 个标准箱，搭载了新能源汽车、太阳能组件、生活物资等货物，货值约 1200 万元人民币，经霍尔果斯口岸出境，途经哈萨克斯坦、阿塞拜疆、格鲁吉亚等国家，跨越里海、黑海，约 30 天后抵达斯洛文尼亚港口科佩尔。货物最终将经铁路分拨至西欧国家。由于跨越黑海、里海，中欧班列（"齐鲁号"）南通道"跨两海"线路采用"铁-

海-铁-海-铁"多式联运方式,助力打造连接山东与欧洲的贸易新通道,将辐射范围拓展至中西亚及黑海、地中海等沿岸国家,有效提升班列境外通道的抗风险能力。此班列成功抵达后,"齐鲁号"国际运营线路将增至53条,可通达共建"一带一路"24个国家55个城市。

3. 互访

(1) 高级别往来

① 2007年11月9日,中国国家主席胡锦涛在北京人民大会堂会见来访的斯洛文尼亚总理沙扬。胡锦涛表示,建交15年来,中斯关系发展顺利,成果显著。双方政治上相互尊重,平等相待,经济上互利合作,共同发展,在国际事务中保持良好的磋商和协调。中国对斯洛文尼亚政府坚持一个中国原则,奉行积极的对华政策表示赞赏。中方重视中斯关系,始终把斯洛文尼亚视为中国在巴尔干地区的好朋友、好伙伴。进一步提升两国关系,扩大务实合作,必将造福两国和两国人民。中方愿同斯方携手努力,以两国建交15周年为新的起点,认真落实双方达成的共识,共同谱写中斯友好合作的新篇章。

扬沙对中共十七大成功召开表示祝贺。他表示,斯中关系自建交以来取得了长足发展,双方在许多领域合作富有成果。斯洛文尼亚尊重和重视中国在国际政治、经济事务中发挥的积极作用,此次访华同中方在一系列领域达成重要共识。斯方希望以此为契机,进一步加强两国间友好合作。

② 2011年9月20日,国家副主席习近平在人民大会堂会见了斯洛文尼亚国民委员会主席卡夫契奇。习近平说,中斯建交近20年来,两国高层交往频繁,政治互信不断加深,各领域务实合作取得积极进展,在国际和地区事务中保持良好沟通和协调。中方赞赏斯方为促进中欧关系发展所做的积极努力。欧盟是世界上最大的发达国家集团,中方相信欧盟一定能够利用自身优势,克服主权债务问题等暂时困难,实现经济复苏。中国实施"十二五"规划和欧盟执行"欧洲2020"战略将为中欧、中斯双方扩大合作提供新的契机。希望双方充分发挥互补优势,深入挖掘潜力,增加相互投资,将中欧、中斯经贸等领域务实合作推向更高水平。习近平强调,中国政府不久前发布《中国的和平发展》白皮书,再次向世界郑重

斯洛文尼亚

宣告,和平发展是中国实现现代化和富民强国、为世界文明进步做出更大贡献的战略抉择。这是中国基本国情决定的,也是中国对国际发展大势的判断。中国将坚定不移地走和平发展道路,同世界各国一道,推动建设持久和平、共同繁荣的和谐世界。

卡夫契奇说,斯中建交以来,在双方共同努力下,两国关系不断发展。斯洛文尼亚高度赞赏中国取得的巨大发展成就,中国是维护世界和平稳定的重要力量,斯洛文尼亚欢迎中国在国际事务中发挥更加积极的作用。斯方愿与中方一道,以两国庆祝建交20周年为契机,进一步深化两国在各领域的务实合作,共同推动斯中关系健康稳定发展。

③ 2022年5月12日,中国国家主席习近平同斯洛文尼亚共和国总统帕霍尔互致贺电,庆祝两国建交30周年。

习近平指出,中斯建交30年来,双方相互尊重,平等相待,互利合作取得积极成果,人文交流日益活跃,为两国人民带来了实实在在的利益。面对新冠疫情,两国人民守望相助,彰显中斯深厚情谊。中国高度重视中斯关系发展,愿同帕霍尔总统一道努力,以两国建交30周年为新起点,把握好共建"一带一路"历史性机遇,加强发展战略对接,深化务实合作。

帕霍尔衷心祝贺中国在诸多领域实现跨越式发展。他表示,斯中关系源远流长,建交30年来,双边关系快速发展,经贸合作富有成效,领域不断拓展,冰雪运动成为合作新亮点。作为欧盟成员国,斯洛文尼亚积极支持加强欧中关系,致力于将合作成果惠及双方和国际社会。

④ 2022年12月22日,国家主席习近平致电娜塔莎·皮尔茨·穆萨尔,祝贺她就任斯洛文尼亚共和国总统。习近平指出,近年来,中国同斯洛文尼亚关系保持平稳发展。两国不断增进政治互信,加强发展战略对接,各领域务实合作取得丰硕成果。中国高度重视中斯关系发展,愿同穆萨尔总统一道努力,巩固两国传统友谊,深化各领域交往合作,推动中斯关系迈向更高水平,造福两国和两国人民。

(2) 其他互访

2016年3月,中国外交部部长助理刘海星访斯并举行两国外交部政治磋商。11月，斯洛文尼亚总理采拉尔赴拉脱维亚里加出席第五次中国-中东欧国家领导人会晤。同月，斯洛文尼亚副总理兼农林食品部部长日丹访华，并出席第十一届中国和中东欧国家暨国际农业合作论坛。

2017年2月，斯洛文尼亚外交部国务秘书库雷特访华并出席两国外交部政治磋商会议。4月，国务院副总理张高丽访问斯洛文尼亚。5月，斯洛文尼亚副总理兼农林食品部部长日丹来华出席中国国际茶叶博览会。同月，斯洛文尼亚经济发展和技术部部长波契瓦尔舍克来华出席首届"一带一路"国际合作高峰论坛。6月，斯洛文尼亚基础设施部长加什佩尔希奇出席第三届宁波投资贸易博览会。7月，中国科学院院长白春礼访问斯洛文尼亚。8月，农业部部长韩长赋赴斯出席第二届中国-中东欧国家农业部长会议。9月，习近平主席特使、中共中央政治局委员、中央政法委书记孟建柱访问斯洛文尼亚。同月，斯洛文尼亚文化部部长佩尔沙克访华并出席第三届中国-中东欧文化合作论坛。11月，李克强总理在匈牙利布达佩斯会见出席第六次中国-中东欧国家领导人会晤的斯洛文尼亚总理采拉尔。10月，斯洛文尼亚基础设施部国务秘书莱本访华。

2018年4月10日，中斯经济合作联委会第13次会议在北京举行。2018年7月，李克强总理在保加利亚索非亚会见出席第七次中国-中东欧国家领导人会晤的斯洛文尼亚总理采拉尔。2018年11月，斯洛文尼亚经济发展和技术部部长波契瓦尔舍克来华出席首届中国国际进口博览会。同月，中斯冰雪运动发展高峰论坛在北京举行。

2019年4月，斯洛文尼亚经济发展和技术部部长波契瓦尔舍克来华出席第二届"一带一路"国际合作高峰论坛。同月，李克强总理在克罗地亚杜布罗夫尼克会见出席第八次中国-中东欧国家领导人会晤的斯洛文尼亚总理沙雷茨。5月，斯洛文尼亚副总理兼教科体部部长皮卡洛访华。同月，斯洛文尼亚农林食品部国务秘书访华并出席第四届中国-中东欧国家农业部长会议，并分别会见中国农业部副部长屈冬玉和国家林草局副局长彭有冬。6月，斯洛文尼亚副总理兼基础设施部部长布拉图舍克访问中国并出席首届中东欧国家博览会。同月，斯洛文尼亚副总理兼基础设施部部长布拉图舍克访华。10月，两国奥委会签署体育合作备忘录。11月，

斯洛文尼亚

中国教育部部长陈宝生访问斯洛文尼亚，斯洛文尼亚4所知名大学被列入中国教育部推荐的国际高等教育机构名单。2019年4月、11月，斯洛文尼亚经济部部长波契瓦尔舍克访问中国并出席第二届"一带一路"国际合作高峰论坛和第二届中国国际进口博览会。12月，国务委员兼外长王毅访问斯洛文尼亚。

2020年2月，斯洛文尼亚总统帕霍尔、副总理兼外长采拉尔分别致函习近平主席、王毅国务委员兼外长，支持中国抗击新冠疫情。12月，国务委员兼外长王毅同斯外长洛加尔通电话。

2021年2月，斯洛文尼亚副总理兼经济部部长波契瓦尔舍克出席中国-中东欧国家领导人峰会。5月，中央政治局委员、中央外事工作委员会办公室主任杨洁篪访问斯洛文尼亚。12月，外交部副部长邓励同斯外交部国务秘书拉什昌举行中斯副外长级政治磋商。

2022年5月，全国人民代表大会常务委员会委员长栗战书向斯洛文尼亚新当选国民议会议长祖潘契奇致贺电。6月，李克强总理、王毅国务委员兼外长分别向斯新任总理戈洛布、副总理兼外长法永致贺电。

2023年1月，全国政协主席汪洋向斯新当选国民委员会主席洛特里奇致贺电。同月，斯外交部国务秘书日博加尔来华举行中斯外交部政治磋商。3月，斯洛文尼亚总统穆萨尔来函祝贺习近平主席再次当选国家主席。

4. 签署协议

1991年6月25日，斯洛文尼亚宣布脱离南斯拉夫独立。1992年4月27日，中国承认斯洛文尼亚，5月12日两国签署建交公报，正式建立外交关系。1996年10月，两国签署《中斯联合公报》。

中国与斯洛文尼亚在经贸、军事、科技、教育文化、医疗和体育等领域的交流与合作成果显著，中斯政府间建有经济联委会和科技合作委员会机制，签署共建"一带一路"谅解备忘录等多项合作文件，各领域交流不断深化。

（1）政治类协议

主要有《中华人民共和国外交部和斯洛文尼亚共和国外交部磋商议定书》（1993年9月13日）、《中斯政府关于互免持外交和公务护照者签证的协定》(1994年6月)、《中华人民共和国政府和斯洛文尼亚共和国政府关于对前南斯拉夫之间所签条约进行清理的换文》(1997年5月15日)、《中华人民共和国政府和斯洛文尼亚共和国政府关于斯洛文尼亚共和国在中华人民共和国香港特别行政区保留名誉领事馆的换文》(1997年6月20日)、《中华人民共和国政府和斯洛文尼亚共和国政府关于斯洛文尼亚在上海设立领事馆的换文》(2010年6月17日)。

(2) 经贸类协议

1992年11月9日，中斯双方签订《中华人民共和国政府和斯洛文尼亚共和国政府经济贸易协定》。主要内容为：相互给予最惠国待遇；相互鼓励和保护在对方领土内投资；为对方企业设立常驻代表处提供必要条件；同意设立司长级经济贸易合作委员会。

1993年8月25日，双方签订《中华人民共和国政府和斯洛文尼亚共和国政府经济贸易协定》。

1993年9月，中斯签订《鼓励和相互保护投资协定》。主要内容为：相互鼓励在对方领土内投资；为对方国民获得签证和工作许可提供帮助和便利；对对方投资给予公正与公平待遇和保护；给予与本国投资者相同的待遇；不对对方投资采取征收、国有化或其他类似措施。

1994年10月，中斯签订《中斯两国政府避免双重征税协定》。

1995年2月，中斯签订《中斯政府关于对所得避免双重征税和防止偷漏税的协定》。主要内容为：规定应征税种和税率，对从事建筑工地等承包工程作业时间规定为12个月；互免营业税或今后类似营业税的税收。

1996年10月15日，中斯签订《中国国际贸易促进委员会（中国国际商会）与斯洛文尼亚工商会合作协议》。主要内容为：促进两国机构及企业间交往与合作，交换信息；相互支持召开有双方企业界人士参加的研讨会、报告会、洽谈会，或互派代表团访问；为对方商会参加在各自国家举办的贸易和工业展览会提供帮助。

1999年5月17日，中斯签订《中国国际贸易促进委员会（中国国际商会）与斯洛文尼亚工商会合作协议补充条款》。主要内容为：双方同意进行经济信息、技术和人力资源的交流，以探索在中国和斯洛文尼亚建立

斯洛文尼亚

合资企业的可能性。双方将组建一个特别委员会和指导委员会来设计、执行和监督以上活动。

中斯签订的其他协定有《中华人民共和国政府和斯洛文尼亚共和国政府经济合作协定》(2006年8月)、《中国国际贸易促进委员会和斯洛文尼亚工商会关于成立中斯双边企业家理事会的合作谅解备忘录》(2007年11月)、《中华人民共和国国家质量监督检验检疫总局与斯洛文尼亚共和国农业、林业和食品部关于中国从斯洛文尼亚输入生牛皮的检疫和卫生条件议定书》(2007年11月)等。

中斯签署的主要谅解备忘录如下。

2015年5月,中斯签署关于林业合作的谅解备忘录。

2015年11月,中斯签署《中华人民共和国国家质量监督检验检疫总局和斯洛文尼亚共和国食品安全、兽医和植物保护管理局关于斯洛文尼亚输华乳品动物卫生和公共卫生条件议定书》和《中华人民共和国国家林业局和斯洛文尼亚农业、林业和食品部关于建立中国-中东欧国家林业合作协调机制的谅解备忘录》。

2016年4月,中斯签署《中国与斯洛文尼亚民航当局谅解备忘录》。

2016年5月,首届中国-中东欧国家高级别林业合作会议和中国-中东欧国家林业经贸合作论坛在斯洛文尼亚卢布尔雅那举行,通过《中国-中东欧国家林业合作协调机制行动计划》。

第六次中国-中东欧国家领导人会晤期间,中斯签署《中华人民共和国政府与斯洛文尼亚共和国政府关于共同推进丝绸之路经济带与21世纪海上丝绸之路建设的备忘录》、《中华人民共和国国家质量监督检验检疫总局和斯洛文尼亚共和国农林食品部关于斯洛文尼亚输华蜂蜜检验检疫和兽医卫生要求议定书》(2017年11月)。

2018年2月,两国政府签署《中华人民共和国国家发展和改革委员会与斯洛文尼亚共和国基础设施部关于开展交通运输和基础设施合作的谅解备忘录》。

斯洛文尼亚农业、林业和食品部部长波德戈尔舍克签署斯洛文尼亚对中国禽肉出口海关协议,作为中国与中东欧国家海关、检验检疫视频对话的一部分。斯洛文尼亚已经获得向中国出口牛奶、鱼罐头和蜂蜜的许可（2021年6月7日）。中斯达成相关制药领域协议（2021年5月）。

（3）科技类协议

1993年9月13日，中斯签署《中华人民共和国政府同斯洛文尼亚共和国政府科学技术合作协定》。主要内容为：规定合作内容和方式，包括互派专家考察和讲学，交换科学技术信息，组织研讨会和学术会议、共同研究，试验和交换研制成果等；指定科技合作执行机构；成立中斯科技合作委员会。

1994年9月13日，中斯签署《中华人民共和国政府和斯洛文尼亚共和国政府一九九五至一九九七年文化教育科学合作计划》。

1994年10月20日，中斯签署《中华人民共和国和斯洛文尼亚共和国科学技术合作委员会章程》。

1996年4月9日，中斯签署《中华人民共和国政府和斯洛文尼亚共和国政府教育、文化、科学合作协定》《中华人民共和国政府和斯洛文尼亚共和国政府科学技术合作协定》。

2016年11月，中宇通航旅游集团有限公司与斯洛文尼亚蝙蝠飞机制造厂就引进轻型飞机并合资在华建厂项目达成最终协议，并在拉脱维亚里加第五次中国-中东欧领导人会晤期间正式签约。轻型飞机的引进和制造将成为促进中国国内低空航空内需发展的一个新领域。

2016年12月，深圳市天健源投资基金管理有限公司就出资收购斯洛文尼亚马里博尔市机场全部资产及周边91公顷土地，与斯方达成协议。除参与机场扩建、开发等，该项目还将通过开辟新的国际航线，进一步开拓中国与中东欧国家的人员、货物流通的潜能。

2017年1月，浙江金科娱乐文化股份公司携手香港联合好运公司收购斯洛文尼亚人创办的Outfit7公司全部股权的协议完成签署。Outfit7公司成立于2009年，是享誉世界的"会说话的汤姆猫"系列游戏的开发商。对Outfit7公司的收购，是中国在世界互联网和IT业的又一拓展。

2017年2月，中斯在汽车轮毂驱动电机高技术项目、斯洛文尼亚卢布尔雅那市市政照明系统项目以及机场专用转运乘客环保大巴等大型项目方面的合作也都取得了积极进展。2018年2月，两国政府签署《中华人民共和国国家发展和改革委员会与斯洛文尼亚共和国基础设施部关于开展交通运输和基础设施合作的谅解备忘录》。

（4）教育、文化、医疗、体育类协议

1993年9月，中斯签署《教育、文化、科学合作协定》。

1994年6月，中斯签署《新华社与斯通社合作协定》。

1996年10月14日，中斯签署《中华人民共和国政府和斯洛文尼亚共和国政府卫生和医学合作协定》。

1999年5月10日，中斯签署《中华人民共和国政府和斯洛文尼亚共和国政府一九九九至二〇〇二年文化科学和教育合作计划》。

2008年8月7日，中斯签署《中华人民共和国国家知识产权局与斯洛文尼亚共和国斯洛文尼亚知识产权局合作协议》。

2008年8月，中斯签署《中国国家体育总局和斯洛文尼亚教育和体育部体育合作协议》。

2009年8月27日，中斯签署《中华人民共和国卫生部和斯洛文尼亚共和国卫生部关于卫生医学合作2009~2012年度执行计划》。

2016年6月16日，中斯签署《中斯体育合作谅解备忘录》。双方就在冬季项目场馆设施建设、赛事组织管理、产业开发等方面开展更广泛合作达成一致意见。

2016年6月17日，中斯签署《中斯教育合作备忘录》。

2017年1月，中斯两国文化部签署《中华人民共和国政府和斯洛文尼亚共和国政府2017~2021年文化和教育合作计划》。

2018年7月，中国首都体育学院与斯洛文尼亚卢布尔雅那大学签署了《中国首都体育学院与斯洛文尼亚卢布尔雅那大学学术与科学合作总协议》。该协议被纳入第七次中国-中东欧国家领导人会晤成果清单。

2019年11月，第四届中国-中东欧国家文化合作部长论坛在北马其顿首都斯科普里召开。论坛通过了《中国-中东欧国家文化合作斯科普里宣言》和《中国-中东欧国家2020~2021年文化合作计划》，新建文化合作网络信息平台。

大事纪年

公元前 25 万年	现今的斯洛文尼亚领土上已有人类居住。
公元前 12 万年至前 33000 年	尼安德特人在此居住。
公元前 4~前 3 世纪	凯尔特人建立最早的国家"诺里克王国",行政中心在现今斯洛文尼亚的采列。
公元前 10 年	诺里克王国被罗马帝国吞并,修建了"罗马大道",出现了一批古代城市。
公元 5~6 世纪	匈奴和日耳曼人入侵。
公元 6 世纪	斯拉夫人到来并在现今的斯洛文尼亚领土上占据了主导地位。
公元 7 世纪	斯拉夫人在现今的斯洛文尼亚领土上建立最早的国家"卡兰塔尼亚公国"。
公元 8 世纪	卡兰塔尼亚公国成为巴伐利亚的臣属公国,斯拉夫人皈依基督教。
公元 9 世纪	斯拉夫人开始受法兰克帝国统治,斯拉夫人居住区成了法兰克帝国的边区"马克"。斯拉夫人各公国的大公被法兰克地方行政长官取代,只有科采列大公保持了自己的地位。
公元 9 世纪末	马加尔人到来,使这里的斯拉夫人与西部斯拉夫人隔离开来,斯洛文尼亚民族开始形成。

斯洛文尼亚

10 世纪	出现了用拉丁文书写的斯洛文尼亚语的祈祷书手稿。
11 世纪	斯洛文尼亚人的各"马克"开始独立管理内部事务并获得发展。
14~15 世纪	斯洛文尼亚人开始受奥地利的哈布斯堡王朝统治,直到 19 世纪。日耳曼人大量移民,把斯洛文尼亚人的居住区向南挤压到德拉瓦河一带。1436 年科采列大公建立了"采列公国",1456 年科采列逝世,公国随之灭亡。
16 世纪	新教传播,宗教改革运动开始。
1550 年	斯洛文尼亚新教牧师普里莫日·特鲁巴尔首次用斯洛文尼亚语撰写的两本书《教义问答》和《识字课本》首次出版。
18 世纪	启蒙运动时期,斯洛文尼亚的文化教育获得发展。
1809~1813 年	拿破仑战争中法军战胜奥地利军队,占领了亚得里亚海沿岸的克罗地亚和斯洛文尼亚地区,并在这一地区建立了行省"伊利里亚省"。1813 年法军战败,放弃了伊利里亚省,这一地区重归奥地利版图。
1848 年	斯洛文尼亚民族独立和统一的意识加强,统一斯洛文尼亚民族的政治纲领诞生。随后出现了斯洛文尼亚人的政治团体,后发展成为政党。
1918 年 10 月 20 日	第一次世界大战结束后,在奥地利统治下的斯拉夫人宣布成立"塞尔维亚人-克罗地亚人-斯洛文尼亚人王国",正式脱离奥地利。

大事纪年

1918 年 12 月 1 日	在奥地利统治区的斯拉夫人与塞尔维亚王国达成协议，在贝尔格莱德宣布成立"塞尔维亚人-克罗地亚人-斯洛文尼亚人王国"。1929 年塞尔维亚国王发动政变后，改国名为"南斯拉夫王国"。
1941 年 4 月	第二次世界大战爆发，斯洛文尼亚被德、意、匈军队占领。
1941 年 9 月	斯洛文尼亚反法西斯民族解放阵线成立，成为斯洛文尼亚人民反法西斯游击战争的支柱，斯洛文尼亚共产党发挥了领导作用，并决定参加铁托领导的全南斯拉夫的抵抗运动。
1942 年 11 月	南斯拉夫新政权机构——南斯拉夫反法西斯人民解放委员会成立。
1943 年 10 月	斯洛文尼亚反法西斯人民解放委员会成立。
1945 年 5 月	第二次世界大战结束和南斯拉夫成立临时政府后，斯洛文尼亚首届人民政府成立，鲍里斯·基德里奇任总理。
1945 年 11 月 29 日	南斯拉夫联邦人民共和国成立。随即通过了《土地改革法》和《商业企业国有化法》，开始了社会主义改造和建设。
1948 年	苏南冲突，南斯拉夫共产党被开除出共产党情报局。
1950 年	南斯拉夫开始实行工人自治。
1963 年	南斯拉夫通过新宪法，改国名为"南斯拉夫社会主义联邦共和国"。
20 世纪 70 年代	南斯拉夫各共和国和各民族之间出现利益矛盾，发生了一系列政治事件。
20 世纪 80 年代	南斯拉夫陷入经济危机，并发展成政治危

斯洛文尼亚

	机，民族矛盾激化，社会动荡。
1988~1990 年	斯洛文尼亚要求独立呼声日高，斯洛文尼亚军人和《青年》周刊记者被捕后引发大规模抗议示威，各种政党纷纷建立，斯洛文尼亚开始实行多党制。
1990 年 1 月	参加南共联盟第 14 次代表大会的斯洛文尼亚共盟代表团退出会场，随后宣布退出南共联盟。
1990 年 4 月	斯洛文尼亚作为南斯拉夫联邦的共和国，首次举行多党制民主选举，民主反对党联盟"DEMOS"获胜；斯洛文尼亚共盟主席米兰·库昌当选共和国主席团主席，斯洛文尼亚独立步伐加快。
1990 年 12 月 23 日	斯洛文尼亚就独立问题举行全民公决，结果 88.5% 的选民赞成独立。
1991 年 6 月 25 日	斯洛文尼亚宣布独立。
1991 年 6 月 27 日	南斯拉夫人民军进攻斯洛文尼亚，"十日战争"爆发。
1991 年 7 月 7 日	在欧共体使团调解下各方达成协议并发表了《布里俄尼宣言》，斯洛文尼亚同意推迟 3 个月独立，通过谈判解决南斯拉夫未来的前途问题。
1991 年 9~10 月	在欧共体代表主持下，南斯拉夫 6 个共和国的首脑在海牙就南斯拉夫前途问题进行谈判，结果以失败告终。
1991 年 10 月 8 日	斯洛文尼亚推迟独立的 3 个月期满，宣布 6 月 25 日关于斯洛文尼亚独立的决定开始正式生效。10 月 25 日南斯拉夫人民军全部从斯洛文尼亚撤出。

1991年12月23日	斯洛文尼亚颁布《斯洛文尼亚共和国宪法》。
1992年1月15日	欧共体宣布承认斯洛文尼亚独立。
1992年4月7日	美国宣布承认斯洛文尼亚独立。
1992年5月22日	联合国接纳斯洛文尼亚为正式成员国。
1992年11月7日	斯洛文尼亚议会通过企业所有制转换法,开始了经济体制的全面转型。
1992年12月6日	斯洛文尼亚根据新宪法举行独立后的第一次大选,以德尔诺夫舍克为首的斯洛文尼亚自由民主党获胜并出任共和国政府总理;库昌当选共和国总统。
1993年5月14日	斯洛文尼亚成为欧洲理事会正式成员国。
1994年3月30日	斯洛文尼亚政府总理德尔诺夫舍克签署北约和平伙伴关系的框架文件,正式加入北约的和平伙伴关系计划。
1994年11月27日	斯洛文尼亚加入关贸总协定(GATT)并成为1994年12月23日改称世贸组织的创始成员之一。
1996年1月1日	斯洛文尼亚成为中欧自由贸易协定(CEFTA)签约国,加入了中欧自由贸易区。
1996年6月10日	斯洛文尼亚政府总理与欧盟代表签署联系国协议,斯洛文尼亚成为欧盟的联系国。
1996年6月25日	斯洛文尼亚成为西欧联盟(WEU)的联系伙伴国。
1996年11月10日	斯洛文尼亚举行第二届议会选举,斯洛文尼亚自由民主党仍然得票最多,但须与其他政党联合执政,后与斯洛文尼亚人民党达成协议,联合组建政府。
1997年11月23日	斯洛文尼亚举行第二届总统选举,库昌连任共和国总统。

斯洛文尼亚

1997 年底	斯洛文尼亚的国内生产总值已恢复到独立前 1990 年的水平，经济开始稳步增长。
1998 年 1 月 1 日	斯洛文尼亚成为联合国安理会非常任理事国。
1998 年 3 月底	斯洛文尼亚与欧盟开始就斯洛文尼亚加入欧盟问题进行谈判。
1999 年 2 月 1 日	斯洛文尼亚与欧盟的联系国协议开始生效。
1999 年 5 月	自由民主党与人民党的执政联盟破裂，议会未能通过对政府的信任投票，导致政府全体辞职，反对党提名的安德烈·巴尤克当选大选前的看守政府总理。
2000 年 10 月 15 日	斯洛文尼亚举行第三届议会选举，仍是自由民主党获胜，德尔诺夫舍克再次出任政府总理。
2002 年 11 月 10~12 日	库昌第二任总统任期届满，斯洛文尼亚举行第三届总统选举，经过两轮投票，德尔诺夫舍克当选共和国总统，自由民主党的安东·罗普继任政府总理。
2002 年底	斯洛文尼亚与欧盟结束入盟谈判。
2003 年 1 月	斯洛文尼亚与北约就斯洛文尼亚加入北约问题进行了数轮谈判。
2003 年 3 月 23 日	斯洛文尼亚就加入欧盟和北约问题进行全民公决，结果对加入欧盟投赞成票的选民占 89.63%；对加入北约投赞成票的选民占 66.08%。
2003 年 3 月 29 日	斯洛文尼亚正式加入北约。
2003 年 4 月 16 日	欧盟 15 国与斯洛文尼亚等 10 个准备加入欧盟的国家首脑举行加入欧盟条约的正式签字仪式。

大事纪年 Slovenia

2004 年 5 月 1 日	斯洛文尼亚正式加入欧盟。
2004 年 6 月 13 日	斯洛文尼亚首次参加欧盟议会选举，选出了在欧盟议会中的 7 名斯洛文尼亚议员。
2004 年 10 月 3 日	斯洛文尼亚举行第四届国民议会选举，斯洛文尼亚民主党获胜，雅奈兹·扬沙出任政府总理。
2007 年 6 月 23 日	斯洛文尼亚参加欧盟峰会，27 国首脑在布鲁塞尔就替代《欧盟宪法条约》新条约草案达成协议。10 月 19 日，欧盟非正式首脑会议通过了欧盟新条约，从而结束了欧盟长达 6 年的制宪进程。新条约被称为《里斯本条约》。2008 年 1 月 29 日，斯洛文尼亚国民议会通过欧盟《里斯本条约》。
2008 年 1 月 1 日	斯洛文尼亚接任欧盟轮值主席国。
2008 年 4 月 5 日	来自欧洲各地上万名工人聚集在斯洛文尼亚首都卢布尔雅那示威，要求欧盟政府为他们加薪。
2008 年 5 月 11 日	欧盟轮值主席国斯洛文尼亚、波兰、瑞典和立陶宛 4 国外长在维尔纽斯就启动欧盟与俄罗斯新协议谈判问题举行磋商。
2008 年 5 月 14 日	欧盟轮值主席国斯洛文尼亚代表欧盟发表声明，呼吁苏丹达尔富尔冲突各方立即停止使用暴力，共同致力于危机的和平解决。
2008 年 5 月 29 日	欧盟轮值主席国斯洛文尼亚代表欧盟就"伊拉克国际契约"大会首次续会当天在瑞典举行发表声明，重申欧盟将继续支持伊拉克的政治和经济重建。
2008 年 6 月 4 日	欧盟委员会就斯洛文尼亚一座核电站发生

	事故向所有欧盟成员国发出警报。
2008年6月10日	2008年欧盟-美国峰会在斯洛文尼亚首都卢布尔雅那开幕。会后发表的联合声明指出，美国和欧盟承认俄罗斯在现代世界中的重要的建设性作用。美国和欧盟呼吁俄罗斯在保障人权和民主领域承担国际义务，其中包括在欧盟理事会和欧安组织框架内；欧美将继续和中国保持建设性接触。
2008年11月7日	斯洛文尼亚国民议会确认社会民主人士党主席博鲁特·帕霍尔为斯洛文尼亚第六任总理。帕霍尔在表决通过后立即宣誓就职。
2008年11月26日	斯洛文尼亚总统图尔克和克罗地亚总统梅西奇在萨格勒布表示，尽管两国间仍存在边界等问题，但两国应采取措施，切实加强各领域的关系。
2008年12月17日	斯洛文尼亚总理帕霍尔表示，斯将对克罗地亚开启7个领域的入盟谈判持保留态度，因为克政府在给欧盟委员会的文件中涉及两国边界问题。
2009年2月17日	斯洛文尼亚总统图尔克开始对马其顿进行为期两天的访问，并于当天会见了马其顿总统茨尔文科夫斯基。
2009年3月17日	欧盟负责扩大事务的委员雷恩表示，欧盟方面提议克罗地亚和斯洛文尼亚两国就领土争端签署一份联合声明，以破解斯洛文尼亚阻挠克罗地亚入盟谈判的难题。雷恩会见克罗地亚和斯洛文尼亚两国外长后

	说,他与两位外长讨论了两国签署联合声明的可能性。
2009年5月18日	斯洛文尼亚总统图尔克在会见来访的马其顿总统伊万诺夫时表示,斯将继续支持马其顿加入欧盟和北约。
2009年5月27日	在日内瓦举行的联合国人权理事会第11次特别会议通过《在促进和保护人权方面援助斯里兰卡》决议,敦促国际社会与斯里兰卡政府合作,支持斯里兰卡重建努力,增加对斯财政援助。
2009年9月5日	欧盟负责扩大事务的委员雷恩表示,斯洛文尼亚与克罗地亚之间领土争端的解决已取得很大进展,欧盟恢复与克入盟谈判的前景令人乐观。10月2日,欧盟与克罗地亚代表在布鲁塞尔恢复了加入欧盟的谈判。
2009年11月4日	斯洛文尼亚总理帕霍尔和克罗地亚总理科索尔在瑞典首都斯德哥尔摩签署一项边界仲裁协议,为两国解决持续近20年的边界争端和为克罗地亚加入欧盟铺平了道路。
2009年11月16日	德国、拉脱维亚、立陶宛、斯洛文尼亚和波兰五国开始在波兰西部城市波兹南展开代号为"共同挑战09"的联合军事演习。
2010年1月17日	正在马其顿访问的斯洛文尼亚总理帕霍尔表示,斯洛文尼亚愿意出面调停马其顿与希腊之间的国名纷争,为马加入欧盟和北约扫清障碍。
2011年5月9日	斯洛文尼亚举行活动,纪念欧洲反法西斯

斯洛文尼亚

	战争胜利 66 周年。
2011 年 6 月 27 日	斯洛文尼亚总理办公室宣布，总理帕霍尔当天就斯准备从阿富汗撤军问题与北约秘书长拉斯穆森进行了电话沟通。
2011 年 7 月 20 日	斯洛文尼亚外交部发表新闻公报，宣布承认利比亚反对派组建的"全国过渡委员会"为利比亚人民的合法代表。
2011 年 8 月 31 日	斯洛文尼亚国民议会议长甘塔尔宣布，他将于 9 月 1 日正式辞职，原因是他所在的真理党已退出帕霍尔总理领导的联合政府。
2011 年 9 月 10 日	由斯洛文尼亚外交部主办的第 6 届布莱德战略论坛落下帷幕。会议期间，西巴尔干国家代表在发言时再次表达了加入欧洲联盟的愿望。
2011 年 9 月 20 日	斯洛文尼亚国民议会投票表决通过对帕霍尔总理及其内阁的不信任案。
2011 年 11 月 15 日	斯洛文尼亚军方与意大利、奥地利和匈牙利三国签署一项军事合作协议。按照这一协议，四国军事人员将在斯洛文尼亚博希尼别拉山地作战示范中心共同研究和开展包括冬季高寒山地作战等一系列军事训练，接受标准化军事教育。
2011 年 11 月 24 日	斯洛文尼亚政府收到欧盟委员会关于斯方未能全面履行欧盟成员国电信运营管理新条例，以及没有将生态设计指令纳入国家法律的两项警告。
2011 年 12 月 21 日	斯洛文尼亚新一届国民议会举行首次会议，选举格雷戈尔·维兰特为议长。

大事纪年

2012 年 1 月 5 日	斯洛文尼亚总统图尔克宣布,推荐"积极的斯洛文尼亚党"领导人佐兰·扬科维奇为新一届政府总理。同一天,斯洛文尼亚总统图尔克和外长日博加尔分别发表讲话,批评美国驻斯洛文尼亚大使穆索梅利干涉斯洛文尼亚新政府组建工作。
2012 年 1 月 25 日	斯洛文尼亚新组建的 5 党联盟宣布,提名前总理扬沙为新一届政府总理人选。
2012 年 1 月 28 日	斯洛文尼亚国民议会以 51 票赞成、39 票反对的结果,通过了 5 党联盟对雅奈兹·扬沙出任新政府总理的提名。2 月 10 日,斯洛文尼亚国民议会表决通过了以总理雅奈兹·扬沙为首的新一届政府。
2012 年 10 月 31 日	斯洛文尼亚从当日起关闭其驻爱尔兰使馆以及设在美国纽约的总领事馆。
2013 年 2 月 27 日	斯洛文尼亚国民议会通过不信任投票,宣布解除保守党领导的政府,并任命阿伦卡·布拉图舍克为新总理,组建新政府。3 月 20 日,斯洛文尼亚成立了以阿伦卡·布拉图舍克为总理的新一届联合政府。
2013 年 4 月 27 日	斯洛文尼亚首都卢布尔雅那爆发大规模群众集会,反对政府腐败并对政府的一系列经济紧缩政策提出抗议。
2013 年 6 月 5 日	斯洛文尼亚首都卢布尔雅那地方法院宣判,前斯洛文尼亚总理扬沙因受贿被判入狱两年并处以 3.7 万欧元罚金。
2014 年 5 月 3 日	斯洛文尼亚总理布拉图舍克宣布辞去总理职务,并将于 5 日向总统帕霍尔和议长韦贝尔递交辞呈。

2015 年 4 月 16 日	中国新任驻斯洛文尼亚大使叶皓在卢布尔雅那向斯总统帕霍尔递交国书,并与之举行会谈。
2015 年 7 月 29 日	克罗地亚议会通过决议,决定退出与斯洛文尼亚签订的将两国边界争端提交国际仲裁的协议。斯洛文尼亚总理采拉尔认为仲裁协议仍然有效。斯洛文尼亚前外长鲁佩尔表示,如果克罗地亚退出仲裁协议,斯洛文尼亚将阻止克罗地亚加入申根区。
2015 年 10 月 21 日	斯洛文尼亚国民议会通过了一项新的法规,同意军队协助警方驻守边境,疏导大量入境的难民。斯洛文尼亚官方表示,如果欧盟近期没有能有效处理难民问题的政策出台,就将开始在边境修建围墙。
2015 年 11 月 24 日	中国国务院总理李克强在苏州会见来华出席第四次中国-中东欧国家领导人会晤的斯洛文尼亚总理采拉尔。
2015 年 12 月 20 日	斯洛文尼亚对同性婚姻合法化举行公投,63.12%的人投了反对票。这项由传统右派及天主教倡导的公投投票率仅有 36.65%,但仍有效。
2015 年 12 月 24 日	斯洛文尼亚政府提名该国前总统达尼洛·图尔克担任下任联合国秘书长。
2016 年 2 月 26 日	斯洛文尼亚宣布,把每日的入境难民人数限制在 580 人次。
2016 年 3 月 29 日	斯洛文尼亚于当日零时起在边境采取特别措施,仅允许持有效欧盟护照和签证的人员入境。
2017 年 10 月 22 日	斯洛文尼亚举行总统选举,9 名总统候选

	人无一人获得半数以上选票。相对得票数最多的现任总统帕霍尔与得票数居第二位的卡姆尼克市市长沙雷茨进入了第二轮角逐，11月12日，现任总统博鲁特·帕霍尔以53.02%的得票率赢得连任。
2018年6月	斯洛文尼亚提前举行第九届议会大选，斯洛文尼亚民主党成为议会第一大党，获得优先组阁权。
2018年9月13日	斯洛文尼亚新政府获得议会投票通过后宣誓就职，成为斯洛文尼亚历史上第一个由少数党派组成的联合政府。议会以无记名方式对新政府进行投票，45票赞成，34票反对。马尔扬·沙雷茨出任新一届政府总理，内阁成员有16名部长，其中包括两位前总理和4位前部长。
2019年1月15日	斯洛文尼亚总统帕霍尔与罗马尼亚总统约翰尼斯会晤，表示支持欧盟向西巴尔干国家扩大的政策，不应拒绝该地区国家加入欧盟的愿望。
2019年4月	李克强总理在克罗地亚杜布罗夫尼克会见出席第八次中国–中东欧国家领导人会晤的斯总理沙雷茨。
2019年5月1日	斯洛文尼亚正式加入欧盟15周年。
2020年1月27日	斯洛文尼亚总理沙雷茨宣布辞职。
2020年3月3日	在前总理沙雷茨宣布辞职后，斯洛文尼亚议会选举雅奈兹·扬沙为第14届政府总理。
2020年3月5日	伊戈尔·佐尔奇当选为第14任国民议会议长。

斯洛文尼亚

2020年8月13日	美国国务卿蓬佩奥访问斯洛文尼亚,与斯洛文尼亚外长签署《5G网络安全》联合声明。
2020年12月15日	斯洛文尼亚被选为2021年欧洲美食胜地。米其林首次发布斯洛文尼亚餐饮指南。
2021年5月26日	斯洛文尼亚总统帕霍尔会见中共中央政治局委员、中央外事工作委员会办公室主任杨洁篪。
2021年6月8日	韩国外交部部长官郑义溶在首尔会见到访的斯洛文尼亚外交部部长安热·洛加尔,共同讨论两国合作发展方案。
2021年10月6日	2021年欧盟和西巴尔干领导人峰会由欧盟轮值主席国斯洛文尼亚主办,在克拉尼市的布尔多城堡举行。欧盟27个成员国和6个西巴尔干国家及地区的领导人出席峰会。
2022年1月17日	斯洛文尼亚政府确立了在2033年关闭境内全部燃煤电厂的目标。为实现这一目标,斯洛文尼亚计划在2030年前完成科尔什科核电厂新机组建设工作。斯政府已批准"退煤"国家战略,并计划持续至2027年,向煤炭开采地区提供2.48亿欧元(约合2.81亿美元)的过渡基金。
2022年3月23日	斯洛文尼亚总统帕霍尔率政府代表团抵达卡塔尔首都多哈展开工作访问,他随后与卡塔尔埃米尔(国家元首)塔米姆举行会见,双方就双边关系、进一步密切两国在经贸、投资等领域的合作等问题进行了磋商。

2022年3月28日	斯洛文尼亚总理雅奈兹·扬沙和克罗地亚总理安德烈·普连科维奇在萨格勒布市会晤时表示，两国在核能与天然气供应方面具有巨大的合作潜力，将在这两个领域进行合作。
2022年4月24日	斯洛文尼亚举行新一届国民议会选举，自由运动党赢得90个席位中的41席，创斯洛文尼亚1991年独立以来单一政党在国民议会中所获席位最高纪录。
2022年5月13日	斯洛文尼亚新一届国民议会选举乌尔什卡·克拉科查尔·祖潘契奇为议长。祖潘契奇由此成为斯洛文尼亚独立以来首位女议长。
2022年10月	斯洛文尼亚举行总统选举。穆萨尔胜选，成为斯历史上首位女总统。
2023年11月29日	中共中央政治局委员、外交部长王毅在纽约联合国总部会见斯洛文尼亚副总理兼外长法永。
2024年4月17日	中共中央政治局委员、外交部长王毅在北京同斯洛文尼亚副总理兼外长法永举行会谈。

参考文献

一 中文文献

安德烈·霍瓦特:《地区层级如何应对危机——以斯洛文尼亚为例》,《行政管理改革》2012年第1期。

柴宝勇:《世界视角下政党认同形成与变迁的原因分析——基于形成基础与影响因素的探讨框架》,《国外社会科学》2016年第3期。

代懋:《转型后斯洛文尼亚劳动关系的发展分析》,《北京航空航天大学学报》(社会科学版)2021年第6期。

戴为民:《斯洛文尼亚的十年变迁》,《今日东欧中亚》1999年第6期。

〔南〕德拉甘·罗迪奇:《南斯拉夫自然地理》,李士敏译,商务印书馆,1987。

〔南〕杜尚·比兰吉奇:《南斯拉夫社会主义联邦共和国史纲》,许万明等译,天津人民出版社,1985。

菲利普·阿特巴赫:《斯洛文尼亚建设一流大学的挑战》,《世界教育信息》2013年第6期。

高潮:《斯洛文尼亚:欧洲腹地的投资枢纽》,《中国对外贸易》2004年第1期。

高健军:《"克罗地亚/斯洛文尼亚仲裁案"中的海洋划界问题》,《边界与海洋研究》2018年第3期。

龚猎夫:《斯洛文尼亚独立以来的经济形势和经济改革》,《东欧中亚

研究》1996年第3期。

郭道晖:《人权的国家保障义务》,《河北法学》2009年第8期。

郭勉成:《西欧高等教育学生人数倍增》,《比较教育研究》2003年第5期。

何海根:《公民社会与斯洛文尼亚的政治转型》,《当代世界社会主义问题》2014年第1期。

江春泽、汪丽敏、黄万啧等编著《南斯拉夫》,上海辞书出版社,1982。

姜辉:《三种评判与三个问题:关于当前欧洲发达国家共产党的地位与影响》,《马克思主义研究》2003年第3期。

姜婧:《斯洛文尼亚左翼联盟的发展及评析》,《国外社会科学》2018年第1期。

李淑清:《21世纪初期发达资本主义国家共产党的现状、问题与前景》,《国外社会科学》2016年第3期。

刘进、杨莉:《"一带一路"沿线国家的高等教育现状与发展趋势研究(四)——以斯洛文尼亚为例》,《世界教育信息》2018年第8期。

卢布尔雅那、汪丽敏:《斯洛文尼亚1998~2000年经济发展趋势》,《东欧中亚市场研究》2000年第5期。

商务部:《对外投资合作国别(地区)指南 斯洛文尼亚》,2019。

《世界各国宪法》编辑委员会编译《世界各国宪法——欧洲卷》,中国检察出版社,2012。

舒笙:《斯洛文尼亚:回家的惶惑》,《国际展望》1998年第12期。

汪丽敏编著《斯洛文尼亚》,社会科学文献出版社,2006。

汪丽敏:《斯洛文尼亚共和国的经济发展》,《经济学动态》1993年第11期。

王春元:《斯洛文尼亚随笔》,《东欧》1994年第2期。

徐刚:《从第九届议会大选看斯洛文尼亚政党政治变化》,《当代世界》2018年第8期。

燕山:《斯洛文尼亚的经济概况》,《中共中央党校学报》1992年第

15期。

〔南〕伊万·博日奇等:《南斯拉夫史》,赵乃斌译,商务印书馆,1984。

余南平、周生升:《后金融危机时代中东欧欧盟国家的政党政治结构变迁》,《俄罗斯研究》2014年第1期。

赵乃斌、汪丽敏主编《南斯拉夫的变迁》,广东人民出版社,2002。

中共中央党校国际共运研究所本书编写组编《苏联东欧风云录》,中共中央党校出版社,1990。

二 外文文献

Adolf Bibi, "The Emergence of Pluralism in Slovenia", *Communist and Post Communist Studies*, 1993.

Alenka Krašovec, Slovenia: Political Developments and Data in 2020, *European Journal of Political Research Political Data Yearbook*, Volume 60, Issue 1, 2021.

Ana Kralj, Tanja Rener, Vesna Leskošek, Metka Mencin, Mirjana Ule and Slavko Kurdija, *Abortion and Reproductive Rights in Slovenia: A Case of Resistance*, Taylor and Francis, 2023.

Bojan Zidarič *Doing Business in Slovenia*, Centre for International Cooperation and Development, 1999.

Cox John K., *Slovenia: Evolving Loyalties*, Taylor and Francis, 2004.

Cyril A. Zebot, "Slovenia Between liberalization and Democratization?" *Slovene Studies*, 1989.

David Bole; Jani Kozina; Jernej Tiran, The Variety of Industrial Towns in Slovenia: A typology of their economic performance, *Bulletin of Geography, Socio-economic Series*, Volume 46, Issue 46, 2019.

Drago Perko, Rok Ciglič and Matija Zorn, *The Geography of Slovenia*, Springer Cham, 2020.

Germ Mateja, Janež Vanja, Gaberščik Alenka and Zelnik Igor, Diversity of Macrophytes and Environmental Assessment of the Ljubljanica River (Slovenia), *Diversity*, Volume 13, Issue 6, 2021.

Harris Erika, *Nationalism and Democratisation: Politics of Slovakia and Slovenia: Politics of Slovakia and Slovenia*, Taylor and Francis, 2018.

James Gow, "Slovenia and the Slovenes: A Small State and the New Europe", *Cathie Carmichael*, 2000.

Janez Potočnik, Marjan Senjur and Franjo ŠtiblarApproaching, *Europe: growth, Competitiveness and Integration*International Journal of Social Economics, 1996.

Janez Šušteršič, *Slovenia in the New Decade: Sustainability, Competitiveness, Membership in the EU: the Strategy for the Economic Development of Slovenia* 2001-2006, The Institute of Macroeconomic Analysis and Development, 2001.

Jure Vidmar, "Democratic Transition and Democratic Consolidation in Slovenia", Comparative Political Studies, 2008.

Lipovec Čebron Uršula; Huber Ivanka, Cultural Competence and Healthcare. Experiences from Slovenia, *Etnološka tribina : Godišnjak Hrvatskog etnološkog društva*, Volume 50, Issue 43, 2020.

Lucija Lapuh, Socio-economic Characteristics of Resilient Localities - experiences from Slovenia, Regional Studies, *Regional Science*, Volume 5, Issue 1, 2018.

Mark Baker, Paul Clammer and Steve Fallon, *Lonely Planet Slovenia*, Lonely Planet, 2013.

Martin Knez, Tadej Slabe, *Cave Exploration in Slovenia*, Springer Cham, 2015.

Marzel Kornelija, Role of the Human Rights Ombudsman in Ensuring Good Administration in Slovenia, *Central European Public Administration Review*, Volume 17, Issue 1, 2019.

Matija Rojec, *Foreign Investment and Privatization in Slovenia*, University of Cardiff, UK, 1993.

Mlekuž Ana; Vršnik Prše Tina, Policies Regulating Minority Education: The Case of Slovenia, *Odgojno-obrazovne teme*, Volume 2, Issue 3-4, 2019.

Mrak Mojmir, Rojec Matija and Silva Jauregui Carlos, *Slovenia: From Yugoslavia to the European Union*, The Word Bank, 2004.

Nabli Mustapha, *Financial Integration, Vulnerabilities to Crisis, and EU Accession in Five Central European Countries*, The Word Bank, 1999.

Nedelko Zlatko, Peleckiene Valentina, Peleckis Kęstutis, Peleckis Kestutis K., Lapinskiene Giedre and Potocan Vojko, The Impact of Economic Attitudes on Natural and Social Corporate Responsibility-A Comparative Study of Lithuania and Slovenia, *Engineering Economics*, Volume 30, Issue 3, 2019.

Nives Ličen; Franja Božnar; Jože Podgoršek, Knowledge Networking in Agricultural Practice. Case study from Slovenia, *Eastern European Countryside*, Volume 24, Issue 1, 2018.

Oren Gross and Fionnuala Ni Aolain, *Law in Times of Crisis—Emergency Powers in Theory and Practice*, Cambridge University Press, 2006.

Oto Luthar, *The Land Between: A History of Slovenia*, Peterlang Edition, 2013.

Pavlič Danica Rotar, Maksuti Alem, Panić Aleksandra and Pavleković Klara, Informal Care in the Context of Long-term Health Care for the Elderly in Slovenia: A Qualitative Study, *Slovenian Journal of Public Health*, Volume 60, Issue 3, 2021.

Piciga Darja; Schieffer Alexander; Lessem Ronnie, *Integral Green Slovenia: Towards a Social Knowledge and Value Based Society and Economy at the Heart of Europe*, Taylor and Francis, 2016.

Rijavec Danila, Štambuk Ana and Pevcin Primož, Evidence - Based Assessment of Readiness to Solve Wicked Problems: The Case of Migration Crisis in Croatia and Slovenia, *Social Sciences*, Volume 10, Issue 6, 2021.

Rizman Rudolf M., Ramet Sabrina P., *Uncertain Path: Democratic*

Transition and Consolidation in Slovenia, Texas A&M University Press, 2006.

Zdravko Duša, Discover Slovenia, Cankarjeva Zalozba, 1998.

Zupančič Magda, Competency Management, Coordination and Responsibility in Slovenia, *Our Economy*, Volume 66, Issue 3, 2020.

三　主要网站

斯洛文尼亚总统府：http://www.up-rs.si。

斯洛文尼亚政府：http://www.gov.si。

斯洛文尼亚国民议会：http://www.dz-rs.si。

斯洛文尼亚国民委员会：http://www.ds-rs.si。

斯洛文尼亚外交部：http://www.mzz.gov.si。

斯洛文尼亚国家统计局：http://www.stat.si。

斯洛文尼亚工商会：http://eng.gzs.si。

斯洛文尼亚科研信息：http://www.rtd.si。

斯洛文尼亚旅游网：http://www.slovenia.info。

斯洛文尼亚宏观经济分析与发展研究所：http://www.umar.gov.si。

英文新闻：http://www.sloveniatimes.com。

斯洛文尼亚就业与劳动局：http://www.ess.gov.si。

斯洛文尼亚语搜索引擎：http://www.najdi.si。

索　引

边界仲裁协议　293，323
博希尼别拉山地作战示范中心　324
德拉瓦河　4，6～8，16，25，27，37，40，41，43，139，142，316
泛欧走廊　148
弗赖辛手稿　15，223
卡兰塔尼亚公国　38，39，165，315
卢布尔雅那大学　15，27，59，79，80，198，210，211，213～217，241，242，314
卢布尔雅那大学孔子学院　215，216
马尔扬·沙雷茨名单党　101，111
马里博尔大学　29，198，214
玫瑰港　23，148
萨莫公国　38
萨瓦河　4～7，9，16，24，29，31，37，38，40，47，49，139，143，206

塞尔维亚人-克罗地亚人-斯洛文尼亚人王国　12，16，26，53，55，56，165，247，248，317
社会民主人士党　95，100，112，322
斯洛文尼亚广播电视台　240
斯洛文尼亚领土保卫部队　165～167
斯洛文尼亚族　13，14，16，28，52，81，285
特里格拉夫山　5，7，8，10，24，217
统一斯洛文尼亚纲领　51
退休者民主党　100，101，111～113
现代中间党　95，100，101，112
亚德里亚航空公司　146，148
约热·普契尼克机场　148
《中斯联合公报》　304，310
《祝词》　16，50，75，221，223
宗教改革运动　316

新版《列国志》总书目

亚洲

阿富汗
阿拉伯联合酋长国
阿曼
阿塞拜疆
巴基斯坦
巴勒斯坦
巴林
不丹
朝鲜
东帝汶
菲律宾
格鲁吉亚
哈萨克斯坦
韩国
吉尔吉斯斯坦
柬埔寨
卡塔尔
科威特
老挝
黎巴嫩
马尔代夫
马来西亚
蒙古国
孟加拉国
缅甸
尼泊尔
日本
沙特阿拉伯
斯里兰卡
塔吉克斯坦
泰国
土耳其
土库曼斯坦
文莱
乌兹别克斯坦
新加坡
叙利亚
亚美尼亚
也门
伊拉克
伊朗
以色列
印度
印度尼西亚
约旦
越南

非洲

阿尔及利亚
埃及
埃塞俄比亚
安哥拉
贝宁
博茨瓦纳
布基纳法索
布隆迪
赤道几内亚
多哥
厄立特里亚
佛得角
冈比亚
刚果
刚果民主共和国
吉布提
几内亚
几内亚比绍
加纳
加蓬
津巴布韦
喀麦隆
科摩罗
科特迪瓦
肯尼亚
莱索托
利比里亚
利比亚
卢旺达

马达加斯加
马拉维
马里
毛里求斯
毛里塔尼亚
摩洛哥
莫桑比克
纳米比亚
南非
南苏丹
尼日尔
尼日利亚
塞拉利昂
塞内加尔
塞舌尔
圣多美和普林西比
斯威士兰
苏丹
索马里
坦桑尼亚
突尼斯
乌干达
赞比亚
乍得
中非

欧洲

阿尔巴尼亚
爱尔兰
爱沙尼亚
安道尔

斯洛文尼亚

奥地利
白俄罗斯
保加利亚
北马其顿
比利时
冰岛
波兰
波斯尼亚和黑塞哥维那
丹麦
德国
俄罗斯
法国
梵蒂冈
芬兰
荷兰
黑山
捷克
克罗地亚
拉脱维亚
立陶宛
列支敦士登
卢森堡
罗马尼亚
马耳他
摩尔多瓦
摩纳哥
挪威
葡萄牙
瑞典
瑞士
塞尔维亚
塞浦路斯
圣马力诺

斯洛伐克
斯洛文尼亚
乌克兰
西班牙
希腊
匈牙利
意大利
英国

美洲

阿根廷
安提瓜和巴布达
巴巴多斯
巴哈马
巴拉圭
巴拿马
巴西
秘鲁
玻利维亚
伯利兹
多米尼加
多米尼克
厄瓜多尔
哥伦比亚
哥斯达黎加
格林纳达
古巴
圭亚那
海地
洪都拉斯
加拿大
美国
墨西哥

340

尼加拉瓜
萨尔瓦多
圣基茨和尼维斯
圣卢西亚
圣文森特和格林纳丁斯
苏里南
特立尼达和多巴哥
危地马拉
委内瑞拉
乌拉圭
牙买加
智利

大洋洲

澳大利亚

巴布亚新几内亚
斐济
基里巴斯
库克群岛
马绍尔群岛
密克罗尼西亚
瑙鲁
纽埃
帕劳
萨摩亚
所罗门群岛
汤加
图瓦卢
瓦努阿图
新西兰

国别区域与全球治理数据平台

www.crggcn.com

"国别区域与全球治理数据平台"（Countries, Regions and Global Governance Data Platform, CRGG）是社会科学文献出版社重点打造的学术型数字产品，对接新一级交叉学科区域国别学，围绕国别研究、区域研究、国际组织研究、全球智库研究等领域，全方位整合一手数据、基础信息、科研成果，文献量达30余万篇。该产品已建设成为国别区域与全球治理数据资源与研究成果整合发布平台，可提供包括资源获取、科研技术服务、成果发布与传播等在内的多层次、全方位的学术服务。

从国别区域和全球治理研究角度出发，"国别区域与全球治理数据平台"下设国别研究数据库、区域研究数据库、国际组织数据库、全球智库数据库、学术专题数据库、学术资讯数据库和辅助资料数据库7个数据库。在资源类型方面，除专题图书、智库报告和学术论文外，平台还包括数据图表、档案文献和学术资讯。在文献检索方面，平台支持全文检索、高级检索，并可按照相关度和出版时间进行排序。

"国别区域与全球治理数据平台"应用广泛。针对高校及区域国别科研机构，平台可提供专业的知识服务，通过丰富的研究参考资料和学术服务推动区域国别研究的学科建设与发展，提升智库学术科研及政策建言能力；针对政府及外事机构，平台可提供咨政参考，为相关国际事务决策提供理论依据与资讯支持，切实服务国家对外战略。

数据库体验卡服务指南

※100元数据库体验卡，可在"国别区域与全球治理数据平台"充值和使用

充值卡使用说明：
第1步 刮开附赠充值卡的涂层；
第2步 登录国别区域与全球治理数据平台（www.crggcn.com），注册账号；
第3步 登录并进入"会员中心"→"在线充值"→"充值卡充值"，充值成功后即可使用。

声明

最终解释权归社会科学文献出版社所有

客服电话：010-59367072
客服邮箱：crgg@ssap.cn

欢迎登录社会科学文献出版社官网（www.ssap.com.cn）和国别区域与全球治理数据平台（www.crggcn.com）了解更多信息

卡号：2287010533148998

图书在版编目（CIP）数据

斯洛文尼亚 / 蔡雅洁编著 . --北京：社会科学文献出版社，2024.9
（列国志：新版）
ISBN 978-7-5228-3358-3

Ⅰ.①斯…　Ⅱ.①蔡…　Ⅲ.①斯洛文尼亚-概况　Ⅳ.①K955.54

中国国家版本馆 CIP 数据核字（2024）第 055260 号

·列国志（新版）·
斯洛文尼亚（Slovenia）

编　　著 / 蔡雅洁

出 版 人 / 冀祥德
组稿编辑 / 张晓莉
责任编辑 / 叶　娟
文稿编辑 / 王亚楠
责任印制 / 岳　阳

出　　版 / 社会科学文献出版社·区域国别学分社（010）59367078
　　　　　 地址：北京市北三环中路甲 29 号院华龙大厦　邮编：100029
　　　　　 网址：www.ssap.com.cn
发　　行 / 社会科学文献出版社（010）59367028
印　　装 / 三河市尚艺印装有限公司

规　　格 / 开　本：787mm×1092mm　1/16
　　　　　 印　张：23.75　插　页：1　字　数：351 千字
版　　次 / 2024 年 9 月第 1 版　2024 年 9 月第 1 次印刷
书　　号 / ISBN 978-7-5228-3358-3
定　　价 / 98.00 元

读者服务电话：4008918866

版权所有 翻印必究